데이터 과학을 위한

파이썬 머신러닝

최성철 지음

지은이 **최성철** blissray@gmail.com

한동대학교 경영학·전산학 학사, 포항공대 산업경영공학과 Technology Intelligence로 박사학위를 받았다. 삼성전자 종합기술원의 CTO 전략팀에서 기술 전략과 R&D 정보시스템 개선 업무를 맡았고, 현재 부경대학교 시스템경영공학부 교수로 재직 중이다. 주요 연구 분야로 인공지능을 활용한 산업 분야의 Digital Transformation을 다루고 있으며, 데이터로 할 수 있는 다양한 분야에 관심을 가지고 있다. 저서로는 『IT CookBook, 데이터 과학을 위한 파이썬 프로그래밍』(한빛아카데미, 2019)이 있다.

데이터 과학을 위한 파이썬 머신러닝

초판발행 2022년 1월 3일
3쇄발행 2025년 3월 10일

지은이 최성철 / **펴낸이** 전태호
펴낸곳 한빛아카데미(주) / **주소** 서울시 서대문구 연희로2길 62 한빛아카데미(주) 2층
전화 02-336-7112 / **팩스** 02-336-7199
등록 2013년 1월 14일 제2017-000063호 / **ISBN** 979-11-5664-585-6 93000

총괄 박현진 / **책임편집** 김성무 / **기획·편집** 김성무 / **교정** 윤미현 / **진행** 김성무
디자인 표지 윤혜원 내지 박정우 / **전산편집** 이소연 / **제작** 박성우, 김정우
영업 김호철, 김태진, 김성삼, 이정훈, 임현기, 이성훈, 김주성, 심지연

이 책에 대한 의견이나 오탈자 및 잘못된 내용은 출판사 홈페이지나 아래 이메일로 알려주십시오.
파본은 구매처에서 교환하실 수 있습니다. 책값은 뒤표지에 표시되어 있습니다.

홈페이지 www.hanbit.co.kr / 이메일 question@hanbit.co.kr

Published by HANBIT Academy, Inc. Printed in Korea

데이터 과학을 위한

파이썬 머신러닝

최성철 지음

한빛아카데미
Hanbit Academy, Inc.

인공지능과 빅데이터의 시대,
이제는 모두가 알아야 할 필수 교양 머신러닝

인공지능, 머신러닝, 빅데이터, 그리고 딥러닝. 우리는 의미가 비슷해 보이는 이 단어들에 대해 자주 듣고 있습니다. 정확히 언제부터였는지 모르지만, 우리나라의 경우 '알파고의 충격' 이후가 아닐까 생각합니다. 2016년 이세돌 9단이 알파고에게 패배한 후, 인공지능에 대한 우리나라의 전반적인 기조가 바뀌었다고 해도 과언이 아닐 것입니다. 특히 전 세계를 덮친 '코로나19' 이후에는 훨씬 더 빨리 세상이 변화될 것이라고 생각합니다. 이 책이 출간될 즈음에는 거의 모든 전공에 상관없이 머신러닝, 인공지능이 필수 과목화되어 있을 것입니다.

필자가 대학원 때 처음 공부한 '머신러닝', 그때 당시 이름으로 '데이터마이닝'은 왠지 모르게 현실과 동떨어져 있는 느낌이었습니다. 학생으로서 실제 시스템에 사용되는 무엇인가를 배우는 느낌보다는 책에 있는 문제를 풀기 위해 복잡한 공식을 공부한다는 느낌이 들었습니다. 사실 이는 필자가 공부를 잘하지 못 했던 이유가 컸을 것입니다. 어쩌면 책에 있는 복잡한 수식을 적용할 수 있는 현실적인 데이터셋이 많았다면 필자는 좀 더 나은 학생이 되지 않았을까 생각해봅니다. 다행히도 지금은 그런 시대가 되었고, 우리가 머신러닝 공부를 하기 위해 거의 모든 것이 가능한 환경이 되었습니다. 이제 우리는 조금만 열심히 공부하면 우리가 상상하는 거의 모든 것을 할 수 있습니다.

아마도 필자는 우리나라에서 '프로그래밍 무크(MOOC)'를 거의 처음 시작한 '무크 1세대'가 아닐까 생각합니다. 사실 아무도 인정해주지 않고 무슨 역사 같은 것도 없지만, 나름의 자부심과 사명감을 가지고 강의 자료를 공개하고 책을 쓰곤 했습니다. 이 책 역시 전작『데이터 과학을 위한 파이썬 프로그래밍』처럼 학교나 교육기관에서 파이썬과 머신러닝을 함께 공부하고자 하는 분들을 위해 좋은 교재를 만들고 싶어 시작했습니다. 특히 좀 더 실용적인 내용을 담으면서도 충분히 이론적인 내용을 포함한 교재를 저술하고 싶었습니다.

필자는 본 저서에서 크게 3가지 이야기를 하고 싶습니다.

첫 번째로 머신러닝의 개요와 환경 설정에 관한 것입니다. 사실 머신러닝에 대해서 많은 논의가 있지만, 아직 머신러닝, 딥러닝, 인공지능, 빅데이터 등 관련 용어를 구분하지 못하는 학생도 많습니다. 그리고 1990년대 이후 태어난 젊은 학생들, 즉 디지털화가 충분히 완료된 후 태어난 세대라면 이전 IT 혁명부터 지금까지의 변화를 경험하지 못했기 때문에 그 이전의 역사를 잘 모르는 경우도 많습니다. 사소하고 중요하지 않은 내용일지는 모르나 흥미로운 내용일 거라 생각하고 해당 부분을 포함시켰습니다. 또한 머신러닝 입문을 위해서 반드시 알아야 하는 머신러닝 환경 설정에 관한 내용을 담았습니다. 물론 환경 설정은 유행을 타는 것이기 때문에 매년 바뀌기도 하지만, 가장 기본적인 내용은 지난 5년간 어느 정도 유지되는 것 같습니다. 또한 주요 패키지는 이제 '사실상의 표준'으로 자리잡아 많은 변형 속에서도 주요 패키지만 잘 이해한다면 다른 도구들은 어려움 없이 사용할 수 있을 것입니다.

두 번째로 파이썬 패키지를 활용하여 데이터를 다루는 방법에 대해 배워봅니다. 현실에서 만나는 데이터는 매우 복잡하고 확인해야 하는 것들이 너무 많습니다. 그렇기 때문에 이를 처리하기 위해서 프로그래밍을 잘해야 합니다. 그러고 나서 다양한 데이터 전처리와 시각화 방법을 배운다면 데이터 처리를 위한 많은 기법을 익힐 수 있습니다. 이 책에서 배우는 내용이 추후 여러분들이 가장 많이 사용할 수 있는 기법들이 되리라 생각합니다.

세 번째로 머신러닝 방법 중 지도학습 기법에 대해 배웁니다. 머신러닝에는 사실 분류와 회귀 기법인 지도학습 외에도 군집(clustering)과 같은 비지도학습도 존재합니다. 그러나 이 책에 모든 것을 담기에는 내용이 방대하여 두 기법 중 조금 더 중요하다고 판단되는 지도학습 기법을 중심으로 본 책을 서술하였습니다. 사실 비지도학습 기법들은 많은 내용이 딥러닝의 피쳐러닝(feature learning) 기법들로 대체되었기 때문에 딥러닝을 학습하면서 앞으로 들어볼 내용이라고 생각하였습니다.

오늘날에는 필자의 대학원 시절과 비교하면 훨씬 더 많은 학습 자료들이 인터넷에 존재합니다. 장점은 여러분들이 공부하기 쉽다는 것이고, 단점은 공부할 게 너무 많다는 점입니다. 이러한 어려움을 겪는 학습자들을 위해 머신러닝에서 꼭 배웠으면 하는 내용과 실제 데이터로 다뤄봐야 한다고 생각하는 중요한 코드 자료들을 본 책에 담았습니다.

본 책에서 다루는 주요 내용은 사실 인공지능 전체가 아닌 소위 '통계학 기반의 머신러닝' 기법입니다. 최근에는 딥러닝이 매우 각광을 받으면서 많은 사람들이 딥러닝을 시작하기 위해 머신러닝을 공부하고 있습니다. 딥러닝이 많은 것을 대체하면서 이전에 비해 본 책에서 다루는 기법으로 머신러닝을 시작하는 학생들이 많이 줄어든 건 사실입니다. 그러나 개인적으로 딥러닝을 시작하든 머신러닝을 시작하든 그렇게 중요하지 않다고 생각합니다. 언젠가는 두 기법을 모두 학습하여야 하고, 딥러닝을 학습하다 보면 '통계학 기반의 머신러닝'을 학습하여야 이해 가능한 부분이 많기 때문입니다. 20년 전에는 본 책에서 다루는 내용이 대학교 4학년이나 대학원 1년차 정도의 난이도였다면 지금은 대학교 2~3학년이 학습하기 딱 좋은 내용이라고 생각합니다. 이미 많은 대학들이 머신러닝이나 데이터마이닝이라는 이름으로 본 책에서 다루는 내용을 저학년 과목으로 옮겼습니다. 이를 고려하여 수식과 함께 많은 코드를 독자들에게 제공하고자 합니다.

저의 이전 저서 『데이터 과학을 위한 파이썬 프로그래밍』처럼 이 책을 집필할 때도 너무 많이 고생하신 한빛아카데미㈜의 김성무 팀장님께 감사 인사를 드립니다. 책을 쓰면서 동탄에서 부산으로 이사하는 긴 여정을 함께해 준 우리 가족 은정, 진현, 서현에게도 남편으로서, 아빠로서 고마운 마음을 전합니다. 어느덧 교수 10년 차에 접어들었고, 저희 연구실 TEAMLAB에서는 많은 훌륭한 학생들이 세상으로 나왔습니다. 본 책은 그 학생들을 가르치면서 얻은 지식을 정리한 것입니다. TEAMLAB의 모든 학생과 졸업생의 행복을 빌며, 그들과 함께 이 책의 출간을 기념하고 싶습니다.

저자 **최성철**

▸누구를 위한 책인가

이 책은 파이썬 프로그래밍을 배우고, 머신러닝을 시작하는 입문자에게 적합합니다. 머신러닝에 대한 이해와 동시에 데이터 분석의 이론과 기본 상식들을 이해할 수 있습니다.

- 파이썬 프로그래밍을 배운 학습자
- 머신러닝을 처음 공부하고 싶은 입문자
- 데이터 분석에 파이썬을 활용하고 싶은 입문자 또는 관련 전공자

▸무엇을 다루는가

이 책은 머신러닝의 기초 지식부터 파이썬 패키지 활용, 머신러닝 회귀기법, 그리고 고급 머신러닝에 관한 내용으로 구성되어 있습니다.

❶ 머신러닝의 개요(1~2장) 머신러닝의 기본 개념, 학습 프로세스, 연대기를 학습하고, 머신러닝 실습 환경을 구축해 봅니다. 그리고 데이터를 이해하기 위해 피쳐(feature)에 대해서 알아보고, 데이터를 다루는 간단한 실습을 진행합니다.

❷ 머신러닝을 위한 파이썬 패키지(3~6장) 머신러닝을 구현하기 위해 기본 파이썬 패키지인 넘파이(numpy)와 판다스(pandas)의 개념을 이해하고, 직접 실습을 진행합니다. 그리고 맷플롯립(matplotlib), 시본(seaborn), 플롯리(plotly)와 같은 패키지를 활용하여 데이터 시각화를 구현합니다. 마지막으로 데이터 전처리의 기본적인 내용을 학습하고 '타이타닉 생존자 예측하기' 실습을 진행합니다.

❸ 머신러닝 회귀기법(7~10장) 머신러닝을 제대로 이해하기 위해 학습해야 할 선형회귀와 로지스틱 회귀에 대해 알아봅니다. 먼저 최소자승법, 경사하강법, 성능 측정과 같은 선형회귀의 기본적인 내용을 배운 후 SGD, 과대적합, 정규화 등 선형회귀의 심화 내용을 학습합니다. 다음으로 로지스틱 회귀의 기초적인 내용과 함께 다중클래스 분류와 소프트맥스 분류에 대해 알아보고, 이를 코드로 구현합니다.

❹ 고급 머신러닝(11~13장) 머신러닝의 심화 내용인 나이브 베이지안 분류기와 의사결정트리, 앙상블에 대해 이해하고, 이를 직접 실습하며 머신러닝의 학습을 마무리합니다.

▸강의 보조 자료

한빛아카데미 홈페이지에서 '교수회원'으로 가입하신 분은 인증 후 교수용 강의 보조 자료를 제공받을 수 있습니다. 한빛아카데미 홈페이지 상단의 〈교수전용공간〉 메뉴를 클릭하세요.

http://www.hanbit.co.kr/academy

▸예제 소스

실습에 필요한 자료는 아래 주소에서 내려받을 수 있습니다.

http://www.hanbit.co.kr/src/4585

▸연습문제 해답 안내

이 책은 대학 강의용 교재로 개발되었으므로 연습문제 해답을 제공하지 않습니다.

▸이 책의 구성 요소 단계별 학습을 통해 학습 능력의 향상을 돕고자 '학습목표 → 기본 개념 → 실습 코드 → 요약 → 연습문제'로 구성하였습니다. 그 외에 추가로 학습할 필요가 있거나 알아두면 좋은 내용은 '하나 더 알기'와 'TIP' 코너에 담았습니다.

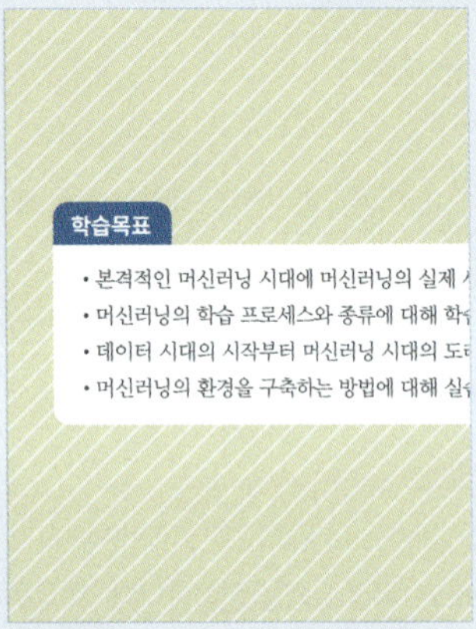
학습목표

- 본격적인 머신러닝 시대에 머신러닝의 실제 ...
- 머신러닝의 학습 프로세스와 종류에 대해 학...
- 데이터 시대의 시작부터 머신러닝 시대의 도...
- 머신러닝의 환경을 구축하는 방법에 대해 실...

| 학습목표 |

해당 장에서 중점적으로 학습할 내용을 간략하게 정리했습니다.

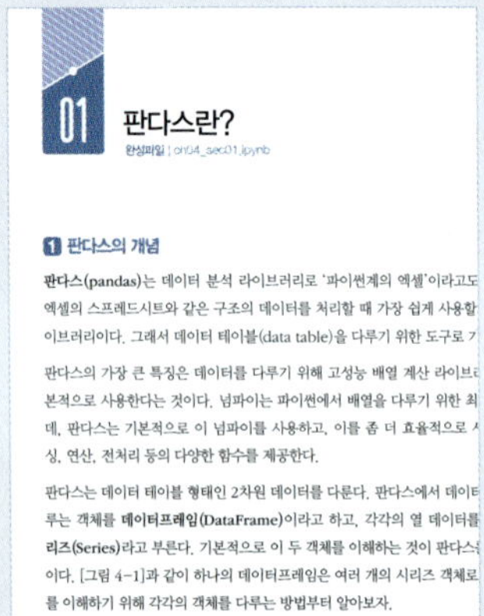
01 판다스란?

완성파일 | ch04_sec01.ipynb

1 판다스의 개념

판다스(pandas)는 데이터 분석 라이브러리로 '파이썬계의 엑셀'이라고도 ... 엑셀의 스프레드시트와 같은 구조의 데이터를 처리할 때 가장 쉽게 사용할 ... 이브러리이다. 그래서 데이터 테이블(data table)을 다루기 위한 도구로 ...

판다스의 가장 큰 특징은 데이터를 다루기 위해 고성능 배열 계산 라이브러... 본적으로 사용한다는 것이다. 넘파이는 파이썬에서 배열을 다루기 위한 최... 데, 판다스는 기본적으로 이 넘파이를 사용하고, 이를 좀 더 효율적으로 ... 싱, 연산, 전처리 등의 다양한 함수를 제공한다.

판다스는 데이터 테이블 형태인 2차원 데이터를 다룬다. 판다스에서 데이터... 루는 객체를 **데이터프레임(DataFrame)**이라고 하고, 각각의 열 데이터를 ... **리즈(Series)**라고 부른다. 기본적으로 이 두 객체를 이해하는 것이 판다스... 이다. [그림 4-1]과 같이 하나의 데이터프레임은 여러 개의 시리즈 객체로... 를 이해하기 위해 각각의 객체를 다루는 방법부터 알아보자.

| 기본 개념 |

머신러닝의 이론을 다양한 수식, 도표, 이미지와 함께 설명합니다.

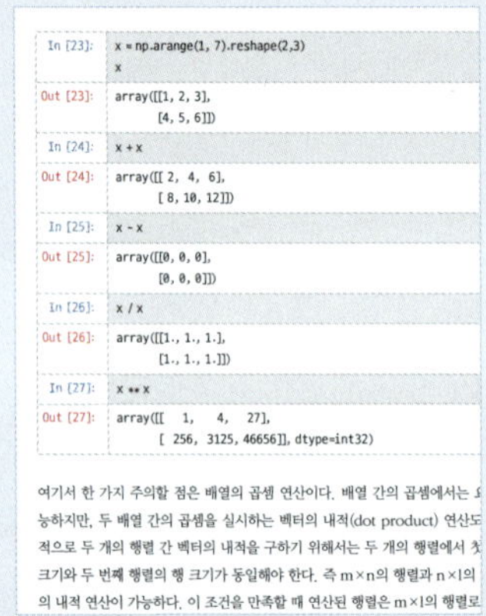
```
In [23]:  x = np.arange(1, 7).reshape(2,3)
          x
Out [23]: array([[1, 2, 3],
                 [4, 5, 6]])
In [24]:  x + x
Out [24]: array([[ 2,  4,  6],
                 [ 8, 10, 12]])
In [25]:  x - x
Out [25]: array([[0, 0, 0],
                 [0, 0, 0]])
In [26]:  x / x
Out [26]: array([[1., 1., 1.],
                 [1., 1., 1.]])
In [27]:  x ** x
Out [27]: array([[    1,     4,    27],
                 [  256,  3125, 46656]], dtype=int32)
```

여기서 한 가지 주의할 점은 배열의 곱셈 연산이다. 배열 간의 곱셈에서는 ... 능하지만, 두 배열 간의 곱셈을 실시하는 벡터의 내적(dot product) 연산도 ... 적으로 두 개의 행렬 간 벡터의 내적을 구하기 위해서는 두 개의 행렬에서 ... 크기와 두 번째 행렬의 행 크기가 동일해야 한다. 즉 m×n의 행렬과 n×1의 ... 의 내적 연산이 가능하다. 이 조건을 만족할 때 연산된 행렬은 m×1의 행렬로...

| 실습 코드 |

주피터 노트북에 직접 예제 코드를 입력하면서 실습을 진행합니다.

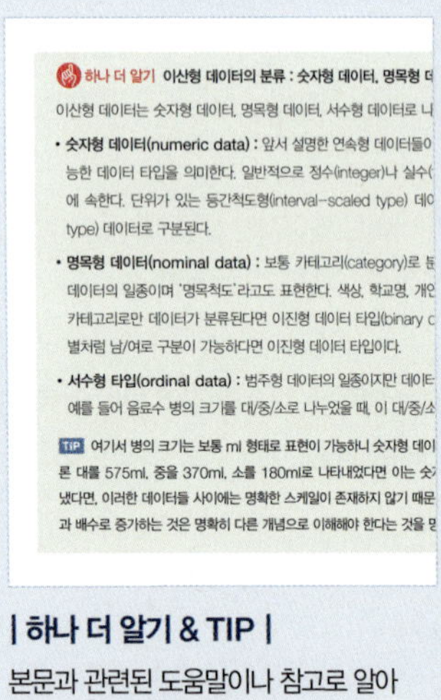
하나 더 알기 이산형 데이터의 분류 : 숫자형 데이터, 명목형 데...

이산형 데이터는 숫자형 데이터, 명목형 데이터, 서수형 데이터로 나...

- **숫자형 데이터(numeric data)** : 앞서 설명한 연속형 데이터들이 ... 능한 데이터 타입을 의미한다. 일반적으로 정수(integer)나 실수(... 에 속한다. 단위가 있는 등간척도형(interval-scaled type) 데이... type) 데이터로 구분된다.
- **명목형 데이터(nominal data)** : 보통 카테고리(category)로 ... 데이터의 일종이며 '명목척도'라고도 표현한다. 색상, 학교명, 개인... 카테고리로만 데이터가 분류된다면 이진형 데이터 타입(binary ... 별처럼 남/여로 구분이 가능하다면 이진형 데이터 타입이다.
- **서수형 타입(ordinal data)** : 범주형 데이터의 일종이지만 데이터... 예를 들어 음료수 병의 크기를 대/중/소로 나누었을 때, 이 대/중/소...

TIP 여기서 병의 크기는 보통 ml 형태로 표현이 가능하니 숫자형 데이... 론 대를 575ml, 중을 370ml, 소를 180ml로 나타내었다면 이는 숫... 냈다면, 이러한 데이터들 사이에는 명확한 스케일이 존재하지 않기 때문... 과 배수로 증가하는 것은 명확히 다른 개념으로 이해해야 한다는 것을 ...

| 하나 더 알기 & TIP |

본문과 관련된 도움말이나 참고로 알아두면 좋은 내용을 담았습니다.

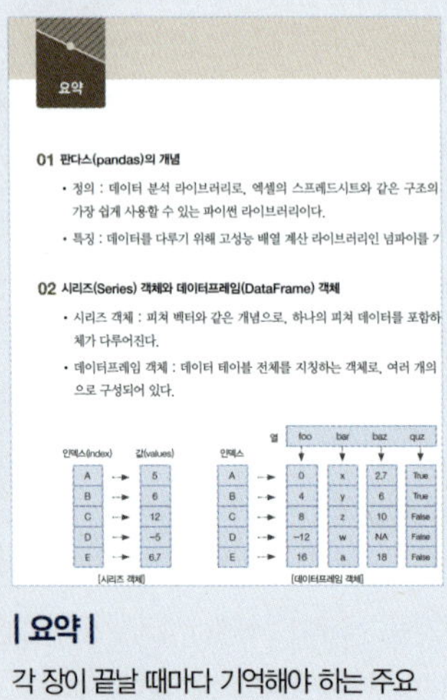
요약

01 판다스(pandas)의 개념

- 정의 : 데이터 분석 라이브러리로, 엑셀의 스프레드시트와 같은 구조의 ... 가장 쉽게 사용할 수 있는 파이썬 라이브러리이다.
- 특징 : 데이터를 다루기 위해 고성능 배열 계산 라이브러리인 넘파이를 ...

02 시리즈(Series) 객체와 데이터프레임(DataFrame) 객체

- 시리즈 객체 : 피처 벡터와 같은 개념으로, 하나의 피처 데이터를 포함하... 체가 다루어진다.
- 데이터프레임 객체 : 데이터 테이블 전체를 지칭하는 객체로, 여러 개의 ... 으로 구성되어 있다.

| 요약 |

각 장이 끝날 때마다 기억해야 하는 주요 내용을 요약하여 정리했습니다.

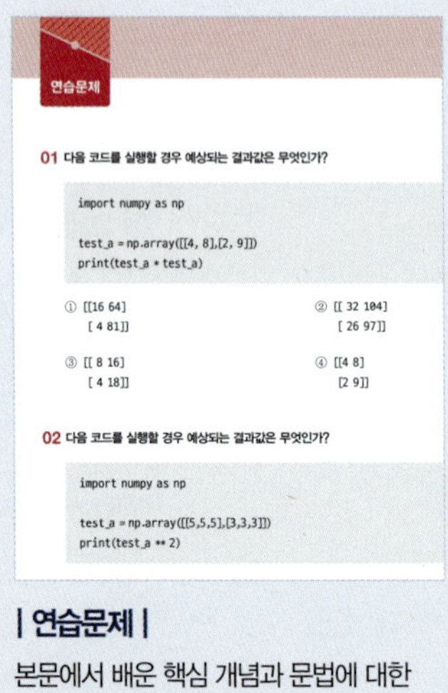
연습문제

01 다음 코드를 실행할 경우 예상되는 결과값은 무엇인가?

```
import numpy as np

test_a = np.array([[4, 8],[2, 9]])
print(test_a * test_a)
```

① [[16 64]
 [4 81]]
② [[32 104]
 [26 97]]
③ [[8 16]
 [4 18]]
④ [[4 8]
 [2 9]]

02 다음 코드를 실행할 경우 예상되는 결과값은 무엇인가?

```
import numpy as np

test_a = np.array([[5,5,5],[3,3,3]])
print(test_a ** 2)
```

| 연습문제 |

본문에서 배운 핵심 개념과 문법에 대한 코드를 분석하는 문제를 통해 자신의 실력을 테스트해볼 수 있습니다.

▸실습 환경

이 책의 실습 환경은 다음과 같습니다.

- **운영체제 :** Windows 10(Windows 7 버전 이상 모두 사용 가능)
- **개발도구 :** Python 3.9.X 이상, 미니콘다 3, 주피터 노트북

▸동영상 강의 안내

저자가 직접 강의한 내용을 유튜브(Youtube)에서 들을 수 있습니다.

- **유튜브(Youtube) :** TEAMLAB에서 운영하는 머신러닝 입문용 강좌로, 총 41개의 강의로 구성되어 있습니다. 아래 링크에서 무료로 들을 수 있습니다.

https://www.youtube.com/c/teamlabmooc

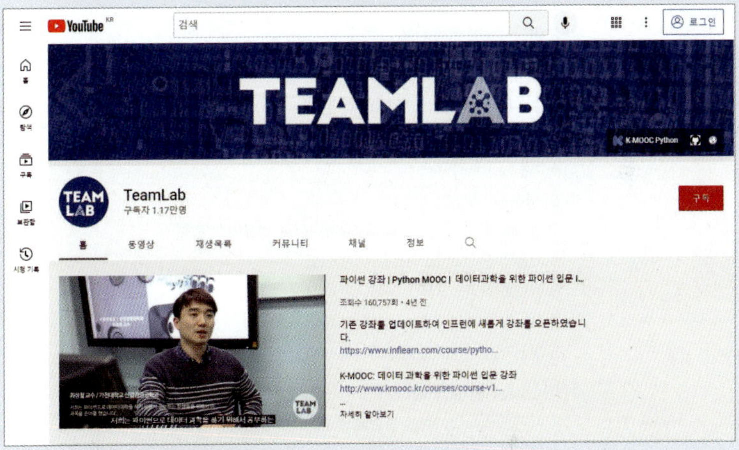

목차

Part 02 머신러닝을 위한 파이썬 패키지

Chapter 03 넘파이

Chapter 04 판다스

Part 03 머신러닝 회귀기법

Chapter 07 선형회귀의 기초

Chapter 08 선형회귀의 심화

Part 04 고급 머신러닝

Chapter 11 나이브 베이지안 분류기

Chapter 12 의사결정트리

PART 01
머신러닝의 개요

Chapter 01
머신러닝의 기초

Chapter 02
데이터의 이해

PART 01

머신러닝의 개요

CHAPTER 01 머신러닝의 기초

학습목표

- 본격적인 머신러닝 시대에 머신러닝의 실제 사용 사례와 키워드에 대해 알아본다.
- 머신러닝의 학습 프로세스와 종류에 대해 학습한다.
- 데이터 시대의 시작부터 머신러닝 시대의 도래까지 머신러닝 연대기를 살펴본다.
- 머신러닝의 환경을 구축하는 방법에 대해 실습한다.

01 머신러닝이란?

1 머신러닝의 시대

인기 있는 유튜브 영상의 댓글 란을 보면 '유튜브 알고리즘이 나를 이끌었다!'와 같은 문구를 종종 확인할 수 있다. 이와 관련하여 최근에는 '깡고리즘', '맘고리즘', '습고리즘' 등과 같은 다양한 신조어들까지 등장하고 있다. 하지만 여기에서 중요한 포인트는 사람들이 기계가 만든 어떤 '로직(logic)'에 이끌려 해당 영상을 보게 되었다는 것이다. 실제로 유튜브를 통해 내가 관심 있을만한 영상들을 끊임없이 추천받아 그 영상들을 자연스럽게 시청하고 있는 나 자신을 어렵지 않게 발견할 수 있다.

그림 1-1 유튜브 알고리즘과 관련된 댓글

유튜브는 2016년에 딥러닝 기반의 추천 알고리즘을 적용하면서부터 인기가 올라가기 시작하여, 지금은 대중들이 가장 많이 사용하는 스마트폰 앱 1위를 차지하고 있다.

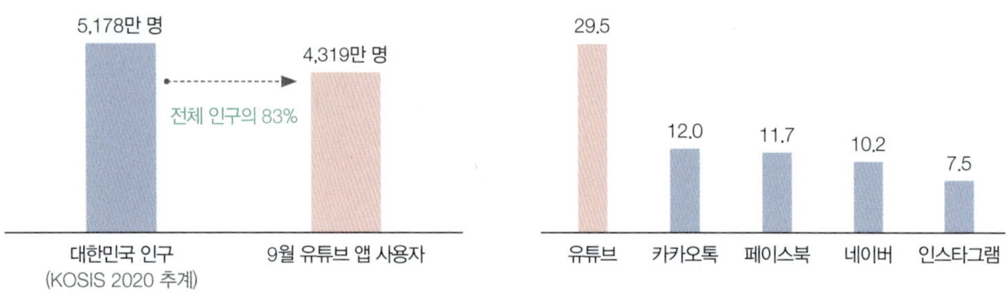

(a) 유튜브 앱 사용자 수 현황

(b) 주요 앱 1인당 월평균 사용 시간

그림 1-2 대한민국 유튜브 사용 현황 ©아이지에이웍스

유튜브가 대중화된 요인을 살펴보다 보면 '알고리즘'과 '머신러닝'이라는 용어가 등장한다. 먼저 **알고리즘(algorithms)**이란 '어떠한 문제를 해결하기 위한 일련의 절차나 방법'으로 정의할 수 있는데 유튜브의 알고리즘은 머신러닝을 기반으로 하고 있다. 그렇다면 머신러닝이란 무엇일까?

머신러닝(machine learning)이란 '기계가 패턴을 학습하여 자동화하는 알고리즘'이라고 정의할 수 있다. 결국 유튜브는 개인이 유튜브 영상을 보는 패턴에 대해 학습하는 프로그램(머신러닝)을 만든 다음 그 패턴(알고리즘)에 맞게 다음 영상을 계속 추천해 줌으로써 사용자의 사이트 유지율(retention rate)을 올려 지금과 같이 대중화되었다고 할 수 있다.

2 머신러닝의 실제 사용 사례

그렇다면 머신러닝은 우리 생활 속에서 어떻게 사용되고 있을까? 실제로는 인지하고 있지 못하지만, 사실 우리는 이미 머신러닝을 경험하고 있는 중이다.

2.1 구매 추천

머신러닝의 대표적인 사용 사례로는 인터넷 쇼핑몰에서 제공하는 구매 추천 기능을 들 수 있다. 인터넷 쇼핑몰에서 어떤 제품을 장바구니에 추가하면 추가한 제품과 비슷한 제품에 대해 구매를 추천하는 것을 어렵지 않게 확인할 수 있다.

그림 1-3 구입하려는 책과 관련된 또 다른 책을 추천하는 YES24의 사례

2.2 번역

머신러닝의 실제 사례 중 기계 번역 시스템도 있다. 이전에는 전문 번역가 등에 의해서만 번역된 것을 머신러닝에 학습시켜 새로운 문장까지 번역할 수 있도록 도와준다.

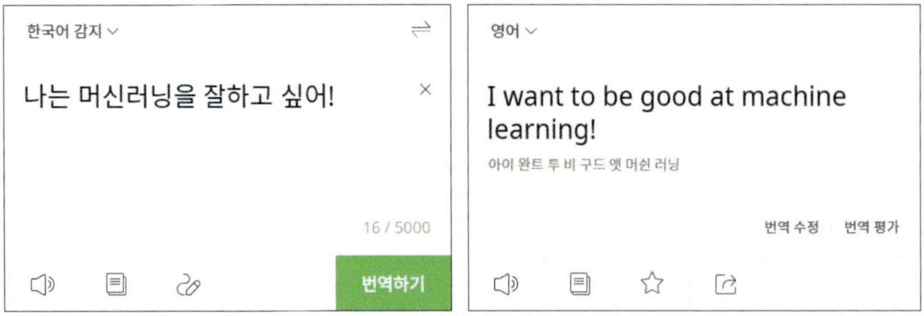

그림 1-4 네이버 번역기 파파고(Papago)

2.3 자율주행차

상용화를 추진 중인 자율주행 기술도 머신러닝의 사례이다. 구글(Google)은 2019년부터 샌프란시스코에서 웨이모(Waymo)라는 자율주행 서비스를 시범 도입하여 테스트하고 있다. 테슬라(Tesla)도 자사의 차종에 소프트웨어 업그레이드가 가능한 자율주행 기능을 추가하여 점차 완전 자율주행 형태로 고도화하고 있다. 자율주행은 머신러닝 기술 중 하나인 이미지 처리 기술을 활용하여 도로상의 여러 이미지를 학습시켜서 차량에 있는 고도화된 컴퓨터가 스스로 판단하여 운행하는 것을 말한다.

그림 1-5 머신러닝의 이미지 처리 기술을 활용한 자율주행차

2.4 챗봇

챗봇 기술과 같이 사용자와 컴퓨터 간의 대화를 지원하는 서비스도 머신러닝을 기반으로 제작된다. 특히 코로나19 사태로 인해 이전에 단순히 텍스트로만 사용자의 불편을 응대했던 것을 넘어 사람의 목소리를 흉내내어 응대하는 인공지능 콜센터들도 출현하고 있다. 이는 머신러닝이 인간의 대화 패턴과 목소리를 학습하여 서비스를 수행하는 것이다.

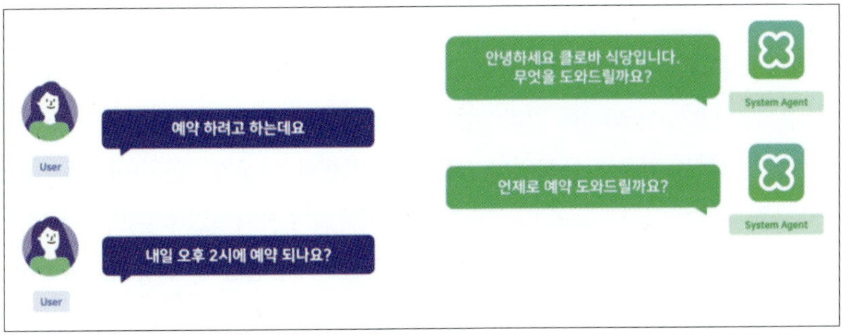

그림 1-6 챗봇 사용 사례

3 머신러닝의 키워드

여기까지 읽은 독자라면 앞의 여러 사례들이 머신러닝인지 아니면 인공지능인지 헷갈릴 수 있다. 사실 우리가 미디어에서 흔히 접하는 다양한 머신러닝 서비스들의 경우 인공지능, 머신러닝, 딥러닝 등을 혼용해서 쓰기 때문에 의식적으로 분류하지 않는다면 그 차이를 인식하기 어렵다. 엄밀히 말하면 앞의 키워드들은 조금씩 다른 의미를 가지고 있지만, 일상생활에서는 혼용해서 사용한다고 해서 크게 문제되지는 않는다. 하지만 머신러닝을 제대로 배우기 위해서는 용어를 명확히 구분할 필요가 있다.

3.1 인공지능, 머신러닝, 딥러닝

인공지능, 머신러닝, 딥러닝의 관계를 가장 잘 설명한 것이 [그림 1-7]이다. 즉 '인공지능⊃머신러닝⊃딥러닝'의 관계로 보면 된다.

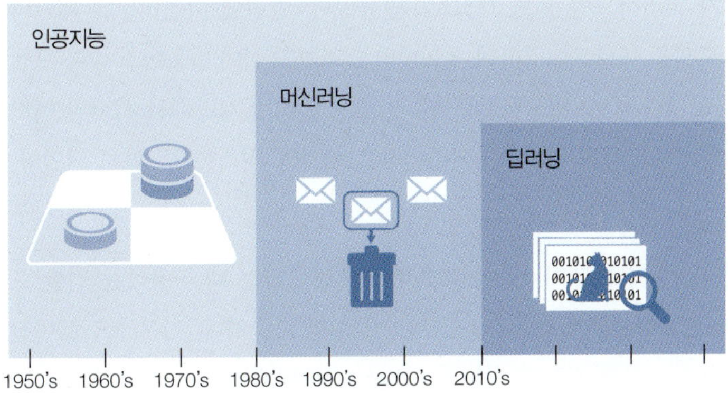

그림 1-7 인공지능, 머신러닝, 딥러닝의 관계

■ 인공지능

인공지능(Artificial Intelligence, AI)이란 '컴퓨터가 학습하고 생각하여 스스로 판단할 수 있도록 만드는 기술'을 의미한다. 1956년에 열린 '다트머스 컨퍼런스(Dartmouth Conference)'에서 '인공지능'이라는 표현을 처음 사용하였다. 여기에 참석했던 '인공지능의 아버지들'이라고 부르는 10명의 과학자들이 인공지능의 미래에 대해 논의하면서 본격적인 학문으로서 인공지능이 발전하기 시작하였다. 이때 인공지능에 대한 다양한 시도가 있었다. 인공지능의 여러 시도 중 하나가 머신러닝이다.

그림 1-8 다트머스 컨퍼런스에 참석한 10명의 과학자들

■ 머신러닝

머신러닝(machine learning)은 '데이터를 컴퓨터에 학습시켜 그 패턴과 규칙을 컴퓨터가 스스로 학습하도록 만드는 기술'이다. 이전에는 사람들이 많은 지식을 직접 데이터베이스화한 후 이 지식들을 컴퓨터가 처리하도록 프로그램으로 만들었다. 반면에 머신러닝은 데이터를 분류할 수 있는 수학적 모델을 프로그래밍하여 데이터만 입력하면 이미 만들어진 수학 모델이 규칙으로 적용되어 여러 문제를 풀 수 있도록 시도한 것이다. 특히 통계학에서 시작된 여러 가지 수학 모델들이 컴퓨터 프로그램과 만나 큰 데이터들을 빠르게 처리할 수 있게 되었다.

■ 딥러닝

딥러닝(deep learning)은 '사물이나 데이터를 군집화하거나 분류하는 데 사용하는 기술'로 많은 머신러닝 기법 중 '신경망(neural network)'을 기반으로 한 기술이다. 기본적으로 머신러닝의 한 종류이지만 2012년을 기점으로 그 성능의 탁월성이 증명되어 오늘날 대부분의 인공지능 시스템에는 이 딥러닝 기법이 들어가 있다. 사실 딥러닝의 근간이 되는 신경망 알고리즘은 완전히 새로운 것이 아니라 1980년에 제안된 개념이다. 이것은 엄청나게 많이 쌓인 데이터와 고속화된 컴퓨팅 성능으로 인해서 이전에는 불가능했던 패턴 인식을 가능하게 한 것이다.

3.2 통계학적 머신러닝과 딥러닝

앞의 내용을 정리하면 인공지능이 가장 큰 개념이고, 딥러닝이 가장 세부적인 알고리즘 중 하나라는 것을 알 수 있다. 그러나 딥러닝이 급속도로 발전함에 따라 이 분류를 다시 기존의 전통적인 머신러닝과 최근에 많이 사용되는 딥러닝으로 나누기도 한다. 다시 말해, 머신러닝과 딥러닝을 포함 관계로 보는 것이 아니라 병렬 관계로 보는 것이다.

전통적인 머신러닝과 딥러닝을 구분하는 가장 큰 이유는 알고리즘의 발현이 어디에서 시작되었는지 구분하기 위한 것이다. 딥러닝의 거의 모든 알고리즘은 컴퓨터 과학자들이 시도해서 만든 것들이 많다. 특히 신경망과 같은 알고리즘은 캐나다 토론토대학교의 제프리 힌튼(Jeffrey Hinton) 교수에 의해 제안되었고, 이를 발전시킨 '인공지능 4대 천왕(Big4 of AI)'도 모두 컴퓨터 과학 분야 출신들이다. 그에 반해 기존 머신러닝은 모두 통계학계를 중심으로 발전되어 왔다. 대표적으로 회귀분석이나 의사결정트리(decision tree)와 같은 알고리즘은 모두 통계학 분야의 연구자들이 제안하고 발전시켜 왔다.

TIP '인공지능 4대 천왕'은 구글의 제프리 힌튼, 페이스북의 얀 르쿤, 몬트리올대학교의 요슈아 벤지오, 스탠퍼드대학교의 앤드루 응을 묶어 부르는 말이다.

좀 더 심도 있게 살펴보면 통계학적 머신러닝과 딥러닝은 사용되는 데이터의 크기나 우위를 가지는 데이터의 종류, 해석 여부 등 다양한 관점에서 차이가 난다. 그러나 최근에는 딥러닝의 급속한 발전으로 기존 통계학적 머신러닝이 강점을 나타내는 분야인 테이블 형태의 정형화된 데이터나 해석 가능성에서도 딥러닝이 장점을 보여주기 시작하였다. 또한 통계학적 머신러닝에서도 컴퓨터 과학의 병렬처리 등의 기법을 빠르게 흡수하여 대용량의 데이터를 매우 빠르게 분석하기도 한다.

하나 더 알기 이 책은 머신러닝 책인가? 딥러닝 책인가?

여기까지 언뜻 보면 이 책이 머신러닝 책인지, 딥러닝 책인지 헷갈릴 수 있다. 본 책은 통계학적 머신러닝의 방법을 알고리즘 설명과 파이썬 코드를 중심으로 풀어가는 것을 목표로 한다. 딥러닝과 관련된 대부분의 개념들은 기존 전통적인 머신러닝에서 사용하는 통계학적 접근에 그 뿌리를 두고 있으며, 이를 잘 이해하면 딥러닝에 대한 학습도 매우 쉬워진다. 그리고 여러분이 앞으로 현실에서 만나게 될 데이터는 매우 다양하기 때문에 이런 데이터의 특성을 잘 이해해서 적절한 알고리즘을 사용하는 것이 매우 중요하다. 그런 관점에서 이 책의 목표는 기존 전통적인 머신러닝의 여러 가지 기법을 학습자가 잘 이해함으로써 인공지능의 세계로 들어가는 통로가 되는 것이라고 할 수 있다.

3.3 빅데이터와 머신러닝

빅데이터(big data)란 '기존의 데이터베이스로는 수집·저장·분석 따위를 수행하기가 어려울 만큼 방대한 양의 데이터'를 말한다. 사실 빅데이터는 머신러닝이나 인공지능과 비슷한 개념으로 대중들에게 알려져 있지만, 빅데이터의 기원은 데이터베이스라는 점에서 분명한 차이가 있다.

처음 인터넷 시대가 열리고 아직 데이터가 많지 않았을 때 대부분의 기업에서는 성능 좋은 한 대의 메인 프레임을 구입하여 그곳에 많은 데이터를 저장하였다. 그러나 모바일 시대에 접어들면서 데이터의 양이 기하급수적으로 증가하고, 데이터에 대한 접근 또한 엄청난 속도로 증가하면서 지속적으로 시스템을 확장할 필요성이 생겼다. 이때 이러한 빅데이터를 다루기 위해 적절한 시스템이 만들어져야 했는데, 이 시스템을 '빅데이터 시스템(big data system)'이라고 불렀다. 또한 빅데이터를 다루는 방법을 '빅데이터 엔지니어링(big data engineering)'이라고 하였다. 사실 빅데이터는 머신러닝과 함께 시작한 개념이라기 보다 각각 따로 발전하다가 어느 순간, 특히 대용량 데이터가 학습 성능에 매우 크게 영향을 미치는 오늘날 머신러닝 분야에서 매우 의미 있게 사용되고 있다.

머신러닝 시대를 열었던 많은 기술 중 대표적인 것이 구글의 GFS와 맵리듀스이다. **GFS (Google File System)**는 '구글의 거대한 검색 시스템을 여러 대의 컴퓨터에 데이터를 분산해서 저장 및 관리하기 위해 설계된 시스템'이다. **맵리듀스(Map Reduce)**는 '이렇게 분산되어 저장되어 있는 데이터를 어떻게 여러 대의 컴퓨터가 동시에 협력해서 처리할 것인가에 대한 방법을 알려준 시스템'이다. 이러한 구글의 분산처리 시스템 개념이 확장되어 이후에 하둡(Hadoop)이라는 시스템으로 개발되었고 이 시스템이 발전하여 오늘날의 대용량 데이터를 처리하는 데 사용되고 있다.

사실 빅데이터와 머신러닝은 기본적으로 서로 별개의 것이다. 하지만 머신러닝을 가능하게 한 것이 빅데이터이고, 빅데이터 기술이 가장 빛나는 순간이 바로 머신러닝에 활용될 때이다. 예를 들면 지금 우리가 사용하고 있는 대부분의 얼굴 인식 기술은 지금만큼의 데이터가 모이지 않았다면 개발되기 어려운 것이었다. 그리고 그렇게 많은 데이터를 전처리하여 머신러닝 기술에 사용하기 위해서는 거대한 데이터를 처리하는 빅데이터 기술이 필수적이다. 두 기술은 각자의 생태계에서 발전했지만, 결국은 오늘날의 인공지능 생태계를 완성한 핵심 기술 영역들이다. 각 영역에는 다양한 세부 기술들과 알고리즘이 존재하고 있고, 이러한 기술들이 서로 영향을 주고받으며 [그림 1-9]와 같은 현재의 인공지능 생태계를 이루고 있는 것이다.

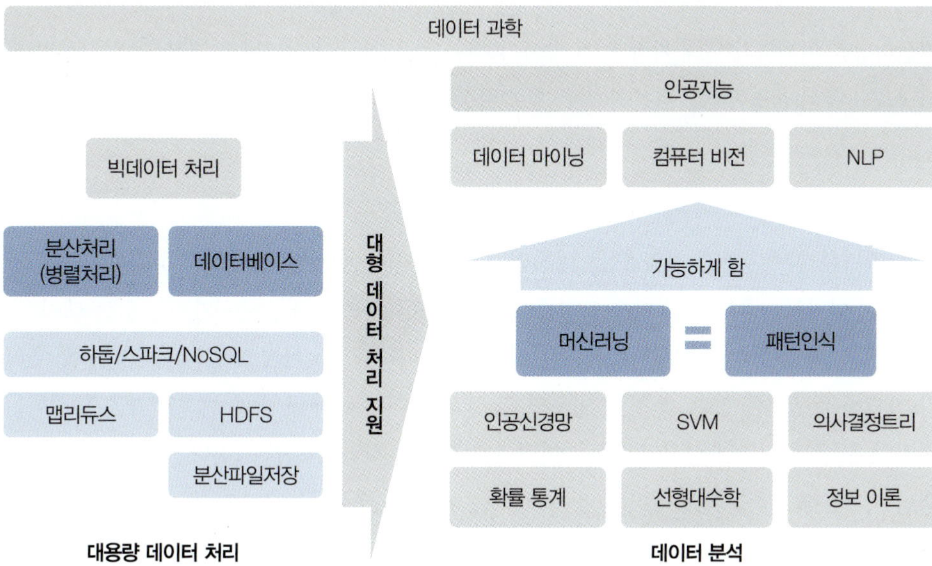

그림 1-9 인공지능 생태계

하나 더 알기 데이터 과학의 의미

사실 데이터 과학(data science)은 모호한 표현이다. 데이터를 다루는 모든 종류의 학문이 데이터 과학이라면 오늘날 세상의 거의 모든 학문은 데이터 과학이다. 좀 더 한정해서 본다면, 머신러닝과 데이터 엔지니어링을 포함한 오늘날의 데이터 처리 및 분석과 관련된 모든 학문을 데이터 과학이라고 볼 수 있다. 사실 인공지능은 데이터를 처리하는 결과를 사용할 뿐 데이터를 처리하는 방식 자체에 관심을 두고 있지 않기 때문에 데이터 과학이 인공지능보다는 조금 더 큰 의미의 용어로 사용된다. 물론 경우에 따라 조금 더 좁은 의미에서 데이터 과학이라는 용어를 기존 통계학적 분석에서 사용하는 데이터 분석의 의미로 한정하거나, 머신러닝까지 포함한 데이터 분석 관점으로 한정하기도 한다. 사용되는 상황이나 용도에 따라 매우 다양한 의미로 쓰이는 단어가 데이터 과학, 인공지능, 빅데이터 등이니 혹시 의견이 다르다고 하여 용어로 인해 의견충돌을 할 필요는 없다.

02 머신러닝의 학습 프로세스와 종류

1 머신러닝의 학습 프로세스

머신러닝을 이해하기 위해 가장 먼저 알아야 하는 것은 바로 머신러닝의 기본 모형이다. 머신러닝을 간단히 설명하자면 다음과 같은 함수로 나타낼 수 있다.

$$\hat{y} = f(x)$$

매우 간단한 함수이지만 거의 모든 머신러닝 알고리즘은 이러한 형태로 추상화하여 표현할 수 있다. 여기서 $\hat{y}$은 '머신러닝 알고리즘에 의해 산출되는 예측치', x는 '가지고 있는 데이터', $f(\cdot)$은 '일종의 함수로 머신러닝에서는 모델'을 의미한다. 즉 가지고 있는 데이터 x를 우리가 학습하여 생성한 함수 $f(\cdot)$에 넣으면 그 결과로 어떤 문제에 대한 예측치 $\hat{y}$을 생성하는 것이다. 많은 머신러닝 알고리즘들은 이러한 가장 기본적인 구조를 가진다. 핵심적으로 머신러닝이 제공해야 하는 것은 우리가 찾고자 하는 $f(\cdot)$을 제공하는 것이다.

간단한 예제와 함께 머신러닝의 $f(\cdot)$을 찾는 과정에 대해 설명하겠다. 먼저 [그림 1-10]과 같은 데이터가 있다고 가정하자. 각각의 데이터는 키(height)와 몸무게(weight)를 나타낸다.

키	158	168.7	162.8	166.5	164.9
몸무게	57.1	74.1	74.1	77.9	75.5

그림 1-10 키와 몸무게 데이터

이를 그래프 상에 표현하면 [그림 1-11]과 같이 x축은 키, y축은 몸무게로 나타낼 수 있다. 그래프에서 보듯이 우리는 키와 몸무게가 어느 정도 상관관계가 있다는 것을 예상할 수 있다. 즉, 키를 알면 완벽히는 아니지만 어느 정도 몸무게를 예측하는 것이 가능해진다.

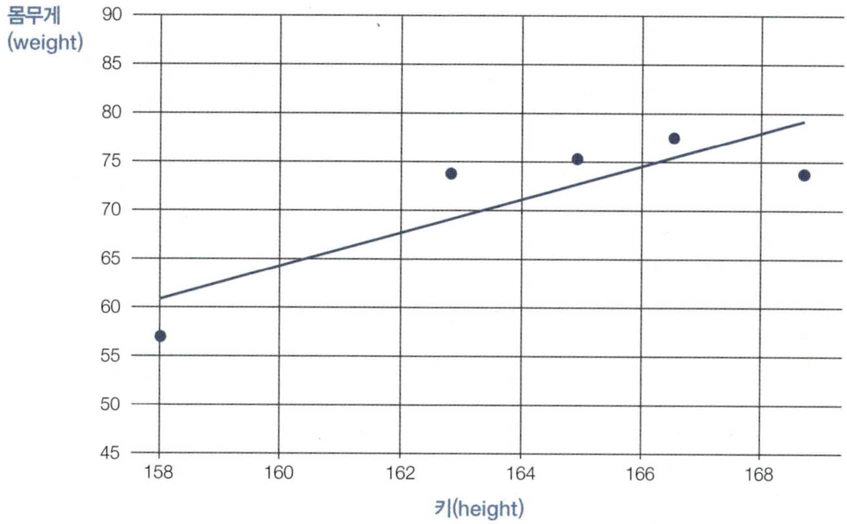

그림 1-11 키와 몸무게 간의 상관관계 그래프

이러한 키와 몸무게 간의 상관관계를 다음과 같이 1차방정식으로 표현할 수 있다.

$$y = \alpha x + \beta$$

우리는 이와 같은 식을 앞으로 '모델(model)'이라고 칭할 것이다. 어떤 모델이 키와 몸무게의 관계로 가장 적합(fitting)할지 모르는 상황에서, 이와 같은 1차방정식을 완성한다면 찾고자 하는 모델을 발견할 수 있을 것이다. 우리는 알고리즘을 통해 α와 β를 찾아볼 것이다. 만약 적합한 α와 β를 찾는다면, 새로운 키의 값인 182에 대한 몸무게도 찾을 수 있다. 이러한 관계식을 [그림 1-12]와 같이 나타낼 수 있다.

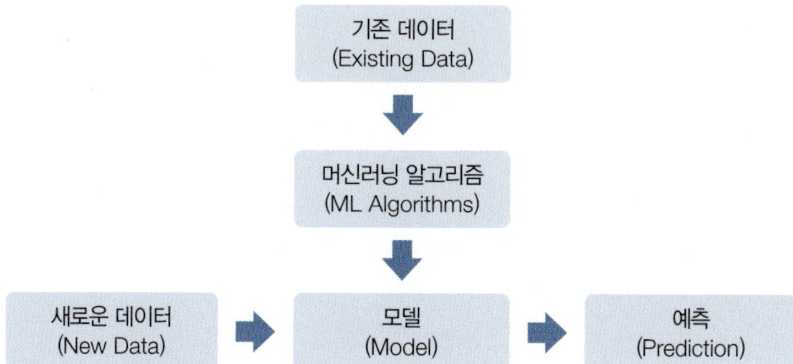

그림 1-12 머신러닝 프로세스

머신러닝을 수행하기 위해 먼저 데이터가 필요하다. 그 다음으로 해당 데이터에 가장 적합한 모델을 선정하고, 이 모델을 구성하는 알고리즘을 선정하여 적합한 값을 찾을 수 있는 모델을 완성시킨다. 이렇게 완성된 모델에 새로운 데이터를 입력하면 새로운 값에 대한 예측치 $\hat{y}$을 찾을 수 있다.

하나 더 알기 모델과 알고리즘

여기서 가장 헷갈릴 수 있는 표현이 바로 '모델'과 '알고리즘'이다. 사실 이 두 표현은 책에 따라 혼동해서 사용하기 때문에 상당히 오해의 소지가 있다. 본 책에서 '모델'은 '수식'이나 '통계 분포', '알고리즘'은 모델을 산출하기 위해 규정화된 과정을 의미한다. 보통 하나의 모델은 다양한 알고리즘으로 표현할 수 있다. 때때로 '알고리즘'은 하나의 '수식'으로 표현 가능하기 때문에 학습자 입장에서는 혼동의 여지가 있을 수 있다. 앞으로 본 책에서는 모델과 알고리즘이 출현할 때마다 구분하여 표시하도록 하겠다.

하나 더 알기 머신러닝 이전의 프로그래밍

머신러닝 이전의 프로그래밍과 머신러닝 이후의 프로그래밍의 차이점은 무엇일까? 기존의 프로그래밍 기법들은 사람이 프로그래밍 규칙을 지정한 후 데이터를 입력하여 결과를 얻는 구조였다면, 머신러닝 기반 프로그래밍에서는 결과와 데이터를 입력하면 데이터와 결과로부터 규칙을 뽑아내는 구조이다. 앞의 '키와 몸무게' 사례에서 보듯 이 이전에 프로그래밍 기법이라면 '키에 0.7을 곱하면 몸무게가 산출된다'라는 식으로 사람에 의해 규칙이 정해졌다. 그러나 머신러닝 기반의 프로그래밍 기법은 이 0.7이라는 숫자를 찾기 위해 데이터를 이용하거나 굉장히 복잡한 수식을 데이터로부터 스스로 찾을 수 있는 방법을 제시한다. 어느 정도의 오류가 생길 수 있겠지만, 적어도 세상에 존재하는 숨겨진 모든 규칙을 사람이 찾는 것보다 훨씬 더 정확하고 효과적인 방법으로 찾게 될 것이다.

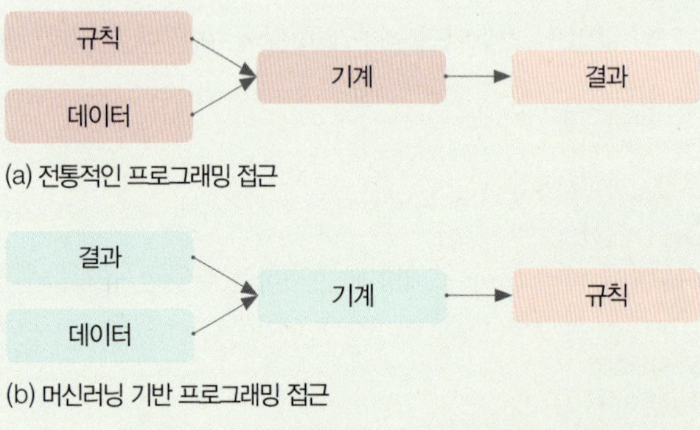

그림 1-13 전통적인 프로그래밍 접근과 머신러닝 기반 프로그래밍 접근

2 머신러닝의 종류

머신러닝을 기본적으로 분류하면 지도학습과 비지도학습으로 나눌 수 있다. **지도학습**(supervised learning)이란 '문제와 답을 함께 학습함으로써 미지의 문제에 대한 올바른 답을 예측하는 학습'이다. **비지도학습**(unsupervised learning)이란 지도학습과 다르게 '조력자의 도움 없이 컴퓨터 스스로 학습'하는 형태로, 컴퓨터가 훈련 데이터를 이용하여 데이터들 간의 규칙성을 찾아내는 것이다.

지도학습과 비지도학습은 기본적으로 우리가 구하고자 하는 모델에서 실제 답(ground truth)인 y의 존재 여부에 따라 구분할 수 있다. 먼저, y 값이 주어진 지도학습은 y 값의 종류에 따라 **회귀**(regression)와 **분류**(classification)로 나눌 수 있다. y 값이 주어지지 않는 비지도학습으로 데이터의 비슷한 특징을 모아 하나의 집합을 만들어 내는 기법을 **군집**(clustering)이라고 부른다.

표 1-1 전통적인 관점에서 머신러닝의 종류

머신러닝 대분류	머신러닝 종류	설명
지도학습	회귀	연속형 값인 y의 특징을 찾아 데이터 x를 사용하여 y 값을 예측하는 기법
	분류	이산형 값인 y의 특징을 찾아 데이터 x를 사용하여 y 값을 예측하는 기법
비지도학습	군집	y 값이 주어지지 않고, 데이터의 특징이 유사한 값들의 모임을 군집으로 표현하는 기법

그런데 최근 들어서 이러한 분류만으로 머신러닝을 나누기에는 어려움이 있다고 보는 시각이 많다. 이미 널리 쓰이고 있는 추천(recommendation)이나 검색(information retrieval) 외에도 강화학습이라는 개념도 등장했다. **강화학습**(reinforcement learning)이란 알파고와 같이 '컴퓨터가 세상에 존재하는 규칙을 스스로 시뮬레이션하면서 게임처럼 규칙을 학습하는 것'이다. 또한 최근에는 **생성**(generation)이라고 하여 세상에 존재하는 다양한 규칙들을 학습한 모델이 세상에 존재하지 않는 새로운 무엇인가를 창조해내는 기법도 있다. 대표적인 사례로 컴퓨터에 의해 생성된 사람들의 얼굴이나 컴퓨터가 인간의 챗봇 형태로 대화하는 시스템 등이 있다. 그러나 이러한 종류들 또한 기본적으로 지도학습과 비지도학습, 또는 두 개의 기법을 적절히 혼합한 것들이다. 그러므로 지도학습과 비지도학습이라는 기초적인 머신러닝 종류를 잘 이해한다면 앞으로 다른 기술들에 대한 이해도 쉽게 할 수 있을 것이다.

2.1 회귀

회귀(regression)는 '독립변수 x와 종속변수 y의 관계를 함수식으로 설명하는 것'으로, 추세선을 긋는 것이라고 생각하면 편하다. [그림 1-14](a)와 같은 데이터가 존재한다면 이 데이터를 바탕으로 키가 증가하거나 감소했을 때 몸무게의 변화를 예측할 수 있다. 이러한 예측은 [그림 1-14](b)와 같이 하나의 선으로 나타나는데, 그 선을 표현하는 수학적 모델을 만드는 기법을 회귀라고 부른다. [그림 1-14]에서 x에 해당하는 변수는 키, y에 해당하는 변수는 몸무게이다. 여기서 몸무게는 연속형 변수이다. 즉 학습에 해당하는 y 값이 존재하며 해당 y 값이 연속형 변수일 때 y 값을 예측하는 문제를 회귀라고 부르는 것이다. 간단히 [그림 1-14](b)의 수식처럼 일차방정식으로 표현할 수 있지만, 현실의 회귀 문제는 훨씬 복잡하고 다양한 변수들을 가지고 있다.

키	몸무게	키	몸무게
152	46	172	69
154	47	172	68
156	49	176	71
159	58	176	75
163	56	177	75
165	57	182	83
167	59	186	90
168	64	189	97
168	62	190	100

(a) 키와 몸무게 데이터

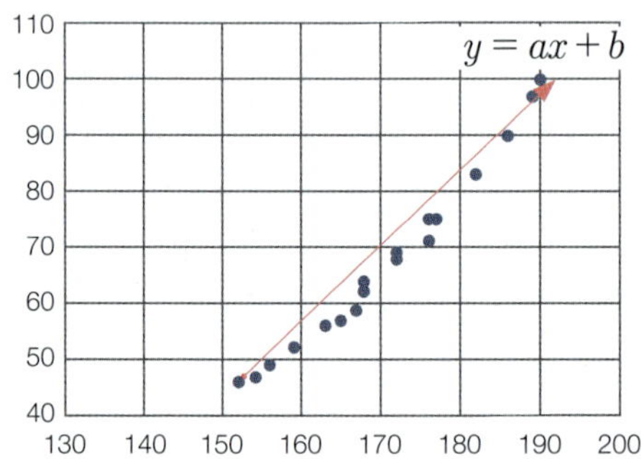

(b) 회귀 표현

그림 1-14 회귀 예제 : 키와 몸무게 데이터

2.2 분류

분류(classification)는 '데이터를 어떤 기준에 따라 나누는 기법'이다. 예를 들면, 이미지를 입력했을 때 그 이미지가 개인지 고양이인지, 뉴스 텍스트를 입력했을 때 그 뉴스가 스포츠 뉴스인지 연예 뉴스인지 분류하는 것이 이에 해당된다. 이때 y 값은 이산형 값(discrete value)을 가지는 것이 일반적인데, 여기서 2개의 값 중 1개를 분류하는 방법을 이진분류(binary classification)라고 부르며, 3개 이상의 분류를 실행하는 것을 다중분류(multi-class classification)라고 부른다. [그림 1-15]와 같이 기존 데이터에 '성별' 항목이 있다면, 성별 항목을 y 데이터로 보고 이를 나누는 어떤 모델을 만드는 문제라고 생각한다면 이해하기 쉽다. [그림 1-15]에서 키는 170, 몸무게는 68을 기준으로 선을 그었을 때 키와 몸무게만으로 남자 또는 여자를 분류할 수 있다.

성별	키	몸무게	성별	키	몸무게
여자	152	46	남자	172	69
여자	154	47	여자	172	68
여자	156	49	여자	176	71
여자	159	58	여자	176	75
여자	163	56	남자	177	75
남자	165	57	남자	182	83
남자	167	59	남자	186	90
남자	168	64	남자	189	97
여자	168	62	남자	190	100

(a) 성별, 키, 몸무게 데이터

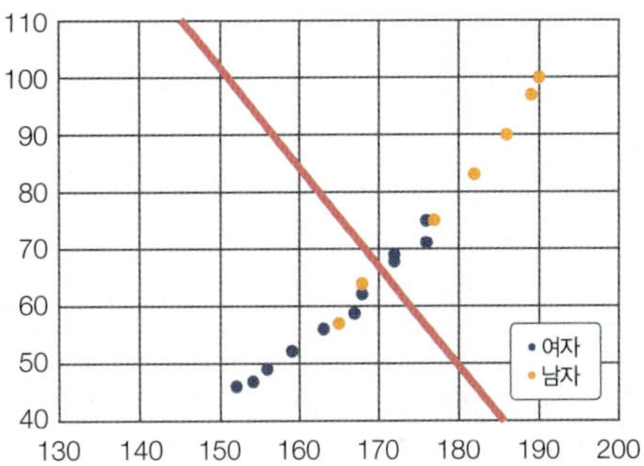

(b) 분류 표현

그림 1-15 분류 예제 : 성별, 키, 몸무게 데이터

2.3 군집

군집(clustering)은 '기존에 모여 있던 데이터에 대해 따로 분류 기준을 주지 않고 모델이 스스로 분류 기준을 찾아 집단을 모으는 기법'이다. 군집의 경우에는 기준이 되는 y 값이 존재하지 않고, 알고리즘이 스스로 데이터의 특성을 고려하여 군집을 나눈다. 예를 들면 모델을 개발할 때 개와 고양이를 따로 지정하지 않고 사진만 입력했을 때 모델이 스스로 개와 고양이를 구분하는 과업(task)이 있다면 이를 군집이라고 하는 것이다. [그림 1-16]과 같이 키와 몸무게 데이터에서 비슷한 수준의 농구팀을 3개 만든다면 어떻게 할 것인가 등에 대한 문제를 풀 때 사용할 수 있는 방법이다.

키	몸무게	키	몸무게
152	46	172	69
154	47	172	68
156	49	176	71
159	58	176	75
163	56	177	75
165	57	182	83
167	59	186	90
168	64	189	97
168	62	190	100

(a) 키와 몸무게 데이터

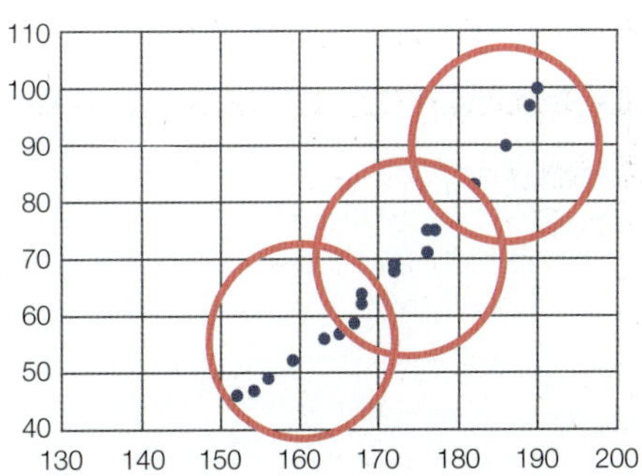

(b) 군집 표현

그림 1-16 군집 예제 : 키, 몸무게 데이터

03 머신러닝 연대기

무수한 양의 데이터를 학습하면서 작동하는 머신러닝을 제대로 이해하기 위해서는 머신러닝에 기반이 되는 데이터에 대해 알아야 한다. 무수한 데이터 속에 살고 있는 우리는 이러한 데이터 시대가 어디서부터 시작되었는지 학습할 필요가 있다. 이번 절에서는 데이터 시대의 시작부터 머신러닝의 등장까지 데이터의 역사적 흐름을 짚어보고자 한다.

1 데이터 시대의 시작 : 제2차 세계대전과 컴퓨터의 출현

데이터를 다루기 위한 가장 기본이 되는 컴퓨터는 제2차 세계대전 속에서 탄생했다. 영화《이미테이션 게임(The Imitation Game)》은 이 이야기에 대해 자세히 다루고 있다. 제2차 세계대전 당시 연합군은 독일군과의 싸움에서 승리하기 위해 독일군의 암호 해석 방법을 연구하였다. 이를 위해 전 세계 다양한 분야의 석학들이 이 연구에 참여하였고, 그중 영국의 수학자인 앨런 튜링(Alan Turing)이 현재의 컴퓨터와 유사한 형태의 기계 장치를 만들어 이를 해석하기 위한 시도를 하였다. 독일군의 암호인 에니그마는 일정한 암호키를 사용하여 독일어 알파벳에서 암호키만큼 거리가 떨어진 단어로 표현하는 방식이었다. 예를 들어 암호키가 2라면 A를 C로, B는 D로 나타내는 식이다. 앨런 튜링은 매일 바뀌는 암호의 암호키를 빠른 시간 내에 찾아내기 위해 초기 수준의 컴퓨터를 개발하여 사용하였다. 이 컴퓨터는 오늘날 컴퓨터를 사용한 데이터 처리에 있어서 중요한 키가 되었고, 이후의 컴퓨터 개발에도 많은 영향을 주었다.

그림 1-17 영화《이미테이션 게임》

하나 더 알기 **앨런 튜링(Alan Turing)**

그림 1-18 앨런 튜링

앨런 튜링은 알고리즘과 수학 원리를 이용한 튜링 머신으로 컴퓨터 과학 발전에 큰 공헌을 하였으며, 튜링 테스트를 고안해 낸 것으로 유명하다. 현재 앨런 튜링의 업적을 기리기 위해서 컴퓨터 과학 분야의 노벨상에 해당하는 상 이름을 튜링상(Turing Award)이라고 부른다. 앨런 튜링은 당시 금기시 되었던 동성애자였고 이것이 발각되어 화학적 거세를 당하는 끔찍한 형벌을 받았다. 이로 인해 그는 당시 독이 든 사과를 먹고 스스로 목숨을 끊었다. 일설에 의하면 애플의 창시자 스티브 잡스는 앨런 튜링의 업적을 기념하기 위해 회사의 명칭을 애플(Apple)로 짓고, 애플의 초기 로고를 일부 베어 먹은 사과의 모습으로 정했다고 한다.

2 기술의 전이 : 비즈니스를 위한 기술

제2차 세계대전이 끝나고 전쟁에서 사용되었던 다양한 기술들이 민간으로 이전되면서 새로운 시장이 만들어지기 시작하였다. 특히 기존에 손으로 기록하던 다양한 정보들을 컴퓨터로 처리할 수 있는 분야에서 컴퓨터는 더 활발히 사용되기 시작했다. 특히 은행은 고객들의 정보를 수기로 정리하여 서류로 관리했지만, 데이터가 늘어남에 따라 이를 처리하는 데 어려움이 있었다. 그런데 은행에서 컴퓨터를 도입하면서 은행 거래 처리 정보를 데이터로 저장하기 시작하였다. 당시에는 현재와 같은 개인용 컴퓨터가 아닌 메인프레임이라고 하는 거대한 서버 컴퓨터를 사용했는데, 사용자들은 터미널이라고 하는 화면과 키보드만 있는 장비를 사용하여 이 서버에 접속하여 업무를 처리하였다. 당시에 사용되던 시스템을 전자정보처리시스템(Electronic Data Processing System, EDPS), 또는 거래처리시스템(Transaction Processing System, TPS)이라고 불렀다.

그림 1-19 1950년대 사용한 메인프레임 서버 IBM 700 시리즈와 당시 사용하던 터미널

1960년대에 들어서면서 정보시스템들이 기업을 중심으로 더욱더 확산되었다. 이때부터 기업에서는 경영을 지원하기 위한 시스템인 경영정보시스템(Management Information System, MIS)을 도입하여 단순 거래정보를 넘어 여러 가지 데이터들을 컴퓨터에 저장하기 시작하였다. 직원들의 월급부터 고객의 개인정보까지 저장시켜 처리하는 시스템들이 도입되었다. 이때부터 엑셀과 같은 스프레드시트 프로그램이 보급되면서 담당자들은 복잡한 수식을 비교적 손쉽게 처리할 수 있게 되었다.

1980년대에는 개인용 컴퓨터(Personal Computer, PC)가 서서히 퍼지기 시작하였고, 기업의 여러 가지 업무에 컴퓨터를 적극적으로 활용하여 처리하기 시작하였다. 특히 이때부터 데이터를 활용한 간단한 형태의 인공지능시스템이나 의사결정지원시스템(Decision Support System, DSS)이 도입되면서 기업들이 데이터를 기반으로 의사결정을 하는 시도가 계속해서 늘어나기 시작했다.

3 정보화 혁명의 시작 : 데이터의 확장

1990년대에 들어서면서 정보화 혁명과 함께 데이터를 활용한 비즈니스는 급속한 변화를 맞이한다. 1989년 월드와이드웹(World Wide Web)이라고 부르는 WWW가 개발된 이후, 많은 시스템들이 인터넷상에서 개발되기 시작하였다. WWW는 단순히 사내망을 통해 한정된 정보시스템을 가지고 있던 기업들이 자신의 서비스를 전 세계로 연결하는 결정적인 역할을 하게 된다. 이전에 많은 시스템이 사내에서 직원들을 위해 개발되었다면, 이제는 고객들이 회사의 서비스를 사용하기 위해 해당 시스템을 통해 주문을 하거나 서비스를 사용할 수 있게 된 것이다. 이로 인해 새로운 서비스를 사용하는 새로운 기업들이 나타나기 시작하였다.

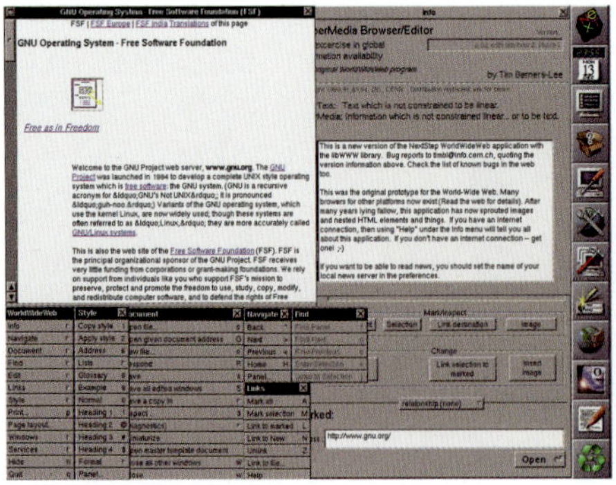

그림 1-20 WWW의 등장

특히 미국의 대표적인 컴퓨터 판매 기업인 델(Dell)은 이전의 많은 PC 판매 기업들이 전자제품 양판점에서 제품을 판매한 것과 달리 인터넷을 통해 직접적으로 제품을 판매하기 시작했다. 이러한 변화로 인해 소비자는 훨씬 싼 가격에 제품을 살 수 있게 되었다. 델은 소비자의 니즈를 정확히 파악하여 제품의 재고를 최소화함으로써 비용을 획기적으로 줄일 수 있었다. 정보화 혁명과 함께 기업의 비즈니스 전략이 바뀐 결정적 장면이었다. 이러한 델의 전략은 기존 기업들의 공급사슬망 관리(Supply Chain Management, SCM)에 많은 영향을 주었으며 이로 인해 국내의 삼성전자나 포스코와 같은 기업에서도 다양한 방법들을 도입하여 유통혁신을 이루고자 했다.

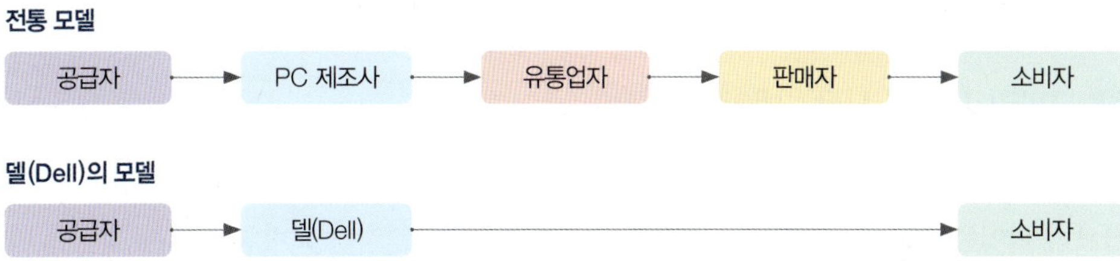

그림 1-21 델의 공급사슬망 관리(SCM) 전략의 변화

델의 사례에서 보듯이 1990년대 정보화 혁명은 단순히 데이터를 저장하는 것을 넘어 기업이 일하는 방식을 바꾸는 데 많은 일조를 하였다. 특히 BPR(Business Process Reengineering)이라는 이름으로 기업의 사업 프로세스를 정보화 시스템과 맞물려 돌아가게 함으로써 기업 전체의 업무효율을 높이는 작업들이 지속적으로 시도되었다. 대부분의 기업들은 정보시스템을 도입하고 C급 레벨의 임원에서 정보시스템 최고책임자(Chief Information Officer, CIO)가 생기면서 전사적인 정보시스템 관리를 위해 노력하였다. 이때 전사적자원관리(Enterprise Resource Planning, ERP)나 지식정보시스템(Knowledge Management System, KMS) 등이 도입되어 각 개인의 PC에서 관리되고 있던 여러 가지 정보들이 사내 전체 전산망에 의해 관리되면서 업무에 많은 효율을 만들어 냈다. 또한 새로운 정보시스템을 기업에 도입하기 위한 전문적인 SI(System Integration) 기업들이 만들어지면서 새로운 형태의 서비스를 제공하는 회사들이 속속 등장하였다.

고객의 정보를 관리하기 위한 방법에도 많은 변화가 있었다. 특히 기존의 최종 서비스 매니저들이 직감에 의해 관리하던 방식에서 벗어나 고객의 많은 정보들을 컴퓨터에 저장하는 고객관계관리(Customer Relationship Management, CRM)가 도입되었다. 이를 바탕으로 '기저귀와 맥주'라는 사례에서 보듯이 대형마트에서 고객들의 정보를 분석하여 의미 있는 결과를 만들어 내기도 하였다.

하나 더 알기 기저귀와 맥주

1993년 IBM의 라케시 아그라왈(Rakesh Agrawal)이 영국의 대형마켓인 막스앤스펜서(Marks&Spencer)에서 CRM을 바탕으로 소비자 분석을 진행하였다. 마켓에서 이루어지는 구매 중에서 '기저귀'와 '맥주'의 구매 여부에 대한 상관관계를 분석한 것이다. 아그라왈은 여기서 '기저귀를 산 사람 중 40%(50명 중 20명)'가 맥주를 구매했다는 사실에 주목했고, 기저귀를 산 사람에게 맥주를 추천하면 매출이 오를 것이라고 판단했다. 이때부터 맥주와 기저귀를 나란히 배치하여 큰 매출을 올렸다고 한다.

4 모바일 시대의 시작 : 데이터의 폭발

2000년대를 넘어서면서 데이터와 관련된 결정적인 변화가 찾아온다. 바로 2007년 6월, 애플에서 아이폰(iPhone)이라는 스마트폰을 출시하면서 본격적인 모바일 시대가 열린 것이다. 스마트폰의 등장으로 본격적인 데이터 시대가 열렸다. 1990년대 정보화 혁명 시대에는 많은 기업들이 정보시스템을 받아들이면서 기업 효율화를 위한 서비스나 제품을 개발하는 기업들이 각광받았다. 대표적으로 ERP를 개발하는 에스에이피(SAP), 기업용 제품군을 개발하는 IBM, 네트워크 제품군을 판매하는 시스코(CISCO) 등이 많은 관심을 받았었다. 그러나 애플의 아이폰과 함께 모바일 시대가 도래하면서 개인의 만족을 극대화시키는 기업들이 각광을 받기 시작한다. 삼성과 애플과 같은 스마트폰 기업, 구글과 페이스북과 같은 다국적 IT 기업이 빠르게 성장한 것이다.

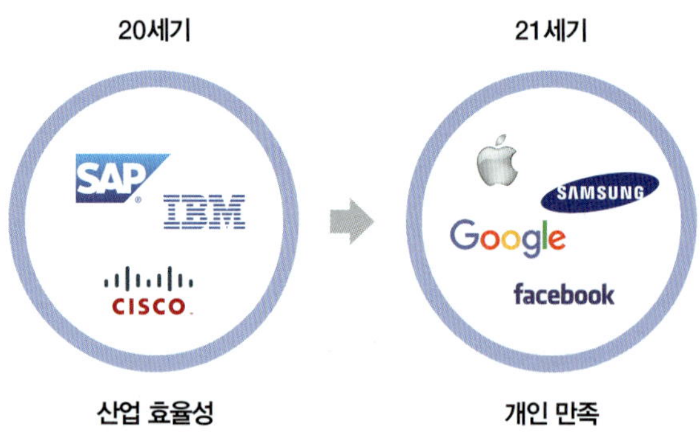

그림 1-22 20세기와 21세기의 IT 기업 패러다임의 변화

모바일 시대의 시작은 데이터의 수집에도 많은 변화를 가져온다. 이전에는 기업들이 기업 내에서 생산되는 데이터만 수집했다면, 모바일 시대의 기업들은 개인에게서 생성되는 다양한 데이터를 24시간 수집할 수 있는 환경이 된 것이다. 스마트폰을 이용해 다양한 사진들이 찍히고, 목소리가 녹음되고, 위치정보가 저장되는 등 기업들이 새로운 서비스를 위해 사용할 수 있는 다양한 데이터들이 스마트폰에 쌓이기 시작하였다. 기업에 쌓이는 데이터가 기업 정보에서 개인이 사용하는 데이터로 전환되었고, 데이터의 양도 훨씬 더 증가하였다. 데이터의 종류도 음성, 이미지, 위치 등 다양한 형태로 쌓이면서 이러한 데이터를 가진 기업들이 빠르게 성장하는 계기가 마련되었다.

5 머신러닝 시대의 도래 : 데이터의 관리 및 학습

모바일 시대의 도래와 함께 데이터가 급속히 늘어나면서 데이터를 관리하는 방식에도 변화가 일어난다. 가장 큰 변화는 빅데이터를 다루기 위한 도구들이 출현하기 시작한 것이다. 특히 구글의 하둡(Hadoop)은 대용량 처리에 있어 병렬처리 방식을 적용하여 서버에 들어가는 비용을 획기적으로 절감하였다.

이와 동시에 사용자의 데이터가 늘어나면서 방대한 빅데이터를 저장하기 위해 클라우드(cloud)를 사용하기 시작하였다. 구글 드라이브나 드롭박스 등의 활용이 늘어나면서 사용자 디바이스에 나오는 데이터가 개인의 저장장치가 아닌 클라우드에 쌓이게 되었다. 특히 아마존은 기업용 클라우드인 AWS(Amazone Web Service)에 데이터를 쌓기 시작했다. 아마존은 매년 11월 블랙프라이데이로 인해 항상 접속이 폭발적으로 늘어나는 것에 대비하기 위해 많은 서버들을 구매하여 이 시기를 대비하였다. 하지만 이 시기가 끝나면 그 서버들이 유휴자원으로 남게 되는 문제점이 있었다. 그래서 아마존에서는 이를 해결하기 위해 AWS 서비스를 런칭하여 많은 사람들이 자사의 서버 자원을 빌려 쓸 수 있는 서비스를 만들어 비용 절감을 이룰 수 있었다. 이와 같이 많은 기업들, 특히 초기 서비스 구축을 위하여 사용되던 서버 비용들이 절감되면서 새로운 서비스 스타트업들이 출현하는 계기가 되었다.

그림 1-23 아마존의 AWS 데이터 센터

또 하나의 변화는 사물인터넷(Internet of Things, IoT)의 출현이다. 모바일 서비스가 활성화되면서 여러 장치들이 네트워크에 접속되어 데이터를 쏟아내는 시대가 되었다. 여러 센서들이 집안 곳곳에, 또는 자동차 등의 다양한 공간에 설치되어 끊임없이 데이터를 만들어 내고 있다. 이전에는 주로 온라인 공간에 데이터가 쌓였다면 새로운 변화가 일어나면서 오프라인 공간에서의 데이터가 클라우드 상에 쌓이기 시작한 것이다. 예를 들어 공장의 습도나 온도 데이터를 저장하는 IoT 장비를 활용하여 기계 장비들의 상태를 파악하거나 온습도를 측정하여 농장 관리에 활용하는 서비스들이 가능해지기 시작했다.

많은 변화들은 결국 지식 작업의 자동화를 위해 활용되기 시작한다. 산업혁명 시대에 증기기관 장비들이 인간의 노동력을 대신하여 생산성을 올렸던 것처럼, 많은 데이터들을 사용하여 인간의 지식 노동을 대신할 수 있는 도구가 필요해졌다. 결국 데이터를 학습하는 머신러닝이 산업혁명 시대의 증기기관 역할을 대신하고, 동시에 인간 지식 노동의 자동화를 수행할 수 있는 길을 열어주었다. 온라인 서비스뿐만 아니라 IoT 데이터로 인해 오프라인 서비스에 머신러닝들이 적용되면서 오프라인 서비스에서도 인간의 지식 노동을 대신하는 방법들을 찾게 되었다. 바야흐로 머신러닝과 인공지능 시대가 온 것이다.

그렇다면 앞으로의 미래는 어떻게 될까? 현재 거의 모든 장비와 제품에서 데이터가 생성되고 있고, 인간의 많은 지식들이 인공지능에 이식되고 있다. 앞으로는 인공지능 관련 서비스들이 훨씬 더 다양하게 나오게 될 것이고, 인간의 많은 부분을 대체할 것이다. 정보화의 흐름을 타고 정보화 시대를 넘어 머신러닝 시대가 찾아왔듯이, 지금의 머신러닝 시대를 잘 이해해야 새로운 시대의 도래를 따라갈 수 있을 것이다.

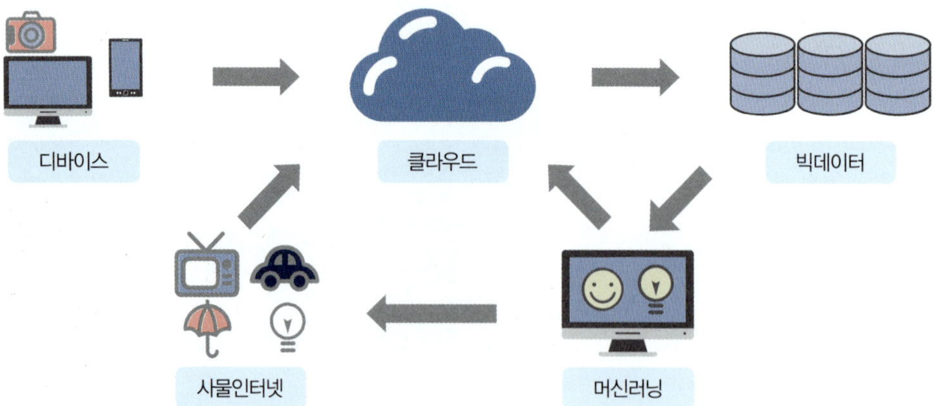

그림 1-24 데이터가 흐르는 길에 개념이 발생 © 〈What will come next〉, 하용호, 2015년

04 머신러닝 환경 구축하기

1 파이썬으로 머신러닝 환경을 구축하는 이유

오늘날 대부분의 기업과 학교에서 처음으로 머신러닝 환경을 학습하기 위한 프로그래밍 언어로 파이썬(Python)을 사용한다. 사실 최근에 사용하는 거의 모든 프로그래밍 언어를 이용하여 머신러닝을 구현할 수 있지만, 그럼에도 불구하고 파이썬을 사용하는 것은 여러 가지 편이성이 있기 때문이다. 파이썬을 머신러닝 환경에서 많이 사용하는 이유에 대해 알아보자.

❶ **스크립트 언어** : 파이썬은 컴파일러를 쓰지 않는 스크립트 언어로, 수정이 쉽고 간단하며 사용자와 지속적인 인터랙션을 할 수 있다. 머신러닝을 구현하다 보면 데이터의 이해를 위해 데이터를 살펴봐야 하는 경우가 많다. 이러한 경우 그래프를 수시로 확인하거나 특정 데이터를 화면에서 찍어보는 등의 작업들이 많이 필요한데, 컴파일러 언어는 그때마다 코드를 다시 컴파일시켜야 하는 번거로움이 있다. 파이썬은 인터프리터 언어이므로 머신러닝 환경 구축에 있어 장점이 많다.

❷ **쉬운 언어** : 파이썬은 문법 자체가 간단하고 배우기 쉽다. 파이썬은 사람이 사용하기 쉬운 언어로 만들었으며, 언어의 기원도 1980년대 후반에 만들어지다 보니 당시 주로 쓰이던 C와 같은 문법을 가지고 있어 기존 개발자들에게 매우 친숙하다.

❸ **머신러닝과 딥러닝의 표준 언어** : 가장 중요한 이유는 머신러닝과 딥러닝의 표준 언어로 파이썬이 자리잡고 있다는 점이다. 머신러닝을 지원하기 위한 많은 프레임워크들은 대부분 파이썬 언어를 지원하고 있다. 예를 들면, 대표적인 머신러닝 프레임워크 중 하나인 사이킷런(scikit-learn)은 R 패키지와 더불어 현재 가장 많이 사용되고 있는 머신러닝 프레임워크이다. 딥러닝 쪽으로 눈을 돌려봐도 구글의 텐서플로우(TensorFlow)와 페이스북의 파이토치(PyTorch)가 파이썬을 가장 먼저 지원하며 만들어진 프레임워크들이다.

2 파이썬 머신러닝 환경 구축하기

머신러닝을 구현하기 위해서는 머신러닝 모델을 구성하는 프레임워크 외에도 다양한 도구들이 필요하다. 그 도구들은 파이썬 인터프리터, 코드 편집기, 통계 분석 및 전처리 도구, 시각화 도구, 머신러닝 프레임워크 등 5개로 나눌 수 있다. 대표적인 파이썬 머신러닝의 도구들은 [표 1-2]와 같다.

표 1-2 파이썬 머신러닝의 도구들

도구 종류	설명	사용 도구
파이썬 인터프리터	파이썬 코드를 해석하고 실행시키기 위한 실행 프로그램	아나콘다(Anaconda)
코드 편집기	파이썬 코드를 수정할 때 사용하는 프로그램	주피터(Jupyter), VS코드(VSCode)
통계 분석 및 전처리 도구	데이터를 로드하고 전처리하기 위한 도구들	넘파이(NumPy), 판다스(Pandas), 사이파이(SciPy)
시각화 도구	데이터의 상태를 파악하기 위해 시각화를 지원하는 도구	맷플롯립(Matplotlib), 시본(Seaborn), 플롯리(Plotly)
머신러닝 프레임워크	실제 머신러닝 모델을 생성하고 데이터에 적용할 수 있도록 도와주는 도구	사이킷런(Scikit-learn)

2.1 파이썬 인터프리터

파이썬 인터프리터는 파이썬을 실행하는 파이썬 해석기 프로그램이라고 할 수 있다. 파이썬의 가장 기본적인 인터프리터는 파이썬 재단(Python Foundation)에서 배포하고 있는 파이썬 인터프리터(Python interpreter)이다. 그러나 최근에는 파이썬 배포판보다는 과학 계산용 파이썬 인터프리터를 표방한 **아나콘다(Anaconda)**라고 부르는 버전이 훨씬 많이 사용되고 있다.

아나콘다는 과학 계산이나 파이썬을 사용한 프로그램을 개발할 때 기본적으로 사용하는 다양한 패키지를 한 번에 모아서 제공한다. 따라서 사용자가 좀 더 손쉽게 파이썬을 활용하여 데이터 분석을 할 수 있도록 지원한다. 또한 'conda'라고 하는 파이썬 패키지 설치 환경을 제공함으로써 윈도우에서도 매우 쉽게 파이썬의 새로운 패키지들을 설치할 수 있다. 그러나 아나콘다는 파이썬에 비해 많은 패키지가 들어 있어 설치하기에 다소 무거운 단점을 가지고 있다. 그래서 일반적으로는 아나콘다보다는 **미니콘다(Minicona)**라는 경량화된 버전을 많이 사용한다.

ANACONDA®

그림 1-25 파이썬 인터프리터, 아나콘다(Anaconda)

2.2 코드 편집기

다음으로 필요한 것은 코드를 편집할 때 사용하는 코드 편집기이다. 단순 코드 편집기와 통합개발환경(Integrated Development Environment, IDE)과는 약간의 차이가 있다. 코드 편집기는 우리가 자주 사용하는 노트패드(notepad)와 유사하게 코드를 하나의 문서처럼 취급하여 수정하는 것이고, 통합개발환경은 개발과 관련된 코드 저장, 코드 전송, 코드 배포 등 개발의 전 과정을 지원하는 도구이다. 일반적으로 우리는 데이터를 분석할 때 코드를 계속 수정하고 데이터의 변화를 관찰하면서 코딩하는 **인터랙티브 셸(interactive shell)**을 사용한다. 인터랙티브 셸이란 코드 개발자가 계속 코드를 수정해 가면서 그래프를 표시하거나 데이터를 삭제 추가하는 과정을 거칠 때 그 중간 과정들을 쉽게 볼 수 있도록 사용자와 지속적인 상호작용을 하면서 진행하는 방식의 코드 편집기를 의미한다.

■ 주피터

데이터 분석에 있어 가장 많이 쓰이고 사실상의 표준으로 사용되는 코드 편집기는 **주피터(Jupyter)**이다. 주피터는 웹 기반의 코드 편집기로 코드를 입력하면 화면에 바로 결과를 출력해주는 기능을 제공한다. 또한 그래프나 수식들도 웹상에 바로 보여줌으로써 매우 쉽게 코드의 결과물을 확인할 수 있다. 주피터는 대표적인 데이터 분석 프로그래밍 언어인 '줄리아(Julia), 파이썬(Python), R'의 머리글자를 모아서 작명하였으며, 원래는 데이터 분석을 쉽게 할 수 있는 인터랙티브 코드 편집기, IPython(Interactive Python)을 기반으로 만들었다. 최근에는 구글의 클라우드 서비스나 아마존의 클라우드 서비스에서도 주피터와 같은 형식으로 데이터를 분석할 수 있는 도구를 제공한다.

■ VS코드

두 번째로 사용할 수 있는 코드 편집기는 **VS코드(VSCode)**이다. VS코드는 마이크로소프트에서 개발한 코드 편집기로, 처음에는 단순히 코드 편집기로 시작되었지만 최근에는 거의 완벽한 수준의 통합개발환경(IDE)으로 받아들여지고 있다. VS코드는 최근 자체적인 주피터 노트북 도구를 제공하여 사용자들이 쉽게 데이터 분석을 할 수 있도록 도와주고 있다.

```
In [1]: a = 10
        b = 50
        a * b
Out[1]: 500
```

그림 1-26 VS코드의 주피터 노트북 기능

TIP 본 교재에서는 VS코드가 아닌 주피터만을 사용하여 데이터 분석을 실시한다. 관심이 있는 독자는 검색을 통해 VS코드의 주피터 노트북 기능을 찾아보길 권장한다.

2.3 통계 분석 및 전처리 도구

데이터를 확보하고 나면 데이터 분석을 위해 사전에 데이터의 통계치를 확인하고, 이를 분석에 활용하거나 전처리하여 모델을 생성하여야 한다. 파이썬에서는 이를 위한 여러 가지 도구들을 제공한다.

■ 넘파이

넘파이(NumPy)는 'Numerical Python'의 약자로 일반적인 과학 계산에서 많이 사용하는 선형대수의 계산식을 파이썬으로 구현할 수 있도록 도와주는 라이브러리이다. 기존에 가장 많이 쓰던 도구는 매트랩(Matlab)인데, 매트랩의 역할을 하는 파이썬의 도구로 생각하면 된다. 넘파이는 그 자체로도 많이 사용되지만, 이후에 사용되는 사이파이(SciPy)나 판다스(Pandas)의 베이스 객체로도 사용된다. 넘파이에서 사용하는 다양한 코드 표현법을 그대로 사용하는 경우가 많으므로 넘파이 활용법은 반드시 알아두어야 한다.

■ 판다스

판다스(Pandas)는 'Python Data Analysis'의 약자로, 파이썬 데이터 처리를 위한 사실상의 표준 라이브러리이다. 판다스는 파이썬에서 엑셀과 같은 역할을 한다. 즉 데이터를 전처리하거나 통계정보, 또는 엑셀의 피봇 테이블과 같은 기능이 필요할 때 사용할 수 있다. 판다스의 데이터 분석 방법은 이후에 사용되는 거의 모든 데이터 분석 방식에 적용되어 활용되고 있다. 판다스도 넘파이를 기반으로 개발되었으며, R의 데이터 처리 기법을 참고하여 많은 함수가 구성되어 있어서 R 사용자들도 쉽게 해당 모듈을 사용할 수 있다. 또한 다음에 나오는 데이터 시각화 도구인 맷플롯립(Matplotlib)과도 연결하여 사용할 수 있다.

■ 사이파이

사이파이(SciPy)는 'Scientific computing tools for Python'의 약자로, 파이썬에서 다양한 과학 계산을 지원하는 도구이다. 특히 통계나 미분 연산 등 공업수학 정도의 레벨에서 사용하는 거의 모든 수학 연산을 지원한다. 넘파이를 기반으로 만들어져 기본적으로 결과 출력물이 넘파이와 유사한 면이 많다. 데이터 분석 분야에서는 통계 데이터 분석과 통계치를 산출할 때 주로 사용한다.

2.4 시각화 도구

데이터의 기본적인 통계치나 분석을 위한 라이브러리를 활용했다면, 그 다음 단계로 해당 데이터를 시각화하여 보여줄 수 있는 모듈들을 설치하여야 한다. 시각화 라이브러리는 파이썬에서만 10개가 넘는 등 다양한 라이브러리가 존재한다. 우리는 그중에서 가장 대중적으로 많이 쓰이는 맷플롯립(Matplotlib), 시본(Seaborn), 플롯리(Plotly)라는 세 개의 모듈을 사용하도록 한다.

■ 맷플롯립

맷플롯립(Matplotlib)은 그동안 대중적으로 가장 많이 사용되었고, 많은 파이썬 라이브러리의 근간이 되었다. 맷플롯립은 다른 라이브러리들의 부모 라이브러리로서의 역할을 하고 있다. 다소 복잡한 라이브러리 구성으로 인해 최근에는 그 사용 빈도와 대중성이 떨어졌으나 여전히 많은 입문자들이 처음 사용하는 시각화 라이브러리이다.

■ 시본

시본(Seaborn)은 맷플롯립(Matplotlib)과 거의 동일한 데이터 시각화 라이브러리로, 그래프를 생성하는 일종의 래퍼(wrapper) 라이브러리이다. 데이터 시각화를 위한 다양한 기능을 손쉽게 사용할 수 있도록 지원한다. 모든 기능은 맷플롯립을 기반으로 제공되어 맷플롯립과 상호 호환된다. 맷플롯립의 모든 기능을 사용하면서 손쉽게 사용하고 싶다면 시본이 가장 적절한 대안이다.

■ 플롯리

플롯리(Plotly)는 최근에 많이 사용되고 있는 라이브러리로, 앞의 라이브러리와는 달리 오픈소스로 시작된 라이브러리가 아니다. 하지만 개인의 경우 별도의 지불 없이도 사용할 수 있고, 무엇보다 사용자의 마우스에 반응하는 인터랙션 플로팅 기능을 제공해 필요에 따라 상세히 데이터를 볼 수 있다는 장점을 가지고 있다. 이로 인해 사용자들이 늘어나고 있으며, 새로운 것을 배우고자 하는 사람들에게 꼭 맞는 라이브러리라 할 수 있다.

2.5 머신러닝 프레임워크

머신러닝 프레임워크는 실제 머신러닝 모델을 생성하고 데이터에 적용할 수 있도록 도와주는 도구로, **사이킷런(Scikit-Learn)**이 대표적이다. 파이썬으로 모든 머신러닝 모델을 만들 수 없기 때문에 이미 개발된 라이브러리를 사용하여 머신러닝을 수행하는데, 이때 대표적인 라이브러리가 사이킷런이다. 사이킷런은 사실상 표준으로 사용되고 있다. 특히 딥러닝에서 사용되는 신경망을 제외하고 기본적인 통계기반 라이브러리를 매우 다양하게 제공하고 있어 사용자들이 손쉽게 딥러닝을 사용할 수 있다.

3 파이썬 머신러닝 환경 설치하기

머신러닝을 위한 파이썬 라이브러리를 설치하기 위해서는 복잡한 과정을 거쳐야 한다. 이러한 설치 과정 없이 가장 쉽게 머신러닝을 사용하는 방법은 구글에서 제공하는 코랩(Colab)을 사용하는 것이다. 하지만 머신러닝을 처음 시도해보는 사람이라면 머신러닝 환경을 한 번쯤은 설치해볼 것을 권장한다. 설치하는 과정에서도 배울 점이 있고, 자연스럽게 컴퓨터에 익숙해질 필요가 있기 때문이다. 이제부터 파이썬 머신러닝 환경을 설치해보자.

TIP 코랩은 웹상에서 거의 모든 모듈을 사용할 수 있도록 사전에 설치된 데이터 분석 환경을 구축해두었다. 최근에는 많은 교육 프로그램들이 구글의 코랩을 기반으로 진행되고 있다.

3.1 미니콘다 설치하기

가장 먼저 설치할 프로그램은 미니콘다(Miniconda)이다.

01 미니콘다 공식 페이지(https://docs.conda.io/en/latest/miniconda.html)에 접속하여 윈도우용 미니콘다(64bit) 설치 파일을 다운로드한다(Python 3.9 버전).

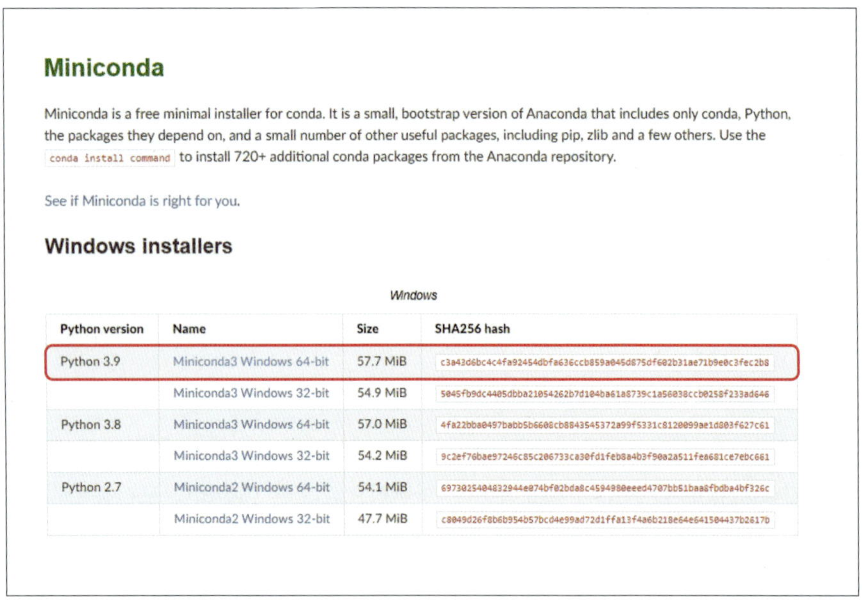

02 다운로드한 인스톨러를 실행하고 [Next]를 클릭한 후, 다음 화면에서 [I Agree]를 클릭한다.

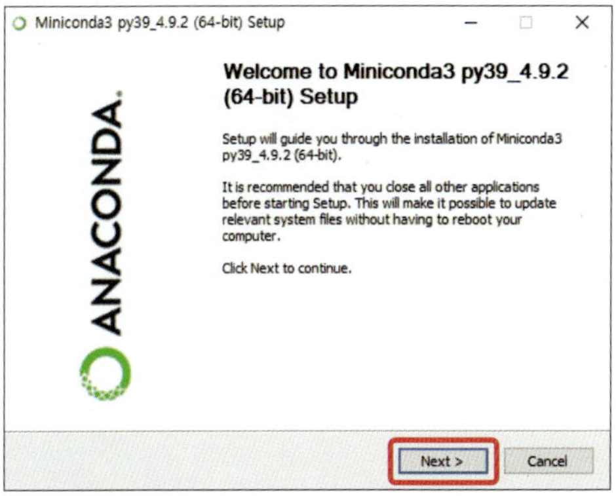

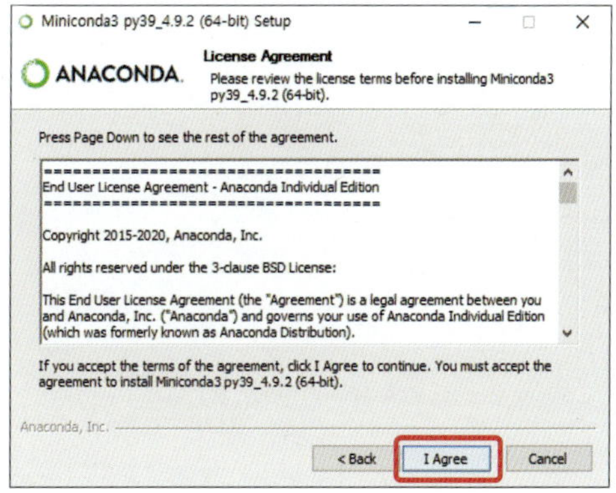

03 인스톨 타입 설정 창에서 'All Users'를 선택하고, [Next]를 클릭한다.

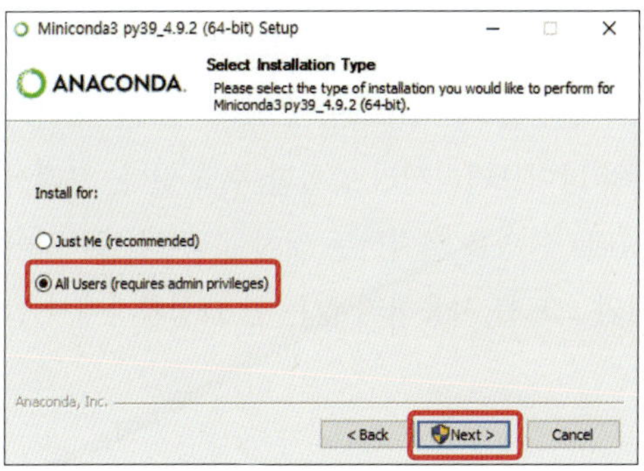

04 인스톨 경로 설정 창에서 [Browse]를 클릭하여 적절한 경로를 지정하고, [Next]를 클릭한다.

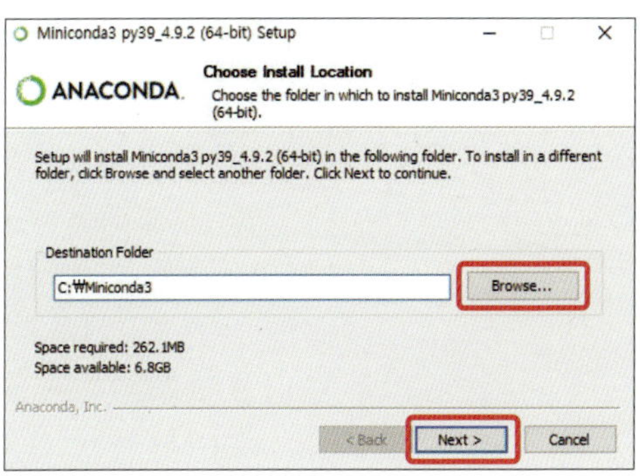

05 Advanced Installation Options 항목을 모두 선택하고 [Install]을 클릭한다.

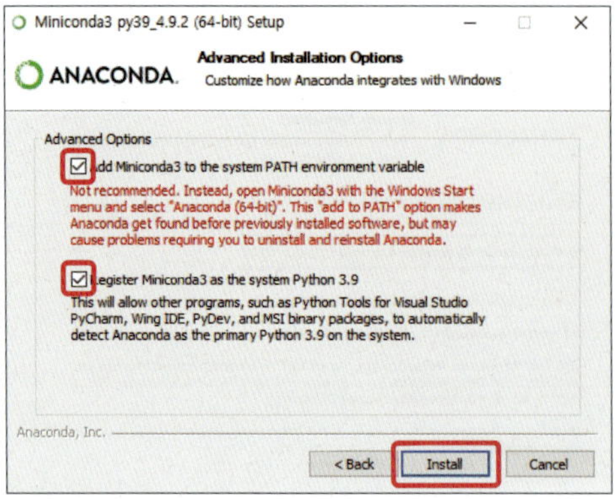

3.2 conda 가상환경 구성하기

다음으로 설치할 것은 conda 가상환경을 구성하기 위한 것이다. conda 가상환경이란 conda를 사용하기 위해 필요한 여러 라이브러리들을 하나의 환경에 설치하여 손쉽게 사용할 수 있도록 만들어주는 것이다. 파이썬 프로젝트를 진행할 때 프로그램에 따라 새로운 버전의 라이브러리를 설치해야 하거나, 서로 다른 버전의 라이브러리끼리 충돌할 수도 있다. 그래서 현재 진행하고 있는 프로젝트의 코드에 맞춘 conda 환경을 설치하는 것이 조금 더 일반적이다. 최근에는 버전이 어느 정도 통일되면서 과거의 코드를 사용하지 않는 한 가상환경에서 실행하는 방법이 많이 사용되고 있다.

01 가상환경을 실행하기 위해서는 먼저 conda 가상환경이 실행될 수 있는 터미널 환경을 실행해야 한다. 윈도우의 경우 따로 가상환경을 실행해야 하는데 최근 나오는 conda 버전에서는 conda 전용 프롬프트를 제공하고 있다. 이를 실행하기 위해서는 윈도우 작업표시줄의 검색바에 `anaconda`를 입력한다. 여기서 `Anaconda Prompt (Miniconda3)`를 실행하면 conda 터미널 환경이 나타난다.

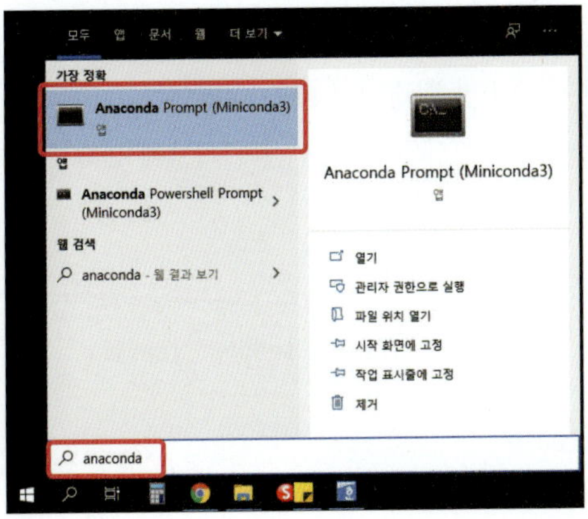

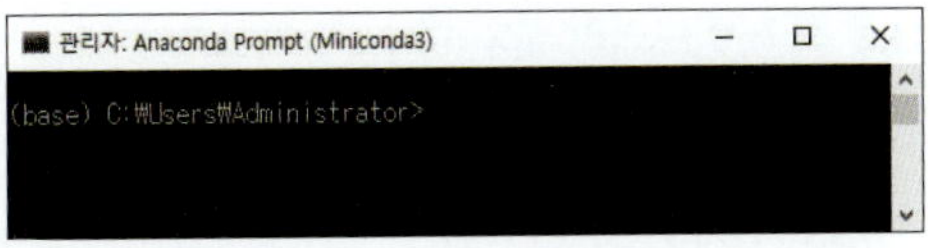

TIP 리눅스나 맥에서는 미니콘다를 설치하면 기본 가상환경이 바로 실행된다. 기본 가상환경은 터미널이 처음 시작될 때 '(base)'라고 표시된다.

02 가상환경을 만들기 위해서는 실행된 터미널 환경에서 다음과 같은 명령어를 입력한다. 여기서 conda는 가상환경을 통해 파이썬 패키지를 손쉽게 관리할 수 있도록 하는 도구이고, create는 가상환경을 만드는 명령어이며, -n은 환경의 이름을 입력하기 위한 매개변수이다. 즉 ml이 우리가 만드는 가상환경의 이름이다. 이 이름은 사용자가 마음대로 변경해도 상관없다. 다음으로 python=3.9는 파이썬 3.9 버전을 기반으로 가상환경을 만든다는 의미이다.

```
(base) C:\...>conda create -n ml python=3.9
```

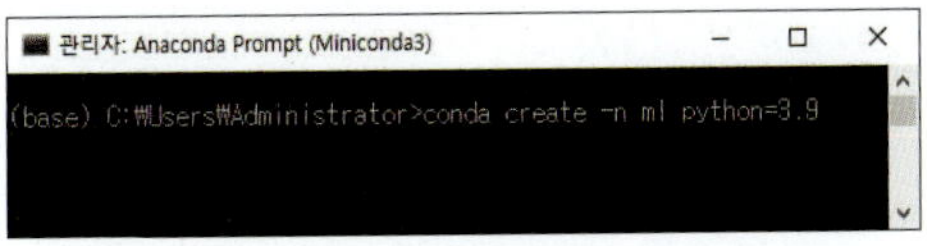

03 다음으로 해당 가상환경을 수행하기 위해 conda activate ml 명령어를 실행하면, 가상환경의 명칭이 (base)에서 ml로 변경된다.

```
(base) C:\...>conda activate ml
(ml) C:\...>
```

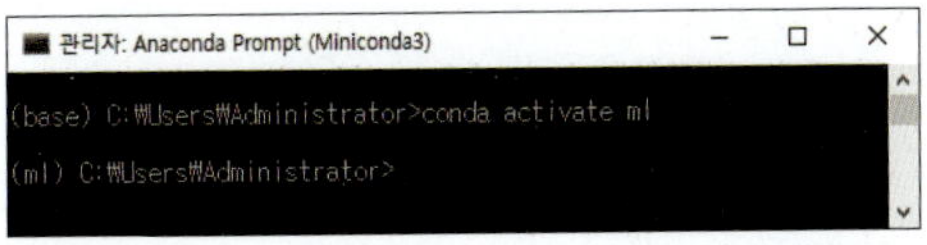

3.3 각 라이브러리 설치하기

다음으로 머신러닝에 필요한 각 모듈을 설치한다. 터미널 환경에서 다음 명령어를 차례로 입력하면 모듈들이 설치된다. 각 라이브러리들은 서로 의존성을 가지고 있기 때문에 필요에 따라 서로 맞는 버전을 설치해야 한다.

```
(ml) C:\...>conda install numpy pandas scikit-learn matplotlib seaborn jupyter
(ml) C:\...>conda install -c plotly plotly
(ml) C:\...>conda install -c plotly chart-studio
```

4 주피터 노트북 사용하기

다음으로 웹 기반의 코드 에디터인 주피터 노트북(Jupyter Notebook)을 실행한다.

4.1 주피터 노트북 실행하기

01 터미널 환경에서 다음과 같이 입력하면 주피터가 실행되는데, 이때 현재 실행된 디렉토리를 기준으로 파일 리스트가 나타난다.

```
(ml) C:\...>jupyter notebook
```

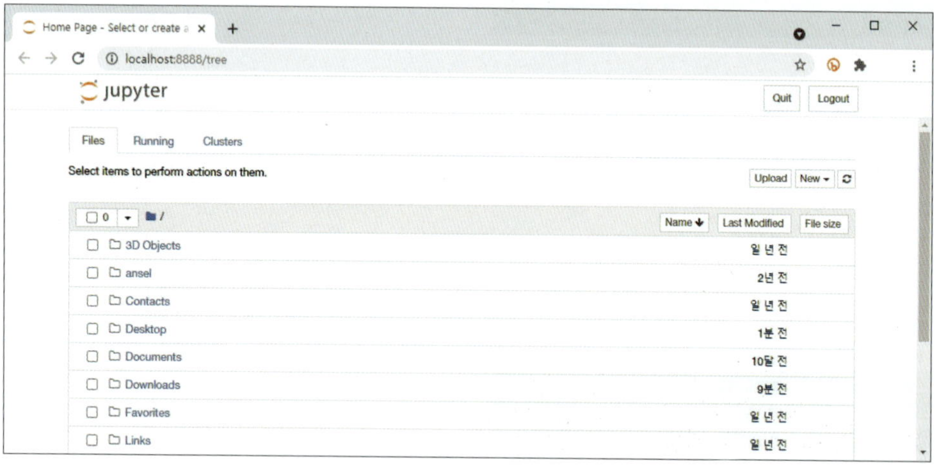

02 주피터 노트북을 실행하기 위해 오른쪽 상단의 [New] 버튼을 누르고 'Python 3' 커널을 실행할 수 있는 가상환경 버튼인 [Python 3]을 클릭한다.

03 코딩을 할 수 있는 주피터 노트북이 실행된다.

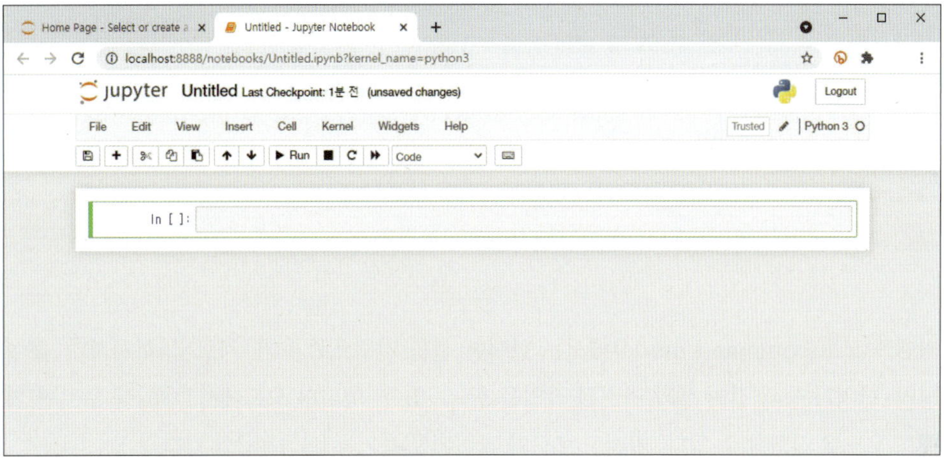

4.2 주피터 노트북에서 코드 실행하기

대화형 파이썬 셸인 주피터에서 대화를 하는 공간을 노트북(notebook)이라 하고, 이 노트북에서 다음 한 칸을 **셀(cell)**이라고 부른다. 이 셀에는 [그림 1-27]과 같이 필요한 코드를 붙여서 입력할 수 있다. 코드를 작성하고 Ctrl + Enter 를 누르면 코드를 실행시킬 수 있다. 셀이 실행되는 순간 셀 위에 있는 코드들은 모두 메모리 상에 업로드되어 코드가 실행된다.

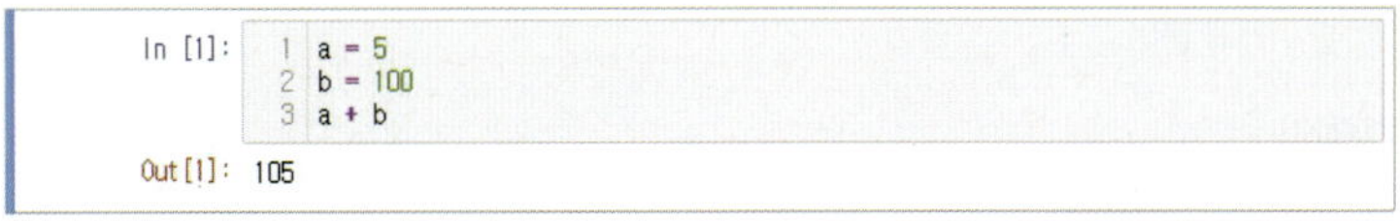

그림 1-27 주피터 노트북 실행 화면

4.3 주피터 노트북에서 다양한 단축키 활용

주피터 노트북에서는 다양한 형태의 단축키를 지원하는데, 단축키를 잘 활용하면 주피터를 좀 더 효율적으로 이용할 수 있다. 주피터 노트북에서의 단축키 사용은 크게 '에디터 모드'와 '커맨드 모드'로 구분할 수 있다.

에디터 모드(editor mode)는 셀 안에서 코드를 작성할 수 있는 상태를 의미하는데, 일반적으로 메모장과 거의 같은 기능을 하고 있다. 커맨드 모드에서 Enter를 누르면 에디터 모드로 진입할 수 있다. 에디터 모드와 관련된 단축키는 [표 1-3]과 같다.

표 1-3 에디터 모드와 관련된 단축키

단축키	내용
Ctrl + Enter	선택한 셀의 코드를 실행(다음 셀 추가 없음)
Shift + Enter	선택한 셀의 코드를 실행한 후 다음 셀을 추가하거나 다음 셀로 이동
Enter	줄 바꿈
Shift + Tab	함수가 포함된 줄에서 해당 함수의 기능을 상세히 설명
Ctrl + Shift + -	커서가 있는 지점을 기준으로 셀 분할

커맨드 모드(command mode)에서는 선택한 셀을 기준으로 추가·자르기·복사하기·붙여넣기·합치기 등과 같이 셀과 관련된 작업을 할 수 있다. 에디터 모드에서 ESC를 누르면 커맨드 모드로 진입할 수 있다. 커맨드 모드와 관련된 단축키는 [표 1-4]와 같다.

표 1-4 커맨드 모드와 관련된 단축키

단축키	내용
A	위로 셀 추가
B	아래로 셀 추가
X	셀 자르기
C	셀 복사하기
V	선택한 셀 아래에 붙여넣기
D + D	셀 삭제하기
Shift + M	선택한 셀과 아래 셀 합치기

단축키	내용
M	선택한 셀을 마크다운 셀로 변경
Y	마크다운 셀을 코드 셀로 변경(코드 입력 상태로 복구)

하나 더 알기 마크다운과 레이텍

주피터는 단순히 코드뿐만 아니라 다양한 이미지, 텍스트, 수식 등을 하나의 문서로 나타낼 수 있다. 그래서 하나의 노트북은 단순히 코드의 집합이라기 보다 일종의 보고서라고 말할 수 있다. 이때 문서를 작성하기 위해 사용하는 언어가 마크다운(Markdown)이다. 마크다운은 간단히 문서를 작성하기 위해 사용되는 마크업 언어로, 복잡하지 않은 문서를 HTML 형태로 표현할 때 사용한다. 또한 데이터 분석을 하다 보면 논문을 작성하듯 수식을 적어야 할 때가 있는데, 이 경우 레이텍(LaTeX)을 사용하여 표현할 수 있다.

요약

01 머신러닝 관련 주요 키워드

- 알고리즘(algorithms) : 어떠한 문제를 해결하기 위한 일련의 절차나 방법
- 머신러닝(machine learning) : 기계가 패턴을 학습하여 자동화하는 알고리즘
- 인공지능(artificial intelligence) : 컴퓨터가 학습하고 생각하여 스스로 판단할 수 있도록 만드는 기술
- 딥러닝(deep learning) : 신경망을 기반으로 한 머신러닝 기술
- 빅데이터(big data) : 기존의 데이터베이스로는 수집·저장·분석 따위를 수행하기가 어려울 만큼 방대한 양의 데이터

02 머신러닝의 분류 : 지도학습과 비지도학습

- 지도학습(supervised learning) : 문제와 답을 함께 학습함으로써 미지의 문제에 대한 올바른 답을 예측하는 학습(회귀와 분류)
- 비지도학습(unsupervised learning) : 조력자의 도움 없이 컴퓨터 스스로 학습하는 형태로, 컴퓨터가 훈련 데이터를 이용하여 데이터들 간의 규칙성을 찾음(군집)

03 데이터의 역사적 흐름

데이터 시대의 시작 → 기술의 전이 → 정보화 혁명의 시작 → 모바일 시대의 시작 → 빅데이터, 클라우드, 사물인터넷, 머신러닝 시대의 도래

04 파이썬을 머신러닝 환경에서 많이 사용하는 이유

① 스크립트 언어

② 쉬운 언어

③ 머신러닝과 딥러닝의 표준 언어

05 머신러닝을 하기 위해 필요한 도구

도구 종류	설명	사용 도구
파이썬 인터프리터	파이썬 코드를 해석하고 실행시키기 위한 실행 프로그램	아나콘다(Anaconda)
코드 편집기	파이썬 코드를 수정할 때 사용하는 프로그램	주피터(Jupyter), VS코드(VSCode)
통계 분석 및 전처리 도구	데이터를 로드하고 전처리하기 위한 도구들	넘파이(NumPy), 판다스(Pandas), 사이파이(SciPy)
시각화 도구	데이터의 상태를 파악하기 위해 시각화를 지원하는 도구	맷플롯립(Matplotlib), 시본(Seaborn), 플롯리(Plotly)
머신러닝 프레임워크	실제 머신러닝 모델을 생성하고 데이터에 적용할 수 있도록 도와주는 도구	사이킷런(Scikit-learn)

연습문제

01 기계가 패턴을 학습하여 자동화하는 알고리즘을 무엇이라고 하는가?

① 머신러닝 ② 인공지능 ③ 데이터 과학 ④ 빅데이터

02 사물이나 데이터를 군집화하거나 분류하는 데 사용하는 기술로 많은 머신러닝 기법 중 '신경망(neural network)'을 기반으로 한 기술을 무엇이라고 하는가?

① 인공신경망 ② 딥러닝 ③ 데이터 과학 ④ 인공지능

03 문제와 답을 함께 학습함으로써 미지의 문제에 대한 올바른 답을 예측하는 학습을 무엇이라고 하는가?

① 지도학습 ② 추천학습 ③ 강화학습 ④ 비지도학습

04 비지도학습의 종류로 기존에 모여 있던 데이터에 대해 따로 분류 기준을 주지 않고 모델이 스스로 분류 기준을 찾아 집단을 모으는 기법을 무엇이라고 하는가?

① 분류 ② 회귀 ③ 검색 ④ 군집

05 다음 중 머신러닝 시대의 도래와 관련된 설명으로 맞지 않는 것은 무엇인가?

① 앨런 튜링은 매일 바뀌는 암호의 암호키를 빠른 시간 내에 찾아내기 위해 초기 수준의 컴퓨터를 개발하여 사용하였다.

② 은행에서 컴퓨터를 도입하면서 은행 거래 처리 정보를 데이터로 저장하기 시작하였다.

③ 월드와이드웹(World Wide Web)이라고 부르는 WWW가 개발된 이후, 많은 시스템들이 인터넷상에서 개발되었다.

④ 구글의 하둡(Hadoop)은 대용량 처리에 있어 직렬처리 방식을 적용하여 서버에 들어가는 비용을 획기적으로 절감하였다.

06 다음 중 통계 분석 및 전처리 도구가 아닌 것은?

① 맷플롯립 ② 사이파이 ③ 판다스 ④ 넘파이

CHAPTER 02
데이터의 이해

학습목표

- 피쳐의 개념과 표기법에 대해 알아보고, 차원의 저주에 대해 학습한다.
- 데이터를 연속형 데이터와 이산형 데이터로 분류한다.
- 데이터 타입별로 숫자형 데이터, 명목형 데이터, 서수형 데이터로 분류한다.
- 데이터 테이블의 기본 용어를 살펴본다.
- 판다스로 데이터 다루는 방법을 실습한다.

01 피쳐란?

1 피쳐의 개념

우리는 머신러닝을 이해하기 위해 많은 개념들을 알아야 한다. 앞서 설명했던 알고리즘과 모델이 대표적이고 그와 함께 데이터의 개념을 이해해야 한다. 데이터에 대한 개념은 여러 가지가 있는데, 그중 핵심적으로 이해해야 하는 용어는 바로 '특성'이나 '특징'으로 부르는 **피쳐**(feature)이다. 그럼 피쳐에 대해 알아보겠다.

모델을 구성하는 데 가장 큰 영향을 주는 것은 무엇일까? 앞서 배웠듯이 모델은 데이터에 의해 생성되므로, 모델을 구성하는 데 가장 큰 영향을 주는 것은 데이터이다. 이때 데이터에 의해 생성되는 모델은 다양한 형태로 나타낼 수 있는데, 간단한 함수 형태로 다음과 같이 표현할 수 있다. 여기서 x가 데이터로부터 나오는 것이다.

$$y = f(x)$$

[그림 2-1]과 같이 $y = ax + b$와 같은 모델을 만들 수 있다. 여기서 x는 '독립변수', y는 모델에 의해 결정된다는 의미인 '종속변수'로 부른다. 그리고 a와 b는 알고리즘에 의해 찾아지는 매개변수(parameter)이다. 즉, 우리는 [그림 2-1]의 수식에서 x와 y는 데이터로부터 추출할 수 있고, a와 b는 데이터를 바탕으로 알고리즘이 찾아내는 값이라는 것을 알 수 있다.

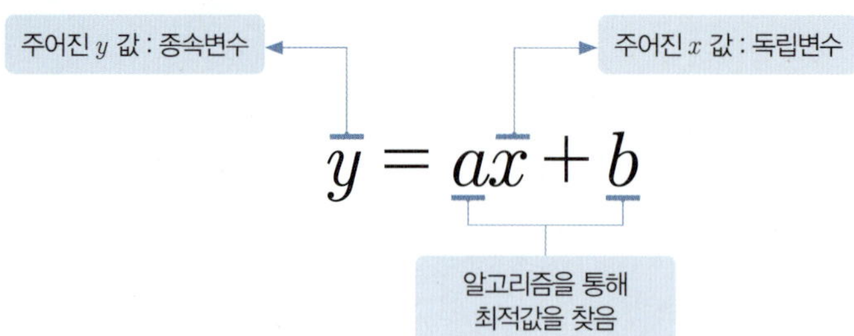

그림 2-1 $y = ax + b$ 모델

그렇다면 우리가 앞으로 만날 다양한 문제에서 y 값에 영향을 주는 x 값은 하나일까? 예를 들어, 영화관의 관람객 수를 인터넷 웹사이트의 좋아요 개수로 예측할 수 있다고 가정하자. 여기서는 영화관에서의 관람객 수가 y 값이 되고, 인터넷 웹사이트의 좋아요 개수가 x에 해당된다. 이 문제는 굉장히 간단하기 때문에 한 종류의 x 값으로 y 값을 예측했다. 그러나 복잡한 문제를 만나면 과연 몇 개의 x 값이 필요할까?

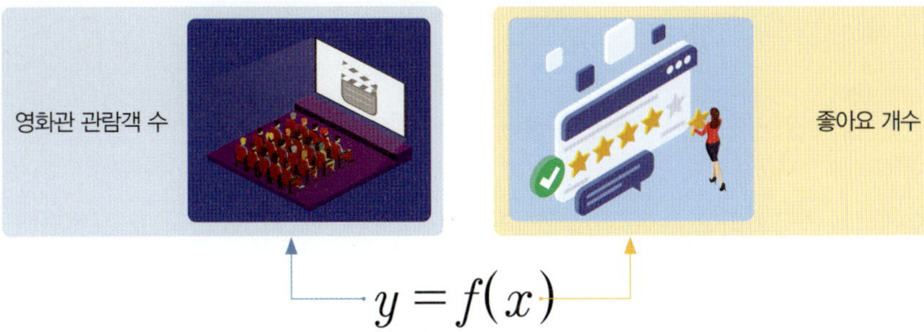

그림 2-2 $y=f(x)$: 영화관의 관람객 수와 좋아요 개수의 관계

대표적인 머신러닝 데이터셋의 예제로 보스턴 집값 예측(Boston House Price)이라는 데이터셋이 있다. 보스턴 집값 예측 데이터셋은 1978년 보스턴 외곽지역의 집값을 외곽지역의 범죄율, 방 개수, 지방세율 등 총 13개의 변수와 함께 정리하여 제안한 데이터셋이다. 데이터의 개수는 총 506개로 데이터가 간단하고 다루기 쉬워 머신러닝을 처음 배울 때 가장 많이 만나는 데이터셋이다.

구분	변수	설명
x 변수 13개	[01] CRIM	자치시(town)별 1인당 범죄율
	[02] ZN	25,000 평방피트를 초과하는 거주지역의 비율
	[03] INDUS	비소매상업지역이 점유하고 있는 토지의 비율
	[04] CHAS	찰스강에 대한 더미변수(강의 경계에 위치한 경우는 1, 아니면 0)
	[05] NOX	10ppm 당 농축 일산화질소
	[06] RM	주택 1가구당 평균 방의 개수
	[07] AGE	1940년 이전에 건축된 소유주택의 비율
	[08] DIS	5개의 보스턴 직업센터까지의 접근성 지수
	[09] RAD	방사형 도로까지의 접근성 지수
	[10] TAX	10,000달러 당 재산세율
	[11] PTRATIO	자치시(town)별 학생/교사 비율
	[12] B	1000(Bk−0.63)^2, 여기서 Bk는 자치시별 흑인의 비율을 말함
	[13] LSTAT	모집단의 하위계층의 비율(%)
y 변수	[14] MEDV	본인 소유의 주택가격(중앙값) (단위 : $1,000)

그림 2-3 보스턴 집값 예측(Boston House Price) 데이터셋

여기서 y 값, 즉 '본인 소유의 주택가격(중앙값)'이 종속변수이고, 나머지 13개는 독립변수이다. 이 데이터를 이용해서 범죄율, 방의 개수, 재산세율 등의 값들이 어떻게 집값에 영향을 주는지에 대해서 우리는 모델을 만들어 알아보고자 한다. 그렇다면 [그림 2-3]의 데이터를 이용해 어떻게 모델을 만들 수 있을까? 다시 말해, 각각의 변수들이 y 값에 어떤 영향을 주는지 어떻게 표현할 수 있을까? 답은 비교적 간단하다. 다음 식과 같이 각각의 서로 다른 독립변수들을 x_n으로 하고 여기에 해당 변수가 영향을 주는 가중치인 β_n을 선형 결합(linear combination)하여 나타낼 수 있다.

$$y = \beta_1 x_1 + \beta_2 x_2 + \beta_3 x_3 + \beta_4 x_4 + \cdots + \beta_{13} x_{13} + \beta_0 \times 1$$

보통 1차 함수에서는 기울기라고 부르는 β_n을 머신러닝에서는 가중치(weight)로 표현한다. 즉, 이 가중치를 사용해서 각각의 독립변수 x_n이 어떻게 종속변수 y에 영향을 주는지 나타내는 것이다. 우리가 앞서 봤던 $y = ax + b$ 모델에서는 x가 1개 밖에 없었지만 여기서는 13개의 x가 존재한다. 또한 추가적으로 상수항(또는 절편)이라고 부르는 b가 포함된다. 결론적으로 이 간단한 모델은 13개의 독립변수와 1개의 상수항, 그리고 종속변수로 구성되어 있다.

TIP 앞의 표현식 중 β_n은 통계학에서 흔히 사용하는 것이다. 일반적으로 머신러닝에서는 β_n보다는 가중치를 의미하는 w를 많이 사용한다.

앞에서 살펴본 독립변수 x를 머신러닝에서는 **피쳐(feature)**라고 부른다. 간단하게 생각하면 종속변수 y에 영향을 주는 특성, 즉 데이터가 가지고 있는 특성이라고 이해하면 좋을 것이다. 피쳐 외에도 앞서 살펴본 통계학쪽 용어인 독립변수, 또는 입력 데이터(input data) 등의 용어로 많이 사용되고 있다.

2 피쳐의 표기법

일반적으로 우리가 접할 다양한 데이터는 [그림 2-4]와 같이 하나의 테이블(표)로 표현이 가능하다. 이를 **데이터 테이블(data table)**이라고 하는데 '하나의 데이터 묶음'이라고 할 수 있다. 실제 현업에서는 '데이터의 판'이라고 하여 '모판'이라는 표현을 사용하기도 한다. 이 데이터 테이블 상에서 하나의 열 이름(column name)에 해당하는 것이 피쳐이다. 또한 하나의 데이터, 즉 엑셀에서의 한 줄 한 줄을 '데이터 인스턴스(data instance)' 또는 '튜플(tuple)'이라고 부른다.

CRIM	ZN	INDUS	CHAS	NOX	RM	AGE	DIS	RAD	TAX	PTRATIO	B	LSTAT	MEDV	CAT.MEDV
0.00632	18	2.31	0	0.538	6.575	65.2	4.09	1	296	15.3	396.9	4.98	24	0
0.02731	0	7.07	0	0.469	6.421	48.9	4.9671	2	242	17.8	396.9	9.14	21.6	0
0.02729	0	7.07	0	0.469	7.185	61.1	4.9671	2	242	17.8	392.83	4.03	34.7	1
0.03237	0	2.18	0	0.458	6.998	45.8	6.0622	3	222	18.7	394.63	2.94	33.4	1
0.06905	0	2.18	0	0.458	7.147	54.2	6.0622	3	222	18.7	396.9	5.33	36.2	1
0.02985	0	2.18	0	0.458	6.43	58.7	6.0622	3	222	18.7	394.12	5.21	28.7	0
0.08829	12.5	2.18	0	0.524	6.012	66.6	5.5605	5	311	15.2	395.6	12.43	22.9	0
0.14455	12.5	7.87	0	0.524	6.172	96.1	5.9505	5	311	15.2	396.9	19.15	27.1	0
0.21124	12.5	7.87	0	0.524	5.631	100	6.0821	5	311	15.2	386.63	29.93	16.5	0
0.17004	12.5	7.87	0	0.524	6.004	85.9	6.5921	5	311	15.2	386.71	17.1	18.9	0
0.22489	12.5	7.87	0	0.524	6.377	94.3	6.3467	5	311	15.2	392.52	20.45	15	0
0.11747	12.5	7.87	0	0.524	6.009	82.9	6.2267	5	311	15.2	396.9	13.27	18.9	0
0.09378	12.5	7.87	0	0.524	5.889	39	5.4509	5	311	15.2	390.5	15.71	21.7	0
0.65976	0	8.14	0	0.538	5.949	61.8	4.7075	4	307	21	396.9	8.26	20.4	0
0.63796	0	8.14	0	0.538	6.096	84.5	6.4619	4	307	21	380.02	10.26	18.2	0

그림 2-4 데이터 테이블의 예시

우리가 앞에서 배운 수식을 [그림 2-4]의 데이터에 적용해 표현해보자. 먼저 데이터 테이블에서 한 줄, 즉 데이터 인스턴스를 하나 뽑아서 수식에 적용하면 [그림 2-5]와 같이 나타낼 수 있다.

CRIM	ZN	INDUS	CHAS	NOX	RM	AGE	DIS	RAD	TAX	PTRATIO	B	LSTAT	MEDV	CAT.MEDV
0.00632	18	2.31	0	0.538	6.575	65.2	4.09	1	296	15.3	396.9	4.98	24	0

$$y = w_1x_1 + w_2x_2 + w_3x_3 + w_4x_4 + \cdots + w_{13}x_{13} + w_0 \times 1$$

그림 2-5 데이터 인스턴스 추출과 수식 적용

[그림 2-5]의 수식에서 첫 번째 피처인 x_1에는 0.00632, x_2에는 18이 대입된다. 이런 식으로 모든 값이 각각의 x_n 변수에 대입되고 최종적으로 'MEDV' 열에 있는 값이 y에 대입되면 매우 복잡한 하나의 방정식이 만들어지게 된다. 이러한 방정식은 일반적으로 하나의 수식으로만 표현하기 어렵기 때문에 [그림 2-6]과 같이 하나의 벡터 형태로 표현된다.

$$x^{(1)} = \begin{bmatrix} 1 \\ 0.00632 \\ 18 \\ 2.31 \\ 0.538 \\ \vdots \\ 4.98 \end{bmatrix} \qquad w = \begin{bmatrix} w_0 \\ w_1 \\ w_2 \\ w_3 \\ \vdots \\ w_{13} \end{bmatrix}$$

그림 2-6 벡터 형태로 표현

앞의 표기법 $x_j^{(i)}$ 중 i는 전체 데이터 테이블에서 데이터의 순서를 표기하고 j는 피쳐의 순서를 나타낸다. 예를 들면 $x_5^{(1)}$을 설명하면 1번 데이터에 5번째 피쳐의 값으로, [그림 2-6]에서는 '0.538'을 의미한다.

TIP 이러한 표기법은 사실 논문이나 책마다 다르기 때문에 정답은 없다. 다만 본 교재에서는 스탠포드대학교의 앤드류 응 교수가 코세라 강의에서 사용한 표기법을 따른다.

그리고 하나의 값, 즉 하나의 행(row)이나 튜플(tuple)에 관한 값을 표현할 때는 열 벡터(column vector) 형태로 표현하는데, 가중치(weight)도 열 벡터를 사용한다. 가중치의 열 벡터에서도 각 값을 X_j로 표현하는데, 여기서 j는 피쳐의 순서를 나타낸다. 앞의 표현식 중 w_0은 상수항을 의미한다.

모든 수식을 하나의 선형대수 표기법(notation)으로 표현하면 다음과 같다. 참고로 다음과 같은 표기법은 가장 일반적인 머신러닝 수식을 표현하는 기법이다. 특히 마지막에 쓰인 $w^T X$는 벡터의 내적(dot product)이라고 부르는데, 이는 열 벡터(column vector)끼리 같은 위치에 있는 값들을 곱해서 최종적으로 모두 더하는 연산을 의미한다.

$$y = w_1 x_1 + w_2 x_2 + \cdots + w_{13} x_{13} + w_0 x_0 = \sum_{j=0}^{13} = w_j x_j = w^T X$$

하나 더 알기 수식의 표현법

일반적인 표현식에서 벡터(vector)는 소문자 볼드체, 상수값(scalar)은 이탤릭체, 행렬(matrix)은 대문자 볼드체로 표현한다. 즉 $x_j^{(i)}$에서 x는 벡터, j와 i는 상수값을 의미하고, X_j에서 X는 행렬을 의미한다.

3 차원의 저주

앞에서 살펴본 보스턴 집값 예측(Boston House Price) 데이터셋에서 피쳐의 개수는 총 13개이다. 그러나 대부분의 독자들이 중고등학교 때 배운 독립변수, 즉 피쳐의 개수는 1개 또는 2개 정도였다. 즉 기껏해야 3차원 상에서 점의 위치를 나타내거나 좌표평면상에 점을 나타내어 연산했던 것이다.

그러나 실제 머신러닝에서는 이렇게 적은 피쳐의 개수로 처리하는 경우는 거의 없다. 사실상 피쳐의 개수가 엄청나게 많이 늘어나고 이에 따라 데이터를 확보해야 어느 정도 성능이 갖추

어진 머신러닝 모델을 만들 수 있기 때문이다. 이렇게 차원이 계속 늘어난다면 점점 우리가 상상할 수 없는 범위로 들어가게 된다. [그림 2-7]과 같이 3개의 피쳐까지는 3차원의 공간에서 표현할 수 있지만, 특성이 계속 늘어나면 더 이상 표현할 수 없는 범위까지 넘어가게 된다. 이렇게 차원의 증가는 사람뿐만 아니라 컴퓨터도 연산을 어렵게 만든다. 머신러닝에서는 보통 이러한 문제점을 **차원의 저주**(Curse of Dimensionality)라고 부른다. 즉 '피쳐의 개수가 증가하게 되면 데이터를 표현해야 하는 공간이 지속적으로 늘어나게 되고 이에 대한 처리가 어렵게 되는 것'을 말한다.

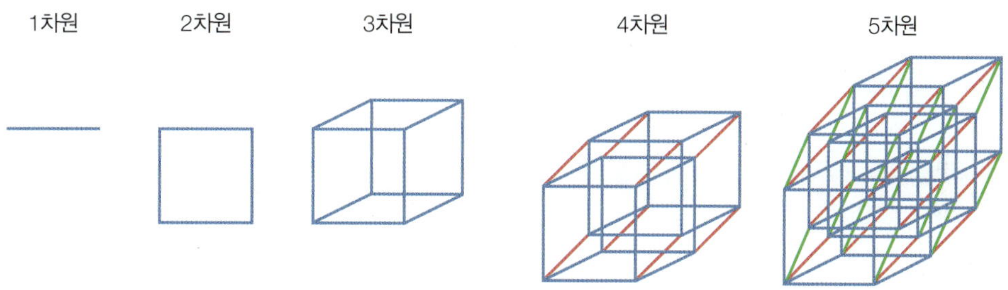

그림 2-7 **차원의 저주**

이렇게 차원이 증가하면서 생기는 부작용에는 두 가지가 있다.

- **희박한 벡터 생성** : 희박한 벡터(sparse vector)란 '벡터 공간에 너무 많은 0이 포함된 형태로 값이 없는 벡터들이 증가한다'는 것이다. 예를 들어 설문조사를 진행할 때 '형제가 있다/없다', '차가 있다/없다' 등과 같은 단순한 조사를 진행하는 경우가 있다. 만약 이런 값들을 국민 모두에게 실시한다면 어떤 값의 경우 너무 많은 0이 생성될 것이다. 이렇게 되면 '1 0 0 0 0 0 0 0 1'로 표현하게 되는데 이런 데이터들은 모델을 생성할 때 모델 전체의 정확도를 떨어뜨리는 가장 큰 이유가 된다.
- **데이터 처리 속도와 메모리 공간 문제** : 샘플 데이터가 너무 많아지기 때문에 데이터를 처리하는 속도가 느려지거나 아니면 메모리의 공간이 굉장히 커지는 문제가 발생할 수 있다.

이런 문제는 데이터의 분포나 모델을 추정하는 데에 어려움을 야기하기 때문에 필요에 따라 피쳐의 개수를 줄이기 위한 차원 축소, 차원 제거 등의 접근을 사용하게 된다. 지금 당장 모든 것을 알 필요는 없지만 피쳐의 개수가 반드시 많을 필요는 없다는 것만 기억하자.

02 피쳐의 종류

우리는 앞서 [그림 2-8]과 같은 데이터를 수식에 대입하는 방법에 대해 논의했다. 그렇다면 이 수식에서 x_j에는 어떤 종류의 값이 들어갈 수 있을까? 예를 들어 평균 나이를 뜻하는 AGE는 65.2이고, 강의 경계 위치를 나타내는 CHAS는 0이다. 이러한 데이터는 저마다 피쳐를 가지고 있는데, 그 피쳐에 맞춰 모델에 넣기 위한 데이터를 변환하는 것이 필요하다. 이번 절에서는 피쳐의 종류에 대해 알아본다.

CRIM	ZN	INDUS	CHAS	NOX	RM	AGE	DIS	RAD	TAX	PTRATIO	B	LSTAT	MEDV	CAT.MEDV
0.00632	18	2.31	0	0.538	6.575	65.2	4.09	1	296	15.3	396.9	4.98	24	0

$$y = w_1x_1 + w_2x_2 + w_3x_3 + w_4x_4 + \cdots + w_{13}x_{13} + w_0 \times 1$$

그림 2-8 데이터 인스턴스 추출과 수식 적용

1 데이터의 분류 : 연속형 데이터와 이산형 데이터

데이터는 크게 연속형 데이터와 이산형 데이터로 구분할 수 있다.

연속형 데이터(continuous data)는 '값이 끊어지지 않고 계속 연결되는 종류의 데이터'로 대체적으로 실수(real number)와 관련된 값이다. 예를 들면 온도나 자동차 속도 등이 있다. 특별히 온도는 10.1, 11.21, 10.121처럼 값들이 실수로 표현 가능한데, 이러한 연속형 데이터는 평균이나 분산처럼 통계적 기법의 적용이 가능하다.

이산형 데이터(discrete data)는 일종의 라벨로 구분 가능한 데이터로, '연속적 값이 아니라 분리해서 표현하는 데이터'를 의미한다. 예를 들면 우편번호와 같이 숫자처럼 표시되거나 남녀의 성별처럼 텍스트 형태로 표시되는 값들이 있다. 앞서 우리가 보아왔듯이 텍스트 형태의 값들 역시 모두 수식에 포함되어야 하기 때문에 숫자 형태로 바꾸어야 한다. 가령 남자는 0, 여자는 1 형태로 변환하는 식이다. 이런 값은 [그림 2-8]의 수식 x_j에 할당된다. 단 여기서 중요한 것은 남자는 0, 여자는 1 형태로 변환하는 값은 숫자 형태로 보이지만 숫자의 의미로 사용되는 것이 아니라는 것이다.

연속형 데이터와 이산형 데이터의 가장 큰 차이는 그 숫자의 의미가 스케일(scale)이 있는가 없는가이다. 예를 들어, 어떤 수업에 만족했는지의 여부를 5점 척도로 진행할 경우, '매우 만족(5점)'과 '전혀 만족하지 않음(1점)'이 정확히 5배의 차이가 나는지 표현할 수 있는가의 여부다. 일반적으로 이렇게 5점 척도로 나타낼 경우 사람마다 기준이 다르기 때문에 5배의 차이가 난다기 보다 개인의 주관적인 만족도라고 표현할 수밖에 없다. 그에 비해 차량의 속도가 하나의 피쳐라고 할 때 해당 피쳐의 값으로 20km와 100km는 정확히 5배 차이가 난다고 할 수 있다. 이렇게 피쳐가 숫자로 나타난다고 하더라도 해당 값의 스케일(scale)이 존재하지 않는다면 이러한 값들은 일반적으로 숫자형 데이터의 연속형 데이터가 아니라 이산형 데이터의 불연속 값으로 다루는 것이 일반적이다.

표 2-1 연속형 데이터와 이산형 데이터

내용	연속형 데이터	이산형 데이터
개념	• 값이 끊어지지 않고 연결되어 표시되는 형태 • 일반적인 실수나 정수 값들	• 값이 연속적이지 않고 끊어서 표현되는 값들 • 라벨로 구분되는 값들 • 숫자일 경우에도 그 값들 간에 스케일이 존재하지 않음
예시	• 온도, 시험 평균, 자동차 속도 등	• 성별, 주소, 설문조사 척도 등

하나 더 알기 이산형 데이터의 분류 : 숫자형 데이터, 명목형 데이터, 서수형 데이터

이산형 데이터는 숫자형 데이터, 명목형 데이터, 서수형 데이터로 나눌 수 있다.

- **숫자형 데이터(numeric data) :** 앞서 설명한 연속형 데이터들이 모두 포함되는데, 정량적으로 정확히 측정 가능한 데이터 타입을 의미한다. 일반적으로 정수(integer)나 실수(floating point) 값들이 이러한 숫자형 데이터에 속한다. 단위가 있는 등간척도형(interval-scaled type) 데이터와 비율이 있는 비율척도형(ratio-scaled type) 데이터로 구분된다.
- **명목형 데이터(nominal data) :** 보통 카테고리(category)로 분류가 가능한 데이터 타입을 의미한다. 이산형 데이터의 일종이며 '명목척도'라고도 표현한다. 색상, 학교명, 개인의 ID 등이 명목형 데이터에 속한다. 두 개의 카테고리로만 데이터가 분류된다면 이진형 데이터 타입(binary data type)으로 부르기도 한다. 일반적으로 성별처럼 남/여로 구분이 가능하다면 이진형 데이터 타입이다.
- **서수형 타입(ordinal data) :** 범주형 데이터의 일종이지만 데이터 간의 순서가 존재하는 데이터 타입을 의미한다. 예를 들어 음료수 병의 크기를 대/중/소로 나누었을 때, 이 대/중/소는 순서가 있는 데이터 타입이라고 볼 수 있다.

TIP 여기서 병의 크기는 보통 ml 형태로 표현이 가능하니 숫자형 데이터 타입이 아닌가 하는 질문이 생길 수도 있다. 물론 대를 575ml, 중을 370ml, 소를 180ml로 나타내었다면 이는 숫자형 데이터이다. 그러나 단순히 대/중/소로 나타냈다면, 이러한 데이터들 사이에는 명확한 스케일이 존재하지 않기 때문에 서수형 데이터라고 볼 수 있다. 순서가 있는 것과 배수로 증가하는 것은 명확히 다른 개념으로 이해해야 한다는 것을 명심해야 한다.

2 데이터를 모델에 적용할 때 고려사항

우리는 왜 데이터 타입에 대해 이해해야 할까? 이제 다시 우리는 [그림 2-8]에서 보았던 데이터와 수식을 확인해야 한다.

CRIM	ZN	INDUS	CHAS	NOX	RM	AGE	DIS	RAD	TAX	PTRATIO	B	LSTAT	MEDV	CAT.MEDV
0.00632	18	2.31	0	0.538	6.575	65.2	4.09	1	296	15.3	396.9	4.98	24	0

$$y = w_1x_1 + w_2x_2 + w_3x_3 + w_4x_4 + \cdots + w_{13}x_{13} + w_0 \times 1$$

그림 2-9 데이터 인스턴스 추출과 수식 적용

앞의 값 중에 RAD는 '방사형 도로까지의 접근성 지수'를 숫자로 표현한 것이다. 이때 접근성의 정도는 어떤 기준을 가지고 표현한 값이다. 예를 들어 1은 접근성이 '나쁨', 5는 '매우 좋음'과 같은 형태로 표현한 것이다. 그렇다면 RAD는 서수형 데이터로 볼 수 있는데, 이 값을 AGE에 해당하는 x_7에 바로 대입하는 것이 과연 수식을 만드는 데 합당한지에 대해 의문이 생길 수 있다. 즉, AGE는 명확히 숫자형 데이터인데 같은 형태로 값을 저장하는 게 맞는지에 대한 의문이다.

이 외에도 우리는 데이터들을 어떤 수식에 넣으려면 여러 가지 고민이 필요하다. 예를 들면 AGE와 B는 둘 다 스케일(scale)이 있는 값들이지만 값들의 범위가 매우 크다. 우리가 구하고자 하는 값이 결국 y라고 생각해보았을 때, 이런 값들에 대한 스케일의 차이가 많이 나면 당연히 w_i 값의 범위도 상당히 차이가 날 수 있다.

또 다른 문제로는 데이터 자체의 오류가 있을 수 있다. 극단적인 예를 들어보면 하나의 열에 있는 값들이 아예 존재하지 않을 수도 있고, 그중 몇 개의 데이터가 존재하지 않을 수도 있다. 또는 데이터가 오기되어 잘못된 데이터들이 존재할 수도 있다. 이러한 모든 문제들이 우리가 실제로 데이터를 만날 때 생길 수 있는 문제들이다.

실제 데이터를 만났을 때 이러한 문제들을 해결하기 위해 첫 번째로 할 일은 데이터에 대한 성질을 이해하는 것이다. 예를 들면 다루려고 하는 피처가 서수형 데이터 타입인데 데이터가 비어있다고 해서 단순히 평균값을 넣으면 안 된다. 만약, 어떤 피처가 화장품에 사용한 비용이고 이에 대해 오기로 입력된 값을 바로 잡고자 한다면, 단순히 평균을 넣어주는 것보다 남/여 성별을 고려한 평균값을 넣어주는 것이 좀 더 정확한 값이 된다. 앞으로 우리는 이렇듯 다양한 데이터의 성질을 고려하여 머신러닝 모델을 만들어야 한다.

03 데이터를 모델에 대입하기

완성파일 | ch02_sec03.ipynb

이번 절에서는 실제 데이터를 호출한 후 간단한 모델에 대입해보고자 한다. 가장 큰 목적은 기본적인 머신러닝 모델이 만들어지고 난 후 실제로 어떻게 데이터가 해당 모델에 대입되어 값을 예측할 수 있는지 확인하는 데에 있다. 이 작업을 위해 첫 번째로 해야 하는 일은 우리가 사용하는 데이터 분석 환경인 주피터(jupyter)에서 데이터를 로딩하는 일이다. 그보다 먼저 데이터 테이블에 대한 기본적인 용어들을 익히도록 하겠다.

1 데이터 테이블의 기본 용어

일반적으로 판다스(pandas)를 이용하여 데이터를 로딩하면 테이블 형태로 데이터를 확인할 수 있다. 이러한 데이터의 집합을 '데이터 테이블(data table)'이라고 부른다.

TIP 데이터 테이블을 현업에서는 '데이터 모판' 또는 전체 데이터의 일부라는 의미로 '데이터 샘플(data sample)'이라고 부르기도 한다. 본 책에서는 '데이터 테이블(data table)'로 용어를 통일하여 사용하겠다.

다음으로 제일 많이 사용하는 것이 상단에 있는 피쳐의 이름들이다. 일반적으로 피쳐를 엑셀에서 사용하는 필드(field)나 열(column), 또는 데이터베이스에서 주로 사용하는 '속성(attribute)'이라는 용어로 부르기도 한다. 일반적으로 머신러닝에서는 '피쳐'라는 용어를 그대로 사용한다.

데이터 테이블에서 동일한 객체에 대한 하나의 데이터 묶음을 우리는 '인스턴스(instance)'라고 부른다. 일반적으로 하나의 사람 또는 한 장의 사진 등과 같이 하나의 객체에 대한 모든 피쳐를 모아 놓은 데이터 전체를 '인스턴스'라고 부르는 것이다. 엑셀에서는 피쳐를 열(column)이라고 부르듯 하나의 객체에 대한 데이터를 행(row)이라고 부르기도 한다. 또한 데이터베이스에서 사용하는 용어인 '튜플(tuple)'이라고 부르기도 한다.

흔히 사용하는 용어는 아니지만 하나의 피쳐에 대한 전체 데이터를 '피쳐 벡터(feature vector)'라고 부르고 모든 데이터 테이블에서 하나의 값을 '데이터'로 구분해서 부르기도 한다. 하지만 하나의 값을 '데이터'라고 부르는 것은 매우 헷갈릴 수도 있기 때문에 데이터라는 용어는 자주 사용되지 않는다.

데이터 테이블, 샘플

속성, 필드, 피처, 열

	CRIM	ZN	INDUS	CHAS	NOX	RM	AGE	DIS	RAD	TAX	PTRATIO	B	LSTAT	MEDV
0	0.00632	18.0	2.31	0	0.538	6.575	65.2	4.0900	1	296.0	15.3	396.9	4.98	24.0
1	0.02731	0.0	7.07	0	0.469	6.421	48.9	4.9671	2	242.0	17.8	396.9	9.14	21.6
2	0.02729	0.0	7.07	0	0.469	7.185	61.1	4.9671	2	242.0	17.8	392.83	4.03	34.7
3	0.03237	0.0	2.18	0	0.458	6.998	45.8	6.0622	3	222.0	18.7	394.63	2.94	33.4
4	0.06905	0.0	2.18	0	0.458	7.147	54.2	6.0622	3	222.0	18.7	396.9	5.33	36.2
5	0.02985	0.0	2.18	0	0.458	6.43	58.7	6.0622	3	222.0	18.7	394.12	5.21	28.7
6	0.08829	12.5	2.18	0	0.524	6.012	66.6	5.5605	5	311.0	15.2	395.6	12.43	22.9
7	0.14455	12.5	7.87	0	0.524	6.172	96.1	5.9505	5	311.0	15.2	396.9	19.15	27.1
8	0.21124	12.5	7.87	0	0.524	5.631	100	6.0821	5	311.0	15.2	386.63	29.93	16.5
9	0.17004	12.5	7.87	0	0.524	6.004	85.9	6.5921	5	311.0	15.2	386.71	17.1	18.9
10	0.22489	12.5	7.87	0	0.524	6.377	94.3	6.3467	5	311.0	15.2	392.52	20.45	15.0

인스턴스, 튜플, 행

피처 벡터

데이터

그림 2-10 데이터 테이블의 기본 용어

> **하나 더 알기** 데이터의 형식
>
> 데이터를 호출하기 위해서는 어떤 형식의 데이터를 사용할까? 일반적으로 데이터는 데이터 테이블 형태로 저장될 수 있는 타입을 사용한다. 대표적으로 사용할 수 있는 것으로 'csv(comma separate value)' 또는 'xlsx' 파일이 있을 수 있다. 그리고 트리 형태로 저장되어 있는 'json'이나 'xml' 형태로 저장된 데이터를 불러오기도 한다. 때로는 파이썬에 특화된 데이터 저장 형태인 'pickle'이나 큰 데이터를 저장하는 이진 데이터 형식인 'h5'를 사용하기도 한다. 일반적으로 다양한 데이터 타입으로 데이터 테이블을 저장할 수 있다는 것 정도만 기억하자.

2 판다스로 데이터 다루기

2.1 데이터 불러오기

기본적인 개념을 이해했다면 이제 'csv' 형태로 저장된 데이터를 호출하는 코드를 작성해보겠다. 먼저 'Anaconda Prompt (Miniconda3)'를 실행한 후, 다음과 같이 conda 가상환경을 실행하면 [그림 2-11]과 같이 주피터가 실행된다.

```
(base) C:\...>conda activate ml
(ml) C:\...>jupyter notebook
```

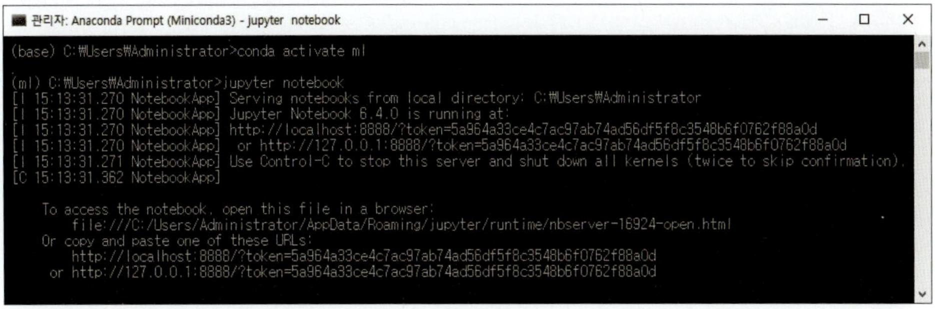

(a) Anaconda Prompt (Miniconda3)에서 conda 가상환경 실행

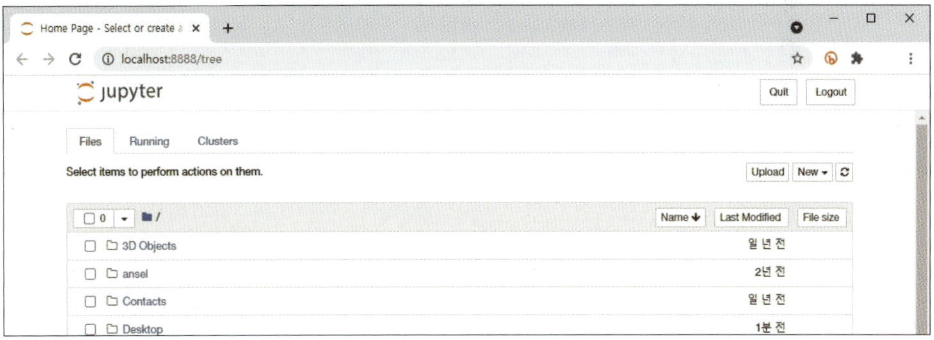

(b) 주피터 실행

그림 2-11 주피터 실행하기

다음으로 주피터 노트북을 실행하기 위해 오른쪽 상단의 [New] 버튼을 클릭하고 'Python 3' 커널을 실행할 수 있는 가상환경 버튼인 [Python 3]을 클릭하여 코딩 환경을 구성한다.

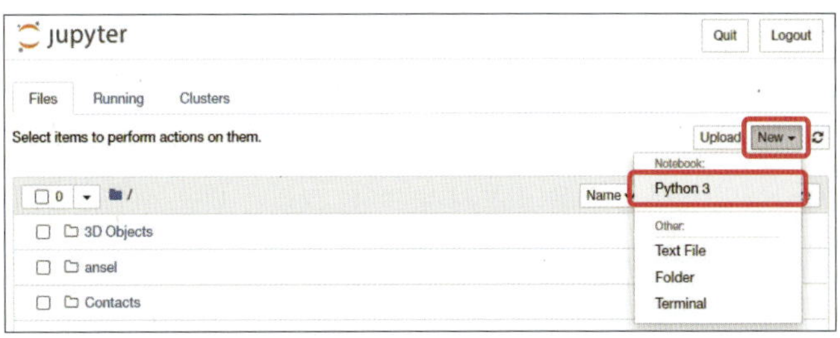

그림 2-12 주피터 노트북 실행하기

다음 코드를 입력하고 실행해본다.

In [1]:

```
import pandas as pd       # (1) pandas 모듈 호출

data_url = 'https://archive.ics.uci.edu/ml/machine-learning-databases/
housing/housing.data'    # (2) 데이터 URL을 변수 data_url에 넣기
df_data = pd.read_csv(data_url, sep='\s+', header = None)  # (3) csv 데이터
로드
df_data.columns = ['CRIM','ZN', 'INDUS', 'CHAS', 'NOX', 'RM', 'AGE', 'DIS',
'RAD', 'TAX', 'PTRATIO' ,'B', 'LSTAT', 'MEDV'] # (4) 데이터의 열 이름 지정
df_data.head()              # (5) 데이터 출력
```

Out [1]:

	CRIM	ZN	INDUS	CHAS	NOX	RM	AGE	DIS	RAD	TAX	PTRATIO	B	LSTAT	MEDV
0	0.00632	18.0	2.31	0	0.538	6.575	65.2	4.0900	1	296.0	15.3	396.9	4.98	24.0
1	0.02731	0.0	7.07	0	0.469	6.421	48.9	4.9671	2	242.0	17.8	396.9	9.14	21.6
2	0.02729	0.0	7.07	0	0.469	7.185	61.1	4.9671	2	242.0	17.8	392.83	4.03	34.7
3	0.03237	0.0	2.18	0	0.458	6.998	45.8	6.0622	3	222.0	18.7	394.63	2.94	33.4
4	0.06905	0.0	2.18	0	0.458	7.147	54.2	6.0622	3	222.0	18.7	396.9	5.33	36.2

</> 코드 해설

- # (1) `import pandas as pd`는 pandas 모듈을 호출하는 코드이다. 일반적으로 pandas 모듈은 'pd'라는 별칭(alias)을 사용하여 호출한다.
- # (2) 호출할 데이터의 URL 주소를 변수 `data_url`에 넣는다.
- # (3) csv 타입의 데이터를 `df_data`에 로드시킨다. 여기서 `separate`는 빈 공간으로 지정했고, 열은 없다.
- # (4) `df_data.columns`는 데이터 열의 이름들을 리스트 형태로 지정하는 것을 의미하는데, 실행 결과와 같이 리스트의 순서대로 데이터가 삽입되어 있다.
- # (5) `df_data.head()`는 데이터의 리스트를 출력하라는 의미이다.

2.2 데이터에 수식 적용하기

데이터를 불러온 후, 앞에서 언급했던 다음 수식을 적용시켜 보자. 그러나 다음 수식을 그대로 적용하기에는 어려움이 있다. 바로 우리가 가지고 있는 데이터가 하나의 벡터가 아닌 매트릭스 형태로 되어 있기 때문이다.

$$y = w_1x_1 + w_2x_2 + w_3x_3 + w_4x_4 + \cdots + w_{13}x_{13} + w_0 \times 1$$

그래서 이 수식을 다음과 같이 매트릭스 형태로 변형하면 데이터를 좀 더 쉽게 표현할 수 있다. 즉 가중치 w_i와 하나의 데이터 인스턴스 x_i를 각각 w와 x로 나타냈다. 이렇게 나타내면 두 벡터 사이의 곱셈 연산을 벡터의 내적(dot product)으로 나타낼 수 있어서 좀 더 쉽게 수식 연산을 이해할 수 있다.

$$y = w_1x_1 + w_2x_2 + \cdots + w_{13}x_{13} + w_0x_0 = \sum_{j=0}^{13} = w_jx_j = w^TX$$

그러나 여전히 이 값은 하나의 인스턴스 벡터에 대한 수식 표현이지 전체 데이터를 매트릭스로 나타낸 값은 아니다. 우리는 전체 데이터를 X로 나타내고 가중치를 w로 나타내어 Xw^T로 표현할 수 있다.

이런 형태의 수식을 코드로 나타내면 다음과 같다. 이미 X는 앞의 코드에서 `df_data` 객체로 로딩했다면 가중치 w를 호출해야 한다. 다양한 방법이 있겠지만 가장 간단한 방법으로 numpy 모듈을 사용하여 데이터를 불러오도록 하겠다.

```
In [2]:  data_url = 'https://archive.ics.uci.edu/ml/machine-learning-databases/
         housing/housing.data'
         df_data = pd.read_csv(data_url, sep='\s+', header = None)
         df_data.columns = ['CRIM','ZN', 'INDUS', 'CHAS', 'NOX', 'RM', 'AGE', 'DIS',
         'RAD', 'TAX', 'PTRATIO' ,'B', 'LSTAT', 'MEDV']
         df_data.head()         # 이전 코드와 동일한 코드(pandas 모듈은 위에서 호출 완료)

         import numpy as np     # (1) numpy 모듈 호출

         df_data['weight_0'] = 1          # (2) weight 0 값 추가
         df_data = df_data.drop("MEDV", axis=1)  # (3) Y 값 제거
         df_matrix = df_data.values       # (4) 행렬(Matrix) 데이터로 변환하기
         weight_vector = np.random.random_sample((14, 1)) # (5) 가중치 w 생성
         df_matrix.dot(weight_vector)  # (6) 내적 연산 실행 결과 출력
```

코드 해설

- # (1) `import numpy as np`는 numpy 모듈을 호출하는 코드이다. 넘파이(numpy)는 Chapter 03에서 자세히 학습한다.
- # (2) `df_data['weight_0']=1`은 전체 데이터 X에 상수항을 추가한 코드이다. 앞서 x_0는 상수항에 해당하는 변수인데, 기존 데이터에는 상수항에 해당하는 값이 없기 때문에 이를 추가해야 한다.
- # (3) `df_data = df_data.drop("MEDV", axis=1)`는 y에 해당하는 값을 먼저 삭제하는 코드이다. 모델을 사용하여 예측치 $\hat{y}$을 구하는 것이기 때문에 기존 y 값을 현재 상태에서는 사용하지 않아도 된다. 이후 이 y 값을 사용하여 실제 값과 예측치 간의 차이로 성능을 측정하는 방법에 대해서 알아볼 것이다.
- # (4) `df_matrix = df_data.values`는 기존 판다스의 데이터프레임 객체 데이터를 넘파이(numpy) 데이터로 변환하는 코드이다.
- # (5) `weight_vector= np.random.random_sample((14, 1))`는 14×1의 형태로 가중치 값 w를 생성한 것이다. 이 값은 우리가 추후 학습해야 할 값들로 일단은 랜덤한 값으로 생성한 후 벡터의 내적(dot product) 연산을 수행한다.
- # (6) `df_matrix.dot(weight_vector)`는 가중치 벡터와 전체 데이터 X 간의 벡터의 내적(dot product) 연산을 수행한다. 이는 다음 수식을 수행시킨 코드이다.

$$\text{for each } i \sum_{j=0}^{13} w_j x_j^{(i)} = X \cdot \mathtt{w}$$

최종적인 결과는 다음과 같이 예측치 $\hat{y}$ 값의 벡터 형태로 출력된다. 참고로 결과값은 임의(random)로 나오기 때문에 다음 결과와 다르게 출력될 수 있다.

```
Out [2]:  array([[236.92351326],
                 [235.27213482],
                 [217.75053128],
                 [198.01232971],
                 [206.41387943],
                 [209.7193267 ],
```

```
        [248.05381244],
        [276.10651715],
        [278.84025893],
        [264.92706025],
        [274.07244333],
        [263.68862219],
        [222.49940062],
        [237.02203146],
        [253.5816465 ],
(...이하 생략)
```

요약

01 피쳐의 개념

독립변수 x를 머신러닝에서는 피쳐라고 부른다. 간단하게 생각하면 종속변수 y에 영향을 주는 특성, 즉 데이터가 가지고 있는 특성이라고 이해하면 좋을 것이다.

02 데이터 테이블(data table)

하나의 테이블(표)로 데이터를 표현한 것으로 '하나의 데이터 묶음'이라고 할 수 있다. 여기서 피쳐는 데이터 테이블 상에서 하나의 열 이름(column name)에 해당하고, 데이터 인스턴스(data instance)는 하나의 데이터를 의미하며, '튜플(tuple)'이라고도 부른다.

03 차원의 저주

피쳐의 개수가 증가하면 데이터를 표현해야 하는 공간이 지속적으로 늘어나게 되고 이에 대한 처리가 어렵게 되는 것을 의미한다.

04 데이터의 분류

- 연속형 데이터(continuous data) : '값이 끊어지지 않고 계속 연결되는 종류의 데이터'로, 대체적으로 실수(real number)와 관련된 값이다.
- 이산형 데이터(discrete data) : 일종의 라벨로 구분 가능한 데이터로, '연속적 값이 아니라 분리해서 표현하는 데이터'를 의미한다.

05 데이터 타입별 분류

- 숫자형 데이터(numeric data) : 연속형 데이터들이 모두 포함되어 있어 정량적으로 정확히 측정 가능한 데이터 타입을 의미한다.
- 명목형 데이터(nominal data) : 보통 카테고리(category)로 분류가 가능한 데이터 타입을 의미한다.
- 서수형 타입(ordinal data) : 범주형 데이터의 일종으로 데이터 간의 순서가 존재하는 데이터 타입을 의미한다.

06 데이터 테이블의 기본 용어

- 피쳐(feature) : 제일 많이 사용하는 상단에 있는 이름들이다. 일반적으로 피쳐를 엑셀에서 사용하는 필드(field)나 열(column), 또는 데이터베이스에서 사용하는 '속성(attribute)'이라는 용어로 부르기도 한다.
- 인스턴스(instance) : 일반적으로 하나의 사람 또는 한 장의 사진 등과 같이 하나의 객체에 대한 모든 피쳐를 모아 놓은 데이터 전체를 의미한다. 엑셀에서는 행(row), 데이터베이스에서는 '튜플(tuple)'이라고 부른다.
- 피쳐 벡터(feature vector) : 하나의 피쳐에 대한 전체 데이터를 의미한다. 모든 데이터 테이블에서 하나의 값을 '데이터'로 구분해서 부르기도 한다.

07 판다스(pandas)로 데이터 다루기

- `import pandas as pd` : pandas 모듈을 호출하는 코드이다. 일반적으로 pandas 모듈은 'pd'라는 별칭(alias)을 사용하여 호출한다.
- `df_data.columns` : 데이터의 열의 이름들을 리스트 형태로 지정하는 것을 의미한다.
- `df_data.head()` : 데이터의 리스트를 위에서부터 5개 출력하라는 의미이다.

연습문제

01 데이터에 대한 용어 중 '특성'이나 '특징'을 가리키는 것은?

① 피쳐 ② 매개변수 ③ 컬럼 ④ 종속변수

02 다음 중 하나의 데이터 묶음이라고 표현할 수 있는 것은?

① 데이터 테이블 ② 피쳐 ③ 필드 ④ 벡터

03 피쳐의 개수가 증가하게 되면 데이터를 표현해야 하는 공간이 지속적으로 늘어나게 되고 이에 대한 처리가 어렵게 되는 것을 무엇이라고 하는가?

① 공간 창출 ② 차원의 저주 ③ 처리 불능 ④ 벡터의 생성

04 다음 중 이산형 데이터에 대한 개념이 아닌 것은?

① 값이 연속적이지 않고 끊어서 표현되는 값들

② 라벨로 구분되는 값들

③ 숫자일 경우에도 그 값들 간에 스케일이 존재하지 않음

④ 값이 끊어지지 않고 연결되어 표시되는 형태

05 데이터 테이블에서 동일한 객체에 대한 하나의 데이터 묶음을 무엇이라고 하는가?

① 인스턴스 ② 튜플 ③ 열 ④ 행

06 다음 중 conda 가상환경을 실행하는 명령어는 무엇인가?

① `jupyter notebook`

② `import pandas as pd`

③ `df_data.head()`

④ `conda activate ml`

PART 02

머신러닝을 위한 파이썬 패키지

PART 02

머신러닝을 위한 파이썬 패키지

CHAPTER 03

넘파이

학습목표

- 넘파이의 개념과 특징에 대해 알아보고, 모듈을 설치한다.
- 넘파이를 이용하여 넘파이 배열 객체를 다루는 다양한 방법에 대해 실습한다.
- 넘파이를 이용하여 넘파일 배열 연산을 수행한다.
- 넘파이를 이용하여 비교 연산과 데이터 추출 방법을 이해한다.

01 넘파이란?

1 넘파이의 개념

일반적으로 머신러닝 영역에서는 모든 데이터를 숫자로 표현하고 이 숫자를 컴퓨터가 처리할 수 있도록 선형대수 표현법을 사용한다. 컴퓨터에서 [그림 3-1](a)와 같은 간단한 수식 문제를 쉽게 처리하는 방법은 [그림 3-1](b)와 같이 리스트 형태인 행렬(매트릭스)로 변환하여 처리하는 것이다.

$$\begin{aligned} 2x_1 + 2x_2 + x_3 &= 9 \\ 2x_1 - x_2 + 2x_3 &= 6 \\ x_1 - x_2 + 2x_3 &= 5 \end{aligned} \qquad \begin{bmatrix} 2 & 2 & 1 & 9 \\ 2 & -1 & 2 & 6 \\ 1 & -1 & 2 & 5 \end{bmatrix}$$

(a) 간단한 수식 문제 (b) 행렬

그림 3-1 선형대수의 예시

하지만 이와 같이 리스트 형태로 처리하면 다음과 같은 몇 가지 문제점이 있다.

- **다차원 리스트 처리** : 단순한 2차원 리스트 형태가 아닌 3차원 리스트나 4차원 리스트는 매우 복잡하기 때문에 처리하기 쉽지 않다.
- **데이터의 크기** : 데이터의 크기가 커진다면 복잡해진 행렬을 처리하는 데 문제가 발생할 수 있다.
- **처리 시간** : 파이썬은 인터프리터 언어이므로 리스트 형태의 행렬을 처리하는 데 기본적으로 시간이 오래 걸린다.

이러한 문제들을 해결하기 위해서 가장 많이 사용하는 도구가 바로 **넘파이(numpy)**다. 넘파이는 파이썬의 고성능 과학 계산용 라이브러리로, 현재 파이썬에서 벡터나 행렬 같은 선형대수의 표현법을 코드로 처리하기 위한 사실상의 표준 라이브러리로 사용되고 있다.

2 넘파이의 특징

넘파이는 다음과 같은 특징을 가지고 있다.

- **빠른 속도와 효율적인 메모리 사용** : 넘파이는 일반적인 리스트에 비해 속도가 빠르면서 메모리는 훨씬 더 효율적으로 사용할 수 있다. 이와 관련해 다음 절에서도 설명하겠지만 데이터를 메모리에 할당하는 방식이 기존과 전혀 다른 방식으로 저장되기 때문에 가능해진다.
- **반복문 사용하지 않음** : 넘파이는 데이터를 다룰 때 리스트와 달리 반복문(for loop)을 사용하지 않는다. 넘파이로 연산을 할 때 가능하면 병렬로 처리하는 방법에 대해 고민하기 때문에 map 함수와 같이 넘파이 내에 존재하는 많은 요소에 한 번에 함수를 적용시키는 방법을 사용해야 한다.
- **다양한 함수 제공** : 넘파이는 선형대수와 관련된 다양한 함수를 제공한다. 이것은 기존 파이썬의 내장 함수(built-in function)인 math 함수보다 훨씬 더 다양하며 큰 데이터를 다루기 위한 여러 가지 도구들을 제공한다.
- **다른 언어와 통합 사용 가능** : 넘파이는 조금 더 빠른 속도를 위해 C, C++, 포트란 등의 언어와 통합해서 사용이 가능하다.

3 numpy 모듈 설치

넘파이를 사용하기 위해서는 numpy 모듈을 설치해야 한다. 앞에서 numpy 모듈을 설치하는 방법에 대해 설명하였지만, 혹시 아직 설치하지 않았다면 conda 가상환경에서 다음과 같이 입력하여 numpy 모듈을 설치한다.

```
(base) C:\...> conda activate ml
(ml) C:\...> conda install numpy
```

다음으로 주피터를 수행시켜 주피터 노트북을 생성한 후 다음과 같이 코드를 입력하여 실행하면 numpy 모듈을 호출할 수 있다. 다음 코드를 보면 numpy 모듈을 'np'라는 별칭으로 호출하는 것을 확인할 수 있다. 일반적으로 넘파이는 'np'를 별칭으로 사용한다.

```
import numpy as np
```

TIP 주피터 노트북을 실행하려면 conda 가상환경에서 'jupyter notebook'을 입력하여 실행하면 된다.

02

넘파이 배열 객체 다루기

완성파일 | ch03_sec02.ipynb

1 넘파이 배열과 텐서

넘파이를 이해하기 위해서는 넘파이 배열에 대해 먼저 이해해야 한다. **넘파이 배열**(ndarray)은 기존 파이썬의 리스트와 같이 넘파이에서 텐서 데이터를 다루는 객체이다. **텐서**(tensor)란 선형대수에서 사용하는 데이터 배열을 지칭하는 용어로, 데이터 배열의 랭크(rank)에 따라 별도의 용어가 존재한다. [표 3-1]과 같이 랭크가 0차원일 때는 스칼라(scalar), 1차원일 때는 벡터(vector), 2차원일 때는 행렬(matrix), 그리고 그보다 랭크가 증가하게 되면 n차원 텐서(n-order tensor)라고 부른다. 앞으로 텐서를 어떻게 넘파이 배열로 잘 다룰지에 대해 집중적으로 살펴본다.

표 3-1 랭크(Rank)별 구분들

랭크(Rank)	이름	예
0	스칼라(scalar)	7
1	벡터(vector)	[10, 10]
2	행렬(matrix)	[[10, 10], [15, 15]]
3	3차원 텐서(3-order tensor)	[[[1, 5, 9], [2, 6, 10]], [[3, 7, 11], [4, 8, 12]]]
n	n차원 텐서(n-order tensor)	

2 배열의 메모리 구조

먼저 넘파이를 사용하여 배열(array)을 생성해보겠다. 넘파이를 사용하여 배열을 생성하는 기법은 매우 다양하다. 그중 가장 기초적인 방법은 `np.array` 함수를 사용하여 배열을 생성하는 것이다. `np.array` 함수는 크게 두 가지 매개변수(parameter)로 구성된다. 첫 번째 매개변수는 배열에 대한 정보이고, 두 번째 매개변수는 넘파이 배열로 표현하고자 하는 데이터 타입이다. 다음은 [1, 4, 5, 8]의 배열 데이터를 실수형(floating point) 넘파이 배열로 생성하는 코드이다.

```
import numpy as np                                  넘파이 호출
test_array = np.array([1, 4, 5, 8], float)          데이터 타입
                                                    생성할 데이터
```

배열 데이터는 다양한 형태로 표현이 가능하지만, 기본적으로 파이썬 리스트 형태의 인수를 주로 사용한다. 파이썬의 리스트와 비교했을 때 넘파이 배열의 차이점은 다음과 같다.

- **텐서의 구조에 따라 배열 생성** : 파이썬의 리스트와 달리 넘파이 배열은 텐서의 구조에 맞춰 배열을 생성한다. 즉 행렬의 경우 'm×n' 형태의 배열을 생성한다면 모든 데이터는 채워져 있어야 한다. 기존 리스트는 데이터를 일부 채우지 않아도 무리 없이 작동하였지만 모든 넘파이 배열에서는 반드시 모든 구성 요소에 값이 존재해야 한다. 이것은 다음과 같은 간단한 코드 예제로 설명할 수 있다. 2×4의 행렬을 구성한다고 했을 때 2행 4열에 한 개의 값이 비어 있기 때문에 에러를 출력하게 된다.

```
import numpy as np                              2×4 행렬을 구성하려고 했지만, 2행 4열에
test_list = [[1, 4, 5, 8], [1, 4, 5]]           한 개의 값이 비어있음
np.array(test_list, float) # ValueError         에러 발생
```

- **지원하지 않는 동적 타이핑** : 파이썬은 인터프리터 특성상 코드 수행 시점에서 타입을 결정하는 동적 타이핑(dynamic typing)을 지원한다. 그래서 리스트 또한 여러 종류의 데이터 타입을 하나의 리스트에 넣을 수 있다는 특성을 가지고 있다. 그러나 넘파이의 경우에는 동적 타이핑을 지원하지 않고 하나의 데이터 타입만 사용할 수 있다. 앞의 코드를 실행하면 실수형(floating point)으로 벡터가 생성된 것을 확인할 수 있다.

다음과 같이 코드를 입력하고 실행해본다.

```
In [1]:  import numpy as np
         test_array = np.array([1, 4, 5, 8], float)
         test_array
Out [1]: array([1., 4., 5., 8.])
```

In [2]:	type(test_array[3])
Out [2]:	numpy.float64

넘파이 배열과 파이썬 리스트 간의 차이점은 [그림 3-2]와 같이 데이터를 메모리에 배열하는 방식의 차이에서도 발생한다. 리스트의 경우 각 요소의 값이 메모리상에 연속적으로 배열되는 것이 아니라 해당 값의 메모리 주소만 연속적으로 배열함으로써 다양한 종류의 값이 순서대로 표시되도록 만든다. 그러나 넘파이 배열은 실제 값을 연속적으로 나열하기 때문에 각 값들의 메모리 크기가 동일해야 한다. 이로 인해 생기는 단점이라면 역시 동적 타이핑을 포기해야 한다는 것이 있지만, 값이 연속적으로 배열되기 때문에 검색이나 연산에 있어 리스트에 비해 훨씬 더 빠른 속도로 처리가 가능하다.

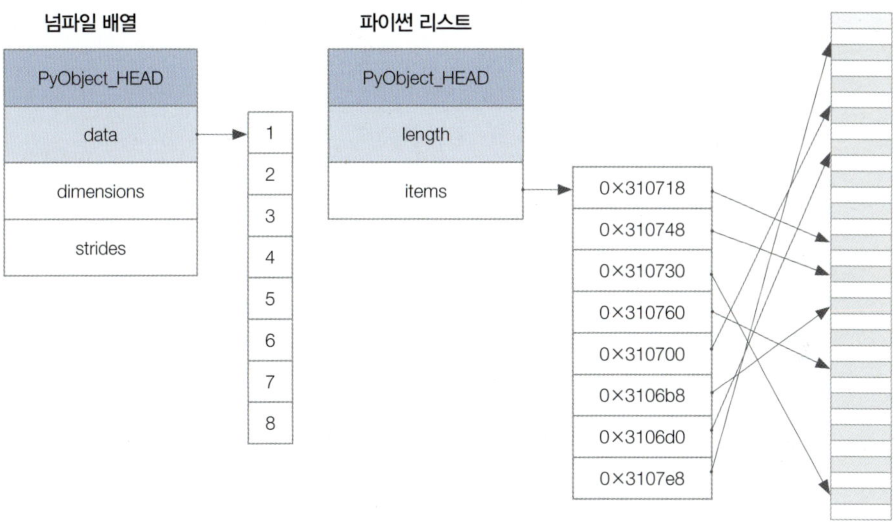

그림 3-2 넘파이 배열과 리스트의 차이 © Pythonic Perambulations

만약 이 코드에서 `test_array`와 같이 `numpy.float64`로 넘파이 배열이 생성될 경우 8바이트의 값이 연속적으로 배열된다는 것을 의미한다. [그림 3-3]과 같이 float32의 데이터 타입(dtype)을 가지는 넘파이 배열이 생성될 경우 각 값을 저장하는 메모리 블록이 하나의 요소에서 4바이트씩 차지하고 있다는 것을 알 수 있다.

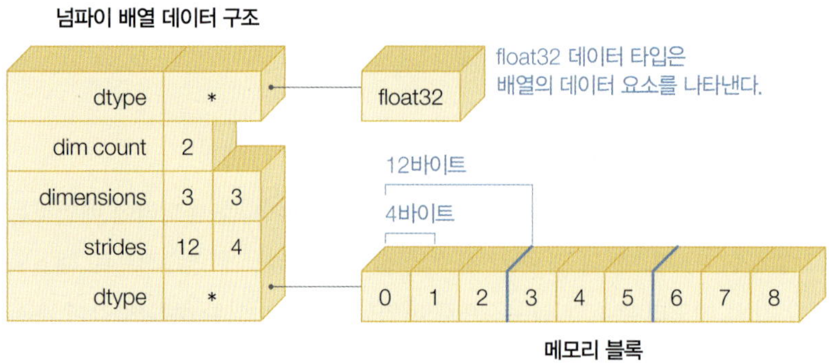

그림 3-3 넘파이 배열의 메모리 블록 배열

3 배열의 생성

실제로 다음 코드를 입력하여 배열을 생성해보겠다. 앞의 코드에 이어서 입력하는 것이므로 numpy 모듈은 이미 호출되어 있는 상태이다.

In [3]:	`test_array = np.array([1, 4, 5, "8"], float)` `print(test_array)`
Out [3]:	`[1. 4. 5. 8.]`
In [4]:	`print(type(test_array[3])) # 실수형(floating Type)으로 자동 형 변환 실시`
Out [4]:	`<class 'numpy.float64'>`
In [5]:	`print(test_array.dtype)     # 배열 전체의 데이터 타입 반환`
Out [5]:	`float64`
In [6]:	`print(test_array.shape)     # 배열의 구조(shape)를 반환함`
Out [6]:	`(4,)`

코드 해설

- In [3] 먼저 1행에서 numpy 모듈을 np로 호출하였다. 2행에서 [1, 4, 5, "8"]의 값을 실수형으로 생성하였는데, 리스트 안에 정수형(integer type)과 문자형(string type)을 모두 포함하고 있지만 실수형으로 선언하였다. 그래서 실제로 해당 값을 출력해보면 모든 값이 다 실수형인 [1. 4. 5. 8.]로 출력된다.

- In [4] 개별 데이터 타입 역시 출력할 경우 <class 'numpy.float64'>로 출력되는 것을 확인할 수 있다. 여기서 float64는 64비트(bit)라는 의미로, 이것은 8바이트의 실수형 데이터라는 것을 알 수 있다.
- In [5] 데이터의 특징을 출력하는 요소(property)로 dtype과 shape가 있다. 그중 dtype은 넘파이 배열의 데이터 타입을 반환하는 요소이다.
- In [6] shape는 넘파이 배열에서 객체(object)의 차원(dimension)에 대한 구성 정보를 반환한다.

3.1 배열의 구조(shape)

배열의 구조, 즉 shape란 넘파이 배열 객체의 차원 구성이 어떠한지 나타내는 함수이다. 앞의 코드 test_array = np.array([1, 4, 5, "8"], float)에서 배열의 구조(shape)는 (4,)로 튜플 형태로 출력된다. 이것이 의미하는 것은 기본적으로 1차원의 랭크를 가지면서 4개의 요소를 가지고 있는 넘파이 배열이라는 뜻이다. 일반적으로 배열의 구조는 랭크의 증가에 따라 조금씩 다르게 표현된다. 예를 들어 랭크가 1일 때는 [그림 3-4]와 같이 표현할 수 있다.

그림 3-4 랭크가 1일 때 배열의 구조

만약 랭크가 2인 경우라면 행렬 형태의 데이터로 나타낼 수 있다. 이때 shape 함수로 출력되는 앞의 값은 행(row), 뒤의 값은 열(column)이다.

In [7]:
```
matrix = [[1,2,5,8], [1,2,5,8], [1,2,5,8]]
np.array(matrix, int).shape
```

Out [7]:
```
(3, 4)
```

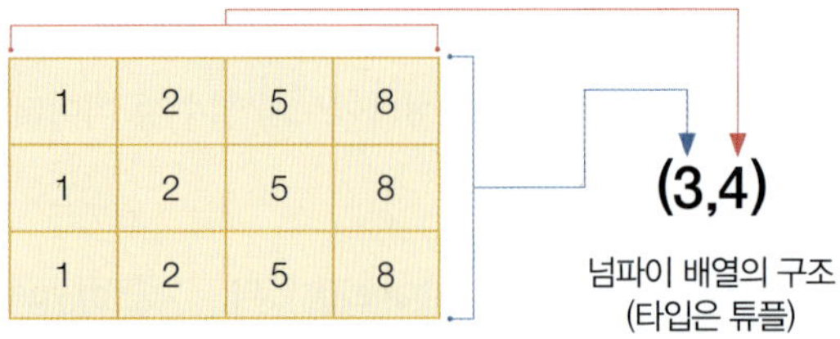

그림 3-5 랭크가 2일 때 배열의 구조

그런데 shape 함수의 결과값을 해석하면 랭크가 증가할 때 그 표현 기법이 상당히 혼란스러울 때가 있다. 일반적으로 랭크가 3일 때까지, 즉 3차원을 가진 데이터까지는 표현이 가능하지만 그 이상은 어려움이 있다. 가장 기억하기 쉬운 방법은 shape의 결과값 중 뒤에 있는 값일수록 낮은 랭크의 값을 의미한다는 것이다. 만약 랭크가 3일 때는 다음 코드와 같이 한 차원이 증가하고 기존 차원의 값들이 하나씩 뒤로 밀리는 것을 확인할 수 있다.

```
In [8]:  tensor_rank3 = [
             [[1, 2, 5, 8], [1, 2, 5, 8], [1, 2, 5, 8]],
             [[1, 2, 5, 8], [1, 2, 5, 8], [1, 2, 5, 8]],
             [[1, 2, 5, 8], [1, 2, 5, 8], [1, 2, 5, 8]],
             [[1, 2, 5, 8], [1, 2, 5, 8], [1, 2, 5, 8]]
             ]
         np.array(tensor_rank3, int).shape
Out [8]: (4, 3, 4)
```

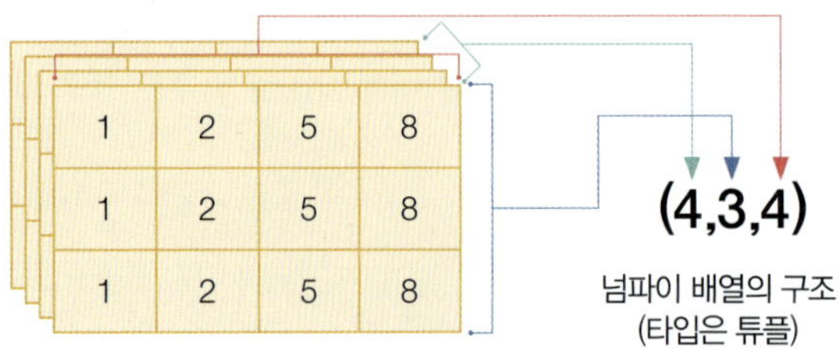

그림 3-6 랭크가 3일 때, 3차원 배열의 구조

shape 외에도 함께 쓸 수 있는 함수는 ndim과 size가 있다. ndim(numer of dimention)은 일반적으로 랭크(rank)를 의미하고, size는 해당 넘파이 배열에 있는 모든 데이터의 개수를 나타낸다. 앞에서 사용한 3차원 텐서 데이터를 그대로 사용한다면 랭크는 3이고, 데이터의 전체 개수는 48(=3×4×3)이다.

In [9]:	`tensor_rank3 = [[[1, 2, 5, 8], [1, 2, 5, 8], [1, 2, 5, 8]], [[1, 2, 5, 8], [1, 2, 5, 8], [1, 2, 5, 8]], [[1, 2, 5, 8], [1, 2, 5, 8], [1, 2, 5, 8]],[[1, 2, 5, 8], [1, 2, 5, 8], [1, 2, 5, 8]] ]` `np.array(tensor_rank3, int).ndim`
Out [9]:	3
In [10]:	`np.array(tensor_rank3, int).size`
Out [10]:	48

3.2 dtype

앞에서 넘파이 배열이 기존 리스트와 달리 동적 타이핑을 지원하지 않으면서 하나의 데이터 형태만 저장 가능하다고 설명하였다. 이러한 넘파이 배열의 데이터 타입은 `dtype`으로 지정이 가능하다. 기본적으로 `dtype`을 지정해주기 위해서는 넘파이 배열을 생성할 때 매개변수 `dtype`을 사용한다.

다음 코드는 `[ [1, 2, 3.5], [4, 5, 6.5]]`의 리스트를 정수형의 넘파이 배열로 생성한다.

In [11]:	`np.array( [ [1, 2, 3.5], [4, 5, 6.5]], dtype=int)`
Out [11]:	`array([[1, 2, 3],` `       [4, 5, 6]])`

만약 다음 코드와 같이 `dtype`을 실수형인 `float`으로 지정한다면 모든 데이터가 실수형으로 저장되는 것을 확인할 수 있다.

In [12]:	`np.array( [ [1, 2, 3.5], [4, 5, 6.5]], dtype=float)`
Out [12]:	`array([[1. , 2. , 3.5],` `       [4. , 5. , 6.5]])`

이렇게 데이터 타입이 달라지면 무엇이 가장 큰 영향을 받을까? 프로그래밍 언어에서는 데이터 타입별로 변수가 사용하는 메모리 크기의 차이가 있다. 이를 확인하기 위한 요소(property)로 매개변수 `itemsize`를 사용할 수 있다. `itemsize`는 넘파이 배열에서 사용하는 각 요소가 차

지하는 바이트(byte)를 의미한다. 다음 코드를 살펴보자.

In [13]:	`import sys` `np.array( [[1, 2, 3.5], [4, 5, 6.5]], dtype=np.float64).itemsize`
Out [13]:	`8`
In [14]:	`np.array( [[1, 2, 3.5], [4, 5, 6.5]], dtype=np.float32).itemsize`
Out [14]:	`4`

이 코드와 같이 np.float64로 dtype을 선언하면 해당 넘파이 배열의 각 요소의 크기는 64비트, 즉 8바이트를 차지하게 된다. 그래서 itemsize를 수행시키면 8이라는 요소가 출력된다. 마찬가지로 float32로 선언하면 32비트, 즉 4바이트를 차지하므로, dtype을 np.float32로 선언하면 하나의 요소 값에 해당하는 4가 출력된다.

4 배열의 구조 다루기

배열의 구조, 즉 shape가 넘파이 배열의 차원 구성이 어떠한지 보여주는 함수라고 설명했다. 이러한 배열의 구조는 필요에 따라 변경할 필요가 있는데, 이를 위해 사용할 수 있는 함수가 reshape이다. reshape 함수는 다음 코드와 같이 사용할 수 있다.

In [15]:	`x = np.array([[1, 2, 5, 8], [1, 2, 5, 8]])` `x.shape`
Out [15]:	`(2, 4)`
In [16]:	`x.reshape(-1,)`
Out [16]:	`array([1, 2, 5, 8, 1, 2, 5, 8])`

이 코드에서는 2×4 행렬의 넘파이 배열을 8개의 요소가 들어있는 벡터 형태로 변경이 가능하다는 것을 보여준다. 다음의 [그림 3-7]에서 이해를 돕기 위해 reshape 함수로 변경된 배열의 구조를 시각적으로 표현하였다.

그림 3-7 reshape 함수로 변경된 배열의 구조

reshape 함수를 사용하면 배열의 구조를 변경할 수 있고, 랭크를 조절할 수도 있다. 그런데 reshape 함수로 배열의 구조인 shape를 변경할 때에는 반드시 전체 요소의 개수는 통일하여야 한다. 이를 고려하여 reshape 함수를 사용해서 넘파이 배열의 구조를 변경해야 한다. 만약 전체 데이터 요소의 개수가 맞지 않다면 다음 코드와 같이 에러가 발생한다.

```
In [17]:  x = np.array(range(8))
          x
Out [17]: array([0, 1, 2, 3, 4, 5, 6, 7])
In [18]:  x.reshape(2,2)
Out [18]: ---------------------------------------------------------------------------
          ValueError                                Traceback (most recent call last)
          <ipython-input-2-31f07738c8d3> in <module>
          ----> 1 x.reshape(2,2)

          ValueError: cannot reshape array of size 8 into shape (2,2)
```

reshape 함수 사용법 중 기억할 점은 −1을 사용하는 것이다. −1은 전체 요소의 개수는 고정시키고 1개를 제외한 나머지 차원의 크기를 지정했을 때 전체 요소의 개수를 고려하여 마지막 차원이 자동으로 지정되는 기법이다. 다음 코드를 살펴보자.

```
In [19]:  x = np.array(range(8)).reshape(4,2)
          x
Out [19]: array([[0, 1],
                 [2, 3],
                 [4, 5],
                 [6, 7]])
```

In [20]:	x.reshape(2,-1)
Out [20]:	array([[0, 1, 2, 3], [4, 5, 6, 7]])
In [21]:	x.reshape(2,2,-1)

Out [21]:	array([[[0, 1],
	        [2, 3]],
	
	       [[4, 5],
	        [6, 7]]])

코드 해설

- In [19] range(8)은 총 8개의 데이터를 가진 리스트를 생성하는 것이고 reshape(4,2)는 4×2 행렬을 생성시킨다는 뜻이다.
- In [20] reshape(2,-1)을 실행시키면 배열의 구조가 2×4 행렬로 변경된다. 기본적으로 8개의 요소에서 행에 해당하는 값이 2인데, 열에 -1을 매개변수로 입력하였으므로 자동으로 나머지 값이 4로 지정된다.
- In [21] x.reshape(2,2,-1)로 지정하면 랭크가 3인 3차원 텐서가 생성되고, 총 8개의 요소가 있으므로 2×2×2의 텐서(tensor)가 생성된다.

이외에도 사용할 수 있는 함수 중 하나가 flatten이다. flatten 함수는 데이터 그대로 1차원으로 변경해주는 함수이다. 다음 코드를 보면 현재 2×2×2의 3차원 텐서이므로 총 8개의 요소를 가지고 있다. 이를 flatten 함수에 적용하면 1차원 벡터로 변환이 일어나면서 데이터의 개수는 그대로 존재하고 배열의 구조만 변한다는 것을 확인할 수 있다.

In [22]:	x = np.array(range(8)).reshape(2,2,2) x

Out [22]:	array([[[0, 1],
	        [2, 3]],
	
	       [[4, 5],
	        [6, 7]]])

In [23]:	x.flatten()
Out [23]:	array([0, 1, 2, 3, 4, 5, 6, 7])

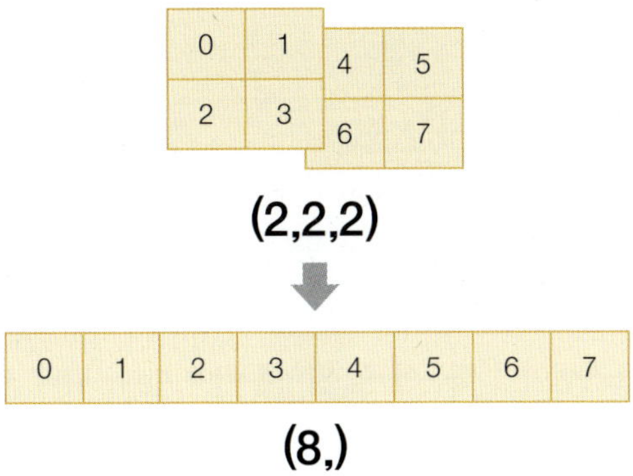

그림 3-8 flatten 함수로 변경된 배열의 구조

5 인덱싱과 슬라이싱

넘파이 배열은 기본적으로 파이썬 리스트의 구조와 여러 면에서 닮았다. 특히 리스트의 요소를 다루기 위한 대표적인 기법 중 하나인 인덱싱(indexing)과 슬라이싱(slicing)을 사용할 수 있는데, 기존 리스트와는 일부 다른 표기법을 제공하고 있다.

5.1 인덱싱

인덱싱(indexing)이란 리스트에 있는 값에 접근하기 위해 이 값의 상대적인 주소(offset)를 사용하는 것이다. 다음 코드를 확인해보자.

In [24]:	x = np.array([[1, 2, 3], [4, 5, 6]], int) x
Out [24]:	array([[1, 2, 3], [4, 5, 6]])
In [25]:	x[0][0]
Out [25]:	1
In [26]:	x[0,2]

Out [26]:	3
In [27]:	x[0, 1] = 100 x
Out [27]:	array([[1, 100, 3], [4, 5, 6]])

이 코드를 보면 넘파이 배열과 리스트와의 가장 큰 차이는 인덱싱 표현에 있어 ','를 지원한다는 것이다. 행렬 [[1, 2, 3], [4, 5, 6]]에서 일반적으로 표현하는 방법은 '[행][열]' 형태로 나타낸다. 하지만 넘파이에서는 '[행, 열]' 형태로도 값을 표현할 수 있다. 이것은 넘파이 배열이 제공하는 가장 간단하면서 많이 사용하는 표기법이기 때문에 꼭 알아두어야 한다. 만약 3차원 텐서 이상의 값들을 다루게 된다면 shape에서 출력되는 랭크의 순서대로 값의 인덱싱에 접근할 수 있다. 해당 인덱싱 값의 할당도 동일하게 ','를 이용하여 할당할 수 있다.

5.2 슬라이싱

슬라이싱(slicing)이란 리스트의 인덱스를 사용하여 전체 리스트에서 일부를 잘라내어 반환하는 것이다. 넘파이에서는 파이썬에서 사용하는 리스트를 그대로 사용하면서 리스트와는 달리 행과 열을 나눠서 슬라이싱을 할 수 있다는 장점이 있다. 행렬에서 특정한 부분을 추출할 때 리스트보다 훨씬 더 손쉽게 데이터를 뽑을 수 있다. 다음 코드를 살펴보자.

In [28]:	x = np.array([[1, 2, 3, 4, 5], [6, 7, 8, 9, 10]], int) x[:,2:] # 전체 행의 2열 이상
Out [28]:	array([[3, 4, 5], [8, 9, 10]])
In [29]:	x[1,1:3] # 1행의 1열 ~ 2열
Out [29]:	array([7, 8])
In [30]:	x[1:3] # 1행 ~ 2행의 전체
Out [30]:	array([[6, 7, 8, 9, 10]])

코드 해설

- In [28] x는 2행 5열인 행렬이다. x[:,2:]는 행 부분은 행 전체, 열 부분은 인덱스가 2 이후의 값을 의미한다. 그러므로 새롭게 생성되는 행렬은 2×3 행렬로 추출된다.
- In [29] x[1,1:3]은 행 부분은 첫 번째 행만을 의미하며 열 부분 1:3은 열이 1부터 2까지의 값을 추출한다.
- In [30] x[1:3]은 행만을 의미하는데 행렬 전체의 행의 개수가 2이기 때문에 이를 넘어가는 인덱스는 무시하고 마지막 행만 가져와서 행렬 형태로 출력된 것을 확인할 수 있다.

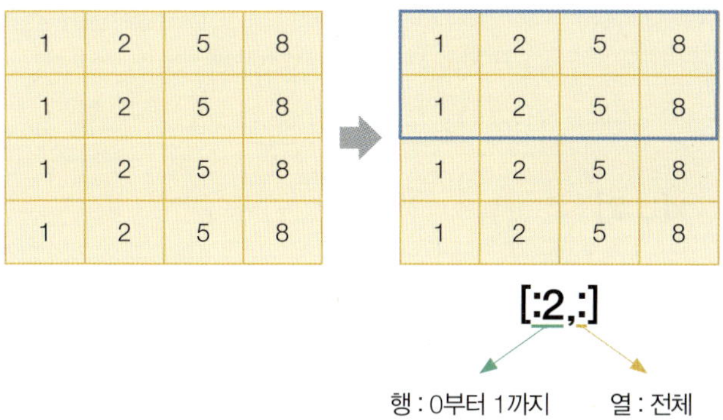

그림 3-9 슬라이싱

또한 리스트와 마찬가지로 넘파이에서는 증가값(step)을 지원한다. 증가값은 리스트에서 데이터의 요소를 호출할 때 데이터를 건너뛰면서 반환하는 기법을 의미한다. 기본적으로 리스트의 표현법과 동일하게 '**[시작 인덱스:마지막 인덱스:증가값]**'의 형태로 사용하고 각 랭크에 있는 요소별로 모두 적용할 수 있기 때문에 리스트와는 달리 바둑판과 같은 조금 특이한 구조로도 데이터를 추출할 수 있다.

예를 들면 다음 코드의 행렬 x에서 x[:,::2]는 전체 행 데이터와 전체 열 데이터에서 2씩 증가값(step)을 주어 추출하는 구조이다. 또한 x[::2,::3]은 행은 2칸씩, 열은 3칸씩 이동하여 값을 추출하여 출력하는 결과를 볼 수 있다.

In [31]:
```
x = np.array(range(15), int).reshape(3, -1)
x
```

```
Out [31]: array([[ 0,  1,  2,  3,  4],
                 [ 5,  6,  7,  8,  9],
                 [10, 11, 12, 13, 14]])
```

```
In [32]: x[:,::2]
```

```
Out [32]: array([[ 0,  2,  4],
                 [ 5,  7,  9],
                 [10, 12, 14]])
```

```
In [33]: x[::2,::3]
```

```
Out [33]: array([[ 0,  3],
                 [10, 13]])
```

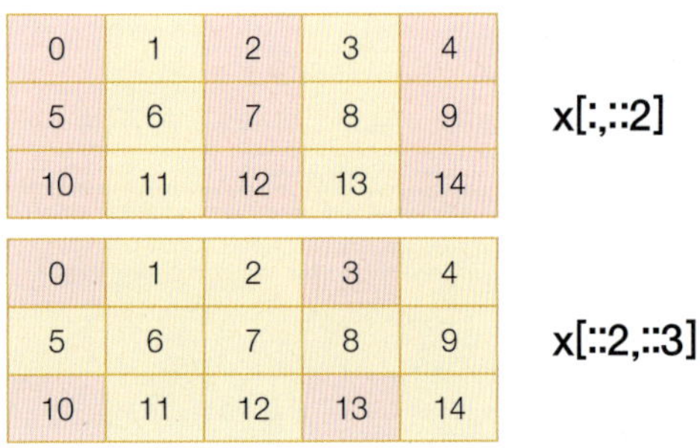

그림 3-10 증가값 활용시 행렬의 구조

6 배열 생성 함수

앞에서 넘파이 배열을 만들기 위해 리스트를 변환하였다. 그러나 넘파이는 자체적으로 다양한 배열(array) 생성 함수를 제공하고 있는데, 필요에 따라 이러한 함수를 적절히 활용하면 넘파이 사용이 수월해진다.

6.1 arange

arange 함수는 range 함수와 같이 차례대로 값을 생성해준다. 기본적으로 range와 마찬가지로 '**(시작 인덱스, 마지막 인덱스, 증가값)**'으로 구성되어 있는데, 가장 큰 차이는 증가값에 실수형이 입력되어도 값을 생성할 수 있다는 것이다. 리스트와 달리 소수점 값을 주기적으로 생성할 때 가장 유용하게 사용할 수 있는 함수 중 하나이다.

In [34]:	np.arange(10)
Out [34]:	array([0, 1, 2, 3, 4, 5, 6, 7, 8, 9])
In [35]:	np.arange(-5, 5)
Out [35]:	array([-5, -4, -3, -2, -1, 0, 1, 2, 3, 4])
In [36]:	np.arange(0, 5,0.5)
Out [36]:	array([0. , 0.5, 1. , 1.5, 2. , 2.5, 3. , 3.5, 4. , 4.5])

6.2 ones, zeros, empty

하나의 값을 넣어서 넘파이 배열을 만들 수 있다. ones 함수의 경우에 1로만 구성된 넘파이 배열을 만든다. 특히 shape 값을 사전에 넣어서 사용자가 원하는 크기만큼의 넘파이 배열을 만들 수 있다는 장점이 있다. 또한 zeros 함수는 0으로만 구성된 넘파이 배열을 생성한다. 가장 큰 차이는 empty 함수이다. 기본적으로 ones와 zeros는 먼저 shape의 크기만큼 메모리를 할당하고 그곳에 0 또는 1로 값을 채운다. 그러나 empty 함수의 경우에는 값을 채우는 것이 아니라 활용 가능한 메모리 공간을 확보하여 반환한다. 그러다 보니 해당 메모리 공간에 값이 남았을 경우 그 값을 함께 반환해준다. 간단히 얘기하면 메모리를 초기화하지 않는다. 그래서 생성될 때마다 다른 값들이 반환된다. ones, zeros, empty 모두 생성 시점에서 dtype을 지정해주면 해당 데이터 타입으로 배열(array)이 생성된다.

In [37]:	np.ones(shape=(5,2), dtype=np.int8)

Out [37]:	array([[1, 1],
	       [1, 1],
	       [1, 1],
	       [1, 1],
	       [1, 1]], dtype=int8)

In [38]:	np.zeros(shape=(2,2), dtype=np.float32)
Out [38]:	array([[0., 0.], [0., 0.]], dtype=float32)
In [39]:	np.empty(shape=(2,4), dtype=np.float32)
Out [39]:	array([[0.000e+00, 1.401e-45, 0.000e+00, 5.689e-43], [1.530e-42, 0.000e+00, 1.076e-42, 0.000e+00]], dtype=float32)

6.3 ones_like, zeros_like, empty_like

또 다른 함수로 ones_like, zeros_like, empty_like 함수들이 있다. 이 함수들은 기존 넘파이 배열과 같은 크기로 만들어 내용을 1로 채우거나, 0으로 채우거나, 빈 상태로 만들어주는 함수이다. 다음 코드를 보면 쉽게 어떤 식으로 값을 생성하는지 알 수 있다.

```
In [40]:   x = np.arange(12).reshape(3,4)
           x
Out [40]:  array([[ 0,  1,  2,  3],
                  [ 4,  5,  6,  7],
                  [ 8,  9, 10, 11]])
In [41]:   np.ones_like(x)
Out [41]:  array([[1, 1, 1, 1],
                  [1, 1, 1, 1],
                  [1, 1, 1, 1]])
In [42]:   np.zeros_like(x)
Out [42]:  array([[0, 0, 0, 0],
                  [0, 0, 0, 0],
                  [0, 0, 0, 0]])
```

이 코드에서 변수 x는 3×4 행렬 형태의 배열로 생성된다. 이를 ones_like 함수에 넣으면 1로만 구성된 3×4 행렬이, zeros_like 함수에 넣으면 0으로만 구성된 3×4 행렬이 생성된다.

6.4 identity, eye, diag

이 외에도 선형대수에서 사용하는 다양한 생성 함수가 있다. 먼저 identity 함수는 단위행렬(i 행렬)을 생성할 수 있다. 다음 코드에서 매개변수 n으로 n×n 크기의 단위행렬을 생성한다.

```
In [43]:   np.identity(n=3, dtype=int)
Out [43]:  array([[1, 0, 0],
                  [0, 1, 0],
                  [0, 0, 1]])
```

```
In [44]: np.identity(n=4, dtype=int)
```

```
Out [44]: array([[1, 0, 0, 0],
                 [0, 1, 0, 0],
                 [0, 0, 1, 0],
                 [0, 0, 0, 1]])
```

eye 함수는 동일하게 1을 생성하는 함수인데, 시작점과 행렬의 크기를 지정할 수 있다. N은 행의 개수, M은 열의 개수를 지정한다. 또한 k의 경우 열의 값을 기준으로 시작 인덱스를 지정한다. 다음 코드의 경우 3×5 행렬을 생성하고 시작 인덱스가 2인 것을 알 수 있다.

```
In [45]: np.eye(N=3, M=5)
```

```
Out [45]: array([[1., 0., 0., 0., 0.],
                 [0., 1., 0., 0., 0.],
                 [0., 0., 1., 0., 0.]])
```

```
In [46]: np.eye(N=3, M=5, k=2)
```

```
Out [46]: array([[0., 0., 1., 0., 0.],
                 [0., 0., 0., 1., 0.],
                 [0., 0., 0., 0., 1.]])
```

diag 함수는 행렬의 값을 추출할 때 사용하는 함수이다. 특정 값에서 대각행렬만 뽑아서 값을 관리해야 할 때가 있는데 이때 diag 함수를 사용한다. k는 eye 함수에서의 k와 같은 의미로 열 기준으로 추출할 값의 시작 인덱스이다.

```
In [47]: matrix = np.arange(9).reshape(3,3)
         matrix
```

```
Out [47]: array([[0, 1, 2],
                 [3, 4, 5],
                 [6, 7, 8]])
```

```
In [48]: np.diag(matrix)
```

```
Out [48]: array([0, 4, 8])
```

```
In [49]:   np.diag(matrix, k=1)
Out [49]:  array([1, 5])
```

(a) np.diag(matrix)　　(b) np.diag(matrix, k=1)

그림 3-11 diag 함수 사용

7 통계 분석 함수

넘파이에서는 선형대수에서 사용하는 여러 도구 외에도 통계 분석에서 사용되는 여러 함수들을 제공한다. 그중 대표적인 분포 함수로는 `uniform` 함수나 `normal` 함수 등이 있다. 일반적으로 각 함수에서 사용되는 다양한 매개변수가 넘파이에서도 그대로 사용된다. 균등분포인 `uniform`의 경우 '`np.random.uniform(시작값, 끝값, 데이터개수)`'의 형식으로 함수를 사용한다. 정규분포인 `normal`의 경우 '`np.random.normal(평균값, 분산, 데이터개수)`'의 형식으로 사용한다.

```
In [50]:   np.random.uniform(0, 5, 10)
Out [50]:  array([3.87101195, 0.12263269, 0.80780157, 0.65361498, 0.55792293,
                  3.64577442, 0.93322468, 3.1913397 , 1.82159678, 3.64401469])
In [51]:   np.random.normal(0, 2, 10)
Out [51]:  array([ 4.92446265, -2.4753182 , -2.12734589, -2.75839296, -0.22365806,
                  -0.93325909,  1.81593553,  1.74506567,  2.20788194,  1.42156357])
```

TIP 실행 결과는 각각 다르게 출력

03 넘파이 배열 연산

완성파일 | ch03_sec03.ipynb

넘파이는 배열 내부, 또는 배열 외부와 관련된 다양한 연산을 지원한다. 크게 배열 내부의 연산을 지원하는 '연산 함수'와 배열 간의 연산을 지원하는 '연결 함수'가 있다.

1 연산 함수

넘파이는 배열 내부의 연산을 지원하는 다양한 연산 함수(operation functions)를 제공한다. 대표적으로 `sum`, `mean`, `std`와 같은 함수는 통계나 선형대수의 연산을 지원한다. 이러한 연산을 위해 사전에 알아야 하는 개념은 축(axis)이다. 축은 배열의 구조(shape)를 설명할 때 사용했던 개념으로, 랭크(rank)가 증가할 때마다 새로운 차원이 증가하는데, 이를 축이라고 한다. 쉽게 생각해서 1차원의 벡터를 직선그래프 위에 나타낸다면 2차원의 행렬은 좌표평면에 나타낸다. 이때 x축에 y축을 추가하는데 이러한 개념처럼 랭크에 차원이 증가할 때마다 새로운 축이 추가된다고 생각하면 용이하다.

`sum` 함수를 이용하면 다음과 같이 각 요소의 합을 반환한다.

```
In [1]:   import numpy as np
          test_array = np.arange(1, 11)
          test_array.sum()
Out [1]:  55
```

만약 2차원 행렬 값을 다루게 되면 행 또는 열을 기준으로 `sum` 함수를 적용해야 할 때가 있다. 이런 경우에는 앞에서 언급한 축(axis)을 사용하여 연산을 수행시킨다. 다음 코드를 살펴보자.

```
In [2]:   test_array = np.arange(1,13).reshape(3,4)
          test_array
```

```
Out [2]: array([[ 1,  2,  3,  4],
                [ 5,  6,  7,  8],
                [ 9, 10, 11, 12]])

In [3]:  test_array.sum(axis=0)

Out [3]: array([15, 18, 21, 24])

In [4]:  test_array.sum(axis=1)

Out [4]: array([10, 26, 42])
```

이 코드에서는 1에서 12까지의 값을 3×4 행렬로 생성된다. 이 행렬에서 행을 의미하는 3은 축이 0이고, 열을 의미하는 4는 축이 1이라는 것을 확인할 수 있다. 이는 기존 벡터에서 행렬로 차원이 증가할 때 기존 열에 해당하는 축이 0~1이 되고, 새롭게 추가되는 행의 축이 0이 됨을 알 수 있다. 또한 `sum` 함수의 매개변수인 `axis`는 합계 연산이 일어나는 방향을 의미한다. [그림 3-12]와 같이 `axis=0`으로 연산하면 행의 방향으로, `axis=1`로 연산하면 열의 방향으로 덧셈 연산이 일어난다. 이렇게 랭크(rank)가 2 이상의 배열에서 연산의 방향을 설정해 주는 것이 바로 축(axis)이다.

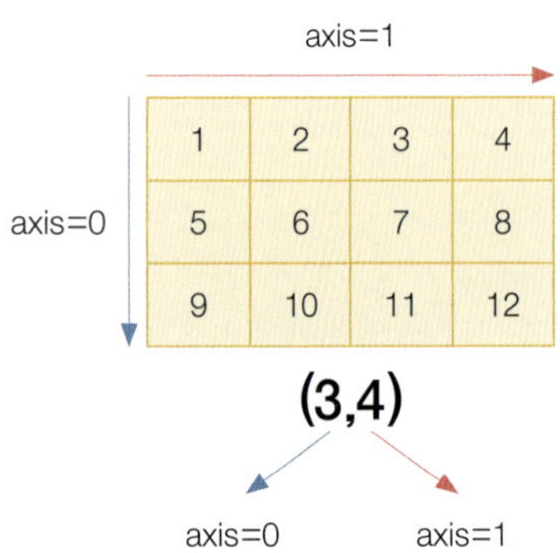

그림 3-12 축에 따른 연산

그렇다면 2차원 이상의 배열에서는 연산이 어떻게 수행될까? 기본적으로 연산이 일어나는 방식은 동일하다. 새롭게 추가된 축이 `axis=0`이 된다. 그리고 3차원 텐서에서의 연산은 다음 코드와 같이 일어난다.

In [5]:	`test_array = np.arange(1, 13).reshape(3, 4)`
	
	`third_order_tensor = np.array([test_array, test_array, test_array])`
	`third_order_tensor`

Out [5]:	`array([[[ 1,  2,  3,  4],`
	`        [ 5,  6,  7,  8],`
	`        [ 9, 10, 11, 12]],`
	
	`       [[ 1,  2,  3,  4],`
	`        [ 5,  6,  7,  8],`
	`        [ 9, 10, 11, 12]],`
	
	`       [[ 1,  2,  3,  4],`
	`        [ 5,  6,  7,  8],`
	`        [ 9, 10, 11, 12]]])`

In [6]:	`third_order_tensor.sum(axis=0)`

Out [6]:	`array([[ 3,  6,  9, 12],`
	`       [15, 18, 21, 24],`
	`       [27, 30, 33, 36]])`

In [7]:	`third_order_tensor.sum(axis=1)`

Out [7]:	`array([[15, 18, 21, 24],`
	`       [15, 18, 21, 24],`
	`       [15, 18, 21, 24]])`

In [8]:	`third_order_tensor.sum(axis=2)`

Out [8]:	`array([[10, 26, 42],`
	`       [10, 26, 42],`
	`       [10, 26, 42]])`

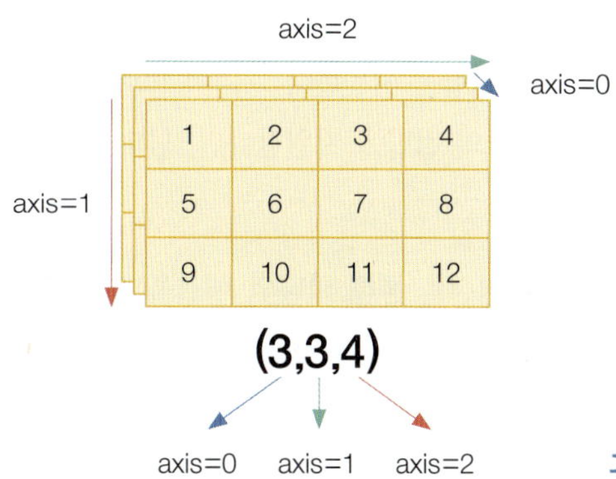

그림 3-13 3차원 텐서에서의 연산

넘파이는 sum 외에도 다양한 수학 함수를 제공한다. 앞에서 말했듯이 mean이나 std 등의 기초 통계 함수도 제공하지만, tan, sin, exp 등 수학 연산에 필요한 함수도 제공한다. 기본적인 함수는 두 가지 형태, 즉 전체 배열에 적용되는 함수와 개별 요소에 적용되는 함수로 나눌 수 있다. 각 함수의 연산 결과는 다음 코드와 같다.

```
In [9]:   test_array = np.arange(1, 13).reshape(3, 4)
          test_array
Out [9]:  array([[ 1,  2,  3,  4],
                 [ 5,  6,  7,  8],
                 [ 9, 10, 11, 12]])
In [10]:  test_array.mean(axis=1)  # axis=1 축을 기준으로 평균 연산
Out [10]: array([ 2.5,  6.5, 10.5])
In [11]:  test_array.std()         # 전체 값에 대한 표준편차 연산
Out [11]: 3.452052529534663
In [12]:  test_array.std(axis=0)   # axis=0 축을 기준으로 표준편차 연산
Out [12]: array([3.26598632, 3.26598632, 3.26598632, 3.26598632])
In [13]:  np.sqrt(test_array)      # 각 요소에 제곱근 연산 수행
Out [13]: array([[1.        , 1.41421356, 1.73205081, 2.        ],
                 [2.23606798, 2.44948974, 2.64575131, 2.82842712],
                 [3.        , 3.16227766, 3.31662479, 3.46410162]])
```

2 연결 함수

연결 함수(concatenation functions)는 두 객체 간의 결합을 지원한다. 기본적으로 파이썬에서 문자열의 경우 '+' 연산자를 사용하여 두 문자열 간의 결합을 지원한다면, 넘파이의 연결은 기본적으로 축을 기준으로 발생한다.

먼저 개념적으로 보면 [그림 3-14]와 같이 벡터 간의 연결을 통해 하나의 행렬을 생성하거나, 열 벡터 간의 연산을 통해 행렬을 생성할 수도 있다. 이를 위해 사용할 수 있는 함수는 vstack과 hstack이다. 이 두 함수는 이름 그대로 수직 스택(vertical stack)과 수평 스택(horizontal stack)을 의미한다. 즉 수직적으로나 수평적으로 배열을 붙이는 함수이다.

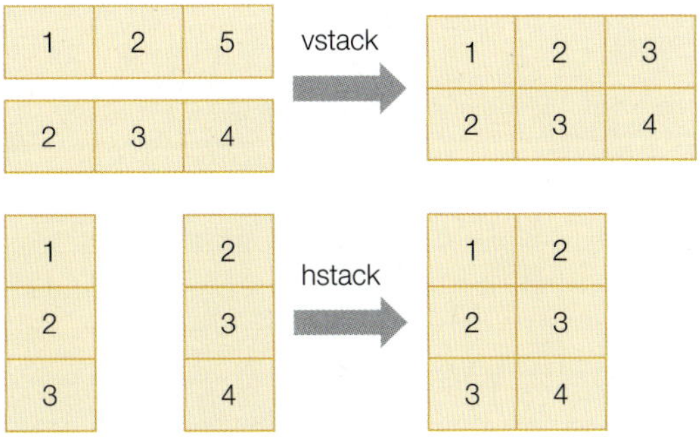

그림 3-14 연결을 통한 행렬의 결합

다음 코드를 보면 vstack을 이용한 벡터 간의 연결(concatenation)로 하나의 행렬이 생성되었다. 그런데 hstack을 이용하여 열 벡터를 생성하기 위해서는 기본 꼴을 2차원 행렬 형태로 구성한 것을 볼 수 있다. 이는 기본적으로 넘파이가 열 벡터를 표현할 수 없기 때문에 행렬 형태로 표현한 것이다. 만약 행렬 형태로 표현하지 않고 벡터 형태 그대로 hstack을 붙일 경우 그대로 벡터 형태의 배열이 생성된다.

```
In [14]:  v1 = np.array([1, 2, 3])
          v2 = np.array([4, 5, 6])
          np.vstack((v1, v2))

Out [14]: array([[1, 2, 3],
                 [4, 5, 6]])

In [15]:  np.hstack((v1,v2))

Out [15]: array([1, 2, 3, 4, 5, 6])

In [16]:  v1 = v1.reshape(-1, 1)
          v2 = v2.reshape(-1, 1)
          v1

Out [16]: array([[1],
                 [2],
                 [3]])

In [17]:  v2
```

```
Out [17]:  array([[4],
                  [5],
                  [6]])
```

```
In [18]:   np.hstack((v1,v2))
```

```
Out [18]:  array([[1, 4],
                  [2, 5],
                  [3, 6]])
```

또 다른 연결 함수로 concatenate 함수가 있다. 이 함수는 축을 고려하여 두 개의 배열을 결합하는 역할을 한다. 또한 스택(stack) 계열의 함수와 가장 큰 차이점은 생성될 배열과 소스가 되는 배열의 차원이 같아야 한다는 점이다. 만약 두 개의 벡터를 붙여 하나의 행렬로 만들고 싶다면, 해당 벡터를 일단 2차원 배열 꼴로 변환한 후 행렬로 나타내야 한다. 다음 코드를 보면 v1과 v2 모두 사실상 행렬이지만 벡터의 형태를 가진 것을 알 수 있다. 매개변수 axis=0은 앞서 언급하였듯이 행을 기준으로 연결을 발생시킨다는 것을 의미한다.

```
In [19]:   v1 = np.array([[1, 2, 3]])
           v2 = np.array([[4, 5, 6]])
           np.concatenate((v1,v2), axis=0)
```

```
Out [19]:  array([[1, 2, 3],
                  [4, 5, 6]])
```

이어서 다음 코드를 살펴보자.

```
In [20]:   v1 = np.array([1, 2, 3, 4]).reshape(2,2)
           v2 = np.array([[5,6]]).T
           v1
```

```
Out [20]:  array([[1, 2],
                  [3, 4]])
```

```
In [21]:   v2
```

```
Out [21]:  array([[5],
                  [6]])
```

In [22]:	`np.concatenate((v1,v2), axis=1)`
Out [22]:	`array([[1, 2, 5],` `       [3, 4, 6]])`

[그림 3-15]와 같은 구조의 배열을 연결하기 위해서는 기본적으로 각 배열을 행렬 형태로 변경한 후에 연결시켜야 한다.

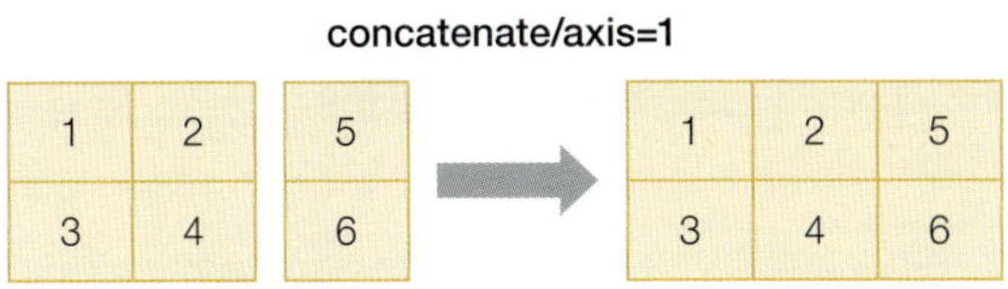

그림 3-15 배열의 연결

3 사칙연산 함수

기본적으로 넘파이는 배열 간 사칙연산을 파이썬과 동일하게 지원한다. 즉 행렬과 행렬 간, 벡터와 벡터 간의 연산에서 +, − 연산이 가능하다. 이렇게 같은 배열의 구조(shape)를 가진 배열 간의 연산은 기본적으로 요소별 연산(element-wise operation)이 발생한다. 요소별 연산은 두 배열의 구조가 동일할 경우 같은 인덱스를 가진 요소들끼리 연산이 일어나는 것을 말한다. [그림 3-16]을 보면 [0, 4]의 위치에 있는 4끼리 곱셈을 실시하여 16이 계산되는 것을 확인할 수 있다. 이러한 요소별 연산은 기본적인 덧셈, 뺄셈, 나눗셈 등의 사칙연산이 모두 가능하다.

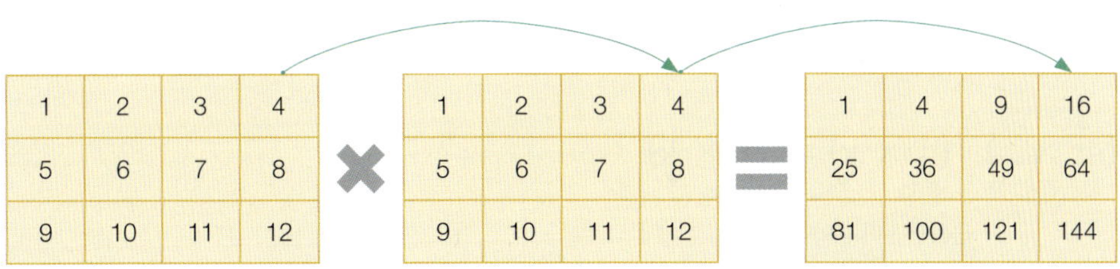

그림 3-16 배열 간 요소별 연산의 예시

```
In [23]:  x = np.arange(1, 7).reshape(2,3)
          x
Out [23]: array([[1, 2, 3],
                 [4, 5, 6]])
In [24]:  x + x
Out [24]: array([[ 2,  4,  6],
                 [ 8, 10, 12]])
In [25]:  x - x
Out [25]: array([[0, 0, 0],
                 [0, 0, 0]])
In [26]:  x / x
Out [26]: array([[1., 1., 1.],
                 [1., 1., 1.]])
In [27]:  x ** x
Out [27]: array([[    1,     4,    27],
                 [  256,  3125, 46656]], dtype=int32)
```

여기서 한 가지 주의할 점은 배열의 곱셈 연산이다. 배열 간의 곱셈에서는 요소별 연산도 가능하지만, 두 배열 간의 곱셈을 실시하는 벡터의 내적(dot product) 연산도 가능하다. 기본적으로 두 개의 행렬 간 벡터의 내적을 구하기 위해서는 두 개의 행렬에서 첫 번째 행렬의 열 크기와 두 번째 행렬의 행 크기가 동일해야 한다. 즉 $m \times n$의 행렬과 $n \times 1$의 행렬에서만 벡터의 내적 연산이 가능하다. 이 조건을 만족할 때 연산된 행렬은 $m \times 1$의 행렬로 생성된다.

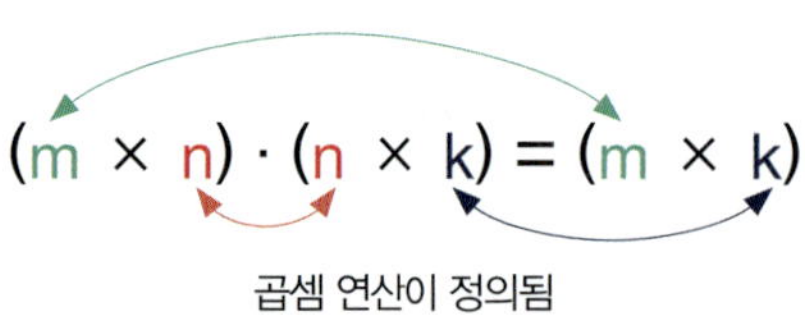

그림 3-17 벡터의 내적(dot product) 연산

하나 더 알기 벡터의 내적 연산 예시

벡터의 내적 연산에 대해서 [그림 3-18]을 참고하면 조금 더 쉽게 이해할 수 있을 것이며, 선형대수 강의를 통해 이해할 것을 권장한다.

$$\begin{bmatrix}1 & 2\\3 & 4\end{bmatrix}\cdot\begin{bmatrix}5 & 6\\7 & 8\end{bmatrix}=\begin{bmatrix}(1\cdot5)+(2\cdot7) & (1\cdot6)+(2\cdot8)\\(3\cdot5)+(4\cdot7) & (3\cdot6)+(4\cdot8)\end{bmatrix}$$

$$=\begin{bmatrix}5+14 & 6+16\\15+28 & 18+32\end{bmatrix}=\begin{bmatrix}19 & 22\\43 & 50\end{bmatrix}$$

그림 3-18 벡터의 내적(dot product) 연산의 예시

넘파이에서 벡터의 내적 연산을 위해 dot 함수를 사용한다. 다음 코드와 같이 두 행렬 2×3 행렬과 3×2 행렬의 연산을 하면 2×2 행렬이 결과로 나온다는 것을 확인할 수 있다.

```
In [28]:  x_1 = np.arange(1, 7).reshape(2,3)
          x_2 = np.arange(1, 7).reshape(3,2)
          x_1
Out [28]: array([[1, 2, 3],
                 [4, 5, 6]])
In [29]:  x_2
Out [29]: array([[1, 2],
                 [3, 4],
                 [5, 6]])
In [30]:  x_1.dot(x_2)
Out [30]: array([[22, 28],
                 [49, 64]])
```

다음으로 살펴볼 연산은 배열의 구조가 다른 배열 간의 연산인 브로드캐스팅 연산(broad casting operations)이다. 브로드캐스팅 연산은 하나의 행렬과 스칼라 값들 간의 연산이나 행렬과 벡터 간의 연산에서 발생한다. [그림 3-19]를 보면 행렬에 있는 모든 요소의 뒤에 있는 스칼라 값인 3이 모두 적용되어 덧셈 연산이 일어난다. 흡사 방송국의 전파가 퍼지듯 뒤에 있는 스칼라 값이 모든 요소에 퍼지듯이 연산된다고 하여 브로드캐스팅 연산이라고 칭한다.

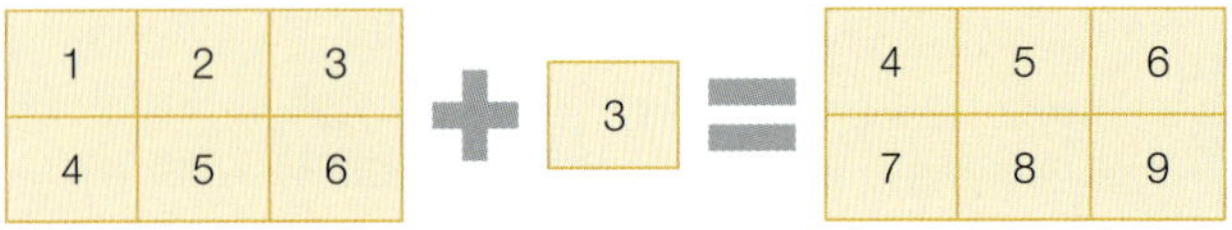

그림 3-19 브로드캐스팅 연산

다음 코드는 행렬과 스칼라 값 간의 다양한 브로드캐스팅 연산의 예이다.

In [31]:
```
x = np.arange(1, 10).reshape(3,3)
x
```
Out [31]:
```
array([[1, 2, 3],
       [4, 5, 6],
       [7, 8, 9]])
```
In [32]:
```
x + 10
```
Out [32]:
```
array([[11, 12, 13],
       [14, 15, 16],
       [17, 18, 19]])
```
In [33]:
```
x - 2
```
Out [33]:
```
array([[-1,  0,  1],
       [ 2,  3,  4],
       [ 5,  6,  7]])
```
In [34]:
```
x // 3
```
Out [34]:
```
array([[0, 0, 1],
       [1, 1, 2],
       [2, 2, 3]], dtype=int32)
```
In [35]:
```
x ** 2
```
Out [35]:
```
array([[ 1,  4,  9],
       [16, 25, 36],
       [49, 64, 81]], dtype=int32)
```

브로드캐스팅 연산은 행렬과 스칼라 값 외에 행렬과 벡터, 벡터와 벡터 간에도 연산이 일어난다. 그리고 이러한 연산은 흡사 [그림 3-20]처럼 일종의 요소별 연산과 같이 변형이 일어나서 연산이 되는 것을 알 수 있다.

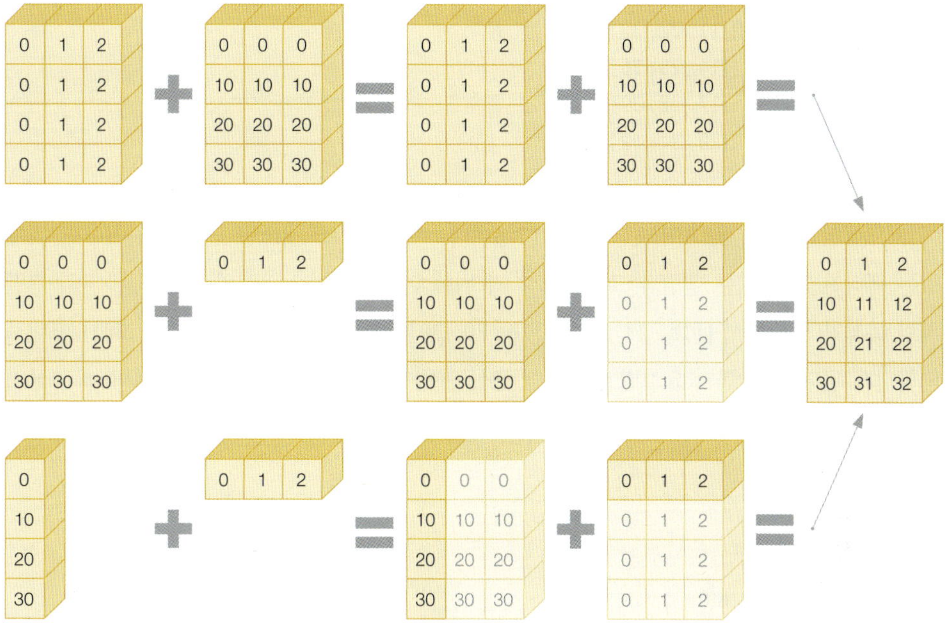

그림 3-20 확장된 브로드캐스팅 연산

다음 코드는 행렬과 벡터 간 브로드캐스팅 연산의 예이다.

In [36]:
```
x = np.arange(1, 13).reshape(4,3)
x
```

Out [36]:
```
array([[ 1,  2,  3],
       [ 4,  5,  6],
       [ 7,  8,  9],
       [10, 11, 12]])
```

In [37]:
```
v = np.arange(10 , 40 , 10)
v
```

Out [37]:
```
array([10, 20, 30])
```

In [38]:
```
v = np.arange(10 , 40 , 10)
v
```

Out [38]:
```
array([10, 20, 30])
```

In [39]:
```
x + v
```

```
Out [39]:  array([[11, 22, 33],
                  [14, 25, 36],
                  [17, 28, 39],
                  [20, 31, 42]])
```

이 코드에서 행렬은 4×3이고, 벡터는 1×3이다. 이때 브로드캐스팅 연산이 일어나면 뒤에 있는 벡터가 앞에 있는 행렬과 크기를 맞추기 위해 다시 [10, 20, 30]의 벡터를 4×3의 행렬처럼 복제가 일어나서 `[[10, 20 ,30] , [10, 20 ,30] , [10, 20 ,30], [10, 20 ,30]]` 형태로 변화하게 된다. 그러면서 요소별 연산처럼 연산이 일어나고, 각 인덱스에 맞춰서 덧셈 연산이 발생한다. 이러한 구조를 빠르게 파악해야 넘파이 연산에 대해 이해할 수 있다.

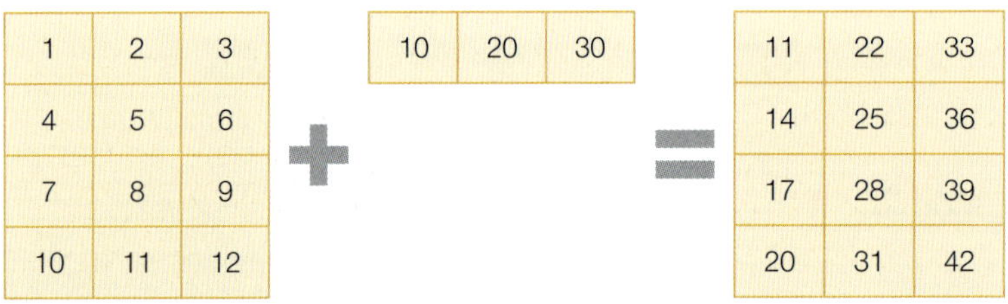

그림 3-21 행렬과 벡터의 브로드캐스팅 연산

하나 더 알기 넘파이의 성능

넘파이의 텐서 연산에 있어서 메모리 구조 면으로는 어떤 장점을 가지고 있을까? 가장 큰 장점은 C와 유사한 형태로 메모리를 관리하면서 C와 같은 연산 속도로 계산할 수 있다는 점이다. 파이썬의 리스트는 메모리의 구조상 각 요소의 값을 연산 시 찾아야 하는 형태이기 때문에 리스트 간 연산에서 많은 시간이 걸린다. 그에 비해 넘파이의 배열은 모든 요소들이 메모리 구조상 붙어있기 때문에 연산 시간에 있어 장점을 가진다.

[그림 3-22]는 세 가지 형태로 벡터와 스칼라 간의 연산을 수행하는 코드이다. 첫 번째는 일반적인 for문을 사용하는 코드이고, 두 번째는 리스트 컴프리헨션(list comprehension)으로 연산을 수행하는 코드이다. 마지막은 넘파이 배열을 사용하여 연산하는 코드이다. 각 코드의 연산 시간을 측정하기 위해서는 주피터 노트북 상에서 `timeit`이라는 함수를 사용한다. 함수 앞에 있는 %는 매직 함수를 의미하는 것으로 주피터에서 특정한 역할을 하는 사전에 정의된 함수를 의미한다. `%timeit` 함수는 뒤에서 연속으로 나오는 함수를 여러 번 실행시킨 후 그 함수의 실행 시간에 대한 평균과 표준편차를 출력한다.

[그림 3-22]의 코드에서 각 셀의 출력값은 해당 함수가 수행되었을 때 1루프(7회 실행)당 걸린 시간의 평균과 표준편차를 나타낸다. 결과를 살펴보면 기본적인 루프에 비해 리스트 컴프리헨션의 결과는 약 5초 향상되었고, 넘파이 연산은 약 50배 정도의 향상이 일어나는 것을 알 수 있다(ms는 밀리초(milliseconds)의 의미로 천분의 1초

를 의미). 넘파이는 파이썬의 가장 큰 특징인 동적 타이핑을 포기했지만, C로 구현되어 있어 배열 연산에 있어 매우 큰 성능적 우위를 확보하였다. 이러한 이점 때문에 대용량 배열 연산에서 넘파이가 사실상 표준으로 사용되고 있다. 그러나 연결 연산처럼 여러 배열을 붙이는 연산에서는 일반적인 리스트에 비해 속도가 느리다. 이것은 메모리의 구조를 생각해보면 좀 더 쉽게 이해할 수 있다. 즉 리스트는 단순히 요소들 간의 주소를 연결해주어 새로운 메모리의 할당 없이 붙여줄 수 있는 데 반해 넘파이는 필요할 때마다 새로운 공간을 잡아야 하는 메모리 탐색 과정이 필요하기 때문이다.

```
def sclar_vector_product(scalar, vector):
    result = []
    for value in vector:
        result.append(scalar * value)
    return result

iternation_max = 100000000

vector = list(range(iternation_max))
scalar = 2
```

```
# for문을 이용한 성능
%timeit sclar_vector_product(scalar, vector)
```

```
26.8 s ± 259 ms per loop (mean ± std. dev. of 7 runs, 1 loop each)
```

평균 표준편차 7회 실행

```
# 리스트 컴프리헨션을 이용한 성능
%timeit [scalar * value for value in range(iternation_max)]
```

```
21.9 s ± 85.4 ms per loop (mean ± std. dev. of 7 runs, 1 loop each)
```

```
# 넘파이를 이용한 성능
%timeit np.arange(iternation_max) * scalar
```

```
561 ms ± 19.2 ms per loop (mean ± std. dev. of 7 runs, 1 loop each)
```

그림 3-22 넘파이의 성능 측정

04 비교 연산과 데이터 추출

완성파일 | ch03_sec04.ipynb

1 비교 연산

넘파이의 비교 연산은 크게 배열 내에서의 비교 연산과 배열 간의 비교 연산이 있다. 이러한 비교 연산들의 결과는 항상 불린형(boolean type)을 가진 배열로 추출된다. 지금부터 비교 연산에 대해 알아본다.

1.1 브로드캐스팅 비교 연산

첫 번째 비교 연산은 앞서 봤던 브로드캐스팅 연산이다. 기존 벡터-스칼라 연산과 마찬가지로 하나의 스칼라 값과 벡터 간의 비교 연산은 벡터 내의 전체 요소에 해당 연산이 적용된다.

다음 코드를 보면 벡터 x에 대하여 >3 연산을 적용하였다. 이때 다음과 같이 각 요소에 모두 해당 연산이 적용되어 불린형을 가진 배열이 출력된다([4 > 3, 3 >3 , 2 > 3, 6 > 3, 8 > 3, 5 > 3]). 이것으로 앞서 언급한 브로드캐스팅 연산이 전반적으로 적용된다는 것을 확인할 수 있다.

In [1]:
```
import numpy as np
x = np.array([4, 3, 2, 6, 8, 5])
x > 3
```

Out [1]:
```
array([ True, False, False,  True,  True,  True])
```

1.2 요소별 비교 연산

두 번째 비교 연산으로는 두 개의 배열 간 배열의 구조(shape)가 동일한 경우 요소별 비교 연산이 가능하다.

다음 코드와 같이 동일한 크기를 가진 두 개의 배열이 있다면 같은 위치에 있는 요소들끼리 비교 연산을 실시할 수 있다. 결과적으로 [1 > 2, 3 > 1, 0 > 7]과 같이 연산이 실시된 후 이를 반환하는 구조를 가진다.

In [2]:	x = np.array([1, 3, 0]) y = np.array([2, 1, 7]) x > y
Out [2]:	array([False, True, False])

2 비교 연산 함수

넘파이는 기본적인 두 가지 비교 연산 외에도 True 또는 False를 반환하는 다양한 함수를 제공한다.

2.1 all과 any

all과 any는 파이썬의 기본 리스트에도 존재하는 함수로, 배열 내부의 모든 값이 참인지 거짓인지에 따라 반환값이 달라진다. all 함수의 경우 내부에 있는 모든 값이 참일 때는 True, 하나라도 아닐 경우에는 False를 반환한다. 이것은 and 조건을 전체 요소에 적용하는 것이다. 반대로 any 함수의 경우 모든 값 중 하나라도 참일 때는 True, 모두 거짓일 경우 False를 반환한다. 이는 or 조건을 전체 요소에 적용하는 것이다. 해당 조건을 코드로 나타내면 다음과 같다.

In [3]:	x = np.array([4, 6, 7, 3, 2]) (x > 3)
Out [3]:	array([True, True, True, False, False])
In [4]:	(x > 3).all()
Out [4]:	False
In [5]:	(x > 3).any()
Out [5]:	True
In [6]:	(x < 10).any()
Out [6]:	True
In [7]:	(x < 10).all()
Out [7]:	True

In [8]:	(x > 10).any()
Out [8]:	False

코드 해설

- In [3] x > 3이라는 브로드캐스팅이 적용되어 불린형으로 이루어진 배열이 반환된다.
- In [4]~[5] all 함수를 적용하면 2개의 거짓이 있기 때문에 False를 반환하고, any 함수를 적용하면 True를 반환한다.
- In [8] x > 10의 경우 모든 값이 10을 넘지 못하므로 모두 거짓인데, 여기에 any 함수를 적용하면 False를 반환된다.

2.2 인덱스 반환 함수

비교 함수에는 어떤 특정한 조건에 맞는 인덱스를 반환하는 함수인 where 함수가 있다. where 함수는 배열이 불린형으로 이루어졌을 때 참인 값들의 인덱스를 반환한다.

다음 코드와 같이 벡터 x의 값이 있을 경우 x > 5를 만족하는 값은 6과 7이 있다. np.where 함수에 해당 배열을 넣으면 그 조건에 맞는 값의 인덱스 값인 [1. 2]를 반환한다.

In [9]:	x = np.array([4, 6, 7, 3, 2]) x > 5
Out [9]:	array([False, True, True, False, False])
In [10]:	np.where(x>5)
Out [10]:	(array([1, 2], dtype=int64),)

np.where 함수를 사용하면 참인 경우와 거짓인 경우의 값을 매칭해주는 값을 지정할 수 있다. 예를 들면 다음 코드에서 np.where(x>5 , 10, 20)을 보면 참일 경우에 10을, 거짓일 경우에 20을 반환한다.

In [11]:	x = np.array([4, 6, 7, 3, 2]) np.where(x>5 , 10, 20)
Out [11]:	array([20, 10, 10, 20, 20])

2.3 정렬된 값의 인덱스를 반환해주는 함수

비교 연산 중 하나의 배열 내에서 정렬된 값의 인덱스를 반환해주는 함수들이 있다. 대표적으로 argsort, argmax, argmin 등이 있다. 각각은 다음과 같이 해당 값들의 인덱스 값을 반환한다.

- argsort : 배열 내에 있는 값들을 작은 순서대로 인덱스를 반환
- argmax : 배열 내에 있는 값들 중 가장 큰 값의 인덱스를 반환
- argmin : 배열 내에 있는 값들 중 가장 작은 값의 인덱스를 반환

다음 코드를 보면 배열의 가장 큰 값인 7의 인덱스 값 2를 반환하고, 배열의 가장 작은 값인 2의 인덱스 값 4를 반환한다.

In [12]:	x = np.array([4, 6, 7, 3, 2]) np.argsort(x)
Out [12]:	array([4, 3, 0, 1, 2], dtype=int64)
In [13]:	np.argmax(x)
Out [13]:	2
In [14]:	np.argmin(x)
Out [14]:	4

3 인덱스를 활용한 데이터 추출

비교 연산과 인덱스 추출 함수를 활용하면 필요에 따라 데이터를 추출할 수 있다. 대표적인 기법으로 불린 인덱스(boolean index)와 팬시 인덱스(fancy index)가 있다.

3.1 불린 인덱스

불린 인덱스(boolean index)는 배열에 있는 값들을 특정 조건에 의해 반환할 수 있는데, 그 특정 조건을 불린형의 배열에 넣어서 추출하는 기법이다.

In [15]:	x = np.array([4, 6, 7, 3, 2]) x > 3

```
Out [15]:  array([ True,  True,  True, False, False])

In [16]:   cond = x > 3
           x[cond]

Out [16]:  array([4, 6, 7])

In [17]:   x.shape

Out [17]:  (5,)

In [18]:   cond.shape

Out [18]:  (5,)
```

이 코드에서 보듯이 x > 3의 결과를 불린형 배열의 형태로 추출할 수 있다. 이렇게 생성된 배열을 기존 인덱스에 넣는다면 x[cond]처럼 불린형 배열이 참인 경우에만 값을 추출한다. 불린 인덱스는 크게 다음 두 가지 조건을 만족해야 작동된다.

- 인덱스에 들어가는 배열은 불린형이어야 한다.
- 인덱스에 들어가는 불린형 배열의 구조(shape)와 추출 대상이 되는 배열의 구조는 같아야 한다. 앞의 코드에서는 cond와 x의 배열 구조가 동일하다.

3.2 팬시 인덱스

팬시 인덱스(fancy index)는 불린 인덱스와 달리 정수형 배열의 값을 사용하여 해당 정수의 인덱스에 위치한 값을 반환한다. 다음 코드를 살펴보자.

```
In [19]:   x = np.array([4, 6, 7, 3, 2])
           cond = np.array([1, 2, 0, 2, 2, 2,], int)
           x[cond]

Out [19]:  array([6, 7, 4, 7, 7, 7])

In [20]:   x.take(cond)

Out [20]:  array([6, 7, 4, 7, 7, 7])
```

```
In [21]:  x = np.array([[1,4], [9,16]], int)
          a = np.array([0, 1, 1, 1, 0, 0], int)
          b = np.array([0, 0, 0, 1, 1, 1], int)
          x[a,b]

Out [21]: array([ 1,  9,  9, 16,  4,  4])
```

코드 해설

- In [19] cond는 정수로 선언된 배열로 인덱스 번호를 가지고 있다. 이를 x[cond]와 같이 인덱스 항목에 넣으면 해당 인덱스 값으로 값을 반환한다. 팬시 인덱스는 다음과 같은 조건을 만족해야 한다.
  - 인덱스 항목에 넣을 배열은 정수로만 구성되어야 하며, 이 정수 값의 범위는 대상이 되는 배열이 가지는 인덱스의 범위를 넘어가지 않는다. 즉 이 코드에서 cond 안에 있는 값들은 x가 가지는 인덱스의 최댓값인 4 이상이 될 수 없다.
  - 대상이 되는 배열과 인덱스 배열의 구조(shape)가 같을 필요는 없다.
- In [20] 팬시 인덱스는 take 함수를 사용해도 같은 결과가 출력된다.
- In [21] 팬시 인덱스는 벡터 형태 외에도 행렬 형태에서도 결과가 출력된다. a는 행 값, b는 열 값을 의미한다. 즉 첫 번째 값은 [0, 0]으로 값은 1이고, [0, 1]의 값은 4이다. [그림 3–23]과 비교하며 해당 값을 찾아보면 조금 더 쉽게 이해할 수 있다.

	0	1
0	1	4
1	9	16

그림 3-23 팬시 인덱스

요약

01 넘파이의 개념과 특징

- 개념 : 파이썬의 고성능 과학 계산용 라이브러리로, 현재 벡터나 행렬 같은 선형대수의 표현법을 파이썬 코드로 처리하는 표준 라이브러리로 사용되고 있다.
- 특징 : 빠른 속도와 효율적인 메모리 사용, 반복문 사용하지 않음, 다양한 함수 제공, 다른 언어와 통합 사용이 가능하다.

02 넘파이 배열(ndarray)과 텐서(tensor)

- 넘파이 배열(ndarray) : 기존 파이썬의 리스트와 같이 넘파이에서 텐서 데이터를 다루는 객체이다.
- 텐서(tensor) : 선형대수에서 사용하는 데이터 배열을 지칭하는 용어로, 데이터 배열의 랭크(rank)에 따라 별도의 용어가 존재한다.

03 배열 관련 함수

- `shape` : 배열의 구조를 의미하며, 넘파이 배열(ndarray) 객체의 차원 구성이 어떠한지 나타내는 함수이다.
- `ndim` : 일반적으로 랭크(rank)를 의미한다.
- `size` : 해당 넘파이 배열에 있는 모든 데이터의 개수를 나타낸다.
- `dtype` : 넘파이 배열의 데이터 타입을 지정한다.
- `reshape` : 배열의 구조는 필요에 따라 변경이 필요한데, 이를 위해 사용하는 함수이다.
- `flatten` : 데이터 그대로 1차원으로 변경해주는 함수이다.

04 인덱싱과 슬라이싱

- 인덱싱(indexing) : 리스트에 있는 값에 접근하기 위해 이 값의 상대적인 주소(offset)를 사용한다.
- 슬라이싱(slicing) : 리스트의 인덱스를 사용하여 전체 리스트에서 일부를 잘라내어 반환한다.

05 배열 생성 함수

- arange : 기본적으로 '(시작 인덱스, 마지막 인덱스, 증가값)'으로 구성되어 있는데, 가장 큰 차이는 증가값에 실수형으로 입력되어도 값을 생성할 수 있다.
- ones : 1로만 구성된 넘파이 배열을 생성한다.
- zeros : 0으로만 구성된 넘파이 배열을 생성한다.
- empty : 값을 채우는 것이 아니라 활용 가능한 메모리 공간을 확보하여 반환한다. 그러다 보니 해당 메모리 공간에 값이 남았을 경우 그 값을 함께 반환해준다.
- ones_like, zeros_like, empty_like : 이 함수들은 기존 넘파이 배열과 같은 크기의 배열을 각각 1로 채우거나, 0으로 채우거나, 빈 상태로 만드는 함수이다.
- identity : 단위행렬(i행렬)을 생성할 수 있다.
- eye : 동일하게 1을 생성하는 함수인데, 시작점과 행렬의 크기를 지정할 수 있다.
- diag : 행렬의 값을 추출할 때 사용하는 함수이다.
- uniform : 균등분포 함수이다.
- normal : 정규분포 함수이다.

06 연산 함수(operation functions)

넘파이는 배열 내부의 연산을 지원하는 다양한 연산 함수가 존재한다. 대표적으로 sum, mean, std와 같은 함수가 있는데, 통계나 선형대수의 연산을 지원한다.

07 연결 함수(concatenation funtions)

연결 함수는 두 객체 간의 결합을 지원한다. 기본적으로 파이썬에서 문자열의 경우 '+' 연산자를 사용하여 두 문자열 간의 결합을 지원한다면, 넘파이의 연결은 기본적으로 축을 기준으로 발생한다.

08 사칙연산 함수

- 요소별 연산(element-wise operation) : 두 배열의 구조가 동일할 경우 같은 인덱스를 가진 요소들끼리 연산이 일어나는 것으로, 기본적인 사칙연산이 모두 가능하다.

- 브로드캐스팅 연산(broadcasting operation) : 하나의 행렬과 스칼라 값들 간의 연산이나 행렬과 벡터 간의 연산에서 발생한다. 방송국의 전파가 퍼지듯 뒤에 있는 스칼라 값이 모든 요소에 퍼지듯이 연산된다고 하여 브로드캐스팅 연산이라고 칭한다.

09 비교 연산

- 개념 : 넘파이의 배열 연산은 크게 배열 내에서의 비교 연산과 배열 간의 비교 연산이 있다. 비교 연산의 결과는 항상 불린형(boolean type)을 가진 배열로 추출된다.
- 종류 : 브로드캐스팅 비교 연산, 요소별 비교 연산

10 비교 연산 함수

- `all` : 내부에 있는 모든 값이 참일 때는 `True`, 하나라도 아닐 경우에는 `False`를 반환한다. 이는 and 조건을 전체 요소에 적용하는 것이다.
- `any` : 모든 값 중 하나라도 참일 때는 `True`, 모두 거짓일 경우 `False`를 반환한다. 이는 or 조건을 전체 요소에 적용하는 것이다.
- `where` : 배열이 불린형으로 이루어졌을 때 참인 값들의 인덱스를 반환한다.
- `argsort` : 배열 내에 있는 값들을 작은 순서대로 인덱스를 반환한다.
- `argmax` : 배열 내에 있는 값들 중 가장 큰 값의 인덱스를 반환한다.
- `argmin` : 배열 내에 있는 값들 중 가장 작은 값의 인덱스를 반환한다.

11 인덱스를 활용한 데이터 추출 함수

- 불린 인덱스(boolean index) : 배열에 있는 값들을 특정 조건에 의해 반환할 수 있는데, 그 특정 조건을 불린형의 배열에 넣어서 추출하는 기법이다.
- 팬시 인덱스(fancy index) : 불린 인덱스와 달리 정수형 배열의 값을 사용하여 해당 정수의 인덱스에 위치한 값을 반환한다.

연습문제

01 다음 코드를 실행할 경우 예상되는 결과값은 무엇인가?

```
import numpy as np

test_a = np.array([[4, 8],[2, 9]])
print(test_a * test_a)
```

① [[16 64]
 [4 81]]

② [[32 104]
 [26 97]]

③ [[8 16]
 [4 18]]

④ [[4 8]
 [2 9]]

02 다음 코드를 실행할 경우 예상되는 결과값은 무엇인가?

```
import numpy as np

test_a = np.array([[5,5,5],[3,3,3]])
print(test_a ** 2)
```

① [[5 5 5]
 [3 3 3]]

② [[25 25 25]
 [9 9 9]]

③ [[10 10 10]
 [6 6 6]]

④ [[75 45]
 [45 27]]

03 A = np.array([[3,22,2],[3,1,5]]), B = np.array([[6,7,9],[2,1,3]])일 때, 다음 중 연산이 실행되지 않고 오류가 발생하는 것은?

① A * B

② A.dot(B)

③ A.T.dot(B)

④ A.dot(B.T)

04 다음 수식을 나타내는 넘파이 코드를 작성하고자 한다. 다음 코드 중 결과가 다른 것을 하나 찾으시오.

$$\sqrt{\frac{1}{N}\sum_{i=1}^{N}(y_i-\hat{y})^2}$$

```
import numpy as np
Y_true = np.array([1,1,0,1,1])                  # Y
Y_pred = np.array([0.23,0.5,0.99,0.69,0.4])    # Y_hat
```

① `np.sqrt(np.sum((Y_true - Y_pred)**2) / len(Y_true))`

② `diff = (Y_true - Y_pred)`
`np.sqrt(diff ** 2 / len(Y_true))`

③ `np.sqrt(np.sum(np.square((Y_true - Y_pred)))/len(Y_true))`

④ `diff = (Y_true - Y_pred)`
`np.sqrt(diff.T.dot(diff) / len(Y_true))`

05 다음 코드는 ndarray A의 각 원소들을 평균과 표준편차를 이용하여 정규분포로 정규화시키는 벡터 연산 코드이다. 빈칸에 알맞은 것을 고르시오.

$$\frac{X_i-E(x)}{\sigma}$$

```
import numpy as np
A = np.array([8,1,2,2,3,4,5,6,7,8])
(A - np.[          ])/np.[          ]
```

① `sum(A, axis=1)`, `mean(A, axis=1)`

② `mean(A, axis=0)`, `sum(A, axis=0)`

③ `mean(A)`, `std(A)`

④ `sum(A)`, `mean(A)`

06 다음 수식을 넘파이로 구현하고자 한다. 다음 그림과 같이 벡터를 입력하여 정규화된 벡터로 나타낼 때, 수식을 올바른 넘파이 코드로 표현한 것이 아닌 것은 무엇인가?

$$y_k = \exp(a_k) / \sum_{i=1}^{n} (\exp(a_i))$$

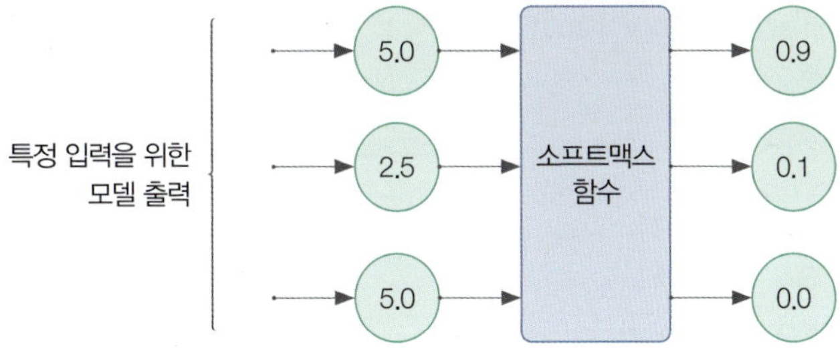

①
```
def softmax(x):

    f_x = x.exp / np.sum(x.exp)
    return f_x
```

②
```
def softmax(a) :
    exp_a = np.exp(a)
    sum_exp_a = np.sum(exp_a)
    y = exp_a / sum_exp_a

    return y
```

③
```
def softmax(x):
    return np.exp(x) / np.sum(np.exp(x))
```

④
```
def softmax(x):
    exponentials = np.exp(x)
    sum_exponentials = sum(exponentials)
    result = exponentials/sum_exponentials
    return result
```

07 **다음 코드를 실행할 경우 예상되는 결과값은 무엇인가?**

```
import numpy as np

test_a = np.arange(1,10).reshape(3,3)
test_b = np.arange(6).reshape(2,3)

test_a.dot(test_b.T)
```

①
```
array([[ 30,  36,  42],
       [ 66,  81,  96],
       [102, 126, 150]])
```

②
```
array([[ 5, 14],
       [14, 50]])
```

③
```
array([[18, 21, 24],
       [54, 66, 78]])
```

④
```
array([[ 8, 26],
       [17, 62],
       [26, 98]])
```

08 **다음 중 넘파이 배열의 특징으로 적합한 것을 모두 고르시오.**

① C의 데이터 타입을 기본으로 배열이 생성된다.

② 동적 타이핑이 지원된다.

③ 하나의 데이터 타입만으로 배열이 생성된다.

④ 새로운 데이터를 할당할 때 메모리를 유연하게 사용하여 할당 속도가 빠르다.

09 다음 코드를 실행할 경우 예상되는 결과값은 무엇인가?

```
import numpy as np

arr = np.arange(16).reshape(4,4)
print(arr.size - (arr.shape[0] * arr.ndim))
```

① 4　　② 오류 발생　　③ 8　　④ 16

10 다음 코드를 실행할 경우 예상되는 결과값은 무엇인가?

```
import numpy as np

arr = np.arange(20).reshape(10,2)
x, y = arr.shape

print(arr.reshape(y, x).shape)
```

① (10, 2)　　② (2, 10)　　③ (5, 4)　　④ 오류 발생

11 다음 배열은 벡터이다. 이 배열을 4×6의 행렬로 바꾸려고 할 때 빈칸에 알맞은 것을 고르시오.

```
import numpy as np

arr = np.arange(24)
arr = arr.[          ]
```

① reshape(4, 6)　　② reshape(-1, 4)

③ flatten(6, 4)　　④ flatten()

12 다음 코드를 실행했을 때 결과값이 다른 하나를 고르시오.

```
import numpy as np
arr = np.arange(8)
```

① arr.flatten()
② arr.reshape(2, -2)
③ arr.reshape(arr.size)
④ arr

13 다음 코드를 실행할 경우 예상되는 결과값은 무엇인가?

```
arr_1 = np.arange(4)
arr_2 = np.arange(4, 0, -1)

np.any(arr_1 < arr_2)
```

① False

② True

③ array([True, True, False, False])

④ array([0, 1, 2, 3])

14 다음 코드를 실행할 경우 예상되는 결과값은 무엇인가?

```
a = np.arange(6).reshape(2,3)
b = a > 4
a[b]
```

① array([5])

② array([0, 1, 2])

③ array([[False, False, False], [False, False, True]])

④ array([3, 4, 5])

15 다음 find_nearest_value 함수는 벡터와 어떤 값을 입력하면 해당 벡터 값 중 입력된 값과 차이가 가장 작은 값이 반환된다. 해당 함수로 가장 적합한 코드를 찾으시오.

```
import numpy as np
X = np.array([1, 2, 3, 4, 5, 6, 7])
target_value = 4.3
find_nearest_value(X, target_value)
```

①
```
def find_nearest_value(X, target_value):
    result = X[np.argmax(np.abs(X - target_value))]
    return result
```

②
```
def find_nearest_value(X, target_value):
    result = X[np.abs(X - target_value)]
    return result
```

③
```
def find_nearest_value(X, target_value):
    result = X[np.argmin(np.abs(X - target_value))]
    return result
```

④
```
def find_nearest_value(X, target_value):
    result = X[np.argmax((X - target_value))]
    return result
```

16 다음 코드를 실행할 경우 예상되는 결과값은 무엇인가?

```
Z = np.array([6, 6, 6, 4, 7, 9, 1, 8, 8, 4])
Z[Z.argsort()[:5]] = 0
print(Z)
```

① array([6, 6, 6, 4, 7, 9, 1, 8, 8, 4])

② array([6, 6, 6, 4, 7])

③ array([6, 3, 9, 0, 1])

④ [0 0 6 0 7 9 0 8 8 0]

17 다음 코드를 실행할 경우 예상되는 결과값은 무엇인가?

```
arr = np.array([[17, 27, 14, 11],
        [ 8, 24, 25, 26],
        [11, 26, 26, 23],
        [ 3, 30,  4, 25],
        [22, 18, 24, 11]])
print(arr[[0, 2, 1]])
```

①
```
[[17 27 14 11]
 [11 26 26 23]
 [ 8 24 25 26]]
```

②
```
[[17 11  8]
 [27 26 24]
 [14 26 25]
 [11 23 26]]
```

③
```
[0, 2, 1]
```

④
```
[[17 27 14 11]
 [ 8 24 25 26]
 [11 26 26 23]]
```

CHAPTER 04
판다스

학습목표

- 판다스의 개념을 살펴보고, 시리즈 객체와 데이터프레임 객체에 대해 학습한다.
- 다양한 방법으로 데이터를 추출하는 방법에 대해 알아본다.
- groupby() 함수를 사용하는 방법에 대해 실습하고, 그룹화된 상태에 대해 이해한다.
- 데이터 테이블을 병합하고 연결하는 방법을 학습한다.

01 판다스란?

완성파일 | ch04_sec01.ipynb

1 판다스의 개념

판다스(pandas)는 데이터 분석 라이브러리로 '파이썬계의 엑셀'이라고도 부른다. 판다스는 엑셀의 스프레드시트와 같은 구조의 데이터를 처리할 때 가장 쉽게 사용할 수 있는 파이썬 라이브러리이다. 그래서 데이터 테이블(data table)을 다루기 위한 도구로 가장 적합하다.

판다스의 가장 큰 특징은 데이터를 다루기 위해 고성능 배열 계산 라이브러리인 넘파이를 기본적으로 사용한다는 것이다. 넘파이는 파이썬에서 배열을 다루기 위한 최적의 라이브러리인데, 판다스는 기본적으로 이 넘파이를 사용하고, 이를 좀 더 효율적으로 사용하기 위한 인덱싱, 연산, 전처리 등의 다양한 함수를 제공한다.

판다스는 데이터 테이블 형태인 2차원 데이터를 다룬다. 판다스에서 데이터 테이블 전체를 다루는 객체를 **데이터프레임**(DataFrame)이라고 하고, 각각의 열 데이터를 다루는 객체를 **시리즈**(Series)라고 부른다. 기본적으로 이 두 객체를 이해하는 것이 판다스를 이해하는 첫걸음이다. [그림 4-1]과 같이 하나의 데이터프레임은 여러 개의 시리즈 객체로 구성되어 있다. 이를 이해하기 위해 각각의 객체를 다루는 방법부터 알아보자.

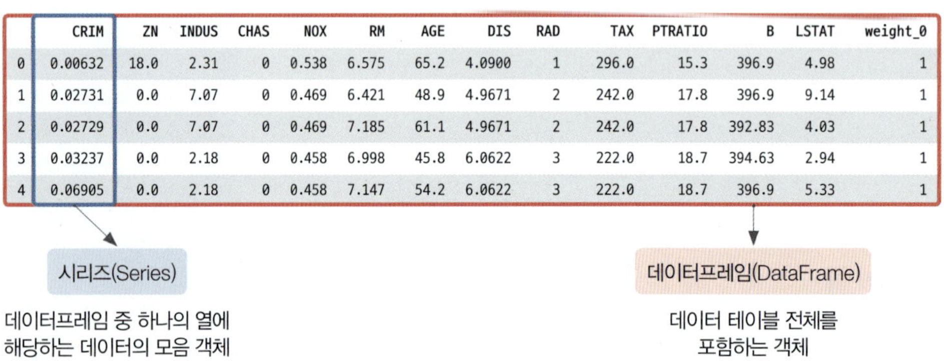

	CRIM	ZN	INDUS	CHAS	NOX	RM	AGE	DIS	RAD	TAX	PTRATIO	B	LSTAT	weight_0
0	0.00632	18.0	2.31	0	0.538	6.575	65.2	4.0900	1	296.0	15.3	396.9	4.98	1
1	0.02731	0.0	7.07	0	0.469	6.421	48.9	4.9671	2	242.0	17.8	396.9	9.14	1
2	0.02729	0.0	7.07	0	0.469	7.185	61.1	4.9671	2	242.0	17.8	392.83	4.03	1
3	0.03237	0.0	2.18	0	0.458	6.998	45.8	6.0622	3	222.0	18.7	394.63	2.94	1
4	0.06905	0.0	2.18	0	0.458	7.147	54.2	6.0622	3	222.0	18.7	396.9	5.33	1

그림 4-1 데이터프레임 객체와 시리즈 객체

TIP 시리즈(Series) 리스트, 튜플, 넘파이 배열의 1차원 자료구조로, 데이터프레임의 한 행이나 열을 의미한다.

2 시리즈 객체

첫 번째로 우리가 학습할 객체는 시리즈(Series) 타입이다. 시리즈 객체는 피쳐 벡터(feature vector)와 같은 개념으로 사용하는데, 일반적으로 하나의 피쳐 데이터를 포함하는 형태로 다루어진다. 시리즈 객체는 생성된 데이터프레임(DataFrame) 안에 포함되기도 하지만, [그림 4-2]와 같이 `list`, `dict`, `ndarray` 등과 같은 다양한 데이터 타입이 시리즈 객체 형태로 변환될 수 있다.

```
from pandas import Series, DataFrame

list_data = [1,2,3,4,5]
list_name = ["a","b","c","d","e"]
example_obj = Series(data = list_data, index=list_name)
```

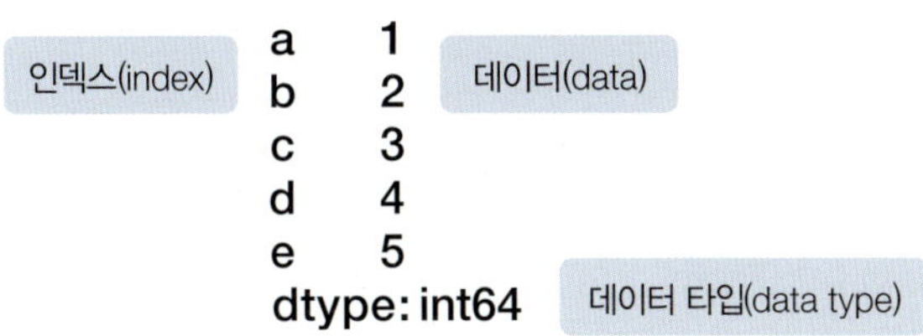

그림 4-2 시리즈 객체 예시

시리즈 객체를 생성하면 기본적으로 세 가지 요소(property)인 데이터, 인덱스, 데이터 타입이 생성된다.

- **데이터(data)** : 데이터는 기존 다른 객체처럼 값을 저장하는 요소(property)이다.
- **인덱스(index)** : 인덱스는 항상 0부터 시작하고, 숫자로만 할당하는 값이다. 시리즈 객체에서는 숫자 외에도 문자열이나 0 외에 다른 값으로 시작하는 숫자, 또는 순서가 일정하지 않은 숫자값을 입력할 수도 있다. 이런 식으로 인덱스 값을 입력할 수 있도록 한 가장 큰 이유는 데이터를 다룰 때 데이터의 아이디(id) 값을 인덱스로 삼아서 다뤄야 할 때가 있기 때문이다. 헷갈릴 수도 있지만 시리즈 객체에서는 인덱스 값의 중복을 허용한다.

TIP 저자의 개인적인 의견으로는 권장하지는 않지만 기본적으로 중복된 인덱스명을 허용한다는 사실은 알아둘 필요가 있다. 시리즈(Series)에서도 역시 마찬가지로 일반적으로는 0부터 시작하는 형태의 숫자를 많이 쓰기는 하나 다른 방식으로 지정이 가능하다는 사실은 알고 있어야 한다.

- **데이터 타입(data type)** : 데이터 타입은 정확히 넘파이의 데이터 타입과 일치한다. 기본적으로 판다스는 넘파이의 래퍼(wrapper) 라이브러리로 이해해야 하고, 넘파이에서 사용하는 모든 기능을 지원한다. 이로 인해 넘파이의 데이터 타입을 그대로 시리즈 객체에도 적용한다.

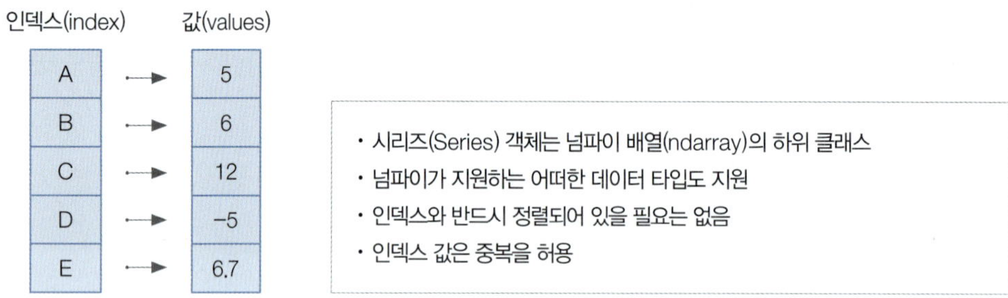

그림 4-3 시리즈 객체와 인덱스

실제로 생성된 객체의 내용을 출력하면 다음 코드와 같다.

In [1]:
```
import pandas as pd  # pandas 모듈 호출
import numpy as np   # numpy 모듈 호출

from pandas import Series, DataFrame

list_data = [1,2,3,4,5]
list_name = ["a","b","c","d","e"]
example_obj = Series(data = list_data, index=list_name)
example_obj
```

Out [1]:
```
a    1
b    2
c    3
d    4
e    5
dtype: int64
```

In [2]:
```
example_obj.index
```

Out [2]:
```
Index(['a', 'b', 'c', 'd', 'e'], dtype='object')
```

In [3]:
```
example_obj.values
```

Out [3]:
```
array([1, 2, 3, 4, 5], dtype=int64)
```

In [4]:	`type(example_obj.values)`
Out [4]:	`numpy.ndarray`
In [5]:	`example_obj.dtype`
Out [5]:	`dtype('int64')`

코드 해설

- In [2] index 값에는 In [1]에서 입력한 list_name 객체의 값이 입력되어 있는 것을 확인할 수 있다.
- In [3]~[4] 데이터 값을 보기 위해서는 values를 사용하면 된다. 실제 생성된 values는 In [4]의 결과와 같이 넘파이 배열(numpy.ndarray) 타입이다.
- In [5] dtype은 데이터의 타입을 나타내는데, 이 데이터 타입은 넘파이의 데이터 타입과 동일하다.

특이하게 시리즈 객체의 경우 객체의 이름을 변경할 수 있는데, 이는 일종의 열 이름을 지정해주는 방식이다. 인덱스에 대한 이름도 추가 지정이 가능하다. 다음은 시리즈 객체에 이름을 지정하는 코드이다.

In [6]:
```
example_obj.name = "number"
example_obj.index.name = "id"
example_obj
```

Out [6]:
```
id
a    1
b    2
c    3
d    4
e    5
Name: number, dtype: int64
```

시리즈 객체를 생성하는 가장 일반적인 방법은 먼저 데이터프레임(DataFrame) 객체를 생성한 다음에 각 열에서 시리즈 객체를 뽑는 것이다. 하지만 이외에도 다양한 시퀀스형 데이터 타입에 대해 저장이 가능하며, 다음 코드와 같이 딕셔너리 타입(dict type)으로 생성된다. 딕셔너리 타입에서 딕셔너리(dict)의 키(key)는 인덱스, 값(value)은 데이터 항목에 들어간다.

```
In [7]:  dict_data = {"a":1, "b":2, "c":3, "d":4, "e":5}
         example_obj = Series(dict_data, dtype=np.float32, name="example_data")
         example_obj

Out [7]: a    1.0
         b    2.0
         c    3.0
         d    4.0
         e    5.0
         Name: example_data, dtype: float32
```

일반적으로 판다스의 모든 객체는 인덱스 값을 기준으로 생성된다. 다음 코드와 같이 기존 데이터에 인덱스 값을 추가한다면 해당 값들은 '숫자가 아님(Not a Number)'을 의미하는 NaN 값이 출력된다. 일반적으로 NaN은 'Null' 값을 의미하며, 파이썬에서는 'None'을 의미한다. 다음 코드의 경우 dict type의 인덱스 a b c d e를 키 값으로 지정하고, 추가적으로 f, g, h를 인덱스로 지정하면 해당 값들은 NaN으로 출력된다.

```
In [8]:  dict_data_1 = {"a":1, "b":2, "c":3, "d":4, "e":5}
         indexes = ["a","b","c","d","e","f","g","h"]
         series_obj_1 = Series(dict_data_1, index=indexes)
         series_obj_1

Out [8]: a    1.0
         b    2.0
         c    3.0
         d    4.0
         e    5.0
         f    NaN
         g    NaN
         h    NaN
         dtype: float64
```

TIP 나중에 다시 언급되겠지만 넘파이에서 사용하는 거의 모든 기능은 시리즈 객체에서 그대로 사용된다. 연산을 위한 브로드캐스팅(broadcasting)이나 팬시 인덱스(fancy index) 등도 그대로 사용된다. 간단히 생각되면 기존 넘파이 배열에서 인덱스만 추가되어 사용하는 개념이라고 이해하면 된다.

3 데이터프레임 객체

두 번째로 학습할 객체는 데이터프레임(DataFrame) 객체이다. 데이터프레임 객체는 데이터 테이블 전체를 지칭하는 객체로, 여러 개의 시리즈(Series) 묶음으로 구성되어 있다. 기본적으로 데이터프레임 객체는 통계 분석 언어인 R을 이용하여 만들었다. 시리즈의 묶음이기 때문에 넘파이 배열의 특성을 그대로 가지고 있는 객체라고 할 수 있다. 조금 특별한 차이는 각각의 열 별로 데이터 타입이 다르다는 것이다. 이는 여러 개의 데이터 타입이 다른 시리즈의 묶음이기 때문에 하나로 통일하는 것이 아니라 각각의 데이터 타입을 그대로 유지하면서 합쳐주는 형태로 각각의 데이터 타입이 그대로 유지된다. 또한 열과 행을 각각 사용해서 하나의 데이터에 접근하는 인덱싱이 가능하다. 기본적으로 데이터프레임은 2차원 매트릭스 기반으로 만들어지기 때문에 열 단위로 같은 인덱스의 개수만큼 데이터가 추가된다.

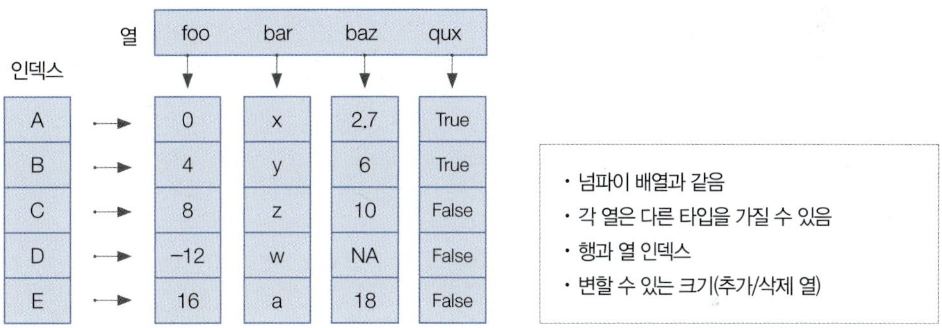

그림 4-4 데이터프레임 객체

3.1 데이터프레임의 생성

가장 기본적으로 데이터프레임을 생성하는 방법은 .csv나 .xlsx와 같은 스프레드시트형 확장자를 가진 파일에서 데이터를 바로 로딩하는 것이다. 이는 '**read_확장자**' 형태의 함수를 사용할 수 있으며, 자신이 가진 데이터에 따라 다양한 기법을 사용하여 호출할 수 있다.

In [9]:
```
data_url = 'https://archive.ics.uci.edu/ml/machine-learning-databases/
housing/housing.data' # 데이터 URL을 변수 data_url에 넣기
df_data = pd.read_csv(data_url, sep='\s+', header = None) # csv 데이터 로드

df = pd.DataFrame(df_data)
df
```

Out [9]:

	0	1	2	3	4	5	6	7	8	9	10	11	12	13
0	0.00632	18.0	2.31	0	0.538	6.575	65.2	4.0900	1	296.0	15.3	396.90	4.98	24.0
1	0.02731	0.0	7.07	0	0.469	6.421	78.9	4.9671	2	242.0	17.8	396.90	9.14	21.6
2	0.02729	0.0	7.07	0	0.469	7.185	61.1	4.9671	2	242.0	17.8	392.83	4.03	34.7
3	0.03237	0.0	2.18	0	0.458	6.998	45.8	6.0622	3	222.0	18.7	394.63	2.94	33.4
4	0.06905	0.0	2.18	0	0.458	7.147	54.2	6.0622	3	222.0	18.7	396.90	5.33	36.2
...	...	...	...	...	...	...	...	...	...	...	...	...	...	...
501	0.06263	0.0	11.93	0	0.573	6.593	69.1	2.4786	1	273.0	21.0	391.99	9.67	22.4
502	0.04527	0.0	11.93	0	0.573	6.120	76.7	2.2875	1	273.0	21.0	396.90	9.08	20.6
503	0.06076	0.0	11.93	0	0.573	6.976	91.0	2.1675	1	273.0	21.0	396.90	5.64	23.9
504	0.10959	0.0	11.93	0	0.573	6.794	89.3	2.3889	1	273.0	21.0	393.45	6.48	22.0
505	0.04741	0.0	11.93	0	0.573	6.030	80.8	2.5050	1	273.0	21.0	396.90	7.88	11.9

이외에도 데이터프레임을 직접 만들 수 있다. 다음 코드와 같이 딕셔너리 타입의 데이터에서 키(key)는 열 이름, 값(value)은 시퀀스형 데이터 타입을 넣어 각 열의 데이터로 만들 수 있다.

In [10]:

```
from pandas import Series, DataFrame

raw_data = {'first_name': ['Jason', 'Molly', 'Tina', 'Jake', 'Amy'],
            'last_name': ['Miller', 'Jacobson', 'Ali', 'Milner', 'Cooze'],
            'age': [42, 52, 36, 24, 73],
            'city': ['San Francisco', 'Baltimore', 'Miami', 'Douglas',
                     'Boston']}
df = pd.DataFrame(raw_data, columns = ['first_name', 'last_name', 'age',
                                       'city'])
df
```

Out [10]:

	first_name	last_name	age	city
0	Jason	Miller	42	San Francisco
1	Molly	Jacobson	52	Baltimore
2	Tina	Ali	36	Miami
3	Jake	Milner	24	Douglas
4	Amy	Cooze	73	Boston

3.2 데이터프레임의 열 다루기

시리즈 객체에서 가장 중요했던 것이 인덱스(index)였다면, 데이터프레임에서는 이에 더하여 열 이름을 선정하는 것이 중요하다. 예를 들면 다음 코드와 같이 데이터가 생성될 때 열 이름을 한정한다면 해당 데이터의 열만 추출할 수 있다. 또한 데이터가 존재하지 않는 열을 추가한다면 해당 열에는 NaN 값들이 추가되어 생성된다.

In [11]:
```
DataFrame(raw_data, columns = ["age", "city"])
```

Out [11]:

	age	city
0	42	San Francisco
1	52	Baltimore
2	36	Miami
3	24	Douglas
4	73	Boston

In [12]:
```
DataFrame(raw_data,
            columns = ["first_name","last_name","age", "city", "debt"]
           )
```

Out [12]:

	first_name	last_name	age	city	debt
0	Jason	Miller	42	San Francisco	NaN
1	Molly	Jacobson	52	Baltimore	NaN
2	Tina	Ali	36	Miami	NaN
3	Jake	Milner	24	Douglas	NaN
4	Amy	Cooze	73	Boston	NaN

02 데이터 추출

완성파일 | ch04_sec02.ipynb

지금부터는 데이터를 호출하여 가져오는 방법에 대해 알아본다. 일반적으로 데이터는 CSV 파일이나 데이터베이스 안에 들어가 있기 때문에 이를 가져온 후 적절한 형태의 데이터를 추출하는 것이 판다스를 사용하는 데 있어 매우 중요한 기법 중 하나이다. 데이터프레임에서 필요한 데이터를 가져오기 위해서는 기본적으로 인덱스와 열에 어떻게 접근하는지에 대해 알아야 한다.

1 데이터 로딩

가장 기본적으로 필요한 데이터를 호출하는 방법에 대해 알아본다. [그림 4-5]와 같이 `excel-comp-data.xlsx` 데이터로 실습을 진행하겠다.

account	name	street	city	state	postal-code	Jan	Feb	Mar
211829	Kerluke, Koepp and Hilpert	34456 Sean Highway	New Jaycob	Texas	28752	10000	62000	35000
320563	Walter-Trantow	1311 Alvis Tunnel	Port Khadijah	NorthCarolina	38365	95000	45000	35000
648336	Bashirian, Kunde and Price	62184 Schamberger Underpass Apt. 231	New Lilianland	Iowa	76517	91000	120000	35000
109996	D'Amore, Gleichner and Bode	155 Fadel Crescent Apt. 144	Hyattburgh	Maine	46021	45000	120000	10000
121213	Bauch-Goldner	7274 Marissa Common	Shanahanchester	California	49681	162000	120000	35000
132971	Williamson, Schumm and Hettinger	89403 Casimer Spring	Jeremieburgh	Arkansas	62785	150000	120000	35000
145068	Casper LLC	340 Consuela Bridge Apt. 400	Lake Gabriellaton	Mississipi	18008	62000	120000	70000
205217	Kovacek-Johnston	91971 Cronin Vista Suite 601	Deronville	RhodeIsland	53461	145000	95000	35000
209744	Champlin-Morar	26739 Grant Lock	Lake Juliannton	Pennsylvania	64415	70000	95000	35000
212303	Gerhold-Maggio	366 Maggio Grove Apt. 998	North Ras	Idaho	46308	70000	120000	35000
214098	Goodwin, Homenick and Jerde	649 Cierra Forks Apt. 078	Rosaberg	Tenessee	47743	45000	120000	55000
231907	Hahn-Moore	18115 Olivine Throughway	Norbertomouth	NorthDakota	31415	150000	10000	102000
242368	Frami, Anderson and Donnelly	182 Bertie Road	East Davian	Iowa	72686	162000	120000	35000
268755	Walsh-Haley	2624 Beatty Parkways	Goodwinmouth	RhodeIsland	31919	55000	120000	35000

그림 4-5 excel-comp-data.xlsx

지금까지와는 달리 xlsx 형태, 즉 엑셀 형태로 되어 있기 때문에 이를 호출할 수 있는 모듈을 추가적으로 설치해야 한다. 엑셀을 읽을 수 있는 모듈 중 가장 대중적으로 사용하는 것은 `openpyxl` 모듈로, 해당 모듈을 먼저 설치하고 호출을 진행한다. `openpyxl` 모듈을 설치하기 위해 다음 코드를 주피터 노트북에 입력하여 실행한다.

```
In [1]: !conda install --y openpyxl
```

TIP 모듈 설치를 위해 일반적으로 콘솔 명령어를 쓰는데 앞에 '!'를 붙여서 실행시킨다.

다음으로 엑셀 데이터를 호출하기 위해서는 read_excel 함수를 사용한다. 다음 코드는 excel-comp-data.xlsx 파일이 C 드라이브에 [source]-[ch04] 폴더에 있는 것을 가정하고 해당 파일을 호출할 때 사용하는 코드이다.

In [2]:
```
import pandas as pd  # pandas 모듈 호출
import numpy as np   # numpy 모듈 호출
df = pd.read_excel("c:/source/ch04/excel-comp-data.xlsx")
```

2 열 이름을 사용한 데이터 추출

데이터를 호출하는 첫 번째 방법은 열 이름을 사용하여 데이터에 접근하는 것이다. 그 전에 데이터를 호출할 때 사용하는 가장 중요한 함수로 head와 tail이 있다. 두 함수 모두 데이터에서 처음 n개나 마지막 n개의 데이터를 호출하는 방식이다. 다음 코드와 같이 나타낼 수 있는데, 코드에서 5는 데이터의 개수를 의미한다.

In [3]:
```
df.head(5)
```

Out [3]:

	account	name	street	city	state	postal-code	Jan	Feb	Mar
0	211829	Kerluke, Koepp and Hilpert	34456 Sean Highway	New Jaycob	Texas	28752	10000	62000	35000
1	320563	Walter-Trantow	1311 Alvis Tunnel	Port Khadijah	NorthCarolina	38365	95000	45000	35000
2	648336	Bashirian, Kunde and Price	62184 Schamberger Underpass Apt. 231	New Lilianland	Iowa	76517	91000	120000	35000
3	109996	D'Amore, Gleichner and Bode	155 Fadel Crescent Apt. 144	Hyattburgh	Maine	46021	45000	120000	10000
4	121213	Bauch-Goldner	7274 Marissa Common	Shanahanchester	California	49681	162000	120000	35000

그런데 일반적인 데이터는 생각보다 데이터의 열이 많을 수 있다. 이때는 데이터의 행을 기준으로 확인하기 어려울 수 있기 때문에 다음 코드와 같이 transpose 함수를 사용해서 데이터를 전체적으로 훑어볼 수 있다.

In [4]:
```
df.head(3).T
```

Out [4]:

	0	1	2
account	211829	320563	648336
name	Kerluke, Koepp and Hilpert	Walter-Trantow	Bashirian, Kunde and Price
street	34456 Sean Highway	1311 Alvis Tunnel	62184 Schamberger Underpass Apt. 231
city	New Jaycob	Port Khadijah	New Lilianland
state	Texas	NorthCarolina	Iowa
postal-code	28752	38365	76517
Jan	10000	95000	91000
Feb	62000	45000	120000
Mar	35000	35000	35000

필요한 데이터를 추출하는 가장 일반적인 방법은 필요한 열 이름을 리스트(list) 형태로 넣어서 호출하는 것이다. 다음 코드는 acccount, street, state 세 개의 열 값만 추출하여 출력한 것이다.

```
In [5]: df[["account", "street", "state"]].head(3)
```

Out [5]:

	account	street	state
0	211829	34456 Sean Highway	Texas
1	320563	1311 Alvis Tunnel	NorthCarolina
2	648336	62184 Schamberger Underpass Apt. 231	Iowa

한 가지 주의할 점은 만약 열 이름에 문자형으로 하나의 열 이름만 넣게 되면 해당 열 값을 시리즈 객체로 반환한다는 점이다. 여러 개의 열 이름을 넣으면 데이터프레임 객체로 반환하기 때문에 반환 후에 데이터를 다루는 방법이 완전히 달라진다. 사전에 이에 대한 이해를 할 필요가 있다.

3 행 번호를 사용한 데이터 추출

열 이름 외에도 행을 기준으로 데이터를 추출해야 할 때가 있다. 가장 기초적인 방법은 다음 코드와 같이 인덱스 번호를 사용하여 데이터를 호출하는 것이다. 이는 기존의 리스트(list)나 넘파이 배열(ndarray)의 인덱싱과 동일하다.

```
In [6]: df[:3]
```

Out [6]:

	account	name	street	city	state	postal-code	Jan	Feb	Mar
0	211829	Kerluke, Koepp and Hilpert	34456 Sean Highway	New Jaycob	Texas	28752	10000	62000	35000
1	320563	Walter-Trantow	1311 Alvis Tunnel	Port Khadijah	NorthCarolina	38365	95000	45000	35000
2	648336	Bashirian, Kunde and Price	62184 Schamberger Underpass Apt. 231	New Lilianland	Iowa	76517	91000	120000	35000

4 행과 열을 모두 사용한 데이터 추출

일반적으로 실제 데이터를 추출할 때는 행이나 열을 모두 다 사용하여 데이터를 추출하는 것이 일반적이다. 가장 기본적인 방법은 두 가지 방법을 모두 사용하여 다음 코드와 같이 데이터를 추출하는 것이다. 앞부분인 [["name", "street"]]는 열의 이름을 리스트로, 뒷부분인

[:2]는 인덱스 번호를 붙여주는 것이다. 데이터의 일정 부분을 사각형 형태로 잘라내는 것과 비슷한 효과를 나타낸다.

In [7]:
```
df[["name","street"]][:2]
```

Out [7]:

	name	street
0	Kerluke, Koepp and Hilpert	34456 Sean Highway
1	Walter-Trantow	1311 Alvis Tunnel

데이터를 추출할 수 있는 가장 간단한 방법 외에도 판다스에서는 추가적으로 두 가지 방법을 제공한다. 첫 번째는 loc 함수를 사용하는 것이다. loc 함수는 데이터의 인덱스 이름과 열 이름을 가지고 데이터를 추출한다. 여기서 중요한 것은 인덱스의 이름인데 일반적으로 인덱스의 초깃값은 0부터 시작하는 숫자로 되어 있지만 필요에 따라 인덱스의 값을 변경할 수도 있다. 다음 코드는 기존 인덱스를 지우고 account 열을 인덱스로 변경하는 코드이다.

In [8]:
```
df.index = df["account"]
del df["account"]
df.head()
```

Out [8]:

account	name	street	city	state	postal-code	Jan	Feb	Mar
211829	Kerluke, Koepp and Hilpert	34456 Sean Highway	New Jaycob	Texas	28752	10000	62000	35000
320563	Walter-Trantow	1311 Alvis Tunnel	Port Khadijah	NorthCarolina	38365	95000	45000	35000
648336	Bashirian, Kunde and Price	62184 Schamberger Underpass Apt. 231	New Lilianland	Iowa	76517	91000	120000	35000
109996	D'Amore, Gleichner and Bode	155 Fadel Crescent Apt. 144	Hyattburgh	Maine	46021	45000	120000	10000
121213	Bauch-Goldner	7274 Marissa Common	Shanahanchester	California	49681	162000	120000	35000

이 코드의 경우에는 기존 데이터들과는 달리 인덱스가 0부터 시작하는 번호가 아니다. 이때는 loc 함수를 다음 코드와 같이 사용하면 필요한 데이터를 추출할 수 있다. 이 코드와 같이 인덱스에 특정 acccount 번호를 넣어주면 해당 번호의 값을 나타낼 수 있다.

In [9]:
```
df.loc[[211829,320563],["name","street"]]
```

Out [9]:

account	name	street
211829	Kerluke, Koepp and Hilpert	34456 Sean Highway
320563	Walter-Trantow	1311 Alvis Tunnel

기존 인덱스처럼 어떤 특정 값 이후의 값을 출력할 때는 다음 코드와 같이 작성하면 된다. 한 가지 특이한 점은 인덱스 번호가 항상 정렬되어 있는 것이 아니기 때문에 해당 번호 이후의 값이 처음 저장된 순서대로 출력된다.

In [10]:
```
df.loc[205217:,["name","street"]]
```

Out [10]:

account	name	street
205217	Kovacek-Johnston	91971 Cronin Vista Suite 601
209744	Champlin-Morar	26739 Grant Lock
212303	Gerhold-Maggio	366 Maggio Grove Apt. 998
214098	Goodwin, Homenick and Jerde	649 Cierra Forks Apt. 078
231907	Hahn-Moore	18115 Olivine Throughway
242368	Frami, Anderson and Donnelly	182 Bertie Road
268755	Walsh-Haley	2624 Beatty Parkways
273274	McDermott PLC	8917 Bergstrom Meadow

두 번째로 사용할 수 있는 것은 `iloc` 함수이다. `iloc` 함수는 'index location'의 약자로 앞에서처럼 인덱스 이름이나 열 이름으로 데이터를 추출하는 형태가 아니라 인덱스 번호로만 데이터를 호출하는 방식이다. 즉 가장 윗줄에 있는 데이터가 0부터 시작하고, 열에서도 가장 앞 쪽에 있는 데이터가 0부터 시작한다고 가정한 후 데이터를 추출하는 방식이다. 다음 코드와 같이 `iloc` 함수를 사용하여 데이터를 추출할 수 있다. 여기에서 :10의 의미는 행을 기준으로 10개까지를 의미하며 :3의 의미는 열을 기준으로 3개까지를 의미한다.

In [11]:
```
df.iloc[:10, :3]
```

Out [11]:

account	name	street	city
211829	Kerluke, Koepp and Hilpert	34456 Sean Highway	New Jaycob
320563	Walter-Trantow	1311 Alvis Tunnel	Port Khadijah
648336	Bashirian, Kunde and Price	62184 Schamberger Underpass Apt. 231	New Lilianland
109996	D'Amore, Gleichner and Bode	155 Fadel Crescent Apt. 144	Hyattburgh
121213	Bauch-Goldner	7274 Marissa Common	Shanahanchester
132971	Williamson, Schumm and Hettinger	89403 Casimer Spring	Jeremieburgh
145068	Casper LLC	340 Consuela Bridge Apt. 400	Lake Gabriellaton
205217	Kovacek-Johnston	91971 Cronin Vista Suite 601	Deronville
209744	Champlin-Morar	26739 Grant Lock	Lake Juliannton
212303	Gerhold-Maggio	366 Maggio Grove Apt. 998	North Ras

5 loc, iloc 함수를 사용한 데이터 추출

앞에서 봤듯이 데이터를 호출할 수 있는 방법은 기본적인 인덱싱을 사용하는 방법과 loc와 iloc 함수를 사용하여 추출하는 방법이 있다. 이 방법 중 사용자가 편한 방법을 사용하면 된다. 다음 코드와 같이 reset_index 함수를 사용하면 새로운 인덱스가 할당된 객체가 생성되어 이를 df_new 객체에 저장하여 작업할 수 있다.

In [12]:

```
df_new = df.reset_index()
df_new
```

Out [12]:

	street	city	state	postal-code	Jan	Feb	Mar
0	34456 Sean Highway	New Jaycob	Texas	28752	10000	62000	35000
2	62184 Schamberger Underpass Apt. 231	New Lilianland	Iowa	76517	91000	120000	35000
3	155 Fadel Crescent Apt. 144	Hyattburgh	Maine	46021	45000	120000	10000
4	7274 Marissa Common	Shanahanchester	California	49681	162000	120000	35000
5	89403 Casimer Spring	Jeremieburgh	Arkansas	62785	150000	120000	35000
6	340 Consuela Bridge Apt. 400	Lake Gabriellaton	Mississipi	18008	62000	120000	70000
7	91971 Cronin Vista Suite 601	Deronville	RhodeIsland	53461	145000	95000	35000
8	26739 Grant Lock	Lake Juliannton	Pennsylvania	64415	70000	95000	35000
9	366 Maggio Grove Apt. 998	North Ras	Idaho	46308	70000	120000	35000
10	649 Cierra Forks Apt. 078	Rosaberg	Tenessee	47743	45000	120000	55000
11	18115 Olivine Throughway	Norbertomouth	NorthDakota	31415	150000	10000	162000
12	182 Bertie Road	East Davian	Iowa	72686	162000	120000	35000
13	2624 Beatty Parkways	Goodwinmouth	RhodeIsland	31919	55000	120000	35000
14	8917 Bergstrom Meadow	Kathryneborough	Delaware	27933	150000	120000	70000

6 drop 함수

마지막으로 우리는 drop 함수를 사용하여 특정 열이나 행을 삭제할 수 있다. 가장 간단한 방식으로 다음 코드와 같이 인덱스 값을 이용해 행 값을 삭제할 수 있다. 여기에서는 인덱스가 1인 값을 삭제하고 처음 5개의 데이터만 화면에 출력한다. 이에 대한 결과를 보면 쉽게 이해할 수 있을 것이다.

In [13]:

```
df_new.drop(1).head()
```

Out [13]:

	account	name	street	city	state	postal-code	Jan	Feb	Mar
0	211829	Kerluke, Koepp and Hilpert	34456 Sean Highway	New Jaycob	Texas	28752	10000	62000	35000
2	648336	Bashirian, Kunde and Price	62184 Schamberger Underpass Apt. 231	New Lilianland	Iowa	76517	91000	120000	35000
3	109996	D'Amore, Gleichner and Bode	155 Fadel Crescent Apt. 144	Hyattburgh	Maine	46021	45000	120000	10000
4	121213	Bauch-Goldner	7274 Marissa Common	Shanahanchester	California	49681	162000	120000	35000
5	132971	Williamson, Schumm and Hettinger	89403 Casimer Spring	Jeremieburgh	Arkansas	62785	150000	120000	35000

한 가지 기억할 것은 drop 함수를 사용한다고 해서 해당 값이 실제로 사라지는 것이 아니다. 다소 이해하기 어려울 수도 있는데, 단순히 drop 함수를 사용하면 해당 값이 삭제된 객체를 반환해주고 원본 객체는 영향을 받지 않는다. 즉, 이 코드에서는 원래 있던 df_new 값의 변화는 없고, 단지 변화가 생긴 값을 반환해줄 뿐이다. 실제로 반환된 값은 다음과 같은 코드를 사용하여 다른 변수에 저장해야 한다.

In [14]:
```
df_drop = df_new.drop(1)
```

만약 원본 객체에 영향을 주고 싶다면 다음 코드와 같이 inplace 매개변수를 사용하면 된다. 이는 drop 함수뿐만 아니라 대부분의 판다스 객체가 공통적으로 가지는 특징이므로 기억할 것을 권장한다.

In [15]:
```
df_new.drop(1, inplace=True)
```

추가적으로 열 이름을 기반으로 drop 함수를 수행할 수 있다. 이를 위해서는 다음 코드와 같이 열 이름을 사용하고 추가로 axis를 1로 설정하면 축이 열을 기준으로 삭제시키도록 지원해준다.

In [16]:
```
df_new.drop("account", axis=1)            # account 열 제거
df_new.drop(["account", "name"], axis=1)  # account, name 열 제거
```

Out [16]:

	street	city	state	postal-code	Jan	Feb	Mar
0	34456 Sean Highway	New Jaycob	Texas	28752	10000	62000	35000
2	62184 Schamberger Underpass Apt. 231	New Lilianland	Iowa	76517	91000	120000	35000
3	155 Fadel Crescent Apt. 144	Hyattburgh	Maine	46021	45000	120000	10000
4	7274 Marissa Common	Shanahanchester	California	49681	162000	120000	35000
5	89403 Casimer Spring	Jeremieburgh	Arkansas	62785	150000	120000	35000
6	340 Consuela Bridge Apt. 400	Lake Gabriellaton	Mississipi	18008	62000	120000	70000
7	91971 Cronin Vista Suite 601	Deronville	RhodeIsland	53461	145000	95000	35000
8	26739 Grant Lock	Lake Juliannton	Pennsylvania	64415	70000	95000	35000
9	366 Maggio Grove Apt. 998	North Ras	Idaho	46308	70000	120000	35000
10	649 Cierra Forks Apt. 078	Rosaberg	Tenessee	47743	45000	120000	55000
11	18115 Olivine Throughway	Norbertomouth	NorthDakota	31415	150000	10000	162000
12	182 Bertie Road	East Davian	Iowa	72686	162000	120000	35000
13	2624 Beatty Parkways	Goodwinmouth	RhodeIsland	31919	55000	120000	35000
14	8917 Bergstrom Meadow	Kathryneborough	Delaware	27933	150000	120000	70000

03 그룹별 집계

완성파일 | ch04_sec03.ipynb

1 그룹별 집계의 개념

판다스의 또 다른 중요한 기능 중 하나는 그룹별 집계(groupby)이다. **그룹별 집계(groupy)**는 데이터로부터 동일한 객체를 가진 데이터만 따로 뽑아 기술통계 데이터를 추출하는 기능이다. 예를 들어 A반 수학 점수의 원본 데이터(raw data)를 가지고 있을 때 해당 데이터에서 같은 성별을 가진 학생들의 평균 점수를 구하거나, 50점 이상을 받은 학생의 수를 구할 때 사용하는 것이 `gropuby` 명령어이다. 그룹별 집계는 엑셀의 피봇테이블(pivot table) 기능과 비슷하다. 엑셀의 피봇테이블에서 사용가능한 모든 기능들이 판다스의 그룹별 집계에서도 사용할 수 있다. 이러한 `groupby` 명령어는 '분할 → 적용 → 결합' 과정을 거친다. 각각의 과정을 정리하면 아래와 같다.

- **분할(split)** : 데이터에서 같은 종류의 데이터끼리 나누는 기능이다. 이때 데이터를 나누는 기준은 키(key) 값이 되며, 이 키 값은 다양한 종류의 열이 될 수 있다.
- **적용(apply)** : 데이터 분할로 나누어진 데이터 블록마다 다양한 연산을 적용시킨다. 이때 적용할 수 있는 연산 함수에는 `sum`, `count`, `mean` 등이 있다. 판다스의 가장 큰 장점은 연산 적용을 위한 함수를 분석가 개인이 직접 만들어 사용할 수 있다는 점이다.
- **결합(combine)** : 마지막으로 데이터 분할로 나누어진 블록마다 연산 적용으로 인해 함수가 적용된 각 블록들을 합치는 단계이다. 이 단계를 거치면 최종적으로 어떤 키 값을 기준으로 통합된 통계 데이터를 추출할 수 있다.

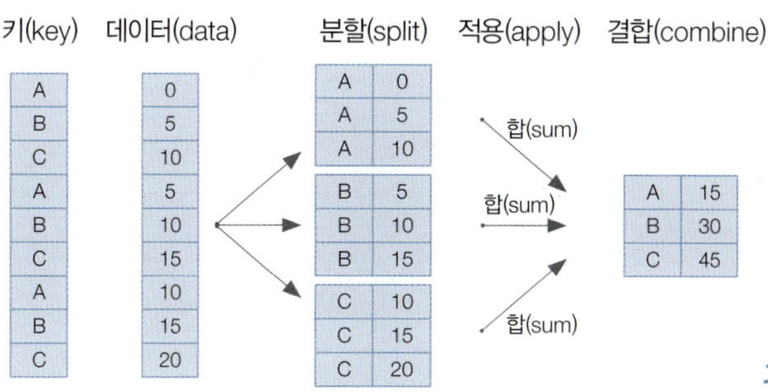

그림 4-6 그룹별 집계의 과정

2 그룹별 집계 사용하기

2.1 그룹별 집계의 기본형

그룹별 집계를 사용하기 위하여 다음 코드와 같은 데이터를 준비한다. 해당 데이터는 레이싱 팀이 매년 경기에 참가하여 얻은 순위와 획득 점수를 정리한 데이터 테이블이다. 해당 데이터를 df 객체에 저장하여 groupby를 사용할 것이다.

In [1]:
```
import pandas as pd  # pandas 모듈 호출
import numpy as np   # numpy 모듈 호출

ipl_data = {'Team': ['Riders', 'Riders', 'Devils', 'Devils', 'Kings',
         'kings', 'Kings', 'Kings', 'Riders', 'Royals', 'Royals', 'Riders'],
         'Rank': [1, 2, 2, 3, 3,4 ,1 ,1,2 , 4,1,2],
         'Year': [2014,2015,2014,2015,2014,2015,2016,2017,2016,2014,2015,
                2017],
         'Points':[876,789,863,673,741,812,756,788,694,701,804,690]}

df = pd.DataFrame(ipl_data)
df
```

Out [1]:

	Team	Rank	Year	Points
0	Riders	1	2014	876
1	Riders	2	2015	789
2	Devils	2	2014	863
3	Devils	3	2015	673
4	Kings	3	2014	741
5	kings	4	2015	812
6	Kings	1	2016	756
7	Kings	1	2017	788
8	Riders	2	2016	694
9	Royals	4	2014	701
10	Royals	1	2015	804
11	Riders	2	2017	690

다음 코드와 같이 간단하게 그룹별 집계를 사용할 수 있다.

In [2]:
```
df.groupby("Team")["Points"].sum()
```

```
Out [2]:  Team
          Devils    1536
          Kings     2285
          Riders    3049
          Royals    1505
          kings      812
          Name: Points, dtype: int64
```

각 매개변수의 의미를 살펴보자. 먼저 Team이라는 키 값으로 데이터를 묶고(split), 다음으로 Points 열을 추출한 다음 sum 함수를 적용(apply)한 결과를 데이터 분석가에게 결합(combine)하여 나타내는 것이다. 여기에서 중요한 점은 '어떤 열을 기준으로 데이터를 묶을 것인가?', '어떤 함수를 적용할 것인가?', '어떤 열에 적용할 것인가?' 이 3가지를 데이터 분석가가 사전에 결정하여 함수에 적용해야 한다. 적용된 결과로 각 팀별 Points의 합을 나타낸다.

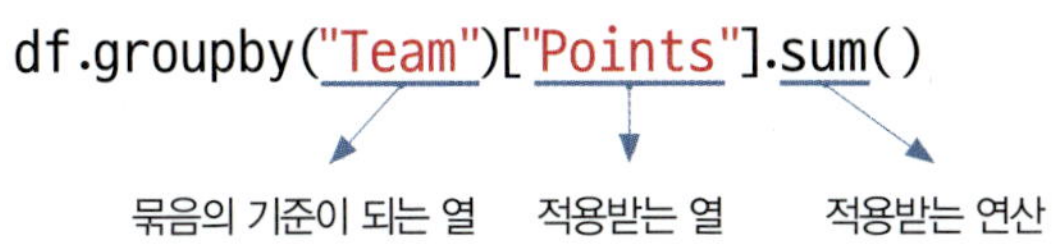

그림 4-7 코드 설명

TIP 한 가지 기억할 점은 해당 결과가 데이터프레임(DataFrame) 객체가 아닌 시리즈(Series) 객체라는 점이다. 일반적으로 groupby를 적용시키고 나면 모든 결과물은 다 시리즈(Series)로 반환되기 때문에 이 데이터 타입을 다루는 데 유의해야 한다.

2.2 멀티 인덱스 그룹별 집계

앞에서는 한 개의 열을 기준으로 그룹별 집계를 실행하였는데, 실제로는 한 개 이상의 열을 기준으로 그룹별 집계를 실행하는 경우가 많다. 한 개 이상의 열을 넣어야 할 때에는 리스트를 사용하여 여러 개의 열 이름을 넣을 수 있다. 이 경우에는 한 개 이상의 열이 키 값으로 표현되는 계층적 인덱스(hierarchical index) 형태로 결과를 출력할 수 있다.

```
In [3]:  multi_groupby = df.groupby(["Team", "Year"])["Points"].sum()
         multi_groupby
```

Out [3]:	

```
Team    Year
Devils  2014    863
        2015    679
Kings   2014    741
        2016    756
        2017    788
Riders  2014    876
        2015    789
        2016    694
        2017    690
Royals  2014    701
        2015    804
kings   2015    812
Name: Points, dtype: int64
```

TIP 이렇게 출력된 결과물 역시 시리즈(Series) 객체이다. 이를 다시 데이터프레임(DataFrame) 형태로 변형하기 위해서는 reset_index 함수를 적용해야 한다.

2.3 멀티 인덱스

그룹별 집계를 사용하다 보면 한 개 이상의 인덱스를 갖는 시리즈 객체가 출력된다. 이것은 우리가 한 개 이상의 열을 사용하여 그룹별 집계를 수행하게 되면 해당 열들이 모두 인덱스로 변환되기 때문인데, 이를 멀티 인덱스(multi index)라고 부른다. 이러한 멀티 인덱스는 다음 코드와 같이 인덱스 요소(index property)를 이용해서 확인할 수 있다.

In [4]:

```
multi_groupby = df.groupby(["Team", "Year"])["Points"].sum()
multi_groupby.index
```

Out [4]:

```
MultiIndex([('Devils', 2014),
            ('Devils', 2015),
            ( 'Kings', 2014),
            ( 'Kings', 2016),
            ( 'Kings', 2017),
            ('Riders', 2014),
            ('Riders', 2015),
            ('Riders', 2016),
            ('Riders', 2017),
            ('Royals', 2014),
            ('Royals', 2015),
            ( 'kings', 2015)],
           names=['Team', 'Year'])
```

이러한 멀티 인덱스 기능 중 유용하게 사용할 수 있는 것은 인덱스의 추출이다. 다음 코드를 보자.

In [5]:
```
multi_groupby["Devils":"Kings"]
```

Out [5]:
```
Team    Year
Devils  2014    863
        2015    673
Kings   2014    741
        2016    756
        2017    788
Name: Points, dtype: int64
```

unstack 함수를 사용하여 기존 인덱스를 기준으로 묶인 데이터에서 두 번째 인덱스를 열로 변화시켜 엑셀의 피봇테이블과 유사한 형태로 데이터를 보여준다.

In [6]:
```
multi_groupby.unstack()
```

Out [6]:

Year	2014	2015	2016	2017
Team				
Devils	863.0	673.0	NaN	NaN
Kings	741.0	NaN	756.0	788.0
Riders	876.0	789.0	694.0	690.0
Royals	701.0	804.0	NaN	NaN
kings	NaN	812.0	NaN	NaN

필요에 따라 다음 코드와 같이 swaplevel 함수를 사용하면 인덱스 간의 레벨을 변경할 수 있다. 추가적으로 sort_index 함수를 사용하면 변경된 인덱스 중 첫 번째 인덱스를 기준으로 데이터를 재정렬해준다.

In [7]:
```
multi_groupby.swaplevel().sort_index()
```

Out [7]:
```
Year  Team
2014  Devils   863
      Kings    741
      Riders   876
      Royals   701
```

```
2015  Devils    673
      Riders    789
      Royals    804
      kings     812
2016  Kings     756
      Riders    694
2017  Kings     788
      Riders    690
Name: Points, dtype: int64
```

또한 다음과 같이 각 레벨별로 별도의 연산 함수를 적용할 수 있다.

```
In [8]:   multi_groupby.sum(level=0)
Out [8]:  Team
          Devils    1536
          Kings     2285
          Riders    3049
          Royals    1505
          kings      812
          Name: Points, dtype: int64
In [9]:   multi_groupby.sum(level=1)
Out [9]:  Year
          2014    3181
          2015    3078
          2016    1450
          2017    1478
          Name: Points, dtype: int64
```

3 그룹화된 상태

'분할(split) → 적용(apply) → 결합(combine)'으로 이어지는 groupby 함수 사용에서 분할만 적용한 상태로 데이터를 다룰 수 있는데, 이를 그룹화된(grouped) 상태라 부른다. grouped 함수의 사용은 다음 코드와 같이 매우 단순하다. 그룹화된 상태에서 get_group 함수를 사용하면 해당 키 값을 기준으로 분할된 데이터프레임(DataFrame) 객체를 확인할 수 있다.

In [10]:
```
grouped = df.groupby("Team")
grouped.get_group("Riders")
```

Out [10]:

	Team	Rank	Year	Points
0	Riders	1	2014	876
1	Riders	2	2015	789
8	Riders	2	2016	694
11	Riders	2	2017	690

그룹화된 상태의 데이터프레임에 다음과 같은 기능을 적용(apply)할 수 있다.

- **집계**(aggregation) : 요약된 통계 정보를 추출
- **변환**(transformation) : 해당 정보를 변환
- **필터**(filter) : 특정 정보를 제거하여 보여주는 필터링

3.1 집계

집계(aggregation)를 적용하기 위해서는 agg 함수를 사용한다. agg는 다양한 함수를 그대로 적용시킨다는 측면에서 단순히 groupby를 사용했을 때의 결과와 크게 차이나지 않는다.

In [11]:
```
grouped.agg(min)
```

Out [11]:

	Rank	Year	Points
Team			
Devils	2	2014	673
Kings	1	2014	741
Riders	1	2017	690
Royals	1	2014	701
kings	4	2015	812

In [12]:
```
grouped.agg(np.mean)
```

Out [12]:

	Rank	Year	Points
Team			
Devils	2.500000	2014.500000	768.000000
Kings	1.666667	2015.666667	761.666667
Riders	1.750000	2015.500000	762.250000
Royals	2.500000	2014.500000	752.500000
kings	4.000000	2015.000000	812.000000

3.2 변환

변환(transformation)은 집계(aggregation)와 달리 키 값별로 요약된 정보가 아닌 개별 데이터의 변환을 지원한다. 그러나 적용하는 시점에서는 그룹화된 상태의 값으로 적용된다. 예를 들면 앞의 코드와 같이 `max` 함수를 사용하면 해당 그룹화된 상태에서 `max` 값들을 추출해 넣은 후 결합(combine)이 일어난다.

이때 유용하게 사용할 수 있는 기법 중 하나는 그룹화된 상태에서 통계 정보가 필요할 때 다음 코드와 같이 `transform` 함수를 사용하는 것이다. 이 경우 그룹화된 상태의 평균값과 표준편차를 추출하여 각각 분할(split)된 상태의 값에 적용시킨다.

In [13]:
```
grouped.transform(max)
```

Out [13]:

	Rank	Year	Points
0	2	2017	876
1	2	2017	876
2	3	2015	863
3	3	2015	863
4	3	2017	788
5	4	2015	812
6	3	2017	788
7	3	2017	788
8	2	2017	876
9	4	2015	804
10	4	2015	804
11	2	2017	876

In [14]:
```
score = lambda x: (x - x.mean()) / x.std()
grouped.transform(score)
```

Out [14]:

	Rank	Year	Points
0	-1.500000	-1.161895	1.284327
1	0.500000	-0.387298	0.302029
2	-0.707107	-0.707107	0.707107
3	0.707107	0.707107	-0.707107
4	1.154701	-1.091089	-0.860862
5	NaN	NaN	NaN
6	-0.577350	0.218218	-0.236043
7	-0.577350	0.872872	1.096905
8	0.500000	0.387298	-0.770596
9	0.707107	-0.707107	-0.707107
10	-0.707107	0.707107	0.707107
11	0.500000	1.161895	-0.815759

3.3 필터

필터(filter)는 특정 조건으로 데이터를 검색할 때 사용하는 함수이다. 주로 filter 함수를 사용하는데, 여기서 x가 의미하는 것은 분할(split)된 상태에서 각각의 그룹화된 데이터프레임을 의미한다. 두 번째 코드에서 Points 열을 추출한다. 이는 filter 함수 안에 있는 lambda 함수가 분할(split)된 데이터프레임 전체를 입력 매개변수로 받기 때문에 가능하다.

In [15]:
```
df.groupby('Team').filter(
        lambda x: len(x) >= 3)
```

Out [15]:

	Team	Rank	Year	Points
0	Riders	1	2014	876
1	Riders	2	2015	789
4	Kings	3	2014	741
6	Kings	1	2016	756
7	Kings	1	2017	788
8	Riders	2	2016	694
11	Riders	2	2017	690

In [16]:
```
df.groupby('Team').filter(
    lambda x:
     x["Points"].max() > 800)
```

Out [16]:

	Team	Rank	Year	Points
0	Riders	1	2014	876
1	Riders	2	2015	789
2	Devils	2	2014	863
3	Devils	3	2015	673
5	kings	4	2015	812
8	Riders	2	2016	694
9	Royals	4	2014	701
10	Royals	1	2015	804
11	Riders	2	2017	690

04 병합과 연결

완성파일 | ch04_sec04.ipynb

판다스 데이터를 다루다 보면 생각보다 다양한 데이터를 만나게 된다. 하나의 엑셀 파일처럼 단일 데이터를 다루는 경우는 거의 없고, 많게는 수십 개의 파일들을 다루면서 필요한 경우 데이터를 합치는 작업도 많이 한다.

예를 들어 다음과 같은 데이터가 있다고 가정해보자. 다음 3가지 파일들은 이름만 보면 그 달의 매출 정보를 담고 있는 파일임을 알 수 있다. 이럴 경우 대부분은 동일한 형태의 데이터가 월(月)마다 생성되기 때문에 해당 데이터의 열들은 동일하다. 이때 우리는 데이터 처리를 위해 이러한 여러 개의 파일을 하나로 묶어 사용할 때가 있다. 이러한 경우에 병합(merge)이나 연결(concatenate)의 개념을 사용하여 데이터를 다루어야 한다.

- sales_nov_2017.xlsx
- sales_dec_2017.xlsx
- sales_jan_2018.xlsx

우리가 이 책에서 접하는 데이터들은 대부분 여러 개의 데이터가 아닌 하나의 파일로 구성될 때가 많다. 하지만 현실에서는 다양한 데이터베이스에서 쏟아지는 데이터를 필요에 맞게 수정해 처리하는 경우가 대부분이다. 판다스 외에도 이러한 목적을 가지고 데이터를 다루는 대표적인 방법은 SQL을 사용하는 것이다. **SQL(Structured Query Language)**은 주로 관계형 데이터베이스를 다루기 위한 데이터 도구로 사용된다. 판다스도 이와 거의 동일한 기능을 제공하여 사용자가 편하게 데이터를 다룰 수 있도록 돕는다. 이번 절에서 배우는 내용으로 독자들은 여러 개의 데이터를 다루는 기법에 대해 이해할 수 있게 된다.

1 병합

첫 번째 방법은 병합이다. **병합(merge)**은 기본적으로 '두 개의 데이터를 특정한 기준을 가지고 하나로 통합하는 작업'이다. 예를 들어 우리가 '수강신청' 시스템에서 나온 데이터를 다루고 있다면, 학생들의 개인정보 CSV 파일과 각 학생들의 수강신청 정보 CSV 파일을 가지고 있을 수 있다. 이 둘을 통합하여 하나의 데이터로 확인하고 싶을 때 병합 기능을 사용한다.

[그림 4-8]은 기본 데이터 테이블 간 병합의 예시이다. 즉, ID 열을 가진 두 개의 테이블이 존재하는데, 해당 테이블의 ID 값을 기준으로 병합한다. 사실 병합 방법은 매우 다양한 것들이 있기 때문에 각 방법에 대해 이해해야 한다.

ID	var1	var2	var3
588	2	d	1
654	1	y	1
527	1	o	0
955	2	c	0
954	1	t	0

\+

ID	var1	var2	var6
588	290	Apples	Breakfast
654	81	Bananas	Snack
527	63	Apples	Snack
955	6	Pears	Snack
954	146	Pears	Breakfast

ID	var1	var2	var3	var4	var5	var6
588	2	d	1	225	Apples	Breakfast
654	1	y	1	56	Bananas	Snack
527	1	o	0	245	Apples	Snack
955	2	c	0	46	Pears	Snack
954	1	t	0	121	Pears	Breakfast

그림 4-8 데이터 테이블 간 병합의 예시

병합의 또 다른 이름은 조인(join)이다. 일반적으로 SQL에서는 조인(join)이라는 표현을 더 많이 사용한다. 병합, 즉 조인(join)은 [그림 4-9]와 같이 4가지로 나눌 수 있다.

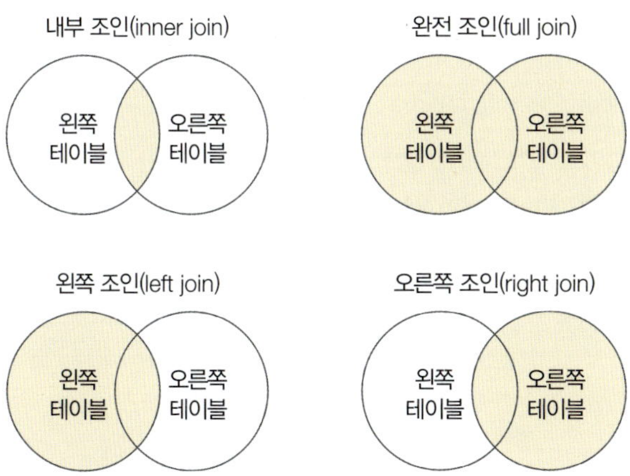

그림 4-9 병합, 조인(join)의 종류

- **내부 조인**(inner join) : 두 개의 테이블을 병합할 때 두 테이블을 병합하는 키 값을 기준으로 두 테이블에 모두 존재하는 키 값의 행끼리 병합하는 경우이다.
- **완전 조인**(full join) : 두 개의 테이블에서 각각의 행을 병합한다. 이때 두 테이블에서 동일한 키 값을 가진 행은 통합하고, 두 테이블 중 하나라도 키 값이 존재하지 않는다면 존재하는 쪽의 데이터만 남겨두는 경우이다.
- **왼쪽 조인**(left join) : 두 개의 테이블에서 각각의 행을 병합할 때, 왼쪽 테이블의 값을 기준으로 같은 키 값을 소유하고 있는 행을 병합하고, 오른쪽 테이블에 해당 키 값이 존재하지 않는다면 해당 행은 삭제한다.
- **오른쪽 조인**(right join) : 두 개의 테이블에서 각각의 행을 병합할 때, 오른쪽에 있는 테이블의 값을 기준으로 같은 키 값을 소유하고 있는 행을 병합하고, 왼쪽 테이블에 해당 키 값이 존재하지 않는다면 해당 행은 삭제한다.

1.1 내부 조인

가장 기본적인 조인은 내부 조인(inner join)이다. 집합으로 보면 양쪽의 교집합 데이터를 통합하는 것으로 이해할 수 있다. 먼저 다음 코드와 같은 데이터가 존재한다고 가정해보자. 각각의 테이블은 `df_left`와 `df_right`이며 한 쪽에서는 과목번호 `subject_id`와 교과목 점수가, 다른 한 쪽에는 과목번호 `subject_id`와 함께 각 과목을 수강한 사람의 이름에 관한 정보가 있다.

In [1]:
```
import pandas as pd  # pandas 모듈 호출

raw_data = {
        'subject_id': ['1', '2', '3', '4', '5', '7', '8', '9', '10', '11'],
        'test_score': [51, 15, 15, 61, 16, 14, 15, 1, 61, 16]}

df_left = pd.DataFrame(raw_data, columns = ['subject_id', 'test_score'])
df_left
```

Out [1]:

	subject_id	test_score
0	1	51
1	2	15
2	3	15
3	4	61
4	5	16
5	7	14
6	8	15
7	9	1
8	10	61
9	11	16

In [2]:

```
raw_data = {
        'subject_id': ['4', '5', '6', '7', '8'],
        'first_name': ['Billy', 'Brian', 'Bran', 'Bryce', 'Betty'],
        'last_name': ['Bonder', 'Black', 'Balwner', 'Brice', 'Btisan']}

df_right = pd.DataFrame(raw_data, columns = ['subject_id', 'first_name',
'last_name'])
df_right
```

Out [2]:

	subject_id	first_name	last_name
0	4	Billy	Bonder
1	5	Brian	Black
2	6	Bran	Balwner
3	7	Bryce	Brice
4	8	Betty	Btisan

이 두 테이블에서 subject_id를 기준으로 내부 조인을 수행시켜 보자. 내부 조인을 수행하면 키 값이 되는 subject_id 열의 값이 두 테이블에 모두 존재해야만 병합되어 하나의 테이블로 나타낼 수 있다. 예를 들면 sujbect_id의 값이 1, 2, 3, 9, 10, 11인 행은 df_left 테이블에만 존재하고, subject_id가 6인 경우는 df_right 테이블에만 존재한다. 그러므로 해당 값은 실제로 내부 조인이 일어나면 버려지게 된다.

In [3]:

```
pd.merge(left=df_left, right=df_right, how="inner", on='subject_id')
```

Out [3]:

	subject_id	test_score	first_name	last_name
0	4	61	Billy	Bonder
1	5	16	Brian	Black
2	7	14	Bryce	Brice
3	8	15	Betty	Btisan

코드를 보면 각 매개변수들이 비교적 직관적으로 이해된다. 먼저 left와 right 각각의 위치에 해당하는 데이터프레임 객체를 넣고, how에 조인 방법을 문자열 타입으로 입력한다. 여기서는 내부 조인이므로 "inner"를 입력하였다. 마지막으로 on은 병합의 기준이 되는 열 이름으로 해당 값을 키 값으로 두 개의 테이블이 병합된다.

하나 더 알기 left_on과 right_on 매개변수

때에 따라서는 왼쪽 테이블과 오른쪽 테이블의 키 값이 각각 다를 수 있는데 그때에는 다음과 같이 left_on과 right_on 매개변수를 사용하여 각각의 테이블에 대한 키 값을 입력한다.

```
pd.merge(left=df_left, right=df_right,
         left_on='subject_id', right_on='subject_id')
```

1.2 왼쪽 조인, 오른쪽 조인

왼쪽 조인(left join)은 왼쪽 테이블을 기준으로 데이터를 병합한다. 그러므로 다음 코드와 같이 오른쪽 테이블에 왼쪽 테이블에 있는 키 값이 존재하지 않는다면 subject_id의 1, 2, 3, 9, 10, 11의 값은 NaN으로 출력된다. 오른쪽 조인(right join)은 오른쪽 테이블을 기준으로 데이터를 병합하는데, 다음 코드에서는 모든 값이 동일하고 how 매개변수만 right를 사용했다.

In [4]:
```
pd.merge(
    df_left, df_right,
    on='subject_id', how='left')
```

Out [4]:

	subject_id	test_score	first_name	last_name
0	1	51	NaN	NaN
1	2	15	NaN	NaN
2	3	15	NaN	NaN
3	4	61	Billy	Bonder
4	5	16	Brian	Black
5	7	14	Bryce	Brice
6	8	15	Betty	Btisan
7	9	1	NaN	NaN
8	10	61	NaN	NaN
9	11	16	NaN	NaN

In [5]:
```
pd.merge(
  df_left, df_right,
  on='subject_id', how='right')
```

Out [5]:

	subject_id	test_score	first_name	last_name
0	4	61.0	Billy	Bonder
1	5	16.0	Brian	Black
2	6	NaN	Bran	Balwner
3	7	14.0	Bryce	Brice
4	8	15.0	Betty	Btisan

1.3 완전 조인

완전 조인(full join)은 두 테이블의 합집합을 의미한다. 완전 조인은 양쪽에 모두 같은 키 값이 있는 데이터가 있을 경우 합치고, 그렇지 않을 경우 NaN 값으로 처리한다. how 매개변수에는 다음 코드와 같이 outer 키워드를 넣는다.

In [6]:
```
pd.merge(df_left, df_right, on='subject_id', how='outer')
```

Out [6]:

	subject_id	test_score	first_name	last_name
0	1	51.0	NaN	NaN
1	2	15.0	NaN	NaN
2	3	15.0	NaN	NaN
3	4	61.0	Billy	Bonder
4	5	16.0	Brian	Black
5	7	14.0	Bryce	Brice
6	8	15.0	Betty	Btisan
7	9	1.0	NaN	NaN
8	10	61.0	NaN	NaN
9	11	16.0	NaN	NaN
10	6	NaN	Bran	Balwner

하나 더 알기 인덱스에 의한 병합

인덱스 값을 키 값으로 하여 두 테이블을 병합할 수 있다. 이 경우에는 이미 인덱스가 의미가 있는 열로 지정되어 있거나, 두 데이터가 모두 순서대로 들어가 있는 경우에 사용이 가능하다. 데이터 특징에 따라 적절히 사용할 수 있어야 한다. 인덱스 값을 기본으로 병합하기 위해서는 다음 코드와 같이 right_index나 left_index를 사용한다.

In [7]:

```
df_left.index = df_left.subject_id
del df_left["subject_id"]
df_right.index = df_right.subject_id
del df_right["subject_id"]

pd.merge(df_left, df_right, on='subject_id', how='inner')
```

Out [7]:

	test_score	first_name	last_name
subject_id			
4	61	Billy	Bonder
5	16	Brian	Black
7	14	Bryce	Brice
8	15	Betty	Btisan

2 연결

연결(concatenate)은 병합과 달리 두 테이블을 그대로 붙이는 방법으로, 대개 'concat'이라고 표현한다. 흔히 데이터의 스키마가 동일한 데이터끼리 그대로 연결해서 사용하는 경우 연결을 사용한다. 연결은 흔히 세로로 데이터를 연결하는 경우와 가로로 데이터를 연결하는 경우가 있는데, 일반적으로 우리가 많이 사용하는 경우는 데이터를 세로로 붙이는 경우이다.

연결 함수는 크게 concat과 append가 있다. concat 함수는 두 개의 서로 다른 테이블을 하나의 테이블로 합치는 것이고, append 함수는 기존 하나의 테이블에 다른 테이블을 붙이는 방식이다. 다음 코드를 보자.

In [8]:

```
import os
filenames = [os.path.join("c:/source/ch04", filename)
             for filename in os.listdir("c:/source/ch04") if "sales" in
             filename]
print(filenames)
```

Out [8]:

```
['c:/source/ch04₩₩sales-feb-2014.xlsx', 'c:/source/ch04₩₩sales-
jan-2014.xlsx', 'c:/source/ch04₩₩sales-mar-2014.xlsx']
```

TIP 141쪽에서 언급했지만, 'http://www.hanbit.co.kr/src/4585'에서 다운로드한 파일들을 C 드라이브의 'source' 폴더에 위치시키고 실습을 진행해야 한다. 이후 모든 실습도 해당 폴더에 예제 파일이 있다는 가정 하에 진행한다.

각각의 파일에는 동일한 스키마를 가진 데이터가 [그림 4-10]과 같이 들어있다.

	account number	name	sku	quantity	unit price	ext price	date
0	163416	Purdy-Kunde	S1-30248	19	65.03	1235.57	2014-03-01 16:07:40
1	527099	Sanford and Sons	S2-82423	3	76.21	228.63	2014-03-01 17:18:01
2	527099	Sanford and Sons	B1-50809	8	70.78	566.24	2014-03-01 18:53:09
3	737550	Fritsch, Russel and Anderson	B1-50809	20	50.11	1002.20	2014-03-01 23:47:17
4	688981	Keeling LLC	B1-86481	-1	97.16	-97.16	2014-03-02 01:46:44
...	...	...	...	...	...	...	...
137	737550	Fritsch, Russel and Anderson	B1-65551	12	56.24	674.88	2014-03-31 08:43:24
138	642753	Pollich LLC	S1-93683	21	92.57	1943.97	2014-03-31 11:37:34
139	412290	Jerde-Hilpert	B1-20000	30	22.38	671.40	2014-03-31 21:41:31
140	307599	Kassulke, Ondricka and Metz	S2-16558	46	56.04	2577.84	2014-03-31 22:11:22
141	672390	Kuhn-Gusikowski	B1-04202	19	27.86	529.34	2014-03-31 23:13:14

그림 4-10 데이터 테이블

다음 코드는 이 세 개의 파일을 데이터프레임 형태로 차례대로 읽어오는 코드이다. 여기에서는 리스트 안에 데이터프레임을 모두 넣은 상태로 객체를 생성하였다.

In [9]:
```
!pip install --user  --upgrade openpyxl
```

In [10]:
```
df_list = [pd.read_excel(filename, engine="openpyxl") for filename in
filenames]
for df in df_list:
    print(type(df), len(df))
```

Out [10]:
```
<class 'pandas.core.frame.DataFrame'> 108
<class 'pandas.core.frame.DataFrame'> 134
<class 'pandas.core.frame.DataFrame'> 142
```

생성된 리스트 객체를 하나의 객체로 통합하기 위해서 `df.concat`을 사용하면 세로로 통합하기 때문에 `axis=0`으로 매개변수를 지정한다. 이때 3가지의 데이터를 모두 통합하면 인덱스의 중복 문제가 발생한다. 이를 예방하기 위해서 `reset_index(drop=True)` 함수를 사용해 적절히 중복된 인덱스를 제거해야 한다.

In [11]:

```
df = pd.concat(df_list, axis=0)
print(len(df)) # 384
df.reset_index(drop=True)
```

Out [11]:

	account number	name	sku	quantity	unit price	ext price	date
0	383080	Will LLC	B1-20000	7	33.69	235.83	2014-02-01 09:04:59
1	412290	Jerde-Hilpert	S1-27722	11	21.12	232.32	2014-02-01 11:51:46
2	412290	Jerde-Hilpert	B1-86481	3	35.99	107.97	2014-02-01 17:24:32
3	412290	Jerde-Hilpert	B1-20000	23	78.90	1814.70	2014-02-01 19:56:48
4	672390	Kuhn-Gusikowski	S1-06532	48	55.82	2679.36	2014-02-02 03:45:20
...	...	...	...	...	...	...	...
379	737550	Fritsch, Russel and Anderson	B1-65551	12	56.24	674.88	2014-03-31 08:43:24
380	642753	Pollich LLC	S1-93683	21	92.57	1943.97	2014-03-31 11:37:34
381	412290	Jerde-Hilpert	B1-20000	30	22.38	671.40	2014-03-31 21:41:31
382	307599	Kassulke, Ondricka and Metz	S2-16558	46	56.04	2577.84	2014-03-31 22:11:22
383	672390	Kuhn-Gusikowski	B1-04202	19	27.86	529.34	2014-03-31 23:13:14

이 외에도 다음과 같이 append 함수를 사용할 수 있으며, 결과는 앞과 동일하다.

In [12]:

```
df_1, df_2, df_3  = [pd.read_excel(filename, engine="openpyxl") for
filename in filenames]
df = df_1.append(df_2)
df = df.append(df_3)
df
```

TIP 개인적인 견해로 두 개 이상의 데이터프레임을 합칠 때에는 append 함수를 권장하지 않는다. concat 함수는 한 번에 여러 개의 파일을 합칠 수 있는 것에 비해 append 함수는 각각 한 개씩 합치기 때문에 속도가 늦어진다. concat 함수와 append 함수의 특징을 알고 사용할 필요가 있다.

요약

01 판다스(pandas)의 개념

- 정의 : 데이터 분석 라이브러리로, 엑셀의 스프레드시트와 같은 구조의 데이터를 처리할 때 가장 쉽게 사용할 수 있는 파이썬 라이브러리이다.
- 특징 : 데이터를 다루기 위해 고성능 배열 계산 라이브러리인 넘파이를 기본적으로 사용한다.

02 시리즈(Series) 객체와 데이터프레임(DataFrame) 객체

- 시리즈 객체 : 피쳐 벡터와 같은 개념으로, 하나의 피쳐 데이터를 포함하는 형태로 시리즈 객체가 다루어진다.
- 데이터프레임 객체 : 데이터 테이블 전체를 지칭하는 객체로, 여러 개의 시리즈(Series) 묶음으로 구성되어 있다.

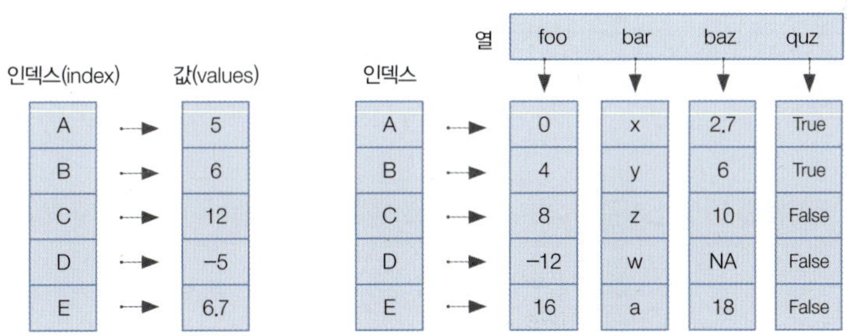

[시리즈 객체] [데이터프레임 객체]

03 데이터 추출

- 열 이름 사용 : 필요한 열 이름을 리스트(list) 형태로 넣어서 호출한다.
- 행 번호 사용 : 인덱스 번호를 사용하여 데이터를 호출한다. 이는 기존의 리스트(list)나 넘파이 배열(ndarray)의 인덱싱과 동일하다.
- 행과 열 모두 사용 : 앞부분에는 열의 이름을 리스트로, 뒷부분에는 인덱스 번호를 붙여주는 방식이다.
- `loc`, `iloc` 함수 사용 : `loc` 함수는 데이터의 인덱스 이름과 열 이름을 가지고 데이터를 호출하고, `iloc` 함수는 인덱스 번호로만 데이터를 호출한다.
- `drop` 함수 사용 : `drop` 함수를 사용하여 특정 열이나 행을 삭제할 수 있다.

04 그룹별 집계(groupby)

- 정의 : 데이터로부터 동일한 객체를 가진 데이터만 따로 뽑아 기술통계 데이터를 추출하는 기능이다.
- 과정 : 분할(split) → 적용(apply) → 결합(combine)

05 그룹화된(grouped) 상태

- 정의 : `groupby` 함수에서 분할(split)만 적용한 상태로 데이터를 다룰 수 있는데, 이를 그룹화된(grouped) 상태라 부른다.
- 적용 가능 기능
  - 집계(aggregation) : 요약된 통계 정보를 추출
  - 변환(transformation) : 해당 정보를 변환
  - 필터(filter) : 특정 정보를 제거하여 보여주는 필터링

06 병합(merge)

- 정의 : 두 개의 데이터를 특정한 기준을 가지고 하나로 통합하는 작업이다.
- 종류
  - 내부 조인(inner join) : 교집합의 개념으로 병합
  - 완전 조인(full join) : 합집합의 개념으로 병합
  - 왼쪽 조인(left join) : 왼쪽 테이블을 기준으로 데이터를 병합
  - 오른쪽 조인(right join) : 오른쪽 테이블을 기준으로 데이터를 병합

07 연결(concatenate)

- 정의 : 병합과 달리 두 테이블을 그대로 붙이는 방법으로, 대개 'concat'이라고 표현한다. 흔히 데이터의 스키마가 동일한 데이터끼리 그대로 연결해서 사용하는 경우 연결을 사용한다.
- 연결 함수 : `concat` 함수와 `append` 함수

연습문제

01 **판다스의 특징으로 알맞은 것을 고르시오.**

① 판다스는 열 벡터(column vector)를 표현하는 객체(object)이다.

② 데이터프레임(DataFrame)은 리스트를 모아서 만든 데이터 테이블이다.

③ 엑셀을 기반으로 개발된 파이썬 라이브러리이다.

④ Excel, Json, Pickle, csv 등의 데이터 타입을 호출할 수 있다.

02 **다음 코드를 실행할 경우 예상되는 결과값은 무엇인가?**

```
import pandas as pd

raw_data = {'first_name': ['Jason', 'Molly', 'Tina', 'Jake', 'Amy'],
            'last_name': ['Miller', 'Jacobson', 'Ali', 'Milner', 'Cooze'],
            'age': [42, 52, 36, 24, 73]}

df = pd.DataFrame(raw_data, index=['a', 'b', 'c', 'd', 'e'])
df["a"]
```

①
```
first_name     Jason
last_name     Miller
age               42
Name: a, dtype: object
```

② `KeyError`

③ `'Jason'`

④ `42`

03 **판다스에서는 엑셀의 피봇 테이블과 같이 데이터의 통계치를 산출하는 함수들이 있다. 다음 중 이러한 역할을 하지 못하는 함수는 무엇인가?**

① crosstab

② pivot_table

③ groupby

④ summary

04 다음 코드를 실행할 경우 예상되는 결과값은 무엇인가?

```
import pandas as pd

nested_dict = {'Korea': {2019: 4.6, 2020: 5.7, 2021: 4.8},
               'Japn': {2020: 1.5, 2020: 1.5, 2021: 1.6}}

df = pd.DataFrame(nested_dict).T
df
```

①

	2019	2020	2021
Korea	4.6	5.7	4.8
Japn	NaN	1.5	1.6

②

	index	2019	2020	2021
0	Korea	4.6	5.7	4.8
1	Japn	NaN	1.5	1.6

③

	Korea	Japn
2019	4.6	NaN
2020	5.7	1.5
2021	4.8	1.6

④

	0	1
index	Korea	Japn
2019	4.6	NaN
2020	5.7	1.5
2021	4.8	1.6

05 다음 코드를 실행할 경우 예상되는 결과값은 무엇인가?

```
import pandas as pd

data = [['Choi', 29], ['Kim', 32], ['Jung', 27], ['Lee', 25]]
df = pd.DataFrame(data, columns = ['Name', 'Age'], index=[1, 2, 3, 4])

df.iloc[2]['Age']
```

① Name   Jung
Age   27
Name: 3, dtype: object

② Name   Kim
Age   32
Name: 2, dtype: object

③ 32

④ 27

06 두 개의 데이터프레임을 병합하기 위해 merge 함수를 사용할 수 있다. 다음 중 merge 함수의 매개변수 중 설명이 맞는 것을 고르시오.

① how : 병합할 유형을 지정한다. full, left, right, inner가 있다.

② on : 어떤 키를 기준으로 병합할 것인지 지정한다.

③ right_index : right index에 어떤 열을 병합할지를 지정한다. 이름을 'str'로 지정한다.

④ left : left index를 포함할지에 대한 여부를 True 또는 False로 반환한다.

07 다음 코드를 실행할 경우 예상되는 결과값은 무엇인가?

```
import pandas as pd
ipl_data = {'Team': ['Riders', 'Riders', 'Devils', 'Devils', 'Kings',
         'kings', 'Kings', 'Kings', 'Riders', 'Royals', 'Royals', 'Riders'],
         'Rank': [1, 2, 2, 3, 3,4 ,1 ,1,2 , 4,1,2],
         'Year': [2014,2015,2014,2015,2014,2015,2016,2017,2016,2014,2015,2017],
         'Points':[876,789,863,673,741,812,756,788,694,701,804,690]}

df = pd.DataFrame(ipl_data)

df.groupby("Team")["Points"].mean()
```

①

	Team	Points
0	Devils	768.000000
1	Kings	761.666667
2	Riders	762.250000
3	Royals	752.500000
4	kings	812.000000

②

	Points
0	768.000000
1	761.666667
2	762.250000
3	752.500000
4	812.000000

③

	Team	Points
0	Riders	876
1	Riders	789
2	Devils	863
3	Devils	673
4	Kings	741
5	kings	812

④

```
Team
Devils    768.000000
Kings     761.666667
Riders    762.250000
Royals    752.500000
kings     812.000000
Name: Points, dtype: float64
```

08 실행 결과와 같은 데이터가 존재할 때, df에 Age 열을 제외하여 저장하고 싶다고 가정하자. 적합하지 <u>않은</u> 코드는 무엇인가?

```
import pandas as pd

data = [['Choi', 29], ['Kim', 32], ['Jung', 27], ['Lee', 25]]
df = pd.DataFrame(data, columns = ['Name', 'Age'], index=[1, 2, 3, 4])
```

	Name	Age
1	Choi	29
2	Kim	32
3	Jung	27
4	Lee	25

① df.drop("Age",axis=1)

② del df["Age"]

③ df.drop("Age", axis=1, inplace=True)

④ df = df[["Name"]]

09 다음과 같은 데이터프레임 df가 존재할 때, 과목별로 Null 값의 개수를 구하려고 한다. 빈칸에 들어갈 값을 고르시오.

```
import pandas as pd
import numpy as np

df = pd.DataFrame(data=[['Seol', 'A', 'B' ,None],
                        ['Kim', "B+" , None, None],
                        ['Choi', 'B+', None , 'A'],
                        ['Jung', 'A', None , 'A+']],
                  columns=['Family Name', 'Python', 'DS', 'Algorithm'])
df = df.set_index('Family Name').T
```

Family Name	Seol	Kim	Choi	Jung
Python	A	B+	B+	A
DS	B	None	None	None
Algorithm	None	None	A	A+

① df.isnull().count()

② df.isnull().sum(axis=1)

③ df.isnull().count(axis=1)

④ df.isnull().sum(axis=0)

10 **다음은 판다스의 내장 함수(built-in function)에 대한 설명이다. 함수와 기능이 잘못 짝지어진 것을 고르시오.**

① `sum()` : 시리즈(series) 데이터 값이 숫자형 값일 경우에는 합의 값을, 문자열 타입일 경우 연결(concatenate)을 보여준다.

② `describe()` : 숫자 데이터 타입의 요약 정보를 보여준다.

③ `isnull()` : 요소 값이 NULL인 인덱스를 반환한다.

④ `mean()` : 시리즈(series) 데이터 값이 숫자형 값일 경우에는 평균값을, 문자열 타입일 경우 글자 수에 대한 카운터(counter) 값을 보여준다.

11 **다음과 같은 데이터에서 숫자형 열들의 통계 데이터를 추출하고자 한다. 적절한 코드를 고르시오.**

	name	MATH	ENG	KOR	sex	trial
0	Lee	90.0	20.0	0.0	female	first
1	Kim	0.0	0.0	40.0	male	second
2	Park	80.0	30.0	45.0	female	second
3	Choi	0.0	50.0	70.0	male	first
4	Jung	100.0	0.0	50.0	male	third

① `pd.pivot_table(df,index=["sex"], aggfunc=np.mean)`

② `pd.groupby(df,index=["sex"], aggfunc=np.mean)`

③ `pd.cross_tab(df,index=["sex"], aggfunc=np.mean)`

④ `pd.summary(df,index=["sex"], aggfunc=np.mean)`

12 **다음 실행 결과와 같은 데이터프레임이 존재할 때, 데이터프레임과 각 데이터프레임의 행의 평균에 대한 합의 제곱을 구하기 위한 코드로 올바른 것은?**

```
import numpy as np
import pandas as pd

df = pd.DataFrame(np.arange(1,17).reshape(4,4))
```

	0	1	2	3
0	1	2	3	4
1	5	6	7	8
2	9	10	11	12
3	13	14	15	16

① (df + df.mean(axis=1)) ** 2

② (df + df.mean(axis=9)) ** 2

③ (df + df.rows()) ** 2

④ df.mean(axis=1).sum() ** 2

13 다음 실행 결과와 같은 결과를 출력하기 위해 빈칸의 코드로 적절한 것은?

```
df1 = pd.DataFrame(np.arange(25).reshape(5,5), columns = list("abcde"))
df2 = pd.DataFrame(np.arange(16).reshape(4,4), columns = list("abcd"))

[          ]
```

	a	b	c	d	e
0	0.0	2.0	4.0	6.0	0.0
1	9.0	11.0	13.0	15.0	0.0
2	18.0	20.0	22.0	24.0	0.0
3	27.0	29.0	31.0	33.0	0.0
4	0.0	0.0	0.0	0.0	0.0

① df1.sum(df2)

② df1 + df2

③ (df1 + df2).fillna(0)

④ df1 + df2.fillna(0)

14 다음 실행 결과와 같은 결과를 출력하기 위해 빈칸의 코드로 적절한 것은?

```
df1 = pd.DataFrame(np.arange(16).reshape(4,4))
df2 = pd.DataFrame([[1, 0, 0, 0],
                    [0, 1, 0, 0],
                    [0, 0, 1, 0],
                    [0, 0, 0, 1]])

[          ]
```

	0	1	2	3
0	0	1	2	3
1	4	5	6	7
2	8	9	10	11
3	12	13	14	15

① df1.add(df2)

② df1.sub(df2)

③ df1.dot(df2)

④ df1.mul(df2)

CHAPTER 05
데이터 시각화

학습목표

- 맷플롯립의 구조에 대해 알아보고, 맷플롯립으로 그래프를 꾸미는 방법을 실습한다.
- 맷플롯립에서 사용하는 그래프 타입에 대해 살펴본다.
- 시본을 통해 그래프를 작성하는 방법을 실습한다.
- 플롯리를 통해 그래프를 작성하는 방법을 실습한다.

01 맷플롯립

완성파일 | ch05_sec01.ipynb

데이터 시각화(data visualization)는 '데이터 분석 결과를 쉽게 이해할 수 있도록 시각적으로 표현하고 전달되는 과정'을 의미한다. 데이터 시각화는 데이터 분석에 있어 데이터 분석가의 직관적인 이해를 청취자에게 전달할 수 있는 중요한 도구이다. 특히 테이블(표)로 표현된 데이터를 다양한 시각화 도구를 통해 사용자에게 보여줌으로써 데이터의 접근과 분석을 용이하게 하는 장점이 있다.

파이썬의 시각화 도구는 종류가 매우 다양하다. 그중에서 맷플롯립(matplotlib), 시본(seaborn), 플롯리(plotly) 등이 많이 사용되고 있으며, 이외에도 'bokeh', 'pygal', 'ggplot' 등이 사용되고 있다. 다양한 도구는 저마다 특징이 있기 때문에 이러한 특징들을 잘 이해하고 사용할 것을 권장한다.

이 책에서는 맷플롯립(matplotlib)과 시본(seaborn)에 대해 중점적으로 알아본다. 맷플롯립은 파이썬의 표준 시각화 도구로, 다른 도구들의 가장 기본이 되는 시각화 분석 도구이다. 시본은 맷플롯립을 기반으로 한 시각화 도구이다. 맷플롯립이 다소 어렵기 때문에 처음 배우는 사용자들이 바로 사용하고 적용하기에 어려움이 있는데, 시본은 맷플롯립을 쉽게 사용하기 위한 다양한 함수들을 지원한다. 두 모듈 모두 판다스(pandas)와 연동되어 사용할 수 있기 때문에 매우 유용한 도구이다.

1 맷플롯립의 구조

맷플롯립(matplotlib) 모듈은 기본적으로 매트랩(matlab)에서 사용하는 다양한 기능을 파이썬에서 그대로 사용할 수 있도록 해주는 시각화 도구이다. 주로 엑셀에서 사용하는 정형화된 차트나 그래프를 작성할 수 있게 해주는 것은 물론이고 다양한 함수도 지원하여 사용자가 맞춤형 그래프를 작성할 수 있도록 한다. 일반적으로 넘파이를 포장(wrapping)해서 판다스를 지원하듯이 매트랩을 포장해서 맷플롯립을 지원하므로 맷플롯립에서 매트랩의 거의 모든 그래프를 사용할 수 있다. matplotlib 모듈은 다음과 같은 코드로 실행시킬 수 있다.

```
import matplotlib.pyplot as plt
```

1.1 파이플롯

맷플롯립을 이용할 때 가장 기본이 되는 구조는 파이플롯(pyplot)이다. 맷플롯립에서 가장 기본이 되는 객체인 파이플롯(pyplot) 위에 [그림 5-1]과 같이 그림(figure) 객체를 올리고 그 위에 그래프에 해당하는 축(axes)을 올린다. 조금 더 쉽게 생각하면 파이플롯은 그래프를 작성할 수 있게 준비해주는 화방과 같은 역할을 하여 다양한 그림을 그리는 도구들을 사용할 수 있게 한다. 여기서 그림(figure)은 파이플롯 위에 올려진 그림판, 축(axes)은 최종적으로 그림판 위에 올려진 도화지 같은 존재이다. 즉, 여러 장의 축(axes)을 그림(figure) 위에 올린 다음 여러 개의 그래프를 작성할 수 있다.

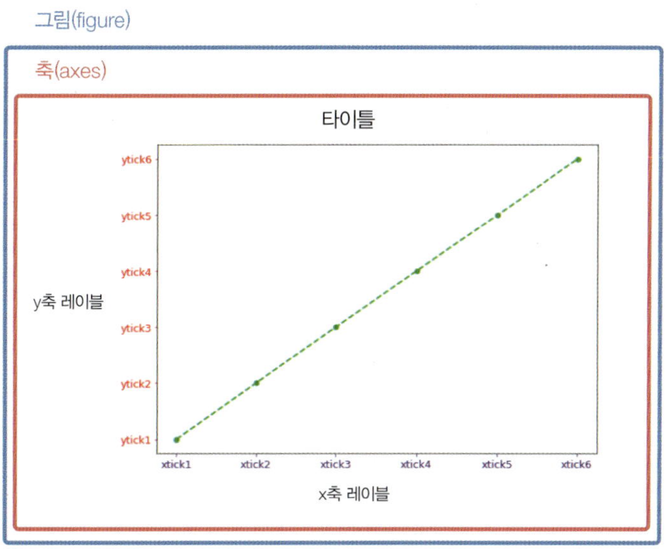

그림 5-1 파이플롯(pyplot), 그림(figure), 축(axes)의 개념

가장 기본적인 그래프를 작성하는 코드는 다음과 같으며, 코드를 실행하면 그래프 위에 직선이 나타난다. 1행의 매개변수 `pyplot`은 기본 그래프를 그릴 수 있도록 도와주는 객체인데, 이 객체를 이용해 선그래프를 그리는 것이다. 선그래프는 단순히 X 값들과 Y 값들의 쌍으로 만들어진 점들을 연결시킨다. 3행과 4행에서 X와 Y 객체 모두 0부터 99까지 값을 가지고 있어 두 값을 이용해 좌표평면 위에 점을 찍고, 5행에서 plot 함수를 이용해 차례대로 연결하면 선그래프를 작성할 수 있다. 사실 plot 함수 안에 모두 숨겨져 있지만 그림 객체와 축 객체는 모두 plot 함수 안에서 사용가능하도록 되어 있다.

In [1]:
```
import matplotlib.pyplot as plt  #matplotlib 모듈 호출

X = range(100)
Y = range(100)
plt.plot(X, Y)
```

Out [1]:

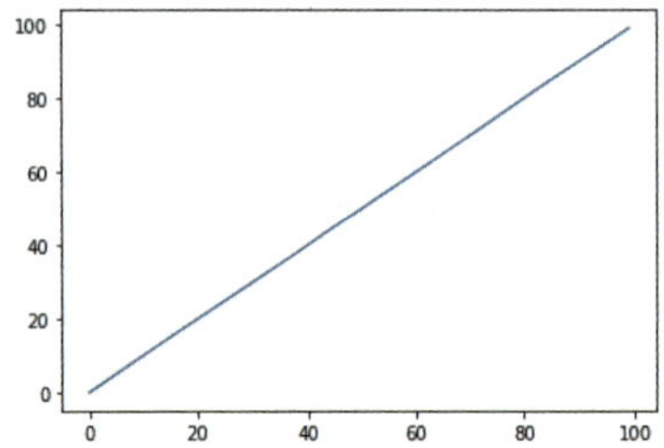

만약 다음과 같이 두 개의 그래프를 이루는 점의 값이 쌍으로 있고 이를 차례대로 plot 함수 위에 입력하면 pyplot 객체 내부에 있는 그림(figure) 객체에 차례대로 그래프를 그리게 된다. 즉, 먼저 코사인 그래프(cos graph)를 그린 후, 사인 그래프(sin graph)를 다시 그리면 두 그래프가 하나의 그림(figure) 객체 위에 그려진다.

In [2]:
```
import numpy as np  #numpy 모듈 호출

X_1 = range(100)
Y_1 = [np.cos(value) for value in X]

X_2 = range(100)
Y_2 = [np.sin(value) for value in X]

plt.plot(X_1, Y_1)
plt.plot(X_2, Y_2)
plt.show()
```

Out [2]:

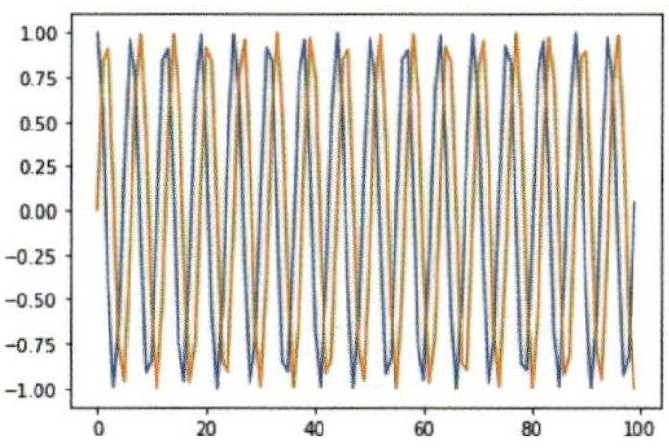

TIP 맷플롯립 라이브러리에서 plot 함수를 사용할 때, 함수 내부의 인터페이스가 표시되지 않는다는 단점이 있다. 기본적인 함수의 구성이 plot([x], y, [fmt], *, data=None, **kwargs)로 되어 있기 때문에 사용자가 함수의 구성을 필요할 때마다 찾아가면서 사용해야 하는 단점이 있다.

1.2 그림과 축

그림(figure)은 그래프를 작성하는 밑바탕이 되는 틀이고, 축(axes)은 일종의 캔버스로 실제 그래프를 작성하는 공간이다. 이를 확인하기 위해 가장 좋은 방법은 다음과 같이 subplots 함수를 사용하는 것이다. plot 함수를 사용하면 한 번에 그래프를 작성할 수 있지만, subplots 함수를 사용하면 그림 객체와 축 객체를 나눠서 받을 수 있다.

In [3]:

```
fig, ax = plt.subplots()       # (1) figure와 axes 객체 할당

X_1 = range(100)
Y_1 = [np.cos(value)
      for value in X]

ax.plot(X_1, Y_1)              # (2) plot 함수를 사용하여 그래프 생성
ax.set(title='cos graph',      # (3) 그래프 제목, X축 라벨, Y축 라벨 설정
      xlabel='X',
      ylabel='Y');

plt.show()                     # (4) 그래프 출력
```

Out [3]:

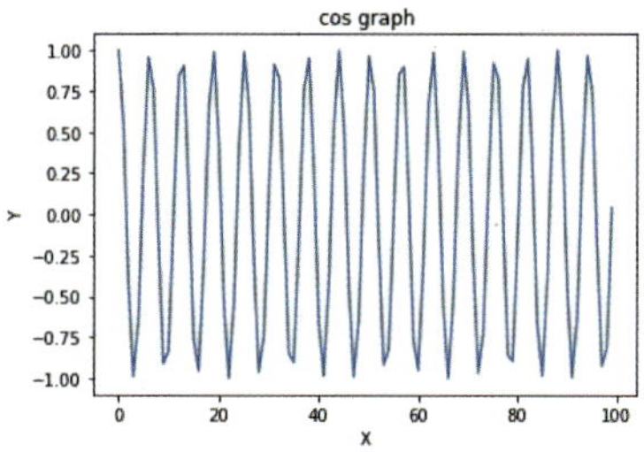

코드 해설

- # (1) 각각 변수 fig와 ax에 그림(figure)과 축(axes) 객체를 할당한다.
- # (2) 축(axes) 객체에 그래프를 작성하는 plot 함수를 사용해서 그래프를 생성한다.
- # (3) 축(axes) 위에 그래프의 제목이나 X축과 Y축의 라벨을 설정한다.
- # (4) 최종적으로 그래프를 출력하는 show 함수를 수행한다.

이 코드는 plot 함수를 사용해 작성하는 것과 결과적으로 큰 차이는 없다. 그러나 다음 코드를 보면 subplot 함수의 의미를 좀 더 명확히 이해할 수 있을 것이다.

In [4]:
```
fig = plt.figure()                     # (1) figure 반환
fig.set_size_inches(10,10)             # (2) figure의 크기 지정

ax_1 = fig.add_subplot(1,2,1)          # (3) 첫 번째 그래프 생성
ax_2 = fig.add_subplot(1,2,2)          # (4) 두 번째 그래프 생성

ax_1.plot(X_1, Y_1, c="b")             # (5) 첫 번째 그래프 설정
ax_2.plot(X_2, Y_2, c="g")             # (6) 두 번째 그래프 설정
plt.show()                             # (7) 그래프 출력
```

Out [4]:

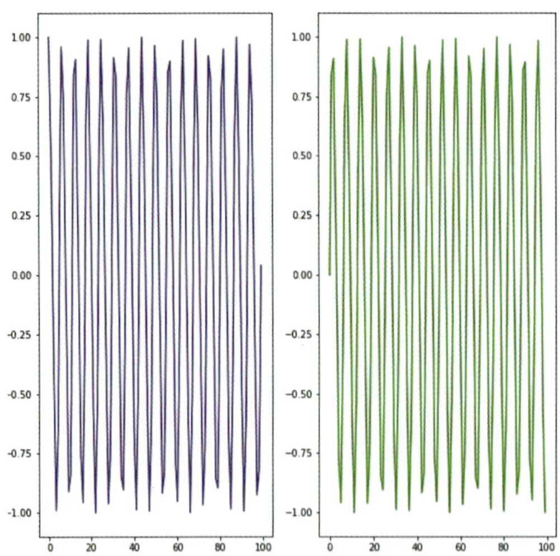

코드 해설

- # (1) plt에서 기본 그림(figure) 객체를 반환받는다.
- # (2) 그림(figure)의 크기를 지정한다. 일종의 그림틀의 크기를 정하는 것이라고 할 수 있다.
- # (3)~(4) figure 행은 1개, 열은 2개로 그림(figure) 객체 공간을 지정하여 첫 번째 축(axes) 객체를 ax_1로, 2번째 열에는 ax_2라는 이름으로 축(axes) 객체를 생성한다.
- # (5)~(6) 각각의 축에 그래프를 생성한다.
- # (7) 각 축에 있는 그래프를 화면에 출력한다.

1.3 서브플롯 행렬

축(axes)을 여러 개 만들 때 일반적으로 그림(figure) 객체에서 add_subplot 함수를 사용하거나 plot 객체에서 subplots 함수를 사용하여 먼저 축(axes) 객체 공간을 확보해야 한다. 예를 들어 다음 코드를 실행하면 ax 변수에는 axes 객체가 넘파이 배열(ndarray) 타입으로 생성된다. 즉 plt.subplots(nrows=1, ncols=2)의 의미는 먼저 행은 1개이고 열은 2개인 그림(figure) 객체 공간을 생성하고 이를 하나의 행렬(matrix)처럼 생각하여 두 개의 축(axes) 객체가 생성된다.

In [5]:
```
fig, ax = plt.subplots(nrows=1, ncols=2)
print(ax)
```

Out [5]:

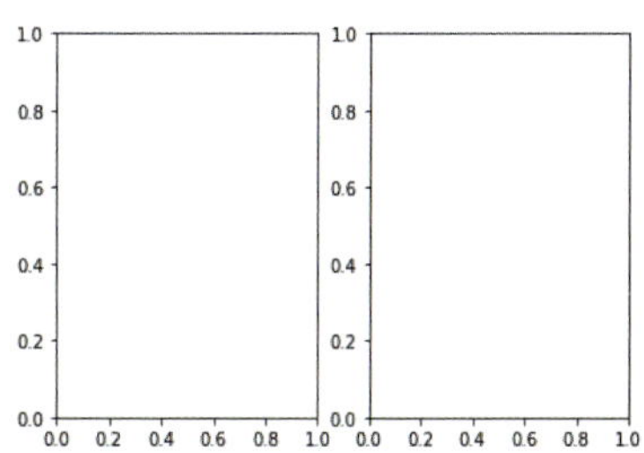

In [6]:
```
print(type(ax))
```

Out [6]:
```
<class 'numpy.ndarray'>
```

다음 코드는 subplots 함수에서 2×2 행렬을 가진 그림(figure) 객체가 생성되고 여기에 넘파이 배열(ndarray)의 인덱스를 사용하여 각 축(axes) 객체에 접근한다는 뜻이다.

In [7]:
```
import numpy as np
import matplotlib.pyplot as plt

x = np.linspace(-1,1,100)        # (1) x 값과 y_n 값 생성
y_1 = np.sin(x)
y_2 = np.cos(x)
y_3 = np.tan(x)
y_4 = np.exp(x)

fig, ax = plt.subplots(2, 2)    # (2) 2x2 figure 객체를 생성

ax[0, 0].plot(x, y_1)           # (3) 첫 번째 그래프 생성
ax[0, 1].plot(x, y_2)           # (4) 두 번째 그래프 생성
ax[1, 0].plot(x, y_3)           # (5) 세 번째 그래프 생성
ax[1, 1].plot(x, y_4)           # (6) 네 번째 그래프 생성

plt.show()
```

Out [7]:

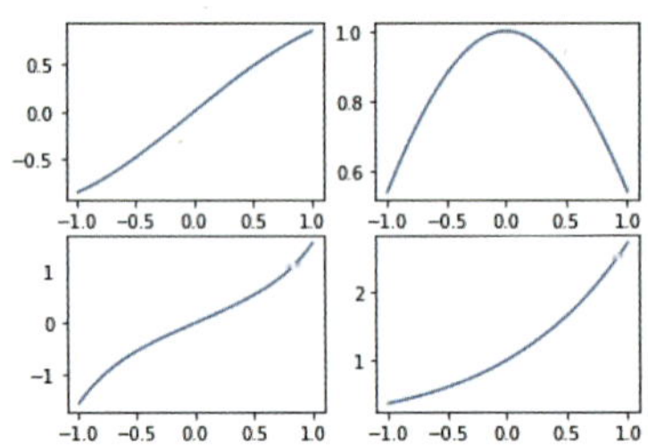

코드 해설

- # (1) 그래프 생성을 위해 x 값들과 y_n의 값들을 생성한다.
- # (2) plt.subplots 함수를 사용하여 2×2 그림(figure) 객체를 생성한다. ax 변수에는 4개의 축(axes) 객체가 2×2 넘파이 배열(ndarray) 형태로 들어가 있다.
- # (3)~(6) 각 축(axes)에 들어있는 행과 열의 값에 그래프를 생성한다.

맷플롯립(matplotlib)은 행과 열을 지정한 후, 그 다음 번호는 행과 열이 지정된 행렬에서 [그림 5-2]와 같이 차례대로 축(axes)의 위치를 배열한다. 즉 [그림 5-2]의 그래프를 보면 첫 행에는 1, 2, 3의 그래프를 생성한 다음, 다시 두 번째 행에서는 4, 5, 6의 그래프가 들어 간다.

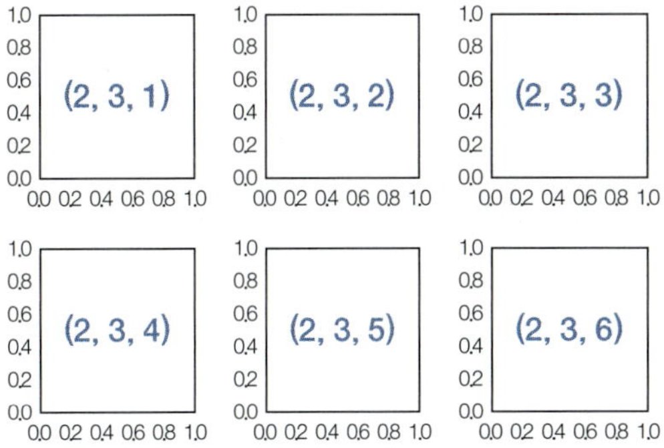

그림 5-2 지정된 행렬에서 축(axes)의 위치 배열

행렬 형태로 그래프를 그리는 단순한 방식 외에도 다소 복잡한 형태의 그래프 생성도 가능하다. 다음 코드에서 321, 322 같은 숫자를 보면, 첫 번째 숫자는 행, 두 번째 숫자는 열, 세 번째 숫자는 그래프가 들어갈 번호이다. 간단히 해석하면 321의 경우 3×2의 공간을 만든 후, 첫 번째 칸에 그림(figure)을 넣는 것이고, 다음으로 312의 경우에는 3×1의 공간을 만든 후 두 번째 칸에 그림을 넣게 된다. 다음 코드를 예로 들어보겠다.

```
In [8]:  ax1 = plt.subplot(321)   # (1) 첫 번째 공간에 axes 생성
         plt.plot(x, y_1)
         ax2 = plt.subplot(322)   # (2) 두 번째 공간에 axes 생성
         plt.plot(x, y_1)
         ax3 = plt.subplot(312)   # (3) 두 번째 공간에 axes 생성
         plt.plot(x, y_1)
         ax4 = plt.subplot(325)   # (4) 다섯 번째 공간에 axes 생성
         plt.plot(x, y_1)
         ax5 = plt.subplot(326)   # (5) 여섯 번째 공간에 axes 생성
         plt.plot(x, y_1)

         plt.show()
```

Out [8]:

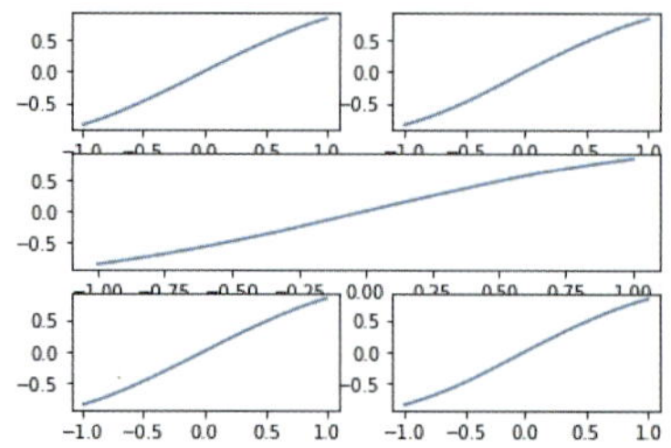

코드 해설

- #(1) 행이 3개, 열이 2개인 행렬을 만든 후, 첫 번째 공간에 축(axes)을 생성한다.
- #(2) 행이 3개, 열이 2개인 행렬을 만든 후, 두 번째 공간에 축(axes)을 생성한다.
- #(3) 행이 3개, 열이 1개인 행렬을 만든 후, 두 번째 공간에 축(axes)을 생성한다.
- #(4) 행이 3개, 열이 2개인 행렬을 만든 후, 다섯 번째 번째 공간에 축(axes)을 생성한다.
- #(5) 행이 3개, 열이 2개인 행렬을 만든 후, 여섯 번째 번째 공간에 축(axes)을 생성한다.

핵심은 세 번째 숫자인데, 기본적으로 하나의 그림(figure) 위에 다양한 축 행렬(axes matrix)을 생성하더라도 적합한 공간을 배치해주어야 한다. 그리고 나서 데이터 분석가는 해당 축(axes)의 기준이 되는 행렬(matrix) 공간을 고려하여 적합한 순서로 축(axes)을 입력하면 된다.

2 맷플롯립으로 그래프 꾸미기

기본적인 맷플롯립(matplotlib)이 구조를 파악했다면 그래프를 꾸미는 다양한 방법에 대해 학습해야 한다. 앞서 설명했듯이 맷플롯립은 다양한 형태의 그래프 커스터마이징 기법을 제공한다. 모든 커스터마이징을 다 학습하기는 어렵지만, 기본적인 색상이나 그래프의 모양을 바꾸는 방법 등에 대해서는 학습할 필요가 있다.

2.1 색상

맷플롯립에서는 `color` 또는 `c` 매개변수를 사용해서 색상을 변경할 수 있다. 다음 코드와 같이 `color` 매개변수를 사용하여 그래프의 선 색상을 바꿔보도록 하자. `color` 매개변수에 코드를 입력하는 방법은 크게 2가지가 있다. 하나는 RGB 값을 사용해서 #을 붙이고 16진법을 사용해서 색상을 표현할 수 있는데, 예를 들어 #000000이나 #e377c2 등으로 입력할 수 있다. 또한 규칙이 있는 약어를 입력하는 방법도 있는데, 주로 b, g, r, c, m, y, k, w 등이 사용된다.

In [9]:
```
X_1 = range(100)
Y_1 = [value for value in X]

X_2 = range(100)
Y_2 = [value + 100 for value in X]

plt.plot(X_1, Y_1, color="#000000")
plt.plot(X_2, Y_2, c="c")

plt.show()
```

Out [9]:

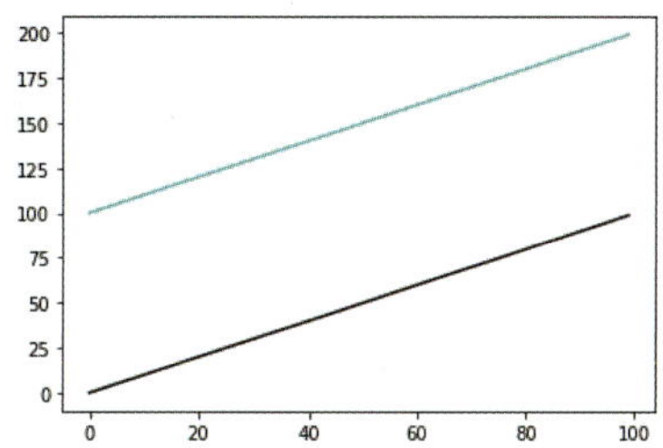

TIP 맷플롯립의 대부분의 함수들은 고정된 매개변수를 사용하지 않고 가변인자를 사용하기 때문에 함수 인터페이스에 설명이 없다. 가장 좋은 방법은 적절한 키워드 검색을 통해 구글에서 검색해야 한다. 예를 들어 색상에 대해 검색하려면 'color'와 'matplotlib'을 같이 입력하여 검색하면 원하는 결과를 찾을 수 있다.

2.2 선의 형태

일반적으로 선의 형태를 정의하는 매개변수는 linestyle 또는 ls이다. 선의 형태는 점선 형태인 dashed나 직선 형태인 solid 등이 있다.

In [10]:
```
plt.plot(X_1, Y_1, c="b",
         linestyle="dashed")
plt.plot(X_2, Y_2, c="r",
         ls="dotted")

plt.show()
```

Out [10]:

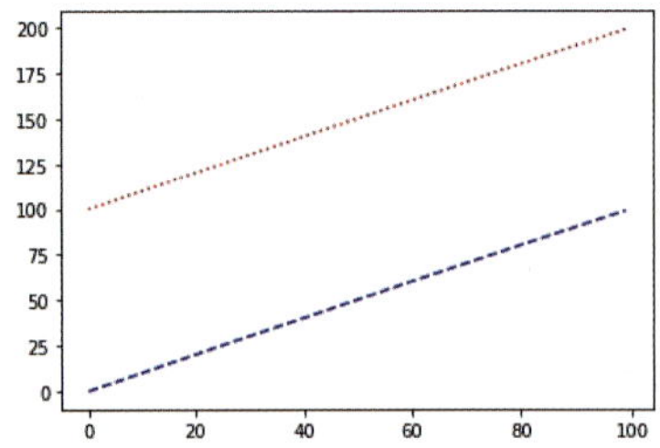

2.3 제목

축(axes) 객체마다 제목을 달 수 있다. 가장 기본적인 방법으로 다음 코드와 같이 하나의 그래프를 작성하고 "Two Lines"라는 제목을 넣어볼 수 있다.

In [11]:

```
plt.plot(X_1, Y_1, color="b",
         linestyle="dashed")
plt.plot(X_2, Y_2, color="r",
         linestyle="dotted")

plt.title("Two lines")
plt.show()
```

Out [11]:

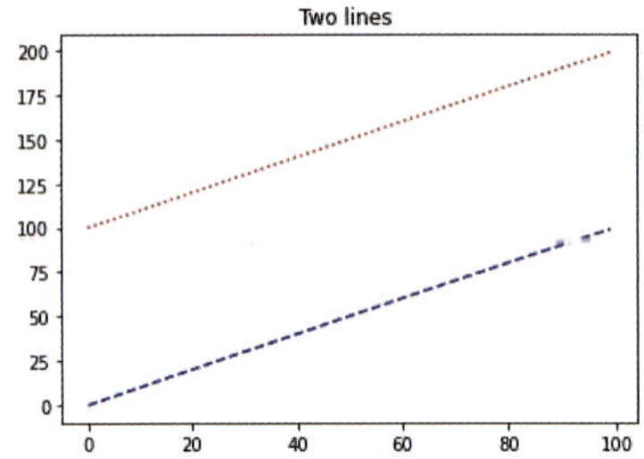

또 다른 방법으로 다음과 같이 각 축(axes)마다 'Figure 1', 'Figure 2'와 같이 제목을 넣을 수도 있다.

In [12]:

```
fig = plt.figure()
fig.set_size_inches(10,10)

ax_1 = fig.add_subplot(1,2,1)
ax_2 = fig.add_subplot(1,2,2)

ax_1.plot(X_1, Y_1, c="b")
ax_1.set_title("Figure 1")
ax_2.plot(X_2, Y_2, c="g")
ax_2.set_title("Figure 2")

plt.show()
```

Out [12]:

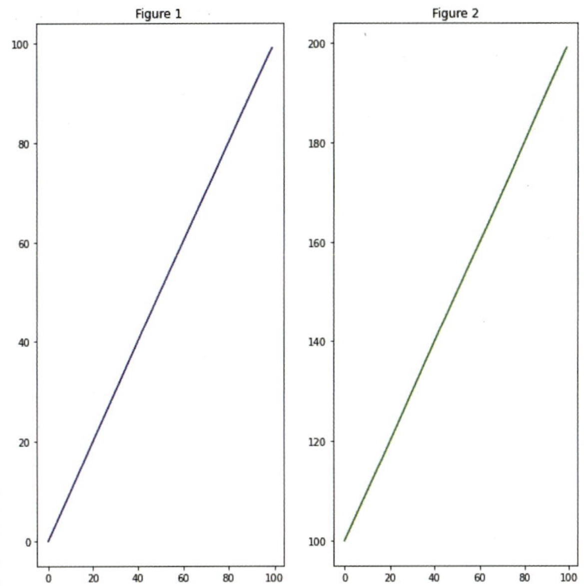

2.4 범례

그래프에 대한 설명인 범례도 축(axes)별로 설정할 수 있다. 다음 코드와 같이 legend 함수를 사용하면 범례가 생성된다. 범례를 꾸미기 위해 사용되는 매개변수는 shadow이며, 범례 뒤쪽에 그림자 효과를 추가할 수 있다. 또한 loc은 범례가 위치하는 곳을 지정하는 매개변수로,

center, upper right 등 총 11개의 값을 입력할 수 있다. 대표적으로 best를 지정하면 적절한 위치에 범례를 위치시킨다.

In [13]:
```
plt.plot(X_1, Y_1,
         color="b",
         linestyle="dashed",
         label='line_1')
plt.plot(X_2, Y_2,
         color="r",
         linestyle="dotted",
         label='line_2')
plt.legend(
  shadow=True,
  fancybox=False,
  loc="upper right")

plt.title('$y = ax+b$')
plt.xlabel('$x_line$')
plt.ylabel('y_line')
```

Out [13]:

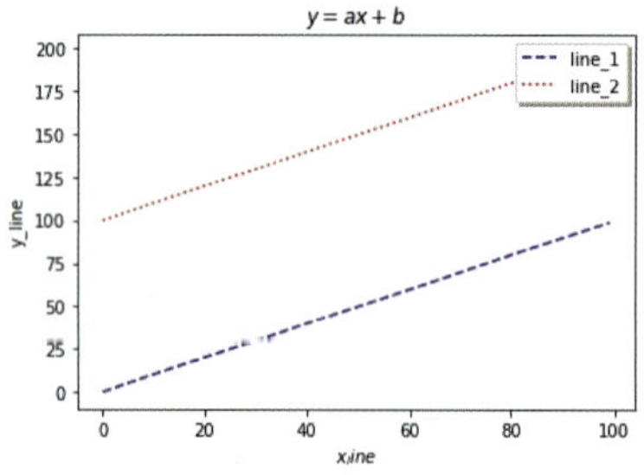

3 맷플롯립에서 사용하는 그래프

맷플롯립(matplotlib)은 기본적으로 그래프를 꾸며주는 공통적인 도구를 제외하고 각 데이터의 특성에 맞는 다양한 그래프를 지원한다. 앞에서 살펴보았듯이 가장 기본적인 그래프가 플롯(plot)이라면 이외에도 다음에 설명되는 다양한 그래프를 지원한다. 먼저 각 그래프를 작성하는 가장 기본적인 방법에 대해 학습하도록 하겠다.

3.1 산점도

산점도(scatter plot)는 일반적으로 데이터의 분포를 2차원 평면에 표현할 때 사용하는 그래프이다. 가장 간단한 형태는 X와 Y에 각각 좌표에 대한 정보를 담고 이를 `scatter` 함수를 사용하여 그림(figure)에 생성하는 것이다. 여기에서 매개변수 `c`는 색상, `marker`는 각 포인트의 모양을 지정한다.

In [14]:
```
data_1 = np.random.rand(512, 2)
data_2 = np.random.rand(512, 2)

plt.scatter(data_1[:,0],
            data_1[:,1],
            c="b", marker="x")
plt.scatter(data_2[:,0],
            data_2[:,1],
            c="r", marker="o")

plt.show()
```

Out [14]:

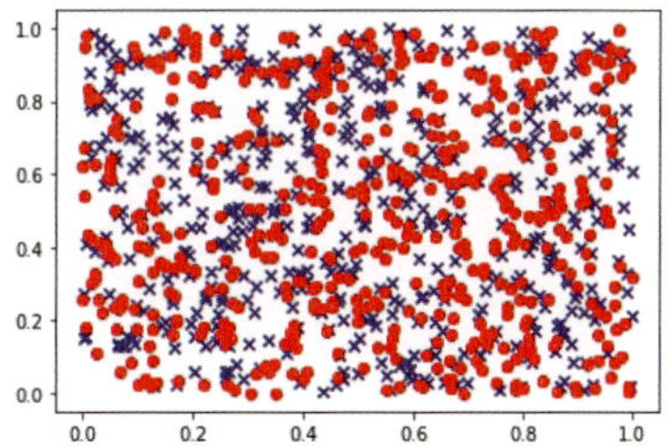

또한 추가적으로 `size` 매개변수를 이용하면 각 포인트(point)의 크기도 지정할 수 있다. 여기에서 `alpha`는 각 원의 불투명도를 지정하는 매개변수이다.

In [15]:
```
N = 50
x = np.random.rand(N)
y = np.random.rand(N)
colors = np.random.rand(N)
area = np.pi * (
      15 * np.random.rand(N))**2
```

```
plt.scatter(x, y,
            s=area, c=colors,
            alpha=0.5)

plt.show()
```

Out [15]:

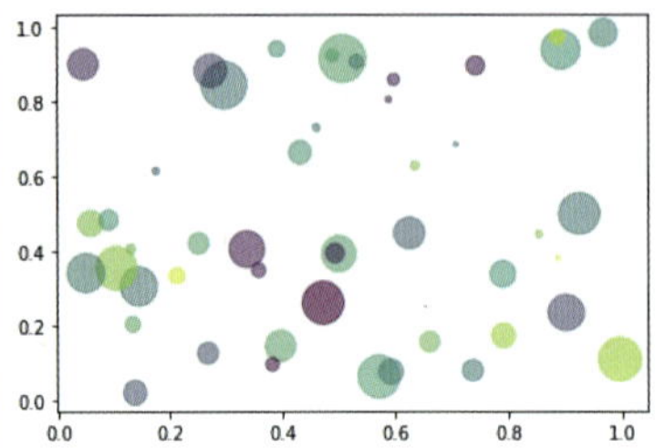

3.2 막대그래프

막대그래프(bar graph)는 일반적으로 데이터의 개수나 크기를 비교할 때 사용하는 그래프이다. 기본적으로 다음 코드와 같이 사용할 수 있다.

In [16]:

```
# (1) 데이터 생성
data = [[5., 25., 50., 20.],
        [4., 23., 51., 17],
        [6., 22., 52., 19]]

# (2) X 좌표 시작점
X = np.arange(0,8,2)

# (3) 3개의 막대그래프 생성
plt.bar(X + 0.00, data[0], color = 'b', width = 0.50)
plt.bar(X + 0.50, data[1], color = 'g', width = 0.50)
plt.bar(X + 1.0, data[2], color = 'r', width = 0.50)

# (4) X축에 표시될 이름과 위치 설정
plt.xticks(X+0.50, ("A","B","C", "D"))

# (5) 막대그래프 출력
plt.show()
```

Out [16]:

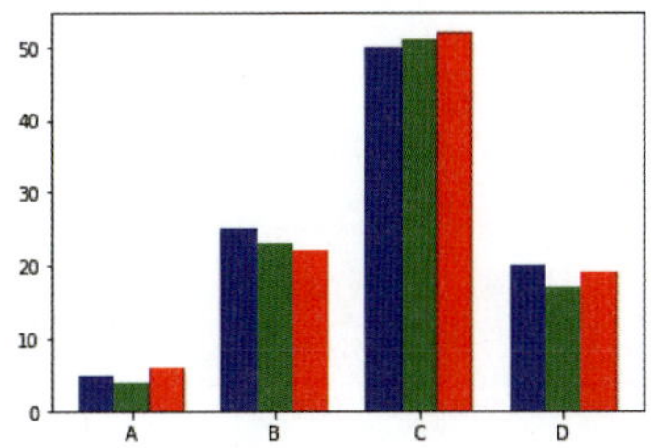

코드 해설

- # (1) 변수 data에 데이터를 생성하는데, 각 열별로 같은 색깔을 가진 데이터를 나타낸다.
- # (2) X는 각 그래프가 표시되는 X 좌표의 시작점을 의미한다.
- # (3) bar 함수를 사용하여 3개의 막대그래프를 생성한다. 각 막대의 크기인 width는 0.50이고, 색상을 나타내는 color는 'b', 'g', 'r'을 넣어 각각 파란색, 녹색, 빨간색으로 설정한다.
- # (4) xticks 함수는 X축에 표시될 이름과 위치를 나타낸다.
- # (5) 막대그래프를 출력한다.

3.3 누적 막대그래프

누적 막대그래프(stacked bar graph)는 데이터를 밑에서부터 쌓아올려서 데이터를 표현할 때 사용한다. 다음 코드에서 변수 data에 있는 값은 옆으로 데이터를 추가하는 것이 아닌 위로 데이터를 추가하는 형태이다. 이를 위해 for문을 사용하면 루프(loop)가 작동하면서 i의 값, 여기에서는 막대 상에서 아랫부분까지의 값을 더한 다음 그 값을 bottom에 넣으면 된다.

In [17]:
```
data = np.array([[5., 25., 50., 20.],
         [4., 23., 51., 17],
         [6., 22., 52., 19]])

color_list = ['b', 'g', 'r']
data_label = ["A","B","C"]
X = np.arange(data.shape[1])
```

```
data = np.array([[5., 5., 5., 5.],
        [4., 23., 51., 17],
        [6., 22., 52., 19]])

for i in range(3):
    plt.bar(X, data[i],
            bottom = np.sum(
                data[:i], axis=0),
            color = color_list[i],
            label=data_label[i])

plt.legend()
plt.show()
```

Out [17]:

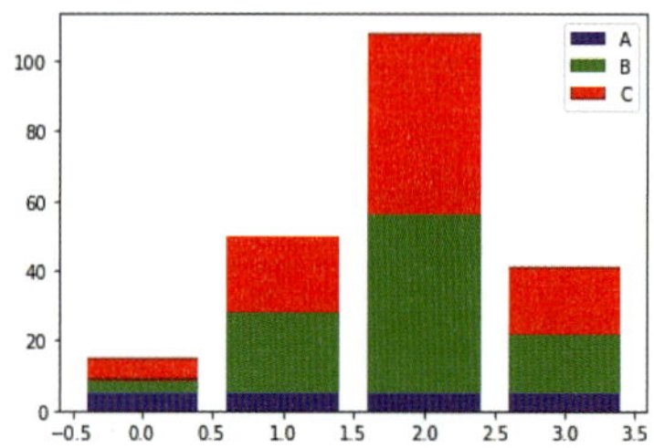

3.4 히스토그램

히스토그램(histogram)은 데이터의 분포를 표현하는 그래프이다. 다음 코드 `X = np.random.normal(size=N)`에서 랜덤(random)한 데이터를 생성하고, `hist` 함수를 사용하여 히스토그램을 표현한다. 매개변수 `bins`로 히스토그램에서 생기는 막대의 개수를 지정하면 그 개수만큼의 그래프가 작성된다.

In [18]:

```
N = 1000
X = np.random.normal(size=N)

plt.hist(X,bins=100)
plt.show()
```

Out [18]:

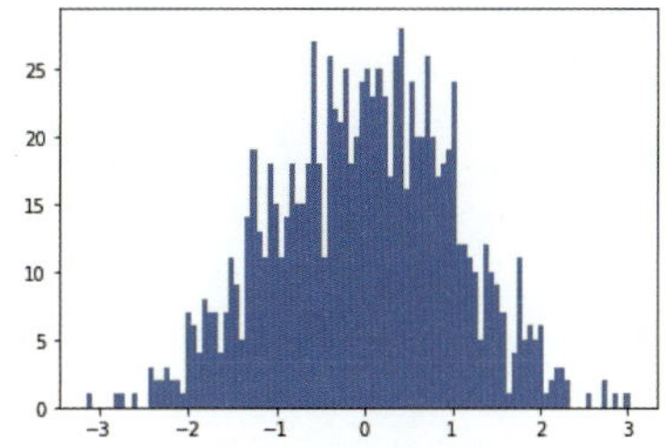

3.5 상자그림

상자그림(boxplot)은 데이터의 분포를 나타내면서 밀집 정도를 표현하는 그래프이다. 기본적으로 상자그림을 이해할 수 있어야 하는데, 상자그림은 사분위수를 시각화하여 그래프 형태로 나타낸 것이다. 먼저 데이터를 작은 데이터부터 큰 데이터까지 정렬하고, 처음 1사분위수(Q1, 25%)부터 3사분위수(Q3, 75%)까지의 데이터를 중앙에 박스 형태로 위치시킨다. 해당 데이터에서 1사분위수와 3사분위수의 차이(Q1−Q3)를 IQR(InterQuartile Range)이라고 부른다. 마지막으로 1사분위수(Q1)에서 (1.5×IQR)을 뺀 값을 상자그림의 하단 값으로 표현하고, 3사분위수(Q3)에서 (1.5×IQR)을 더한 값을 상자그림 상단 값으로 표현한다. 최종적으로 그 값을 넘어가는 값들은 모두 이상치(outlier)로 표현된다.

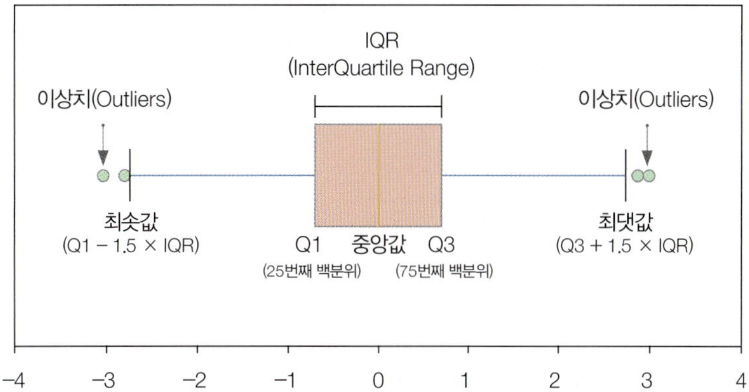

그림 5-3 상자그림의 구성 요소

이 내용을 토대로 상자그림을 표현하면 다음 코드와 같다.

In [19]:
```
data = np.random.randn(100,5)
plt.boxplot(data)
plt.show()
```

Out [19]:

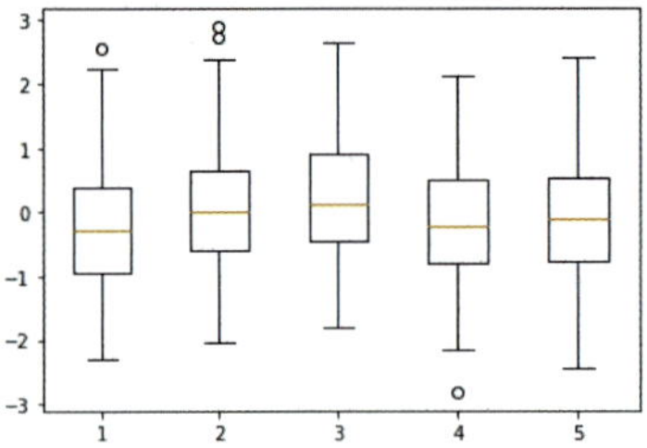

02 시본

완성파일 | ch05_sec02.ipynb

파이썬은 맷플롯립(matplotlib) 외에도 다양한 그래프 도구를 지원한다. 그중 대표적으로 시본(seaborn)과 플롯리(plotly)가 있다. 이 두 가지 도구는 맷플롯립과 유사한 형태의 함수를 지원하면서 보기 좋은 그래프를 작성할 수 있도록 도와준다. 또한 맷플롯립을 기본으로 작성되기 때문에 사용자 입장에서도 매우 사용하기 쉽다. 먼저 시본에 대해 알아보자.

1 시본의 기본

시본(seaborn)은 앞서 다룬 맷플롯립(matplotlib)을 바탕으로 다양한 함수를 사용할 수 있도록 도와주는 일종의 래퍼(wrapper) 모듈이다. 따라서 결과물은 맷플롯립과 동일하게 나오지만, 그래프를 만드는 과정과 코드 작성이 매우 간단하고 직관적이라는 장점이 있다.

시본을 사용하기 위해서는 다음과 같이 `seaborn` 모듈을 호출해야 한다.

```
import seaborn as sns
```

가장 기본적인 코드로 판다스(pandas)의 데이터프레임(data frame)을 활용하면 비교적 편하게 그래프를 작성할 수 있다. 다음 코드를 보면 기존 맷플롯립에 비해 훨씬 간단하게 그래프를 작성할 수 있다는 것을 알 수 있다.

```
In [1]: import numpy as np                  # numpy 모듈 호출
        import pandas as pd                 # pandas 모듈 호출
        import matplotlib.pyplot as plt     # matplotlib 모듈 호출
        import seaborn as sns               # (1) seaborn 모듈 호출

        fmri = sns.load_dataset("fmri")     # (2) fmri 데이터셋 사용
```

```
sns.set_style("whitegrid")                  # (3) 기본 스타일 적용
sns.lineplot(x="timepoint", y="signal", data=fmri)  # (4) 선그래프 작성
```

Out [1]:

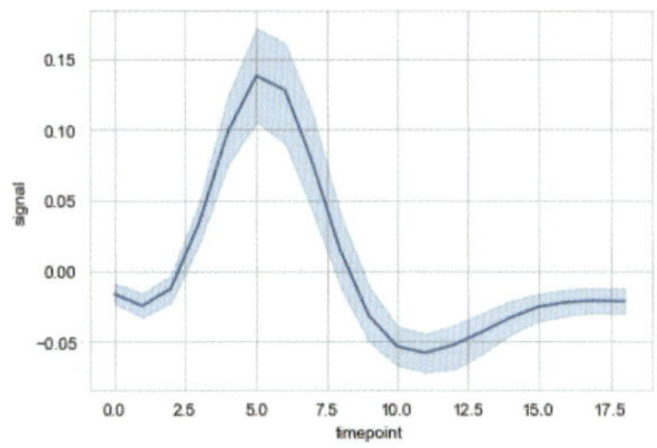

코드 해설

- # (1) `import seaborn as sns`는 `seaborn` 모듈을 호출하는 명령어이다.
- # (2) 시본에서 자체적으로 제공하는 데이터셋을 사용한다. 여기서는 `fmri` 데이터셋을 사용한다.
- # (3) 시본의 기본적인 스타일을 지정해준다. `whitegrid` 스타일은 하얀색의 그리드가 생성되는 스타일이다.
- # (4) 선그래프(lineplot)를 작성한다. 매개변수 `x`와 `y`에는 각 열의 이름을 입력하고, 매개변수 `data`에는 데이터프레임 객체 이름을 지정한다.

시본은 맷플롯립의 그림(figure) 객체나 축(axes) 객체와 같은 복잡한 개념이 없이 매우 단순하게 그래프가 생성되는 것을 확인할 수 있다. 또한 `xticks`의 설정 없이도 각 축에 라벨이 자동으로 생성된다. 데이터프레임과 `x`, `y`에 해당하는 열 이름만 지정하면 비교적 정확히 그래프를 그릴 수 있다는 장점이 있다.

실제 `fmri` 데이터는 단순히 연속형 값만 있는 것이 아니라 다양한 범주형 값도 가지고 있다. 이럴 때 맷플롯립을 사용하면 상당히 복잡하게 표현해야 하지만 시본은 단순히 `hue`라는 매개변수만 추가해도 꽤 그럴듯한 그래프를 작성할 수 있다.

다음 코드를 보자. `In [2]`에서 데이터를 먼저 확인한다. 이 데이터에서 `event`는 범주형 변수로 다른 데이터들과 구분할 때 사용이 가능하다. 즉 `timepoint`에 따른 `signal` 값을 선그래프(lineplot)로 보여주면서 `event`를 기준으로 구분하려면 `In [3]`과 같은 코드를 사용할 수 있다.

In [2]:
```
fmri.sample(n=10, random_state=1)
```

Out [2]:

	subject	timepoint	event	region	signal
806	s6	18	cue	parietal	0.019532
691	s5	15	cue	frontal	-0.019507
148	s5	8	stim	parietal	0.006805
676	s13	0	cue	parietal	-0.018394
156	s11	7	stim	parietal	0.254042
27	s1	17	stim	parietal	-0.038021
200	s11	4	stim	parietal	0.087175
262	s3	0	stim	parietal	-0.008576
94	s4	12	stim	parietal	-0.090036
339	s4	5	stim	frontal	0.455575

In [3]:
```
sns.lineplot(x="timepoint", y="signal", hue="event", data=fmri)
```

Out [3]:

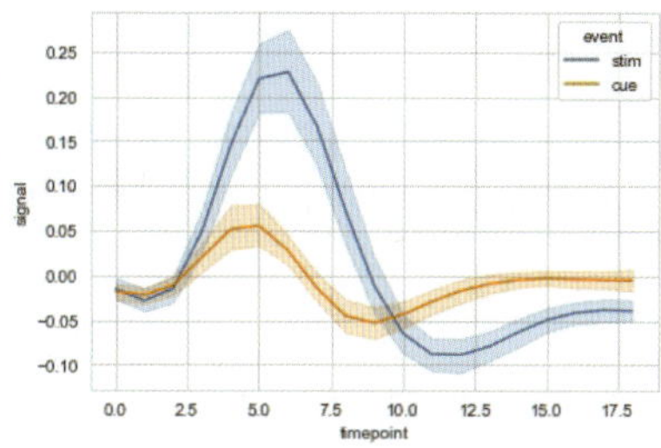

2 시본에서 사용하는 그래프

시본(seaborn)에서 사용할 수 있는 회귀 그래프, 산점도, 비교 그래프, 막대그래프 등의 다양한 그래프에 대해 알아본다.

2.1 회귀 그래프

단순한 선그래프(lineplot) 외에도 시본에서는 미리 정의된 다양한 그래프를 사용할 수 있다. 그중 회귀 그래프(regression plot)는 회귀식을 적용하여 선형회귀 추세선을 그래프에 함께 작성하는 것이다. 함수로 `regplot`을 사용한다.

다음 코드에 나오는 `x_ci`는 신뢰구간의 비율을 나타내는 매개변수이다. 선형회귀 추세선은 데이터를 기반으로 데이터의 x 값 대비 y 값의 변화를 예측하는 직선으로 실행 결과는 다음과 같다.

In [4]:
```
tips = sns.load_dataset("tips")
sns.regplot(x="total_bill", y="tip", data=tips, x_ci=95)
```

Out [4]:

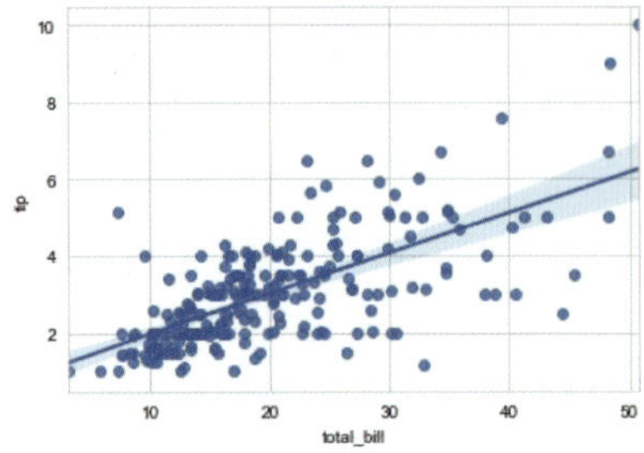

2.2 산점도

또 다른 그래프로는 산점도(scatter plot)가 있다. 산점도는 x와 y를 기준으로 데이터의 분포를 표현하는 그래프이다. 함수로 scatterplot을 사용한다. 다음 코드는 산점도를 간단히 작성하는 코드인데, x와 y 열에 들어갈 수 있는 열 이름들을 넣으면 자동으로 산점도를 작성할 수 있다.

In [5]:
```
tips = sns.load_dataset("tips")
sns.scatterplot(x="total_bill", y="tip", hue="time", data=tips)
```

Out [5]:

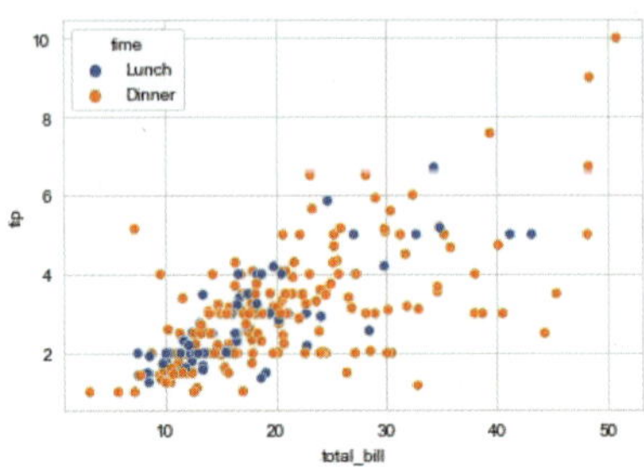

2.3 비교 그래프

비교 그래프(counter plot)는 일반적으로 범주형 데이터의 항목별 개수를 그래프로 표현하는 것이다.

다음 코드에서 다룰 데이터는 [그림 5-4]와 같다.

	total_bill	tip	sex	smoker	day	time	size
0	16.99	1.01	Female	No	Sun	Dinner	2
1	10.34	1.66	Male	No	Sun	Dinner	3
2	21.01	3.50	Male	No	Sun	Dinner	3
3	23.68	3.31	Male	No	Sun	Dinner	2
4	24.59	3.61	Female	No	Sun	Dinner	4

그림 5-4 비교 그래프 작성을 위한 데이터

여기서 smoker 열은 yes 또는 no로 구성되어 있고 이에 대한 개수를 countplot 함수를 사용하여 막대그래프 형태로 나타낼 것이다. 기존 그래프와 차이가 있다면 y축이 데이터의 개수이기 때문에 별도의 y열 없이 x열만 입력하면 시본에서 스스로 데이터의 개수를 세어준다.

In [6]:
```
tips = sns.load_dataset("tips")
sns.countplot(x="smoker", hue="time", data=tips)
```

Out [6]:

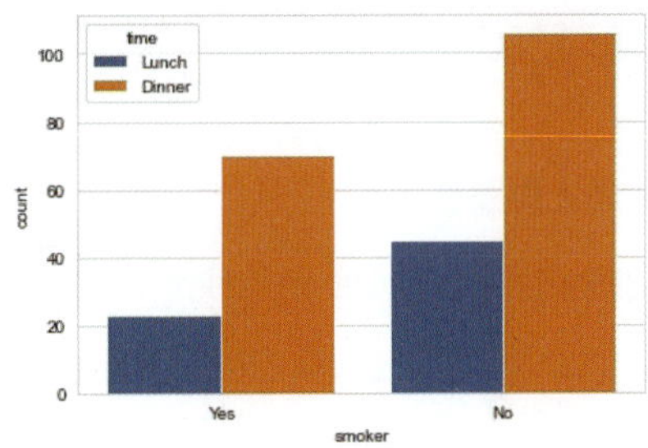

2.4 막대그래프

시본의 막대그래프(bar plot)는 barplot 함수를 사용하는데, 다소 특이한 형태로 그래프를 생성한다. 일반적인 막대그래프는 데이터의 개수를 표시하는 데 반해, 시본의 막대그래프는 y값이 연속형 값일 경우 해당 값들의 평균값을 나타내준다. 또한 다음 코드의 실행결과에서 나타난 그래프 형태와 같이 해당 데이터의 신뢰구간을 검은색 막대로 표시한다. 동일한 방법으로 lineplot 함수를 사용해도 데이터 평균값의 변화를 나타낼 수 있다.

In [7]:

```
sns.barplot(x="day", y="total_bill", data=tips)
```

Out [7]:

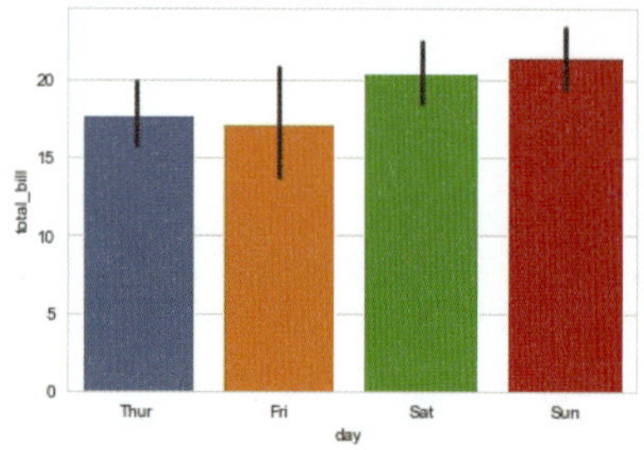

3 사전 정의된 그래프

다음으로 볼 수 있는 그래프는 시본(seaborn)에서 사전 정의된 그래프들이다. 사전 정의된 그래프는 맷플롯립(matplotlib) 관점에서 하나 이상의 그래프들을 합쳐서 다양한 정보를 줄 수 있는 그래프들을 의미한다. 특히 범주형 데이터에서 매우 유용하게 쓸 수 있는 그래프들이 많으니 이를 고려하여 사용법을 익혀둘 것을 권장한다.

3.1 분포를 나타내는 그래프 : 바이올린 플롯과 스웜 플롯

바이올린 플롯(violin plot)은 데이터의 분포를 바이올린과 비슷한 형태로 보여주는 그래프로, 상자그림과 분포도를 한 번에 나타낼 수 있다. 다음 코드와 같이 `violinplot` 함수를 사용하여 x축에는 범주형 데이터, y축에는 연속형 데이터를 넣어 사용한다.

In [8]:

```
sns.violinplot(x="day", y="total_bill", hue="smoker",
data=tips, palette="muted")
```

Out [8]:

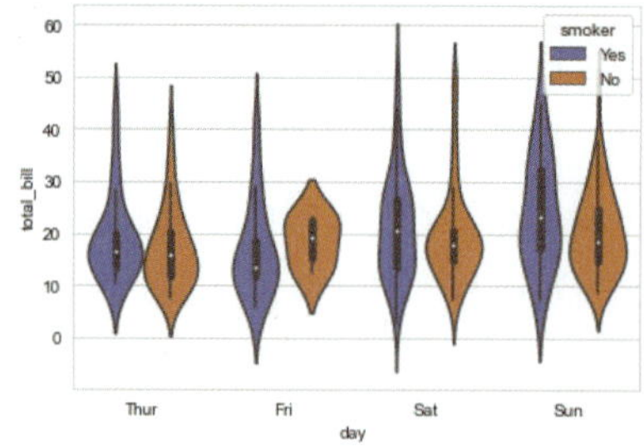

같은 형태로 스웜 플롯(swarm plot)이 있다. 스웜 플롯은 바이올린 플롯과 같은 형태이지만, 산점도를 이용해서 데이터의 분포를 나타낸다는 차이점이 있다. 스웜 플롯은 매개변수 hue와 함께 사용하여 두 개 이상의 범주형 데이터를 비교할 때, 데이터의 형태를 점이 겹치지 않게 정리하여 각 데이터의 영역별로 얼마나 많은 데이터가 있는지 직관적으로 파악할 수 있도록 도와준다.

In [9]:
```
sns.swarmplot(x="day", y="total_bill", hue="smoker", data=tips,
palette="muted")
```

Out [9]:

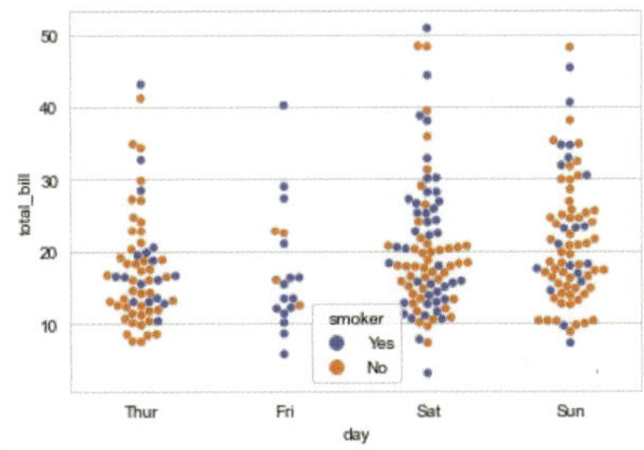

3.2 다양한 범주형 데이터를 나타내는 패싯그리드

시본에서는 맷플롯립과 달리 그래프의 틀만 제공하여 적당한 그래프를 그려줄 수 있다. 이를 위해 패싯그리드라고 부르는 `FacetGrid` 클래스를 제공한다.

`FacetGrid` 클래스를 사용하기 위해 [그림 5-5]의 데이터를 활용하겠다. [그림 5-5]의 데이터에 있는 `sex`, `smoker`, `day`, `time` 등은 모두 범주형 데이터이다.

	total_bill	tip	sex	smoker	day	time	size
0	16.99	1.01	Female	No	Sun	Dinner	2
1	10.34	1.66	Male	No	Sun	Dinner	3
2	21.01	3.50	Male	No	Sun	Dinner	3
3	23.68	3.31	Male	No	Sun	Dinner	2
4	24.59	3.61	Female	No	Sun	Dinner	4
...	...	...	...	...	...	...	...
239	29.03	5.92	Male	No	Sat	Dinner	3
240	27.18	2.00	Female	Yes	Sat	Dinner	2
241	22.67	2.00	Male	Yes	Sat	Dinner	2
242	17.82	1.75	Male	No	Sat	Dinner	2
243	18.78	3.00	Female	No	Thur	Dinner	2

그림 5-5 다음 코드에서 다룰 데이터

[그림 5-5]의 데이터는 tips라고 하는 객체에 저장되어 있다. 기본적인 데이터 표현 틀을 만들기 위한 코드는 다음과 같다. 기본적으로 매개변수 col과 row에 범주형 데이터를 넣으면 해당 열의 데이터 종류만큼 'm×n'의 그래프 틀이 생성된다.

In [10]:

```
g = sns.FacetGrid(tips, col="time",
                  row="sex")
```

Out [10]:

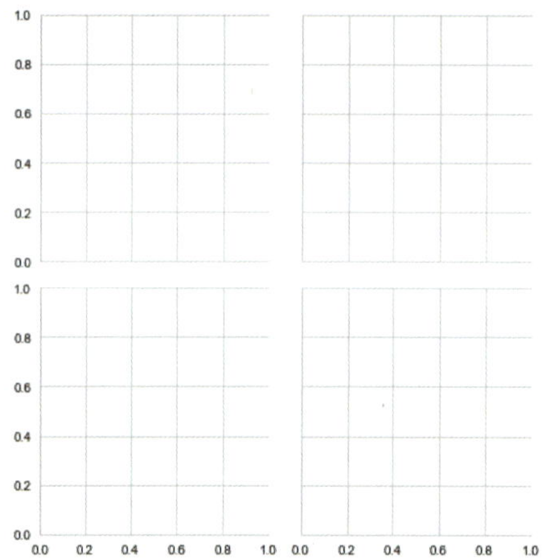

이러한 그리드가 생성된 후 실제 그래프를 만들 때는 일종의 맵(map) 개념을 사용한다. 즉, 생성된 그래프를 각 FacetGrid에 있는 개별 그래프 영역에 집어넣는 구조로 되어 있다. 다음 코드를 보면 time과 sex 내에 있는 범주형 데이터의 종류에 따라 데이터를 나눈 다음, 산점도 함수 scatterplot의 x축 , y축에 total_bill과 tip 값을 대응시킨다. 즉 범주형 데이터의 다양한 관점에서 전체 데이터를 나눠서 볼 수 있는 기능을 제공한다.

In [11]:

```
g = sns.FacetGrid(tips,
                  col="time",
                  row="sex")

g.map(sns.scatterplot,
      "total_bill", "tip")
```

Out [11]:

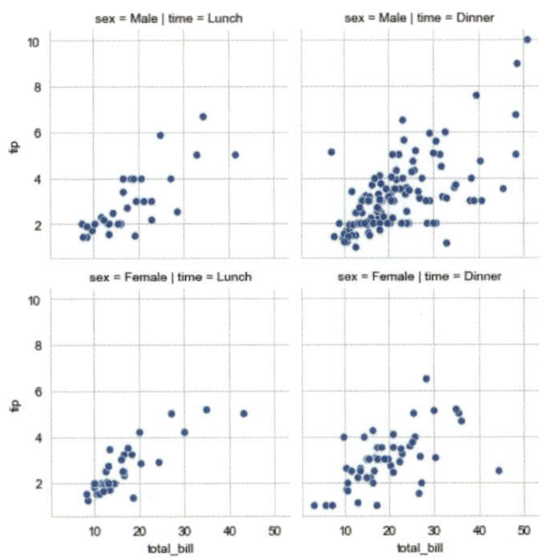

만약 다른 그래프로 작성하고 싶다면, 다음 코드와 같이 map_dataframe을 사용하여 histplot 함수에 적절한 매개변수를 지정하여 데이터를 넘겨준다.

In [12]:

```
g = sns.FacetGrid(tips, col="time",
                  row="sex")

g.map_dataframe(sns.histplot,
                x="total_bill")
```

Out [12]:

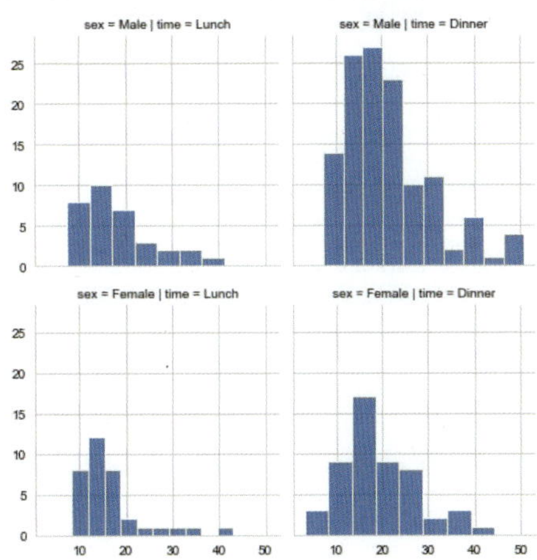

03 플롯리

완성파일 | ch05_sec03.ipynb

1 플롯리의 특징

추가적으로 데이터 시각화 라이브러리에는 플롯리(plotly)가 있다. 이전에 학습한 맷플롯립이나 시본의 경우 모두 같은 라이브러리에서 래퍼(wrapper)를 만들어 사용성을 올렸다면, 플롯리는 완전 새로운 라이브러리이다.

플롯리(plotly)는 비즈니스 인텔리전스(Business Intelligence) 대시보드로의 역할을 하기 위해 개발된 도구이다. 일반적으로 BI 도구라고도 불리는 비즈니스 인텔리전스는 사내에 여러 가지 데이터들을 정리하여 의사결정자들이 빠르고 정확한 의사결정을 할 수 있도록 도와주는 도구의 모음이었다. 즉 맷플롯립이나 시본은 데이터 분석가들이 데이터의 형태나 분포를 살피기 위해 코드로 사용하는 도구라면, 플롯리는 이를 넘어선 하나의 애플리케이션으로, 해당 그래프들을 사용자에게 제공할 수 있다는 장점을 가지고 있다. 이는 플롯리가 다른 도구들과 구분되는 가장 큰 특징 중 하나이며, 플롯리를 도입할 때 가장 우선시 되는 장점 중 하나이다.

또 다른 플롯리의 특징 중 하나는 인터랙션 그래프를 지원한다는 것이다. 인터랙션 그래프란 그래프가 생성된 이후 사용자가 여러 가지 인터페이스를 통해 조절이 가능한 그래프를 말한다. 이는 플롯리가 가지는 태생적 특징으로 인해 가능한 기능으로 비즈니스 인텔리전스를 위해 만들다 보니 데이터 분석가뿐만 아니라 데이터들을 실제 사용하는 일반 참여자들이 데이터를 조정할 수 있게 해준다. 이는 엑셀보다 조금 더 쉬운 방법으로 기본 그래프만으로도 사용자들이 매우 쉽게 그래프를 활용 가능하게 해준다.

2 플롯리 사용하기

플롯리를 사용하기 위해서는 먼저 플롯리를 설치해야 한다. 설치는 `pip` 또는 `conda`를 사용할 수 있다. 먼저 다음과 같은 명령어를 터미널에 입력한다.

```
(ml) C:\...>conda install -c plotly plotly
```

기본적으로 플롯리의 문법은 맷플롯립이나 시본과 유사하다. 좀 더 다양한 도구들을 사용하기 위해 몇 가지 추가적인 코드만 필요할 뿐이다. 먼저 간단한 그래프를 생성해보겠다. 데이터는 매우 간단히 `iris` 데이터셋을 호출하였다.

In [1]:

```
import plotly.express as px
df = px.data.iris()                # iris는 판다스 데이터프레임
fig = px.scatter(df, x="sepal_width", y="sepal_length")
fig.show()
```

Out [1]:

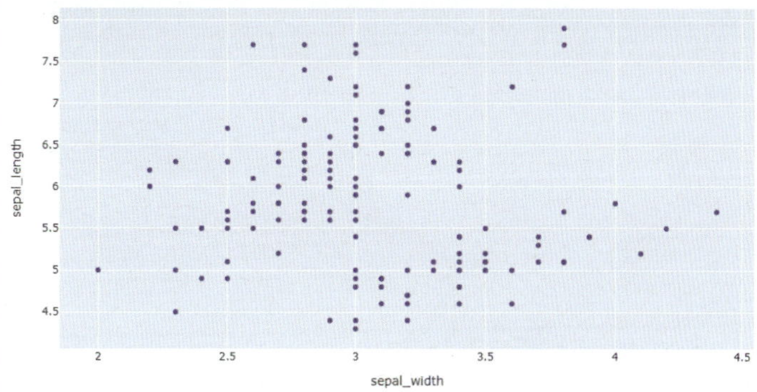

플롯리의 기본 코드를 보면 먼저 `plotly.express`를 호출한다. `express`는 사실상 시본과 같이 그래프를 호출할 수 있는 래퍼(wrapper) 모듈이다. 다음으로 나타내고 싶은 그래프를 호출한다. 해당 그래프는 산점도를 호출한 것이고, 시본과 같이 다양한 그래프를 호출할 수 있다. 생성된 그래프에 마우스 커서를 올리면 해당 그래프에서 데이터를 볼 수 있다. 이러한 기능이 바로 인터랙션 그래프로 플롯리는 생성되는 모든 그래프에서 이러한 기능을 제공해준다.

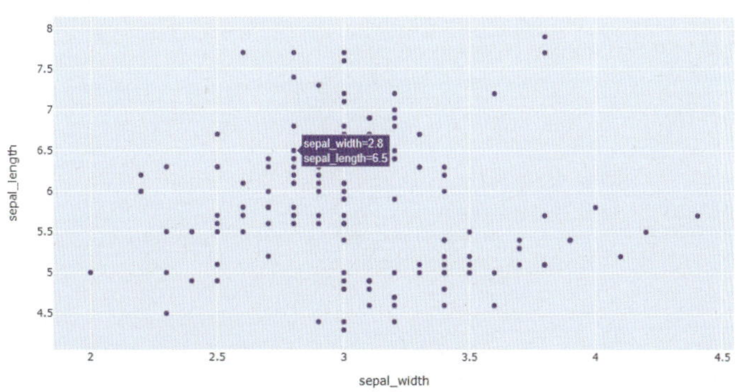

그림 5-6 플롯리로 호출한 그래프의 인터랙션 반응

플롯리는 시본이 제공하지 못하는 많은 기능도 제공한다. 대표적으로 다음 코드의 실행결과인 좌표 그래프(coordinates plot)와 같이 데이터들 간의 관계를 표현하기도 한다.

In [2]:
```
fig = px.parallel_coordinates(df, color="species_id",
                labels={"species_id": "Species",
                "sepal_width": "Sepal Width", "sepal_length": "Sepal Length",
                "petal_width": "Petal Width", "petal_length": "Petal Length", },
                color_continuous_scale=px.colors.diverging.Tealrose,
                color_continuous_midpoint=2)
fig.show()
```

Out [2]:

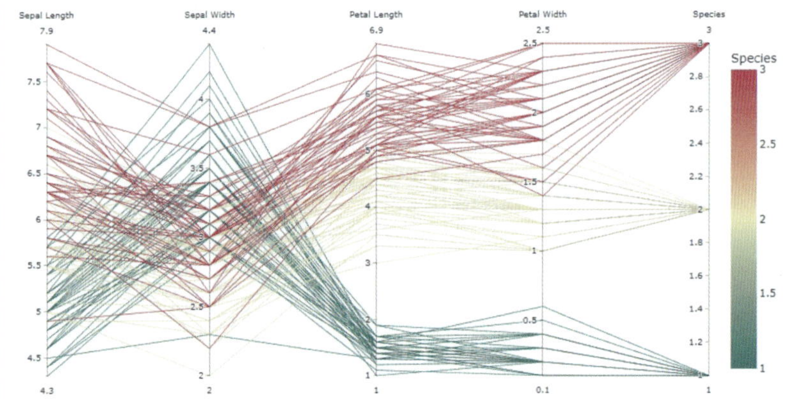

TIP 다양한 그래프들을 맷플롯립처럼 바닥부터 작성할 수도 있다. 대표적으로 graph_objects를 사용하면 다양한 그래프를 만들어 낼 수 있다.

요약

01 데이터 시각화(data visualization)

- 정의 : 데이터 분석 결과를 쉽게 이해할 수 있도록 시각적으로 표현하고 전달하는 과정을 의미한다.
- 도구 : 맷플롯립(matplotlib), 시본(seaborn), 플롯리(plotly) 등

02 맷플롯립(matplotlib)

- 모듈 호출 : `import matplotlib.pyplot as plt`
- 기본 구조 : 맷플롯립을 이용할 때 가장 기본이 되는 구조는 파이플롯(pyplot) 위에 그림(figure) 객체를 올리고 그 위에 그래프를 그리기 위한 축(axes)을 올리는 식이다.
- 그래프 꾸미기 : 맷플롯립에서는 색상(`color`), 선의 형태(`linestyle`), 제목(`title`), 범례(`legend`) 등을 변형하여 다양한 형태로 그래프를 꾸밀 수 있다.
- 그래프의 종류 : 산점도, 막대그래프, 누적 막대그래프, 히스토그램, 상자그림

03 시본(seaborn)

- 모듈 호출 : `import seaborn as sns`
- 사용하는 그래프 : 회귀 그래프, 산점도, 비교 그래프, 막대그래프
- 사전 정의된 그래프 : 바이올린 플롯, 스웜 플롯, 패싯그리드

04 플롯리(seaborn)

- 정의 : 비즈니스 인텔리전스 대시보드로의 역할을 하기 위해 개발된 도구로, 인터랙션 그래프를 지원한다.

연습문제

01 다음 코드와 실행 결과로 나타난 그래프를 보고, 분석한 내용으로 가장 적합한 것은 무엇인가?

```
import seaborn as sns
import pandas as pd
import numpy as np

sns.set(style="ticks", color_codes=True)
tips = sns.load_dataset("tips")
sns.boxplot(x="time",y="total_bill",data=tips)
```

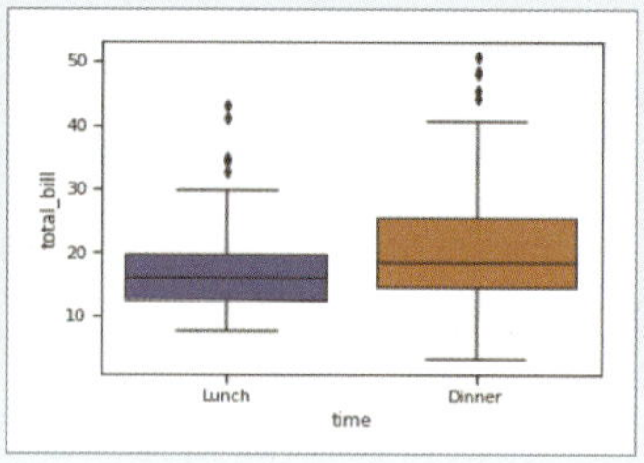

① 봉 차트(candle chart) 그래프이다.

② 점심에 지불하는 금액의 평균이 저녁에 지불하는 금액의 평균보다 크다.

③ 저녁에 지불하는 금액의 종류가 점심보다 범위가 다양할 것으로 생각할 수 있다.

④ 점심 데이터의 개수가 저녁 데이터의 개수보다 작다.

02 다음 실행 결과와 같은 그래프를 작성하려고 할 때, 다음 빈칸에 알맞은 코드를 순서대로 나열한 것을 고르시오.

```
import seaborn as sns
import pandas as pd
import numpy as np

tips = sns.load_dataset("tips")
sns.scatterplot(x="[     ]", y="[     ]",hue="[     ]",data=tips)
```

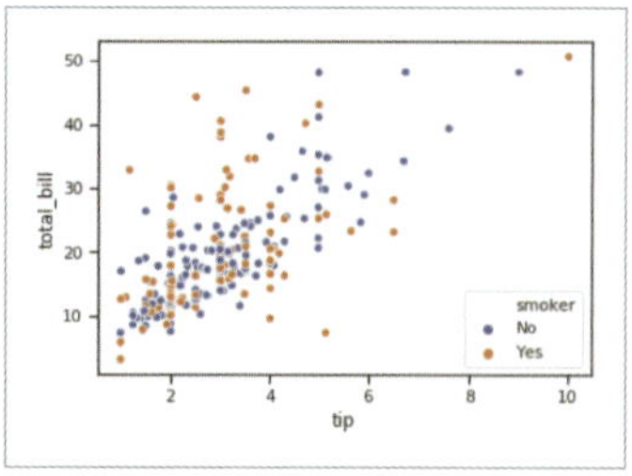

① `total_bill, tip, smoker`

② `tip, total_bill, smoker`

③ `tip, smoker, smoker`

④ `total_bill, smoker, tip`

03 다음 실행 결과의 데이터를 이용해 분포와 상관관계를 표현하는 그래프를 작성하고자 한다. 이 그래프를 작성하기 위한 적절한 추가 코드는 무엇인가?

```
import seaborn as sns
import pandas as pd
import numpy as np

dataset = sns.load_dataset("iris")
dataset.head(10)
```

	sepal_length	sepal_width	petal_length	petal_width	species
0	5.1	3.5	1.4	0.2	setosa
1	4.9	3.0	1.4	0.2	setosa
2	4.7	3.2	1.3	0.2	setosa
3	4.6	3.1	1.5	0.2	setosa
4	5.0	3.6	1.4	0.2	setosa
5	5.4	3.9	1.7	0.4	setosa
6	4.6	3.4	1.4	0.3	setosa
7	5.0	3.4	1.5	0.2	setosa
8	4.4	2.9	1.4	0.2	setosa
9	4.9	3.1	1.5	0.1	setosa

추가 코드를 실행한 후 출력된 그래프

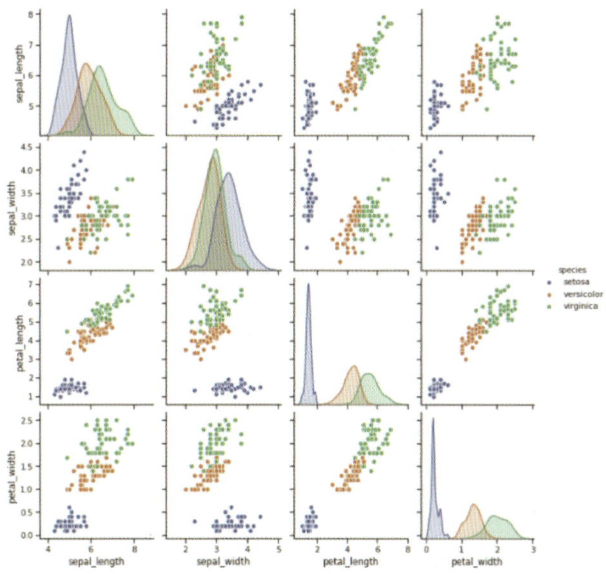

① sns.jointplot(dataset, hue="species")

② sns.pairplot(dataset, hue="species")

③ sns.distplot(dataset, hue="species")

④ sns.PairGrid(dataset, hue="species")

04 연습문제 03의 데이터를 이용해 다음과 같은 그래프를 작성하고자 한다. 다음 빈칸에 알맞은 코드를 순서대로 나열한 것을 고르시오.

```
import seaborn as sns
df = sns.load_dataset('iris')
grid = sns.FacetGrid(data=df, [      ]='species')
grid.map(sns.[      ], [      ], [      ])
```

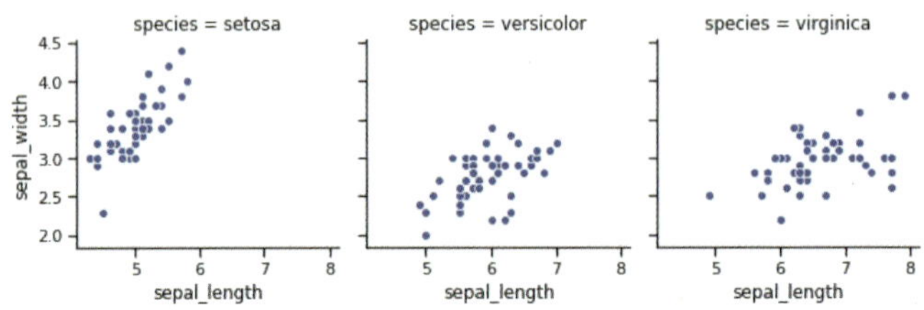

① col, pairplot, "sepal_length", "sepal_width"

② col, scatterplot, "sepal_length", "sepal_width"

③ row, scatterplot, "sepal_width", "sepal_length",

④ row, pairplot, "sepal_length", "sepal_width"

05 맷플롯립(matplotlib)을 사용하여 다음과 같이 여러 개의 그래프를 한 화면에 작성하고자 한다. 다음 빈칸에 알맞은 코드를 순서대로 나열한 것을 고르시오.

```
import matplotlib.pyplot as plt
plt.figure(figsize=(8, 6))

plt.subplot(2 ,2, [   ])
plt.plot([1, 2, 3], 'red')
plt.subplot(2 ,2, [   ])
plt.plot([1, 2, 3], 'blue')
plt.subplot(2, 2, [   ])
plt.plot([1, 2, 3], 'green')
plt.subplot(2, 2, [   ])
plt.plot([1, 2, 3], 'black')

plt.show()
```

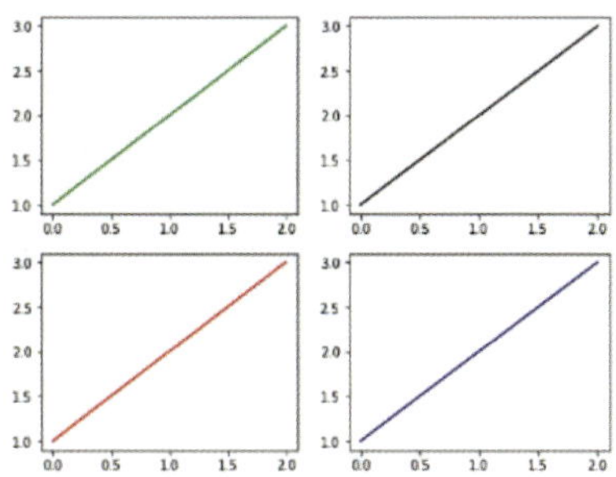

① 1, 2, 3, 4

② 2, 3, 4, 1

③ 3, 4, 1, 2

④ 4, 3, 2, 1

06 다음 코드를 실행하여 실행 결과의 그래프를 출력하려고 한다. 빈칸에 알맞은 코드를 고르시오.

```
import seaborn as sns
import pandas as pd
import numpy as np

sns.set(style="ticks", color_codes=True)
tips = sns.load_dataset("tips")
pivot_df = tips.pivot_table(index="sex", columns="day",
                            values="total_bill", aggfunc="sum")
[                                                    ]
```

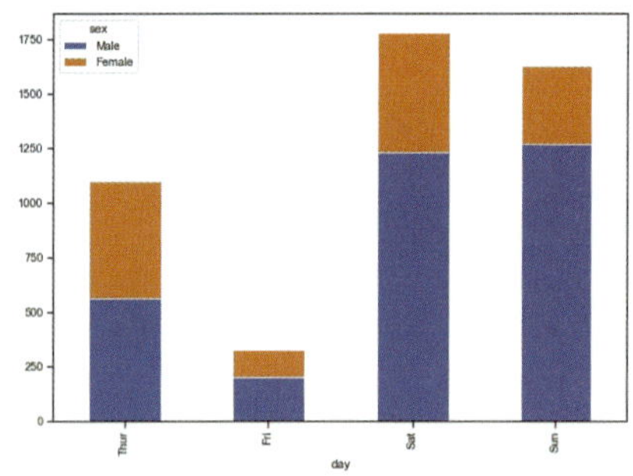

① pivot_df.plot.bar(stacked=True, figsize=(10,7))

② pivot_df.plot.bar(figsize=(10,7))

③ pivot_df.T.plot.stacked(figsize=(10,7))

④ pivot_df.T.plot.bar(stacked=True, figsize=(10,7))

07 다음 코드를 실행하여 실행 결과로 나타나는 그래프는 무엇인가?

```
import seaborn as sns
import matplotlib.pyplot as plt

df = sns.load_dataset('tips')

ax1 = plt.subplot(212)
ax1.margins(0.05)
ax1.scatter(df["total_bill"], df["tip"])

ax2 = plt.subplot(221)
ax2.boxplot(df["total_bill"])

ax3 = plt.subplot(222)
ax3.bar(["Male", "Female"], df.groupby("sex")["total_bill"].mean())

plt.show()
```

①
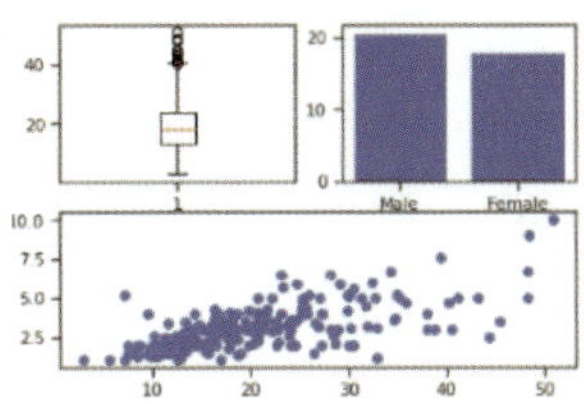

②
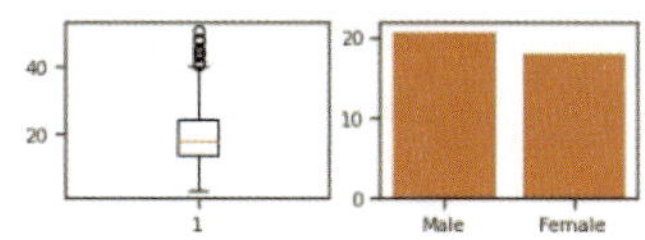

③
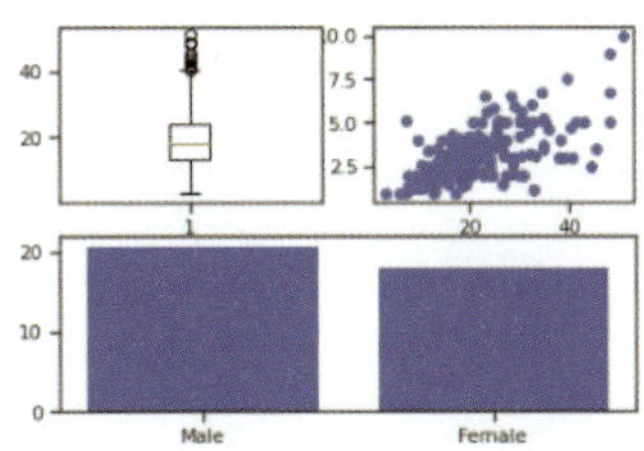

④
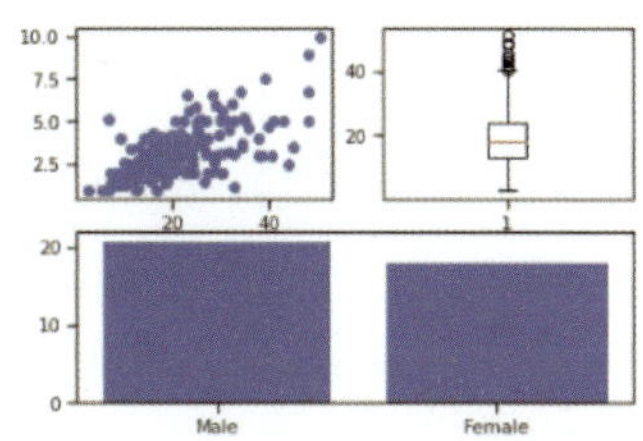

08 다음 코드에서 실행 결과와 같은 형태의 그래프를 출력하고자 할 때 빈칸에 들어갈 코드로 적절한 것을 고르시오.

In [1]:
```
import numpy as np
import matplotlib.pyplot as plt

N = 5
ind = np.arange(N)
width = 0.35

data_example = np.random.random_integers(0, 100, size=50).reshape(-1, 5)
print(data_example)
```

Out [1]:
```
[[24 70 89 58 59]
 [60 11 45 20 60]
 [24  7 34 31  3]
 [61 87 67 11 47]
 [11 83 31 91  5]
 [65 42 34 70 68]
 [82 40 18 81 16]
 [31 42 49 43 41]
 [89 82 82 14 92]
 [ 2 60 44 78 16]]
```

In [2]:
```
for idx in range(len(data_example)):
    plt.bar(
        x=ind, height=data_example[idx],
        width=width, bottom=[          ])

plt.ylabel('Scores')
plt.title('Scores by group')
plt.xticks(ind, ('G1', 'G2', 'G3', 'G4', 'G5'))

plt.show()
```

Out [2]:

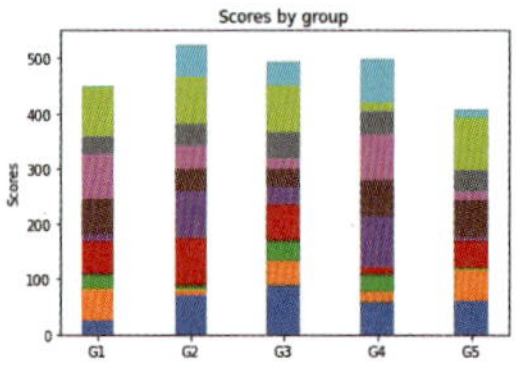

① data_example[:idx].sum(axis=0)

② data_example[:idx].sum(axis=1)

③ data_example[:idx-1].sum(axis=0)

④ data_example.sum(axis=0)

09 다음 코드를 실행하여 실행 결과로 출력되는 그래프로 올바른 것을 고르시오.

```
import seaborn as sns
df = sns.load_dataset('iris')
grid = sns.FacetGrid(data=df, col='species')
grid.map(sns.scatterplot, "sepal_length", "sepal_width")
```

①

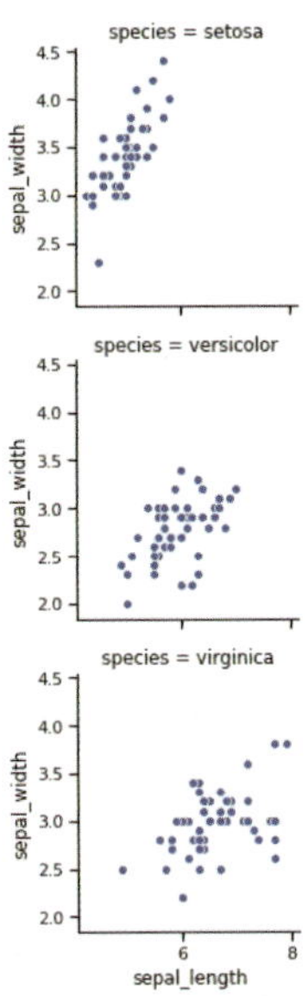

②

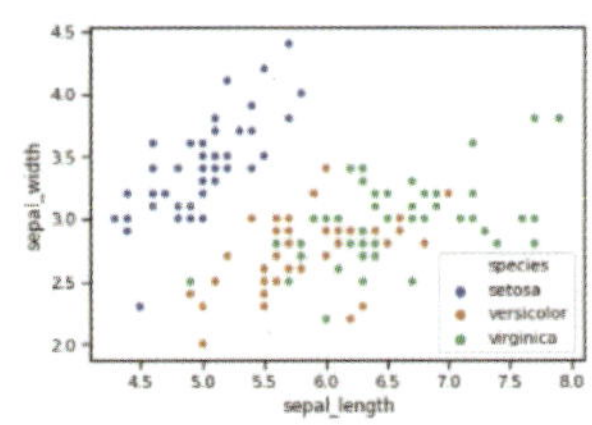

③

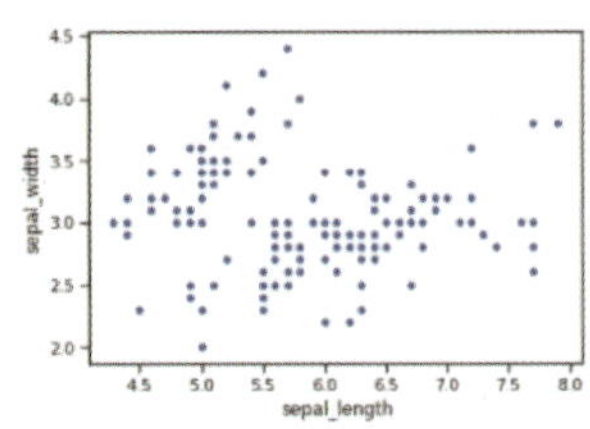

④

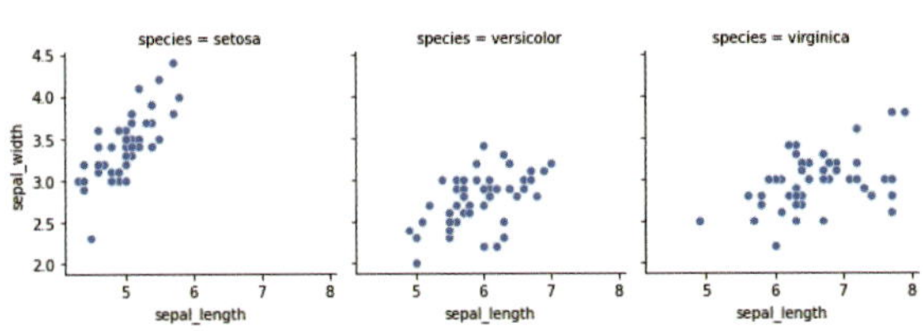

10 시본을 사용하여 다음과 같은 데이터를 바이올린 플롯 형태로 표현하고자 한다. 이때 다음 코드의 매개변수로 적절한 것을 고르시오.

표 데이터

	sepal_length	sepal_width	petal_length	petal_width	species
0	5.1	3.5	1.4	0.2	setosa
1	4.9	3.0	1.4	0.2	setosa
2	4.7	3.2	1.3	0.2	setosa
3	4.6	3.1	1.5	0.2	setosa
4	5.0	3.6	1.4	0.2	setosa
5	5.4	3.9	1.7	0.4	setosa
6	4.6	3.4	1.4	0.3	setosa
7	5.0	3.4	1.5	0.2	setosa
8	4.4	2.9	1.4	0.2	setosa
9	4.9	3.1	1.5	0.1	setosa

```
import seaborn as sns
sns.set_style("whitegrid")

df = sns.load_dataset("iris")

sns.violinplot(                    )
```

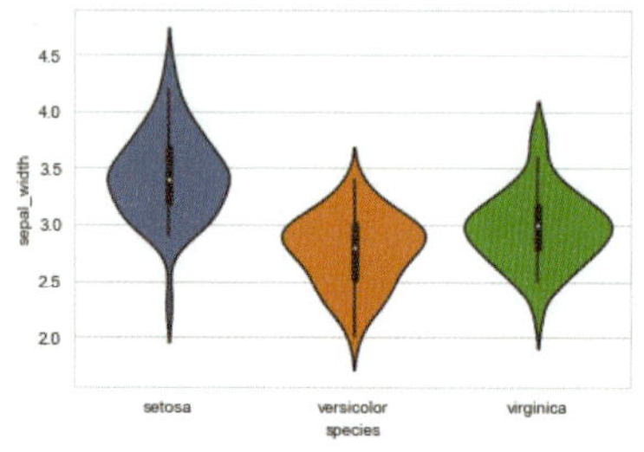

① x="species", y="sepal_width", data=df

② x="sepal_width", y="species", data=df

③ data=df

④ "species", "sepal_width"

CHAPTER 06
데이터 전처리

학습목표

- 데이터 전처리의 개념과 데이터 품질 문제에 대해 알아본다.
- 결측치 처리하기, 범주형 데이터 처리하기, 범주형 데이터로 변환하여 처리하기, 데이터의 크기 맞추기 등 데이터 전처리 전략에 대해 알아본다.
- 타이타닉 생존자를 예측하는 데이터 전처리 실습을 진행한다.

01 데이터 전처리의 기초

1 데이터 전처리의 개념

우리는 이제 넘파이(numpy)나 판다스(pandas)와 같은 머신러닝의 핵심 도구부터 맷플롯립(matplotlib)과 시본(seaborn)과 같은 데이터 시각화 도구를 활용할 수 있게 되었다. 이번에는 이러한 도구들을 활용하여 실제 데이터를 정리하는 데이터 정제(data cleansing) 및 데이터 전처리(data preprocessing)에 대해 알아본다. 앞서 배웠지만 머신러닝에서 가장 기초적인 수식은 다음과 같다.

$$y = f(X)$$

즉, 우리가 데이터 X를 머신러닝 함수 $f()$에 넣으면 그 결과 y가 나오는 방식이다. 여기서 우리가 넣어야 하는 데이터 X는 훈련 데이터(train data)와 테스트 데이터(test data)가 모두 같은 형태, 즉 같은 구조를 갖는 피쳐(feature)이어야 한다. 이를 위해 데이터를 전처리하는 과정을 거쳐 깨끗한 데이터로 만드는 접근이 필요하다. 즉, **데이터 전처리(data preprocessing)**란 머신러닝 모델에 훈련 데이터를 입력하기 전에 가공하는 단계를 말한다.

2 데이터 품질 문제

그런데 우리가 앞으로 접하게 될 데이터에는 생각보다 다양한 품질 문제들이 있다.

2.1 데이터 분포의 지나친 차이

먼저 데이터가 '연속형 값'일 경우에는 데이터의 최댓값과 최솟값의 차이가 피쳐(feature)보다 더 많이 나는 경우들이 발생한다. 이러한 경우 머신러닝 모델에 따라 학습에 영향을 줄 수 있기 때문에 데이터의 스케일(scale)을 맞춰주는 것이 필요하다. 즉 데이터의 최댓값과 최솟값을 0에서 1 사이 값으로 바꾸거나 표준 정규분포 형태로 나타내는 등의 접근이 필요하다.

2.2 기수형 데이터와 서수형 데이터

두 번째로 기수형이나 서수형 데이터들의 경우 일반적으로 숫자로 표현되지 않기 때문에 컴퓨터가 이해할 수 있는 형태의 정보로 변형해야 하는 문제가 있다. 그러나 어떤 명목형 값은 순서가 있는 기수형 데이터이거나, 순서가 없는 서수형 데이터이다. 이러한 데이터의 특징에 따라 어떻게 숫자 형태로 바꿀 것인지에 대한 고려가 필요하다.

2.3 결측치

세 번째로 결측치(missing data)에 대한 처리이다. 결측치는 데이터에서 실제로 존재하지만, 데이터베이스 등에 기록되지 않는 데이터를 의미한다. 예를 들면 센서를 통해 데이터가 생성되고 있는데, 가끔 오작동 등으로 인해 데이터가 생성되지 않는 경우들이 있다. 이러한 경우 해당 데이터를 빼고 모델을 돌릴 수 없기 때문에 결측치 처리 전략을 세워 데이터를 채워 넣어야 한다.

2.4 이상치

마지막 문제로는 극단적으로 큰 값과 작은 값들이 있다. 첫 번째 문제였던 데이터의 최댓값과 최솟값의 문제와는 약간의 차이가 있는데, 단순히 데이터 분포가 차이 나는 것이 아니라 데이터 값이 극단적으로 작은 값이나 큰 값들이 나타나는 경우이다. 이런 데이터를 이상치(outlier)라고 부르는데, 이는 데이터의 오기입이나 일반적이지 않은 특이 현상 등으로 나타나는 경우이다. 이상치에 대해서도 적절한 전략을 세운 데이터 전처리가 필요하다.

02 데이터 전처리의 전략

완성파일 | ch06_sec02.ipynb

1 결측치 처리하기 : 드롭과 채우기

먼저 살펴볼 데이터 전처리 전략은 결측치(missing data) 처리이다. 데이터를 처리하려고 할 때 데이터가 없는 경우는 매우 흔하다. 이러한 경우 어떻게 처리하는 것이 적절한지에 대한 전략을 세워야 한다. 가장 기본적인 전략은 데이터를 삭제하거나 데이터를 채우는 방식이다.

- 데이터가 없으면 해당 행이나 열을 삭제한다.
- 평균값, 최빈값, 중간값 등으로 데이터를 채운다.

먼저 다음과 같은 예시 데이터를 만들어보자.

In [1]:
```
import pandas as pd
import numpy as np

raw_data = {'first_name': ['Jason', np.nan, 'Tina', 'Jake', 'Amy'],
            'last_name': ['Miller', np.nan, 'Ali', 'Milner', 'Cooze'],
            'age': [42, np.nan, 36, 24, 73],
            'sex': ['m', np.nan, 'f', 'm', 'f'],
            'preTestScore': [4, np.nan, np.nan, 2, 3],
            'postTestScore': [25, np.nan, np.nan, 62, 70]}

df = pd.DataFrame(raw_data, columns = ['first_name', 'last_name', 'age',
'sex', 'preTestScore', 'postTestScore'])
df
```

Out [1]:

	first_name	last_name	age	sex	preTestScore	postTestScore
0	Jason	Miller	42.0	m	4.0	25.0
1	NaN	NaN	NaN	NaN	NaN	NaN
2	Tina	Ali	36.0	f	NaN	NaN
3	Jake	Milner	24.0	m	2.0	62.0
4	Amy	Cooze	73.0	f	3.0	70.0

결측치를 확인하기 위해서 다음과 같은 코드를 사용한다. 먼저 isnull 함수를 사용하면, NaN 값이 존재할 경우 True, 그렇지 않을 경우 False가 출력된다. 그리고 나서 sum 함수를 사용하여 True인 경우를 모두 더하고, 마지막으로 전체 데이터의 개수로 나누면 각 열별로 데이터의 결측치 비율이 나타난다. 실행 결과를 보면 각 열별로 1개 또는 2개의 결측치가 있기 때문에 20% 또는 40%의 결측치 비율이 출력된다.

In [2]:
```
df.isnull().sum() / len(df)
```

Out [2]:
```
first_name       0.2
last_name        0.2
age              0.2
sex              0.2
preTestScore     0.4
postTestScore    0.4
dtype: float64
```

1.1 드롭

결측치를 처리하는 첫 번째 전략은 드롭(drop), 즉 삭제이다. 결측치가 나온 데이터의 열이나 행을 삭제하는 것인데, 이때 우리가 사용하는 것이 드롭(drop)이다. 드롭은 말 그대로 의미 없는 데이터를 삭제하는 것이다. 만약 앞의 데이터에서 NaN이 있는 모든 데이터의 행을 없애고 싶다면, 다음 코드와 같이 dropna 명령어를 사용하면 된다.

In [3]:
```
df.dropna()
```

Out [3]:

	first_name	last_name	age	sex	preTestScore	postTestScore
0	Jason	Miller	42.0	m	4.0	25.0
3	Jake	Milner	24.0	m	2.0	62.0
4	Amy	Cooze	73.0	f	3.0	70.0

하나 더 알기 드롭의 결과물 저장

한 가지 기억할 것은 드롭과 관련된 대부분의 명령어들은 실제 드롭한 결과를 반환하는 함수이지만, 현재 사용하는 객체에 드롭 결과를 저장하지는 않는다. 드롭의 결과물을 저장하기 위해서는 다음 코드와 같이 다른 변수에 재할당해야 한다. 이 방법 외에 inplace=True라는 매개변수를 사용하면 해당 데이터프레임 자체에 반영되어 데이터프레임이 변경된다. 그러나 이렇게 자체적으로 값이 변하면 이후에 해당 데이터를 불러 쓰거나 다시 코드를 실행할 때 문제가 되기 때문에 다음 코드와 같이 새로운 값에 복사를 해서 쓰는 것을 더 권장하다.

In [4]:
```
df_no_missing = df.dropna()
df_no_missing
```

전체 NaN 값, 즉 모든 결측치를 지울 때 dropna를 사용하고, 어떤 조건을 입력하여 결측치를 지울 때는 매개변수 how를 사용한다. how에는 매개변수 'all'과 'any'를 사용할 수 있는데 'all'은 행에 있는 모든 값이 NaN일 때 해당 행을 삭제하고 'any'는 하나의 NaN만 있어도 삭제한다. dropna의 기본 설정은 'any'로 되어 있는데 'all'을 입력하면 다음과 같이 출력된다.

In [5]:
```
df_cleaned = df.dropna(how='all')
df_cleaned
```

Out [5]:

	first_name	last_name	age	sex	preTestScore	postTestScore
0	Jason	Miller	42.0	m	4.0	25.0
2	Tina	Ali	36.0	f	NaN	NaN
3	Jake	Milner	24.0	m	2.0	62.0
4	Amy	Cooze	73.0	f	3.0	70.0

만약 열 값이 모두 NaN일 경우에는 축(axis)을 추가하여 삭제할 수 있다. 다음 코드에서는 location이라는 열을 추가하여 해당 값들을 모두 NaN으로 추가한 후, 해당 열만 삭제하는 코드이다. axis=1을 추가함으로써 열 기준으로 삭제가 가능하다.

In [6]:
```
df['location'] = np.nan
df.dropna(axis=1, how='all')
```

Out [6]:

	first_name	last_name	age	sex	preTestScore	postTestScore
0	Jason	Miller	42.0	m	4.0	25.0
1	NaN	NaN	NaN	NaN	NaN	NaN
2	Tina	Ali	36.0	f	NaN	NaN
3	Jake	Milner	24.0	m	2.0	62.0
4	Amy	Cooze	73.0	f	3.0	70.0

추가적으로 데이터의 개수를 기반으로 삭제할 수도 있다. 이때는 매개변수 thresh를 사용한다. 만약 다음 코드와 같이 thresh=1을 사용하면 데이터가 한 개라도 존재하는 행은 그대로 남겨둔다.

```
In [7]: df.dropna(axis=0, thresh=1)
```

Out [7]:

	first_name	last_name	age	sex	preTestScore	postTestScore	location
0	Jason	Miller	42.0	m	4.0	25.0	NaN
2	Tina	Ali	36.0	f	NaN	NaN	NaN
3	Jake	Milner	24.0	m	2.0	62.0	NaN
4	Amy	Cooze	73.0	f	3.0	70.0	NaN

만약 다섯 개 이상의 데이터가 있어야 한다면 다음 코드처럼 thresh=5로 지정한다.

```
In [8]: df.dropna(thresh=5)
```

Out [8]:

	first_name	last_name	age	sex	preTestScore	postTestScore	location
0	Jason	Miller	42.0	m	4.0	25.0	NaN
3	Jake	Milner	24.0	m	2.0	62.0	NaN
4	Amy	Cooze	73.0	f	3.0	70.0	NaN

1.2 채우기

결측치를 처리하는 두 번째 전략은 비어있는 값의 빈칸을 채우는(fill) 전략이다. 채우기(fill)는 일반적으로 드롭(drop)한 후에 남은 값들을 어떻게 처리할지 고민할 때 사용한다.

예를 들면 전체 데이터 중 20% 이상의 데이터가 없을 경우 데이터를 드롭하고 나서, 그 외에는 어떻게 채울지에 대한 것이다. 데이터를 채워넣을 때 첫 번째로 생각할 것은 분포이다. 즉 기본적으로 모든 데이터는 어떤 특정한 분포를 갖고 있을 것이고 이를 고려하여 비어있는 데이터 값을 채워야 한다. 가장 쉬운 방법 중 하나는 평균, 최빈값 등으로 채우는 것이다.

이렇게 값을 채우기 위해서는 다음 코드와 같이 fillna 함수를 사용한다.

```
In [9]: df.fillna(0)
```

Out [9]:

	first_name	last_name	age	sex	preTestScore	postTestScore	location
0	Jason	Miller	42.0	m	4.0	25.0	0.0
1	0	0	0.0	0	0.0	0.0	0.0
2	Tina	Ali	36.0	f	0.0	0.0	0.0
3	Jake	Milner	24.0	m	2.0	62.0	0.0
4	Amy	Cooze	73.0	f	3.0	70.0	0.0

이 코드에서는 비어져 있는 값에 모두 0이 채워져 있는 것을 확인할 수 있다. 그렇다면 평균값을 채우기 위해서는 어떻게 코드를 작성해야 할까? 평균값은 기본적으로 열 단위로 발생하기 때문에 열 단위의 평균값을 계산하여 해당 열에만 값을 채우면 된다. 매개변수 inplace는 변경된 값을 리턴시키는 것이 아닌 해당 변수 자체의 값을 변경시킨다.

In [10]:

```
df["preTestScore"].fillna(df["preTestScore"].mean(), inplace=True)
df
```

Out [10]:

	first_name	last_name	age	sex	preTestScore	postTestScore	location
0	Jason	Miller	42.0	m	4.0	25.0	NaN
1	NaN	NaN	NaN	NaN	3.0	NaN	NaN
2	Tina	Ali	36.0	f	3.0	NaN	NaN
3	Jake	Milner	24.0	m	2.0	62.0	NaN
4	Amy	Cooze	73.0	f	3.0	70.0	NaN

필요에 따라 다른 열 분포를 고려하여 비어있는 값을 채울 수 있다. 예를 들어 남성과 여성의 성적에 대한 평균이 다르다면, 남성과 여성별로 평균을 내어 값을 채울 수 있다. 다음 코드에서 groupby 함수를 사용하면 성별을 고려하여 평균값을 만들 수 있다. 즉, 각 인덱스의 성별에 따라 빈칸이 채워진다.

In [11]:

```
df.groupby("sex")[
    "postTestScore"].transform(
    "mean")
```

Out [11]:

```
0    43.5
1    NaN
2    70.0
3    43.5
4    70.0
Name: postTestScore, dtype: float64
```

fillna 함수 안에 transform을 사용하여 인덱스를 기반으로 NaN이 있는 곳에 인덱스 기반으로 데이터를 채우는 것이 가능하다. 이러한 방식으로 대부분의 값을 채우므로 반드시 알아두어야 하는 기법이다.

In [12]:
```
df["postTestScore"].fillna(
    df.groupby("sex")["postTestScore"].transform("mean"), inplace=True)
df
```

Out [12]:

	first_name	last_name	age	sex	preTestScore	postTestScore	location
0	Jason	Miller	42.0	m	4.0	25.0	NaN
1	NaN	NaN	NaN	NaN	3.0	NaN	NaN
2	Tina	Ali	36.0	f	3.0	70.0	NaN
3	Jake	Milner	24.0	m	2.0	62.0	NaN
4	Amy	Cooze	73.0	f	3.0	70.0	NaN

2 범주형 데이터 처리하기 : 원핫인코딩

다음으로 범주형 데이터를 처리하는 기법에 대해 알아본다. 범주형 데이터의 첫 번째 처리 기법은 원핫인코딩(one-hot encoding)으로, 범주형 데이터의 개수만큼 가변수(dummy variable)를 생성하여 존재 유무를 1 또는 0으로 표현하는 기법이다. 만약 color라는 변수에 다음과 같은 3개의 값이 있다고 가정해보자.

{Green, Blue, Yellow}

이러한 세 가지 색깔이 있는 변수라면 다음과 같이 3개의 가변수를 만들고 각 색상에 인덱스를 지정한 후, 해당 값이면 1, 아니면 0을 입력한다. 여기서 Green의 인덱스는 0, Blue의 인덱스 1, Yellow의 인덱스는 2로 지정되어 있다.

{Green} → [1, 0, 0]
{Blue} → [0, 1, 0]
{Yellow} → [0, 0, 1]

원핫인코딩을 적용하기 위한 일반적인 방법에는 두 가지가 있다. 하나는 판다스(pandas)에서 제공하는 get_dummies 함수를 이용하는 것이고, 추후 등장할 사이킷런(scikit-learn)에서 제공하는 LabelEncoder나 OneHotEncoder를 이용하는 것이다. 사이킷런의 사용법은 나중에 다시 설명하고, 여기서는 get_dummies를 사용하도록 하겠다. 먼저 다음과 같이 데이터를 만들어보자.

In [13]:
```
edges = pd.DataFrame({'source': [0, 1, 2], 'target': [2, 2, 3],
                      'weight': [3, 4, 5], 'color': ['red', 'blue', 'blue']})
edges
```

Out [13]:

	source	target	weight	color
0	0	2	3	red
1	1	2	4	blue
2	2	3	5	blue

이 데이터의 dtypes를 보면 다음 코드와 같이 color의 타입이 object, 즉 범주형 데이터이다.

In [14]:
```
edges.dtypes
```

Out [14]:
```
source    int64
target    int64
weight    int64
color    object
dtype: object
```

여기에 바로 get_dummies를 적용하면 다음 코드와 같이 범주형 데이터에 가변수를 추가하여 표시한다. 한 가지 기억할 점은 앞서 드롭(drop) 함수와 마찬가지로 실제 edges 변수는 변화가 없고 출력값만 생성된다는 것이다.

In [15]:
```
pd.get_dummies(edges)
```

Out [15]:

	source	target	weight	color_blue	color_red
0	0	2	3	0	1
1	1	2	4	1	0
2	2	3	5	1	0

또 다른 방법으로는 해당 열의 컬러 값만 따로 추출해서 적용할 수도 있다. 이때 한 개의 열만 뽑는 결과와 이차원 행렬 형태로 데이터를 추출하는 것은 조금 다르다. 한 개의 열만 추출하

는 형태는 시리즈 형태로 추출되고, 이차원 행렬 형태로 열 이름을 사용하여 추출하면 데이터 프레임 형태로 추출되기 때문에 발생하는 현상이다.

In [16]:
```
pd.get_dummies(edges["color"])
```

Out [16]:

	blue	red
0	0	1
1	1	0
2	1	0

In [17]:
```
pd.get_dummies(edges[["color"]])
```

Out [17]:

	color_blue	color_red
0	0	1
1	1	0
2	1	0

범주형 데이터를 처리할 때는 필요에 따라 정수형(int type)을 객체(object)로 변경해서 처리할 때가 있다. [그림 6-1]의 데이터 중 weight는 숫자로 되어 있지만, 연속형 데이터가 아닌 기수형 데이터에 속한다. 이럴 경우 각각의 데이터를 다음 코드와 같이 크기를 나타내는 M, L, XL로 변경하여 원핫인코딩을 적용할 필요가 있다.

	source	target	weight	color
0	0	2	3	red
1	1	2	4	blue
2	2	3	5	blue

그림 6-1 다음 코드에서 다룰 데이터

In [18]:
```
weight_dict = {3:"M", 4:"L", 5:"XL"}
edges["weight_sign"] = edges["weight"].map(weight_dict)
weight_sign = pd.get_dummies(edges["weight_sign"])
weight_sign
```

Out [18]:

	L	M	XL
0	0	1	0
1	1	0	0
2	0	0	1

이렇게 데이터를 원핫인코딩 형태로 변경한 후에는 필요에 따라 병합(merge)이나 연결(concat)을 수행해 두 가지의 데이터를 합칠 필요가 있다. 다음 코드는 기존에 있던 edges와 weight_sign을 concat 함수로 통합하는 코드이다.

In [19]:
```
pd.concat([edges, weight_sign], axis=1)
```

Out [19]:

	source	target	weight	color	weight_sign	L	M	XL
0	0	2	3	red	M	0	1	0
1	1	2	4	blue	L	1	0	0
2	2	3	5	blue	XL	0	0	1

3 범주형 데이터로 변환하여 처리하기 : 바인딩

기존 연속형 데이터를 범주형 데이터로 변환하여 처리해야할 때가 있다. 이런 경우 연속형 변수 자체에 의미가 있기 때문에 바인딩(binding) 기법을 통해 범주형 데이터로 변환하여 처리할 때 좀 더 나은 성능을 보여준다. 다음과 같은 데이터가 있다고 가정하자.

In [20]:
```
raw_data = {'regiment': ['Nighthawks', 'Nighthawks', 'Nighthawks',
'Nighthawks', 'Dragoons', 'Dragoons', 'Dragoons', 'Dragoons', 'Scouts',
'Scouts', 'Scouts', 'Scouts'],
        'company': ['1st', '1st', '2nd', '2nd', '1st', '1st', '2nd',
'2nd','1st', '1st', '2nd', '2nd'],
        'name': ['Miller', 'Jacobson', 'Ali', 'Milner', 'Cooze', 'Jacon',
'Ryaner', 'Sone', 'Sloan', 'Piger', 'Riani', 'Ali'],
        'preTestScore': [4, 24, 31, 2, 3, 4, 24, 31, 2, 3, 2, 3],
        'postTestScore': [25, 94, 57, 62, 70, 25, 94, 57, 62, 70, 62, 70]}

df = pd.DataFrame(raw_data, columns = ['regiment', 'company', 'name',
'preTestScore', 'postTestScore'])
df
```

Out [20]:

	regiment	company	name	preTestScore	postTestScore
0	Nighthawks	1st	Miller	4	25
1	Nighthawks	1st	Jacobson	24	94
2	Nighthawks	2nd	Ali	31	57
3	Nighthawks	2nd	Milner	2	62
4	Dragoons	1st	Cooze	3	70
5	Dragoons	1st	Jacon	4	25
6	Dragoons	2nd	Ryaner	24	94
7	Dragoons	2nd	Sone	31	57
8	Scouts	1st	Sloan	2	62
9	Scouts	1st	Piger	3	70
10	Scouts	2nd	Riani	2	62
11	Scouts	2nd	Ali	3	70

이 데이터에서 postTestScore의 점수에 대한 학점을 측정하는 코드를 작성한다고 가정해보자. 일단 데이터에 대한 범위를 구분해야 한다. 예를 들어, 0부터 25, 25부터 50, 50부터 75, 75부터 100으로 구분해보자. 이를 위해 우리는 cut이라는 함수를 사용한다. 먼저 각 구간의 시작 값과 끝 값을 bins라는 리스트에 넣고, 다음으로 각 구간의 이름을 리스트로 나열한다. 여기서 bins의 원소는 5개인데 group_names는 4개이다. bins는 구간을 나타내기 때문에 시작 값–끝 값 형태로 구성되므로 처음 값과 마지막 값으로 인해 한 개가 감소한다는 것을 알 수 있다. 다음으로 cut 함수를 사용해서 나눌 시리즈 객체, 구간, 구간의 이름을 넣어주면 해당 값을 바인딩하여 표시해준다.

In [21]:

```
bins = [0, 25, 50, 75, 100] # bins 정의(0-25, 25-50, 60-75, 75-100)
group_names = ['Low', 'Okay', 'Good', 'Great']
categories = pd.cut(
    df['postTestScore'], bins, labels=group_names)
categories
```

Out [21]:

```
0      Low
1    Great
2     Good
3     Good
4     Good
5      Low
6    Great
7     Good
```

```
8      Good
9      Good
10     Good
11     Good
Name: postTestScore, dtype: category
Categories (4, object): ['Low' < 'Okay' < 'Good' < 'Great']
```

4 데이터의 크기 맞추기 : 피쳐 스케일링

마지막 기법은 데이터의 크기를 맞추는 스케일링(scaling)이다. 우리가 모델을 만들 때 때로는 데이터 간의 범위가 너무 차이가 나서 모델의 성능에 영향을 줄 때가 있다. 예를 들면 몸무게와 키의 경우 데이터의 범위가 차이가 나는데 이를 하나의 모델에 넣게 되면 데이터의 범위가 훨씬 넓어져 키가 몸무게에 비해 모델에 과다하게 영향을 줄 수도 있다. [그림 6-2]와 같이 x_1과 x_2의 변수 범위가 다를 때 하나의 변수 범위로 통일시켜 처리해야 한다.

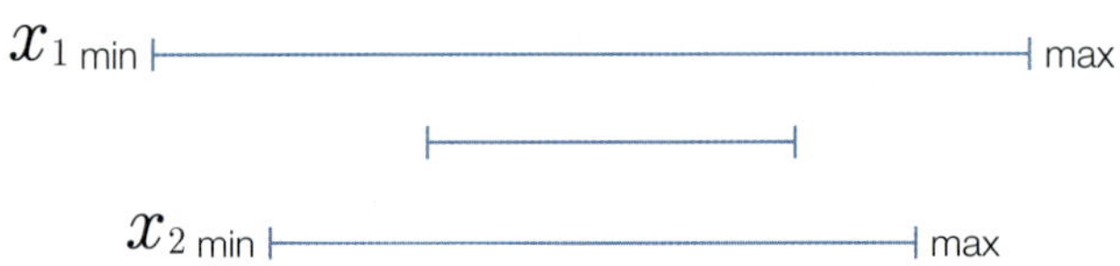

그림 6-2 x_1과 x_2의 변수 범위의 차이

일반적으로 스케일링을 위한 전략은 두 가지가 있다. 하나는 '최솟값-최댓값 정규화(min-max normalization)'이고, 다른 하나는 'z-스코어 정규화(z-score normalization)'이다.

먼저 '최솟값-최댓값 정규화(min-max normalization)'는 최솟값과 최댓값을 기준으로 0에서 1, 또는 0에서 지정 값까지 값의 크기를 변화시키는 기법이다. 즉 원래 값이 100에서 190이었다면 이를 0에서 1로 매핑하는 기법이다. 수식으로 간단히 하면 다음과 같다.

$$z_i = \frac{x_i - \min(x)}{\max(x) - \min(x)}(new_{\max} - new_{\min}) + new_{\min}$$

이 수식에서 x는 처리하고자 하는 열, x_i는 이 열의 하나의 값, $\max(x)$는 해당 열의 최댓값, $\min(x)$는 해당 열의 최솟값이다. 다음으로 $new_{\max}$와 $new_{\min}$은 새롭게 지정되는 값의 최댓값 또는 최솟값을 의미한다.

두 번째는 'z-스코어 정규화(z-score normalization)'이다. 이는 기존 값을 표준 정규분포 값으로 변환하여 처리하는 기법이다. 이를 위해서 사용할 수 있는 가장 간단한 수식은 다음과 같다.

$$z = \frac{x_i - \mu}{\sigma}$$

이 수식에서 μ는 x 열의 평균값이고 σ는 표준편차이다. 일반적으로 통계학 시간에 배우는 수식과 사실상 동일하다.

실제 스케일링을 적용하기 위해 다음과 같은 데이터를 만들어보자. 이 데이터에서 열별로 스케일링을 할 것이다.

In [22]:
```
df = pd.DataFrame(
    {'A':[14.00,90.20,90.95,96.27,91.21],
     'B':[103.02,107.26,110.35,114.23,114.68],
     'C':['big','small','big','small','small']})

df
```

Out [22]:

	A	B	C
0	14.00	103.02	big
1	90.20	107.26	small
2	90.95	110.35	big
3	96.27	114.23	small
4	91.21	114.68	small

스케일링을 할 때는 기본적으로 브로드캐스팅(broadcasting) 개념이 사용된다. 즉 평균값, 최댓값, 최솟값과 같은 스칼라(scalar) 값과 열과 같은 벡터(vector) 값들 간의 연산을 통해서 앞에서 언급한 수식을 연산한다. 예를 들면 열 A에 전체적으로 최솟값을 빼기 위해서는 다음과 같은 코드를 사용하여 각 값들에 최솟값을 빼주면 된다.

In [23]:
```
df["A"] - df["A"].min()
```

```
Out [23]:  0     0.00
           1    76.20
           2    76.95
           3    82.27
           4    77.21
           Name: A, dtype: float64
```

만약 앞에서 보았던 '최솟값-최댓값 정규화'에서 최댓값과 최솟값을 사용하지 않고, 다음 수식을 코드로 나타낼 수 있다. 수식을 그대로 나타내기 때문에 매우 쉽게 이해할 수 있다.

$$z_i = \frac{x_i - \min(x)}{\max(x) - \min(x)}$$

```
In [24]:   ( df["A"] - df["A"].min() ) / (df["A"].max() - df["A"].min())

Out [24]:  0    0.000000
           1    0.926219
           2    0.935335
           3    1.000000
           4    0.938495
           Name: A, dtype: float64
```

추가적으로 'z-스코어 정규화'를 사용하는 방법은 다음 코드와 같다.

```
In [25]:   ( df["B"] - df["B"].mean() ) / (df["B"].std())

Out [25]:  0   -1.405250
           1   -0.540230
           2    0.090174
           3    0.881749
           4    0.973556
           Name: B, dtype: float64
```

03 데이터 전처리의 실습

완성파일 | ch06_sec03.ipynb

1 머신러닝 프로세스와 데이터 전처리

이번 절에서는 앞서 배운 내용을 바탕으로 실제 데이터의 전처리를 실습한다. 데이터 전처리를 연습하기 위해서는 먼저 머신러닝 프로세스에 대한 이해가 필요하다. 일반적으로 머신러닝 프로세스는 [그림 6-3]과 같이 데이터를 확보한 후 데이터를 정제 및 전처리한다. 다음으로 학습용 데이터와 테스트 데이터를 나눈 후 학습용 데이터로 학습을 실시한다. 학습의 결과를 평가 지표와 비교하여 좀 더 나은 결과를 얻기 위해 지속적으로 하이퍼 매개변수 변환(hyper parameter turning)을 실시하고 최종적인 모델을 생성하여 테스트 데이터셋으로 성능을 측정한다. 최종적으로 만족하는 수준의 모델이 생성된다면 해당 모델을 시스템에 배치하여(deploy) 모델을 작동시키게 된다.

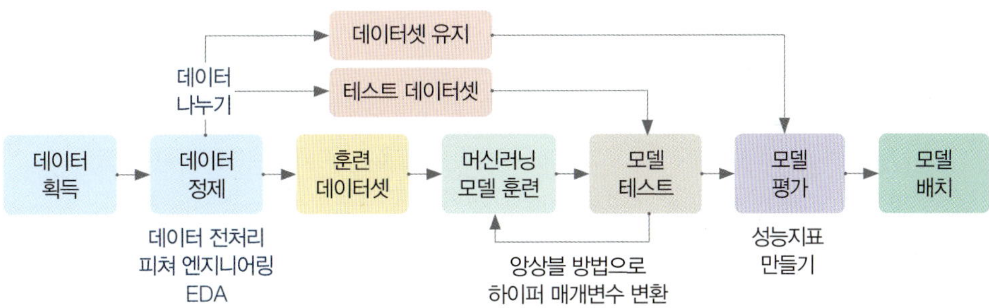

그림 6-3 머신러닝 프로세스

우리가 지금 하고 있는 것은 이 모든 단계 중 초기에 있는 데이터 정제/데이터 전처리 단계이다. 이 단계는 처음 시작 단계로, 지금까지 배운 판다스나 시각화 도구를 사용해서 데이터 전처리를 실행한다. 사실 이 단계는 그다지 중요하지 않다고 생각할 수 있지만, 실제 머신러닝 작업에 있어 가장 많은 시간이 들어가는 작업이다. 구글의 머신러닝 엔지니어인 스컬리(D.Scully)는 2016년에 머신러닝 시스템 개발에 있어 업무 비중을 [그림 6-4]와 같이 제시하였다. 그림에서 보듯이 머신러닝 모델을 만드는 'ML Code' 작업은 가장 작은 부분을 차지하고, 데이터 수집이나 시스템 구성이 훨씬 더 많은 부분을 차지하고 있다. 특히 데이터 수집

(Data Collection), 피쳐 추출(Feature Extraction), 데이터 검증(Data Verification)처럼 이번 절에서 우리가 다룰 데이터 전처리 관련 업무가 상당히 많은 비중을 차지하고 있는 것을 알 수 있다.

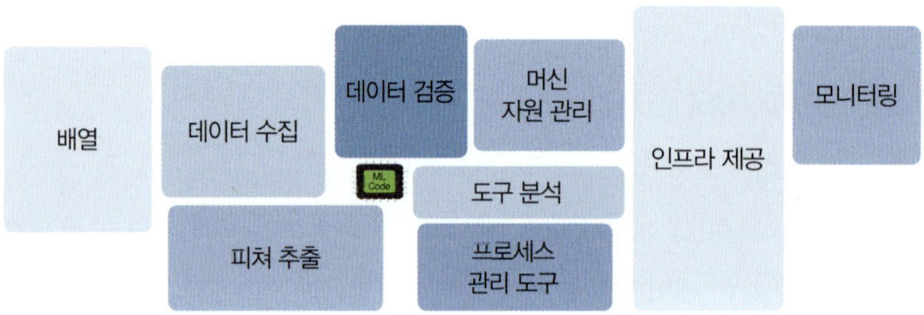

그림 6-4 머신러닝 시스템 개발의 업무 비중 © D Scully

데이터 전처리 과정의 기초적인 기법에 대해서는 앞에서 배웠다. 이번 절에서는 실제 데이터를 확보하여 데이터를 분석하는 실습에 대해서 설명하겠다.

하나 더 알기 데이터 확보를 위한 최적의 장소 : 캐글과 데이콘

먼저 데이터를 확보하기 위해 실제 데이터가 필요하다. 실제 회사에서 생산 및 처리하고 있는 데이터를 확보한다면 최적이겠지만, 이러한 실제 데이터를 확보하기는 어렵다. 다행히 머신러닝 세계에서는 많은 엔지니어들이 연습을 위해 데이터를 제공하고 있다. 대표적으로 캐글(Kaggle)과 데이콘(DACON)이 있다. 캐글은 2017년에 구글에 인수되면서 사실상 데이터 분석의 표준적인 프레임워크로 사용되고 있고, 데이콘은 국내 스타트업이 운영하는 데이터 대회 사이트이다. 두 사이트 모두 기본적으로 같은 구조를 가지고 있으며 교육과 코드 공유를 통한 데이터 분석 커뮤니티 발전에 도움을 주고 있다. 우리가 처음 데이터 분석을 배우면서 사용할 많은 데이터들은 직접 실제 데이터를 구하기 어렵기 때문에 1차적으로 어느 정도 정리된 캐글과 데이콘의 데이터를 활용하는 것이 좋다.

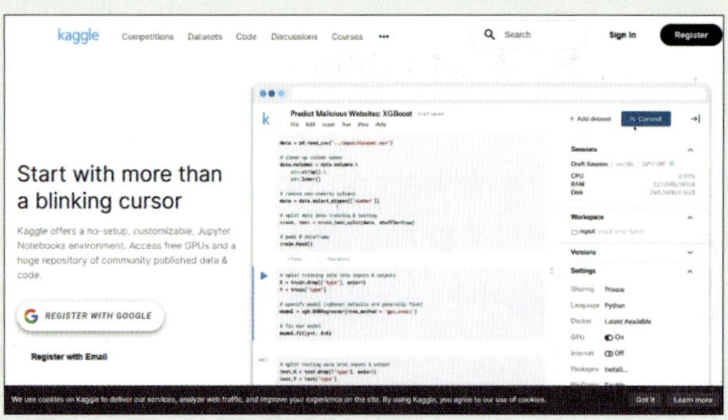

(a) 캐글(Kaggle)의 웹사이트 : https://www.kaggle.com/

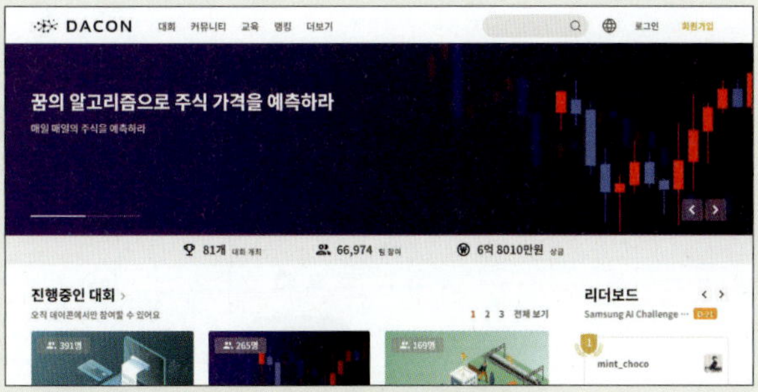

(b) 데이콘(DACON)의 웹사이트 : https://dacon.io/

그림 6-5 캐글(Kaggle)과 데이콘(DACON)

2 데이터 전처리 실습하기 : 타이타닉 생존자 예측하기

캐글(Kaggle)에 있는 많은 데이터 중 대부분의 데이터 분석 입문자가 처음 사용하는 데이터는 타이타닉(Titanic)의 생존자를 예측하는 문제이다. 타이타닉 문제는 매우 기본적인 데이터를 가지고 있으면서도 평가 등의 방법이 매우 쉽기 때문에 많은 사람들이 첫 번째 데이터셋으로 사용한다.

하나 더 알기 **타이타닉 웹페이지**

타이타닉의 웹페이지는 개요, 데이터, 코드, 논의, 리더보드, 규칙 등으로 구성되어 있다. 처음 대회를 참가하면 개요 페이지를 통해 대회의 내용과 평가지표를 확인해야 한다. 머신러닝 과정에서도 보았듯이 머신러닝 모델링 과정에서는 초반부터 평가지표를 정해서 그 지표에 맞게 머신러닝 모델링을 실시한다. 적절한 평가지표를 만들어서 모델들 간의 비교를 하는 것은 매우 중요한 작업이다. 타이타닉 문제의 경우에는 기본적으로 배에 타고 있는 승객 대비 살아남을 수 있는 승객을 예측하는 모델이다. 이러한 경우 우리는 'accuracy'라는 지표를 사용한다. 지표에 대해서는 차후 상세하게 설명하겠다.

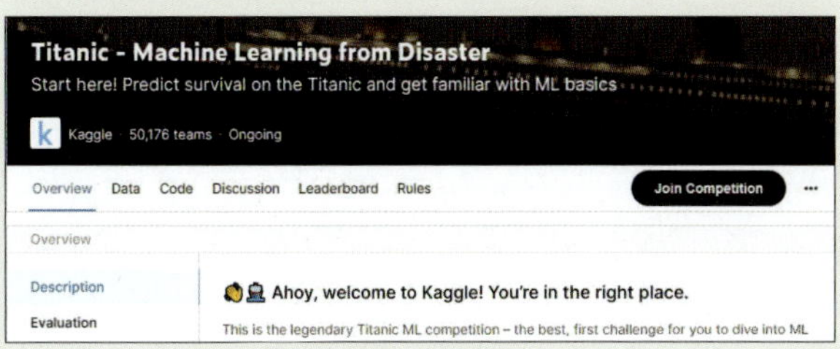

그림 6-6 캐글(Kaggle)의 타이타닉 웹페이지

2.1 데이터 확보하기

타이타닉 데이터를 확보하기 위해서는 https://www.kaggle.com/c/titanic으로 접속한 후, [Data] 탭을 클릭하고 왼쪽 하단에 있는 [Download All] 버튼을 눌러 데이터를 다운로드한다.

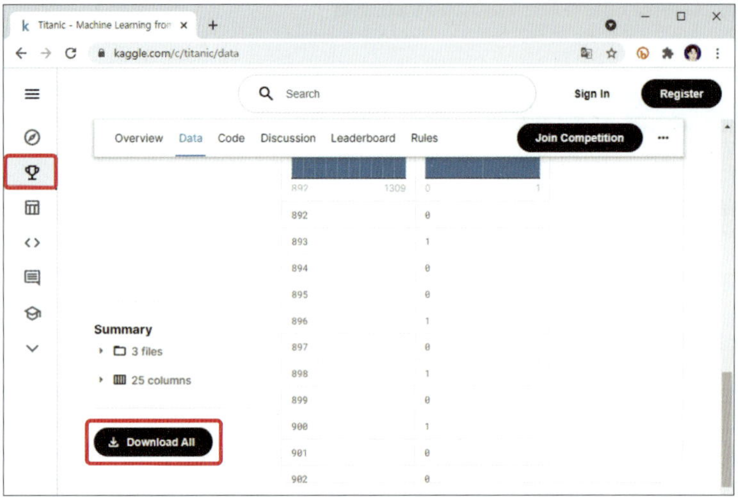

그림 6-7 타이타닉 데이터 다운로드하기

데이터를 다운로드한 후 'titanic.zip' 파일의 압축을 풀면 3개의 데이터 파일이 나온다. 각 데이터에 대한 설명은 다음과 같다.

- gender_submission.csv : 데이터 제출 예제 파일로 캐글에 제출하여 평가를 받을 파일의 예시
- test.csv : 예측되는 탑승객들의 데이터가 있는 파일
- train.csv : 모델을 학습시키기 위한 데이터가 있는 파일

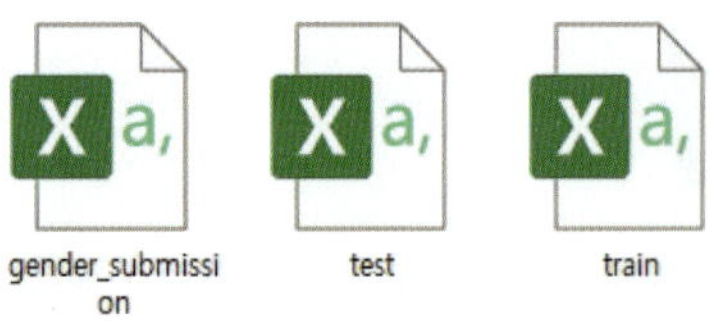

그림 6-8 titanic.zip 파일에 있는 3개의 데이터 파일

기본적으로 'train.csv' 파일에 있는 데이터를 사용하여 모델을 만들고, 이 모델을 'test.csv' 데이터에 적용하여 결과를 'gender_submission.csv' 파일 형태로 캐글 시스템에 제출하는 구조이다. 기본적으로 [그림 6-9]와 같이 'train.csv' 파일과 달리 'test.csv' 파일에는 정답에 해당하는 y 값, 즉 탑승객의 생존 유무에 대한 열이 없다. 이는 예측에 해당하는 데이터이기 때문이다.

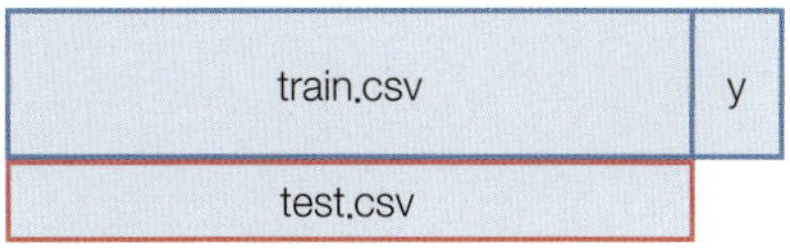

그림 6-9 train.csv와 test.csv의 관계

2.2 데이터 확인하기

먼저 다운로드한 데이터를 작업 폴더에 넣는다. 기본 예제 파일 경로는 'C:/source/ch06'으로, 이 안에 두 개의 실습 데이터인 `train.csv`과 `test.csv`가 있다. 코드 사용을 용이하게 하기 위해서 `gender_submission.csv` 파일은 삭제하였다.

In [1]:

```
import pandas as pd
import os
import matplotlib.pyplot as plt
import numpy as np

import seaborn as sns
sns.set(style="whitegrid", color_codes=True)

DATA_DIR = 'c:/source/ch06/'
os.listdir(DATA_DIR)
```

Out [1]:

```
['test.csv', 'train.csv']
```

In [2]:

```
# test.csv과 test.csv를 가져온 후, 파일 순서 바꾸고 상대 경로 리스트 생성
DATA_DIR = 'c:/source/ch06/'
data_files = sorted([os.path.join(DATA_DIR, filename)
     for filename in os.listdir(DATA_DIR)], reverse=True)
data_files
```

Out [2]:

```
['c:/source/ch06/train.csv', 'c:/source/ch06/test.csv']
```

이 코드에서 호출한 train.csv와 test.csv 파일을 하나의 데이터프레임으로 생성하기 위해 다음 코드를 실행한다.

In [3]:

```
# (1) 데이터프레임을 각 파일에서 읽어온 후 df_list에 추가
df_list = []
for filename in data_files:
    df_list.append(pd.read_csv(filename))

# (2) 두 개의 데이터프레임을 하나로 통합
df = pd.concat(df_list, sort=False)

# (3) 인덱스 초기화
df = df.reset_index(drop=True)

# (4) 결과 출력
df.head(5)
```

Out [3]:

	PassengerId	Survived	Pclass	Name	Sex	Age	SibSp	Parch	Ticket	Fare	Cabin	Embarked
0	1	0.0	3	Braund, Mr. Owen Harris	male	22.0	1	0	A/5 21171	7.2500	NaN	S
1	2	1.0	1	Cumings, Mrs. John Bradley (Florence Briggs Th...	female	38.0	1	0	PC 17599	71.2833	C85	C
2	3	1.0	3	Heikkinen, Miss. Laina	female	26.0	0	0	STON/O2. 3101282	7.9250	NaN	S
3	4	1.0	1	Futrelle, Mrs. Jacques Heath (Lily May Peel)	female	35.0	1	0	113803	53.1000	C123	S
4	5	0.0	3	Allen, Mr. William Henry	male	35.0	0	0	373450	8.0500	NaN	S

코드 해설

- # (1) 상대 경로 리스트에서 파일을 하나씩 호출하여 데이터프레임을 생성하고 이를 df_list에 저장하여 데이터프레임으로 구성된 리스트를 받는다.
- # (2) 해당 리스트에 있는 모든 데이터프레임을 하나의 데이터프레임으로 통합하기 위해 concat 함수를 실행한다.
- # (3) 통합된 하나의 데이터프레임에 인덱스를 초기화한다.
- # (4) 그 결과를 테이블 형태로 출력한다.

2.3 데이터 열 확인하기

확보된 데이터를 바탕으로 데이터 열을 확인하면 [표 6-1]과 같은 정보들이 나열된다. 여기서 우리가 예측하고자 하는 값은 Survived이며 이것이 y 값에 해당한다.

표 6-1 타이타닉 데이터셋

변수명	의미	값 종류
Survived	생존 여부	0 = No, 1 = Yes
Pclass	티켓 클래스	1 = 1st, 2 = 2nd, 3 = 3rd
Sex	성별	
Age	나이	
SibSp	타이타닉 밖의 형제자매/부부의 수	
Parch	타이타닉 밖의 부모/자식의 수	
Ticket	티켓 번호	
Fare	티켓 가격	
Cabin	객실번호	
Embarked	승선항구	C = Cherbourg, Q = Queenstown, S = Southampton

이를 위해 우리는 test.csv에서 Survived 열을 추출해야 한다. 그 전에 # (1)과 # (2)의 코드를 사용하여 train.csv와 test.csv에 있는 데이터셋의 개수를 확인해야 한다. notnull과 isnull은 데이터가 채워져 있는지 비어져 있는지에 따라 True 또는 False를 반환하는 함수이다. 이를 sum 함수로 더하면 각 데이터셋의 개수를 확인할 수 있다. # (3)에서는 train.csv 데이터의 개수만큼, 다시 말해 Survived 열이 존재하는 만큼의 데이터를 추출하여 y_true 변수에 넣는다. 이 변수는 시리즈 객체를 가지게 된다.

In [4]:
```
# (1) train.csv 데이터의 수
number_of_train_dataset = df.Survived.notnull().sum()
# (2) test.csv 데이터의 수
number_of_test_dataset = df.Survived.isnull().sum()
# (3) train.csv 데이터의 y 값 추출
y_true = df.pop("Survived")[:number_of_train_dataset]
```

2.4 데이터 노트 작성하기

데이터를 확인한 후 우리가 처음 할 것은 데이터 노트를 작성하는 것이다. 데이터 노트란 우리가 분석해야 하는 데이터에 대한 여러 가지 아이디어를 정리하는 노트를 의미한다.

일단 가장 쉬운 방법으로는 [표 6-2]와 같이 하나의 테이블 형태로 다양한 내용들을 적어 놓는 것이다. 데이터 노트를 정리할 때 중요한 것은 각 데이터의 현재 데이터 타입이 올바르게 정의되어 있는가이다. 예를 들면 어떤 데이터 타입의 경우 숫자로 표시되어 있지만, 사실은 범주형 데이터로 변형이 필요한 경우가 있다. 이 데이터 중 `SibSp`의 경우에는 단순히 외부에 형제자매나 부부가 존재하는지에 대해서 불린형(boolean type)으로 변경해서 표현할 수 있다. 이런 다양한 아이디어들을 데이터 노트에 정리하면서 다양한 실험을 하는 것이 데이터 전처리 단계에서 가장 중요한 시도들이다.

표 6-2 데이터 노트의 예시

변수명	의미	데이터 타입	아이디어
Survived	생존 여부	범주형	Y 데이터
Pclass	티켓 클래스	범주형	
Sex	성별	범주형	
Age	나이	범주형	생존여부에 나이가 영향을 줄까?
SibSp	타이타닉 밖의 형제자매/부부의 수	연속형(int)	
Parch	타이타닉 밖의 부모/자식의 수	연속형(int)	
Ticket	티켓 번호	범주형	
Fare	티켓 가격	연속형(int)	티켓 가격과 pclass와 관련있지 않나?
Cabin	객실번호	범주형	
Embarked	승선항구	범주형	승선항구와 생존률은 영향이 있을까?

데이터의 기초적인 모양을 확인하기에 가장 좋은 전략은 다음 코드와 같이 `T` 함수를 사용하는 것이다. `transpose` 함수를 의미하는 `T` 함수를 사용하면 데이터를 가로로 한줄씩 보여주기 때문에 데이터 안에 있는 값들을 확인하기 좋다.

```
In [5]: df.head(2).T
```

Out [5]:

	0	1
PassengerId	1	2
Pclass	3	1
Name	Braund, Mr. Owen Harris	Cumings, Mrs. John Bradley (Florence Briggs Th...
Sex	male	female
Age	22.0	38.0
SibSp	1	1
Parch	0	0
Ticket	A/5 21171	PC 17599
Fare	7.25	71.2833
Cabin	NaN	C85
Embarked	S	C

2.5 결측치 확인하기

의미 있는 데이터를 확인한 후 첫 번째 할 일은 결측치를 확인하는 것이다. 결측치는 각 열별로 비율을 확인하는 것이 좋은데 전체 데이터의 개수와 함께 결측치의 비율을 확인하여 데이터 정리 전략을 세워야 한다.

In [6]:

```
# (1) 데이터를 소수점 두 번째 자리까지 출력
pd.options.display.float_format = '{:.2f}'.format

# (2) 결측치 값의 합을 데이터의 개수로 나눠 비율로 출력
df.isnull().sum() / len(df) * 100
```

Out [6]:

```
PassengerId    0.00
Pclass         0.00
Name           0.00
Sex            0.00
Age           20.09
SibSp          0.00
Parch          0.00
Ticket         0.00
Fare           0.08
Cabin         77.46
Embarked       0.15
dtype: float64
```

코드 해설

- # (1) 판다스(pandas)에서 데이터를 출력할 때 소수점 두 번째 자리까지 출력하는 코드이다.
- # (2) isnull은 데이터에 있는 결측치를 True 또는 False로 출력하는 함수이다. 여기에 sum 함수를 사용하여 결측치의 개수를 더한다. 다음으로 len(df)로 나누어서 전체 데이터 개수 대비 결측치의 비율을 표시한다.

코드의 결과에서 보듯이 Age, Cabin, Embarked, Fare 등에 결측치가 존재하는 것을 확인할 수 있다. 우리는 여기서 전략적인 의사결정을 해야 한다. 예를 들어 Cabin의 경우에 결측치가 많기 때문에 해당 데이터를 살리는 것보다는 아예 삭제한다는 의사결정을 할 수 있다. 이러한 의사결정은 데이터가 존재할 때의 성능과 그렇지 않을 때의 성능을 비교해서 결정한다.

이제 결측치를 확인했기 때문에 결측치를 어떻게 채울지에 대한 고민을 해야 한다. 예를 들면 Age의 경우 처리해야할 수준의 결측치가 존재한다는 것을 확인할 수 있는데 이를 처리하기 위해 먼저 Age와 관련된 평균치들을 알아본다. 결측치는 일반적으로 평균값이나 최빈값, 또는 그 데이터의 특성을 사용하여 모델을 생성한 후 예측치를 채워넣을 수 있다. 여기서는 먼저 평균치를 값으로 채우는 방법을 사용하겠다.

In [7]:
```
df[df["Age"].notnull()].groupby(
        ["Sex"])["Age"].mean()
```

Out [7]:
```
Sex
female   28.69
male     30.59
Name: Age, dtype: float64
```

In [8]:
```
df[df["Age"].notnull()].groupby(
        ["Pclass"])["Age"].mean()
```

Out [8]:
```
Pclass
1   39.16
2   29.51
3   24.82
Name: Age, dtype: float64
```

이 데이터에서 보면 Sex보다는 Pclass가 데이터의 특성을 더 잘 나타낸다. 즉, Sex 열의 경우 데이터의 평균치가 비슷하지만, Pclass의 경우 클래스별로 평균치가 꽤 큰 값으로 차이가 난다. 좀 더 엄밀한 방법으로는 통계학의 여러 도구들을 사용하여 분석할 수 있다.

데이터를 채울 때는 fillna를 사용한다. 다음 코드를 보면 먼저 Pclass를 기준으로 Age 열의 평균을 구하는데, 이때 transform 함수를 사용한다. transform 함수는 각 인덱스마다 Pclass를 기준으로 Age의 평균값을 생성시킨다. 그 다음 inplace를 True로 설정하여 변경된 값이 바로 df에 적용되도록 한다.

In [9]:
```
df["Age"].fillna(
    df.groupby("Pclass")["Age"].transform("mean"), inplace=True)

df.isnull().sum() / len(df) * 100
```

Out [9]:
```
PassengerId     0.00
Pclass          0.00
Name            0.00
Sex             0.00
Age             0.00
SibSp           0.00
Parch           0.00
Ticket          0.00
Fare            0.08
Cabin          77.46
Embarked        0.15
dtype: float64
```

추가적으로 Embarked의 경우 mode를 기준으로 보면 S가 가장 많다. 이를 고려해서 비어 있는 값들을 모두 S로 채우면 된다. 코드는 다음과 같다.

In [10]:
```
df.loc[61,"Embarked"] = "S"
df.loc[829,"Embarked"] = "S"
```

2.6 범주형 데이터 처리 : 원핫인코딩

다음으로 데이터의 형태에 따라 어떻게 처리할지를 결정해야 한다. 이를 위해서는 먼저 데이터별로 데이터 타입을 확인해야 한다. 다양한 방법이 있는데, 여기에서는 df.info() 함수를 사용하여 데이터 형태를 확인해본다.

In [11]:
```
df.info()
```

Out [11]:
```
<class 'pandas.core.frame.DataFrame'>
RangeIndex: 1309 entries, 0 to 1308
Data columns (total 11 columns):
 #   Column       Non-Null Count  Dtype
---  ------       --------------  -----
 0   PassengerId  1309 non-null   int64
 1   Pclass       1309 non-null   int64
 2   Name         1309 non-null   object
 3   Sex          1309 non-null   object
 4   Age          1309 non-null   float64
 5   SibSp        1309 non-null   int64
 6   Parch        1309 non-null   int64
 7   Ticket       1309 non-null   object
 8   Fare         1308 non-null   float64
 9   Cabin        295 non-null    object
 10  Embarked     1309 non-null   object
dtypes: float64(2), int64(4), object(5)
memory usage: 112.6+ KB
```

info 함수를 사용하면 열별로 데이터 타입을 확인할 수 있다. 데이터를 분석할 때 중요한 것 중 하나는 먼저 데이터 특성별로 열을 분류해야 한다. 이를 위해서는 데이터 열별로 문자열 리스트 타입으로 정리해야 한다.

그 다음으로 각 데이터에 맞춰 astype을 사용하여 데이터의 타입을 정리할 필요가 있다. 때에 따라 실제 데이터에는 정수형(int)으로 되어 있는데 객체(object) 타입으로 변경이 필요하거나 그 반대로 변경할 필요가 있다. 이를 위해서는 사전에 분석가가 직접 열별로 특징을 파악하여 데이터 타입의 변경을 실시해야 한다.

In [12]:
```
object_columns = ["PassengerId", "Pclass", "Name", "Sex",
                  "Ticket", "Cabin", "Embarked"]
numeric_columns = ["Age", "SibSp", "Parch", "Fare"]

for col_name in object_columns:
    df[col_name] = df[col_name].astype(object)

for col_name in numeric_columns:
    df[col_name] = df[col_name].astype(float)

df["Parch"] = df["Parch"].astype(int)
df["SibSp"] = df["SibSp"].astype(int)
```

다음으로 각 범주형 열 중에 데이터의 유형이 작은 세 가지 데이터 Sex, Pclass, Embarked를 원핫인코딩(one-hot encoding)으로 처리한다. 이를 위해 원본 데이터와 변형된 데이터를 병합(merge)하는 함수를 만든다.

In [13]:
```
def merge_and_get(ldf, rdf, on, how="inner", index=None):
    if index is True:
        return pd.merge(ldf,rdf, how=how, left_index=True,
                        right_index=True)
    else:
        return pd.merge(ldf,rdf, how=how, on=on)
```

다음으로 get_dummies를 활용하여 데이터의 원핫인코딩 벡터를 생성한 후 원본 데이터와 통합한다.

In [14]:
```
one_hot_df = merge_and_get(
    df, pd.get_dummies(df["Sex"], prefix="Sex"), on=None, index=True)
one_hot_df = merge_and_get(
    one_hot_df, pd.get_dummies(
            df["Pclass"], prefix="Pclass"), on=None, index=True)
one_hot_df = merge_and_get(
    one_hot_df, pd.get_dummies(
            df["Embarked"], prefix="Embarked"), on=None, index=True)
```

2.7 데이터 시각화 진행하기

범주형 데이터를 분석할 때 항상 y 값과 각 범주형 타입 간에 어떤 관계가 있는지를 확인해야 한다. 데이터 분석을 처음 시작할 때 생성했던 `y_true` 데이터와 각 열 이름 데이터를 합쳐서 비교 그래프(counter plot)로 나타내보자. 각 열별로 `y_true` 데이터를 비교하면 열별로 생존 여부에 영향을 주는지 시각적으로 확인할 수 있다.

이렇게 시각적으로 확인할 때 주의할 점은 과연 데이터의 유형별로 `y_true` 데이터의 분포가 변화가 있는가이다. 예를 들면 실행 결과로 나타난 그래프에서 `Embarked`를 기준으로 생존 여부에 대한 분포 `0`과 `1`의 경우 모두 비슷한 것으로 확인된다. 그러나 `Sex`나 `Pclass`는 차이가 난다. 이는 `Sex`와 `Pclass`가 `Embarked`에 비해 생존 여부에 영향을 줬을 것으로 판단할 수 있다. 이런 시각적 분석을 통해 데이터의 상황을 파악하는 것은 매우 중요한 데이터 분석 기법 중 하나이다.

In [15]:
```
temp_columns = ["Sex", "Pclass", "Embarked"]

for col_name in temp_columns:
    temp_df = pd.merge(
            one_hot_df[col_name], y_true, left_index=True, right_index=True)
    sns.countplot(x="Survived", hue=col_name, data=temp_df)
    plt.show()
```

Out [15]:

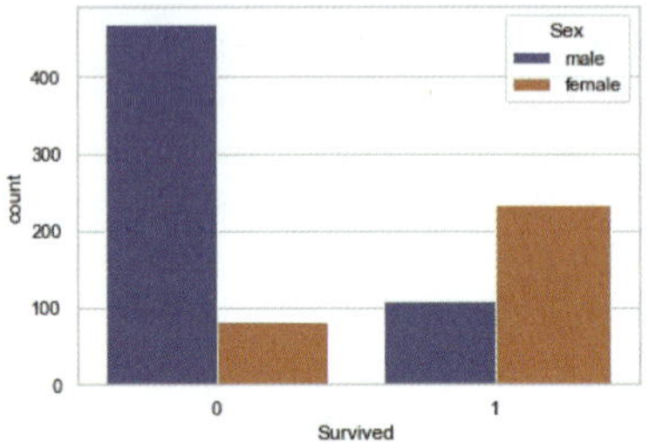

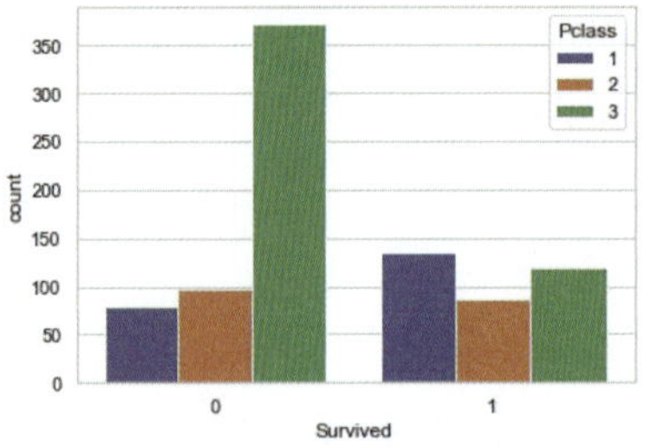

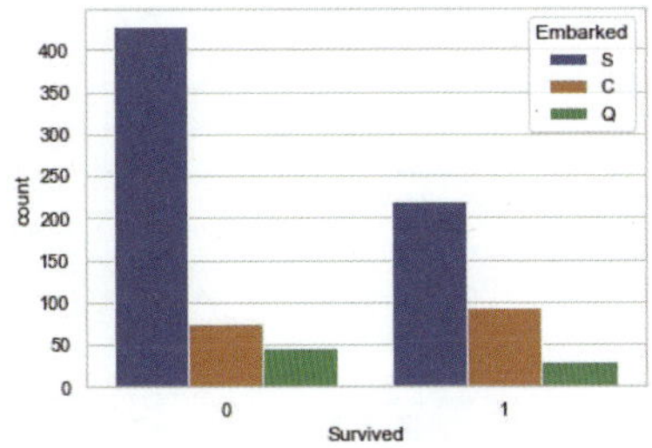

범주형 데이터는 한 개 이상의 열에 대한 상관관계 분석도 필요하다 예를 들면 'Sex와 Pclass 간의 관계는 어떨까?' 등에 대한 분석이다. 이를 위해서는 다음과 같이 범주형 데이터 간의 상관관계를 분석할 필요가 있다.

In [16]:

```
temp_df = pd.merge(one_hot_df[temp_columns],
                   y_true, left_index=True,
                   right_index=True)
g = sns.catplot(x="Embarked",
                hue="Pclass",
                col="Survived",
                data=temp_df,
                kind="count",
                height=4, aspect=.7);
```

Out [16]:

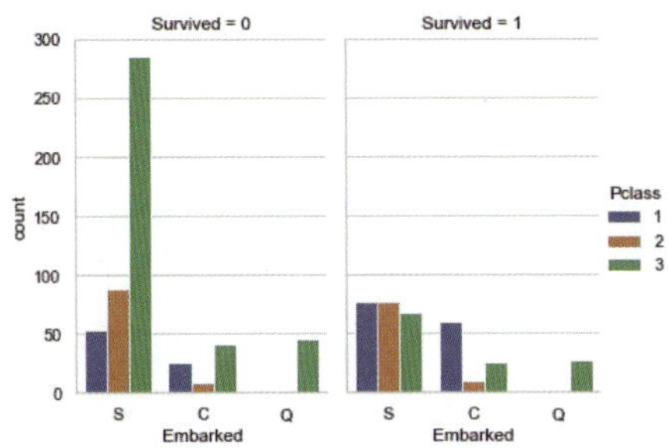

In [17]:

```
temp_df = pd.merge(
    one_hot_df[temp_columns],
    y_true, left_index=True,
    right_index=True)
g = sns.catplot(x="Pclass",
                hue="Sex", col="Survived",
```

```
                    data=temp_df, kind="count",
                    height=4, aspect=.7)
```

Out [17]:

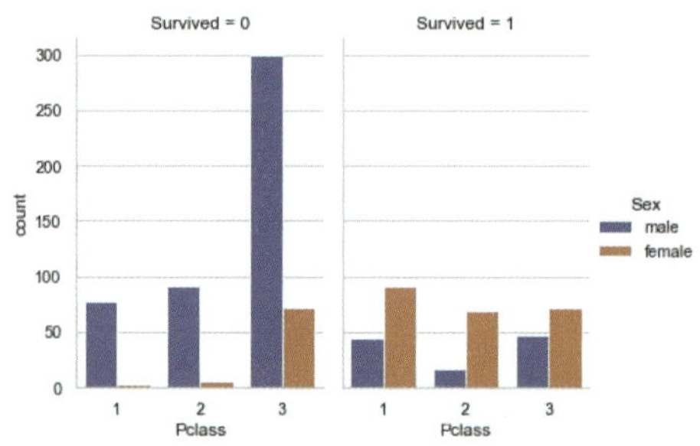

In [18]:

```
temp_df = pd.merge(
    one_hot_df[temp_columns],
    y_true, left_index=True,
    right_index=True)

g = sns.catplot(
    x="Embarked", hue="Sex",
    col="Survived",
    data=temp_df, kind="count",
    height=4, aspect=.7);
```

Out [18]:

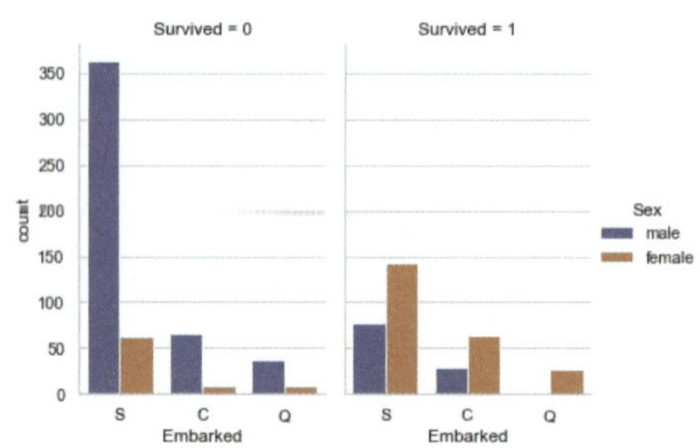

또한 이런 결과를 하나의 수치로 나타내기 위해서는 히트맵을 나타내는 Heatmap 함수를 사용하여 correlation 데이터로 확인해본다. 다음 코드는 먼저 데이터에서 범주형 데이터만 추출한 후 corr 함수를 사용하여 상관계수를 계산하고 이를 heatmap 함수로 표현하는 코드이다. 결과를 보면 맨 끝줄을 기준으로 sex_femate가 Survived에 가장 많은 영향을 주고 있음을 알 수 있다.

In [19]:

```
crosscheck_columns = [col_name for col_name in one_hot_df.columns.tolist()
    if col_name.split("_")[0] in temp_columns and "_" in col_name ] + ["Sex"]

# temp 열
temp_df = pd.merge(one_hot_df[crosscheck_columns], y_true,
    left_index=True, right_index=True)

corr = temp_df.corr()
sns.set()
ax = sns.heatmap(corr, annot=True, linewidths=.5, cmap="YlGnBu")
```

Out [19]:

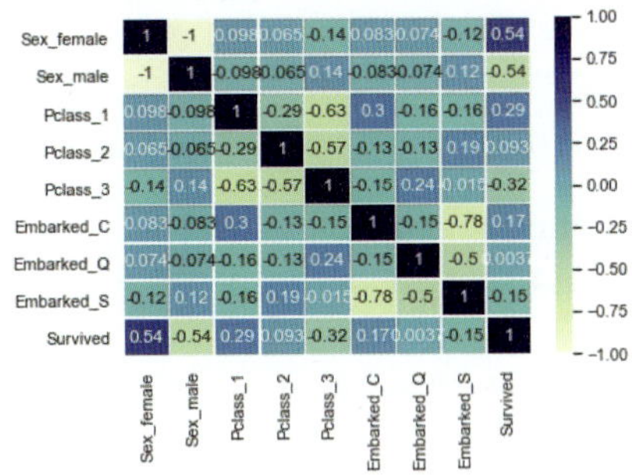

요약

01 데이터 전처리의 개념

머신러닝 모델에 훈련 데이터를 입력하기 전에 가공하는 단계를 말한다.

02 데이터 품질 문제

데이터 분포의 지나친 차이, 기수형 데이터와 서수형 데이터, 결측치, 이상치

03 데이터 전처리 전략

- 결측치 처리하기 : 드롭과 채우기(drop&fill)
- 범주형 데이터 처리하기 : 원핫인코딩(one-hot encoding)
- 범주형 데이터로 변환하여 처리하기 : 바인딩(bining)
- 데이터의 크기 맞추기 : 피쳐 스케일링(feature scaling)

04 머신러닝 프로세스

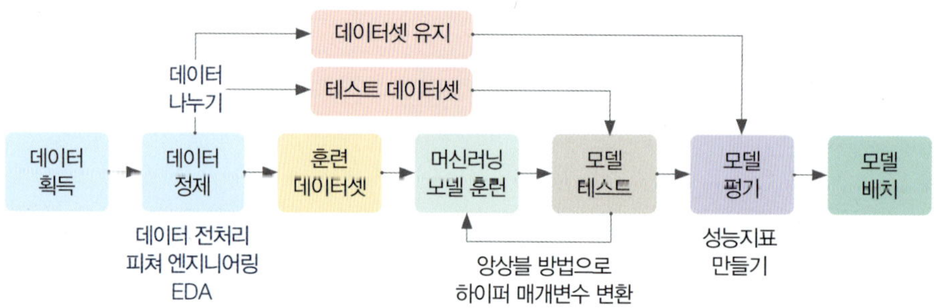

05 데이터 전처리 실습하기

① 실제 데이터 확보하기

② 연습용 데이터 확인하기

③ 데이터 열 확인하기

④ 데이터 노트 작성하기

⑤ 결측치 확인하기

⑥ 범주형 데이터 처리하기

⑦ 데이터 시각화 진행하기

연습문제

01 데이터셋이 왼쪽과 같을 때, 오른쪽과 같은 결과값을 출력하기 위해 가장 적합한 코드를 고르시오.

데이터셋

	1	2	3	4
0	NaN	2.0	NaN	0
1	100.0	5.0	NaN	1
2	NaN	NaN	NaN	3
3	3.0	3.0	NaN	1
4	3.0	4.0	0.0	1

출력 결과값

	1	2	3	4
1	100.0	5.0	NaN	1
3	3.0	3.0	NaN	1
4	3.0	4.0	0.0	1

① `df.dropna()`　　② `df[df.isnull()]`

③ `df.dropna(thresh=3)`　　④ `df.dropna(how='all')`

02 다음과 같은 수식을 사용하여 데이터 스케일링을 실시한다. 이때 A열에 있는 각 값에 대해 기대되는 값으로 맞는 것은 무엇인가?

	A	B	C
0	14.00	103.02	big
1	90.20	107.26	small
2	90.95	110.35	big
3	96.27	114.23	small
4	91.21	114.68	small

$$z_i = \frac{x_i - \min(x)}{\max(x) - \min(x)}(\neq w_{\max} - w_{\min}) + \neq w_{\max}$$

① 114 → 1.4　　② 90.20 → 4.4　　③ 90.95 → 4.71　　④ 91.21 → 4.75

03 스케일링 전략 중 z-스코어 정규화(z-score normalization)와 최솟값-최댓값 정규화(min-max normalization)의 차이점에 대해서 잘못 설명한 것을 고르시오.

① 최솟값-최댓값 정규화는 최댓값과 최솟값을 사용자가 지정할 수 있으며 지정하지 않을 경우 0에서 1까지의 값을 가진다.

② z-스코어 정규화는 값이 최솟값-최댓값 정규화에 비해 음수가 될 수 있다.

③ 최솟값-최댓값 정규화와 z-스코어 정규화는 적용 방법에 따라 값이 달라질 수 있다.

④ 최솟값-최댓값 정규화를 적용할 경우 이상치 여부를 사전에 확인해야 하며, 이상치가 있을 경우 제거해주는 것이 좋다.

04 다음과 같은 데이터셋이 있다. 빈칸에 코드를 실행했을 때 결과값이 다른 것을 고르시오.

데이터셋

	source	target	weight	color
0	0	2	3	red
1	1	2	4	blue
2	2	3	5	blue

```
edges = pd.DataFrame({'source': [0, 1, 2], 'target': [2, 2, 3],
                      'weight': [3, 4, 5], 'color': ['red', 'blue', 'blue']})
[                                                              ]
```

① pd.get_dummies(edges).iloc[:,3:]

② pd.get_dummies(edges["color"])

③ pd.get_dummies(edges[["color"]])

④ pd.get_dummies(edges["color"], prefix="color")

05 다음 코드를 실행할 경우 예상되는 결과값을 적으시오.

```
import numpy as np
import pandas as pd

raw_data = {'first_name': ['Jason', np.nan, 'Tina', 'Jake', 'Amy'],
        'last_name': ['Miller', np.nan, 'Ali', 'Milner', 'Cooze'],
        'age': [42, np.nan, 36, 24, 73],
        'sex': ['m', np.nan, 'f', 'm', 'f'],
        'preTestScore': [4, np.nan, np.nan, 2, 3],
        'postTestScore': [25, np.nan, np.nan, 62, 70]}
df = pd.DataFrame(raw_data, columns = [
                                    'first_name', 'last_name', 'age', 'sex',
                                    'preTestScore', 'postTestScore'])


df.isnull().sum()
```

06 다음과 같은 titanic 데이터의 결측값을 확인하는 코드를 작성하고자 한다. 이때 데이터가 df에 저장되어 있다고 할 때 빈칸에 들어갈 함수를 선택하시오.

titanic 데이터

PassengerId	Pclass	Name	Sex	Age	SibSp	Parch	Ticket	Fare	Cabin	Embarked
1	3	Braund, Mr. Owen Harris	male	22.0	1	0	A/5 21171	7.2500	NaN	S
2	1	Cumings, Mrs. John Bradley (Florence Briggs Th...	female	38.0	1	0	PC 17599	71.2833	C85	C
3	3	Heikkinen, Miss. Laina	female	26.0	0	0	STON/O2. 3101282	7.9250	NaN	S
4	1	Futrelle, Mrs. Jacques Heath (Lily May Peel)	female	35.0	1	0	113803	53.1000	C123	S
5	3	Allen, Mr. William Henry	male	35.0	0	0	373450	8.0500	NaN	S
...	...	...	...	...	...	...	...	...	...	...
887	2	Montvila, Rev. Juozas	male	27.0	0	0	211536	13.0000	NaN	S
888	1	Graham, Miss. Margaret Edith	female	19.0	0	0	112053	30.0000	B42	S
889	3	Johnston, Miss. Catherine Helen "Carrie"	female	NaN	1	2	W./C. 6607	23.4500	NaN	S
890	1	Behr, Mr. Karl Howell	male	26.0	0	0	111369	30.0000	C148	C
891	3	Dooley, Mr. Patrick	male	32.0	0	0	370376	7.7500	NaN	Q

```
df.isnull().sum() / [          ] (df) * 100
```

```
Pclass      0.00
Name        0.00
Sex         0.00
Age         0.21
SibSp       0.00
Parch       0.00
Ticket      0.00
Fare        0.00
Cabin       0.78
Embarked    0.00
dtype: float64
```

07 첫 번째 데이터와 같이 숫자로 구성되어 있는 데이터셋을, 두 번째와 같이 카테고리 유형의 데이터셋으로 변경하고자 한다. 빈칸에 들어갈 적당한 매개변수를 선택하시오.

titanic 데이터

	regiment	company	name	preTestScore	postTestScore
0	Nighthawks	1st	Miller	4	25
1	Nighthawks	1st	Jacobson	24	94
2	Nighthawks	2nd	Ali	31	57
3	Nighthawks	2nd	Milner	2	62
4	Dragoons	1st	Cooze	3	70
5	Dragoons	1st	Jacon	4	25
6	Dragoons	2nd	Ryaner	24	94
7	Dragoons	2nd	Sone	31	57
8	Scouts	1st	Sloan	2	62
9	Scouts	1st	Piger	3	70

카테고리 유형의 데이터셋

```
0       Low
1     Great
2      Good
3      Good
4      Good
5       Low
6     Great
7      Good
8      Good
9      Good
10     Good
11     Good
Name: postTestScore, dtype: category
Categories (4, object): [Low < Okay < Good < Great]
```

```
bins = [0, 25, 50, 75, 100] # Define bins as 0 to 25, 25 to 50, 60 to 75, 75 to 100
group_names = ['Low', 'Okay', 'Good', 'Great']
categories = pd.[          ](
    df['postTestScore'], bins, labels=group_names)
```

① cut ② bin ③ get_dummies ④ transform

PART 03
머신러닝 회귀기법

Chapter 07
선형회귀의 기초

Chapter 08
선형회귀의 심화

Chapter 09
로지스틱 회귀의 기초

Chapter 10
로지스틱 회귀의 심화

PART 03

머신러닝 회귀기법

CHAPTER 07

선형회귀의 기초

학습목표

- 선형회귀의 개념에 대해 이해한다.
- 선형회귀의 기초 수식을 이해하기 위해 비용함수의 개념과 비용함수의 편미분에 대해 학습한다.
- 최소자승법과 경사하강법으로 선형회귀를 풀어본다.
- 선형회귀 성능을 측정하기 위해 성능 측정 지표에 대해 알아본다.
- 코드로 선형회귀를 구현해본다.

01 선형회귀의 이해

1 선형회귀의 개념

이번 장에서는 머신러닝 모델에 대해 처음으로 다루게 된다. 그중 첫 번째는 선형회귀 모델이다. **선형회귀**(Linear Regression)란 종속변수 y와 한 개 이상의 독립변수 x와의 선형 상관 관계를 모델링하는 회귀분석 기법이다. 예를 들어, 선형회귀 모델은 [그림 7-1]과 같이 앞으로 개봉할 영화에 대해 기존 데이터를 활용해 연속형 변수값인 y, 여기서는 예상 관객 수를 예측하는 문제와 같다. 이러한 예측을 위해서 우리는 $y = ax + b$ 꼴의 수식을 만들어야 하고, 이 중에서 a와 b의 값을 찾아내는 것이 매우 중요한 이슈라고 할 수 있다.

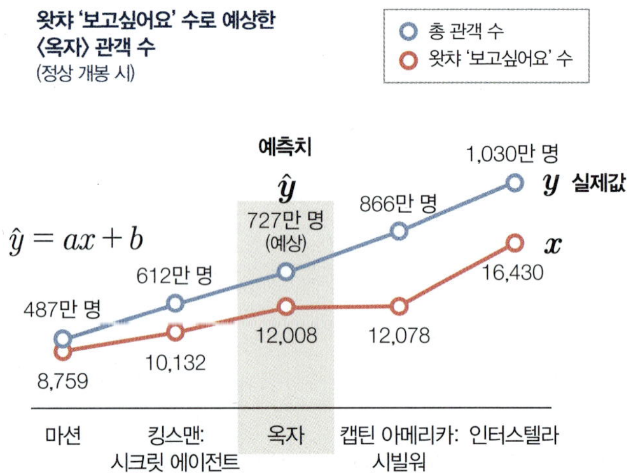

그림 7-1 왓챠 '보고싶어요' 수로 예상한 '옥자' 관객 수

[그림 7-1]에서 영화의 실제 관객 수를 y로 표현한다면 [그림 7-2]와 같이 좌표평면 상에 점을 찍어 x와 y의 값을 표현해볼 수 있다. 이렇게 우리가 만들어 낼 $y = ax + b$라는 수식을 [그림 7-2]와 같이 좌표평면 상에 나타내보면 두 개의 직선 그래프가 된다. 이 두 개의 그래프를 각각 $f_1(x)$와 $f_2(x)$로 부른다.

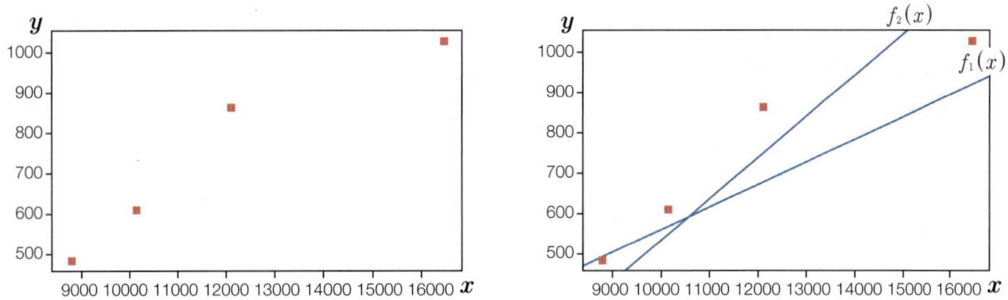

그림 7-2 좌표평면에 작성한 2개의 직선, $f_1(x)$와 $f_2(x)$

그렇다면 이 두 그래프 $f_1(x)$와 $f_2(x)$ 중 어떤 것이 더 기존 데이터를 잘 표현하고 있는가? 이에 대한 답을 위해 먼저 생각할 것은 '데이터를 잘 표현한다는 말의 기준'을 잡는 것이다. 이 기준은 그래프의 예측값, 즉 x 값을 입력했을 때 나오는 y 값이 원래 실제값 대비 차이가 많이 나지 않는 그래프가 좋다는 것이다. 즉, [그림 7-3]과 같이 두 개의 그래프가 있다고 하자. 실제값과 예측값의 차이를 빨간색 막대로 표현하고, 이에 대한 덧셈의 합을 최소화하는 수식이 원본 데이터를 가장 잘 표현한다고 할 수 있다. [그림 7-3]의 그래프에서는 매우 힘든 결정이지만, $f_2(x)$가 $f_1(x)$보다 좀 더 데이터를 잘 표현한다고 할 수 있다.

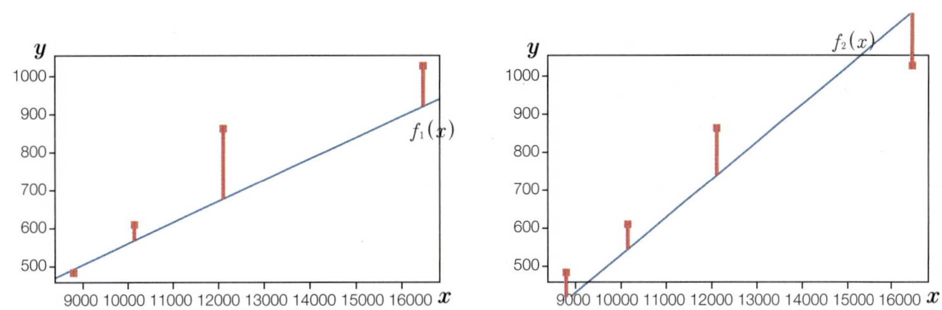

그림 7-3 $f_2(x)$가 $f_1(x)$보다 좀 더 데이터를 잘 표현하고 있다.

2 예측 함수와 실제값 간의 차이

앞에서 보았듯이 예측값과 실제값 간의 차이를 최소화하는 방향으로 예측 함수를 만들어야 한다. 먼저 데이터 n개가 존재한다면 이 중 i번째 데이터의 y 값에 대한 실제값과 예측값의 차이를 다음과 같이 표현할 수 있다.

$$\hat{y}^i - y^i$$

만약 데이터가 5개가 있는데, 이 5개 데이터 간의 오차의 합을 하나의 값으로 표현한다면 다음과 같이 나타낼 수 있다.

$$(\hat{y}^{(1)} - y^{(1)}) + (\hat{y}^{(2)} - y^{(2)}) + (\hat{y}^{(3)} - y^{(3)}) + (\hat{y}^{(4)} - y^{(4)}) + (\hat{y}^{(5)} - y^{(5)})$$

즉, 각 데이터의 예측값과 실제값 간의 차이를 모두 합친다면 우리의 모델이 얼마나 데이터를 잘 표현하는지 하나의 지표로 설명할 수 있다. 하지만 이 수식을 그대로 사용한다면 우리는 한 가지 문제에 직면할 수 있다. 오차 값들이 음수와 양수로 나올 수 있는데 값들 간의 차이가 상쇄되어 0으로 계산될 수 있다. 그래서 일반적으로 다음 수식과 같이 값의 제곱을 사용하여 오차의 합을 표현한다.

$$(\hat{y}^{(1)} - y^{(1)})^2 + (\hat{y}^{(2)} - y^{(2)})^2 + (\hat{y}^{(3)} - y^{(3)})^2 + (\hat{y}^{(4)} - y^{(4)})^2 + (\hat{y}^{(5)} - y^{(5)})^2$$

이를 좀 더 수식적으로 표현하면 다음과 같이 $\sum$ 기호를 사용할 수 있다.

$$\sum_{i=1}^{n} (\hat{y}^{(i)} - y^{(i)})^2$$

실제로 이것을 컴퓨터로 연산할 때는 행렬로 표현해, 다음과 같은 연산이 수행된다.

$$\hat{y} = \begin{bmatrix} w_1 \times 8759 + w_0 \\ w_1 \times 10132 + w_0 \\ w_1 \times 12078 + w_0 \\ w_1 \times 16430 + w_0 \end{bmatrix} \qquad y = \begin{bmatrix} 487 \\ 612 \\ 866 \\ 1030 \end{bmatrix}$$

$$(\hat{y} - y)^2 = \begin{bmatrix} (w_1 \times 8759 + w_0 - 487)^2 \\ (w_1 \times 10132 + w_0 - 612)^2 \\ (w_1 \times 12078 + w_0 - 866)^2 \\ (w_1 \times 16430 + w_0 - 1030)^2 \end{bmatrix}$$

이와 같이 $(\hat{y}-y)^2$을 사용하여 예측값과 실제값의 제곱을 표시하는 것을 제곱 오차(square error)라고 부른다. 결국은 이런 제곱 오차를 최소화하는 방향으로 w_0와 w_1을 찾아야 한다. 이를 위해 다음과 같이 수식을 미분하여 최솟값으로 만들 방법을 찾아야 한다. 선형회귀의 핵심적인 방법 중 하나이다.

$$\sum_{i=1}^{n}\left(w_i x^{(i)} + w_0 \times 1 - y^{(i)}\right)^2$$

02 선형회귀의 기초 수식

1 비용함수의 개념

선형회귀의 핵심은 예측값과 실제값을 최소화하는 w_n의 값을 찾는 것이다. 일반적으로 머신러닝에서 최소화해야 할 예측값과 실제값의 차이를 **비용함수**(cost function)라고 부른다. 그리고 다음과 같이 예측값을 예측하는 함수를 **가설함수**(hypothesis function)라고 한다.

$$f(x) = h_\theta(x)$$

이 가설함수는 약간의 이해가 필요한데, 입력값은 x이고 함수에서 결정해야 하는 것은 θ이다. 여기서 바로 θ가 가중치(weight) 값인 w_n을 의미한다. 이러한 가설함수를 사용해서 다음과 같이 비용함수를 이루게 된다.

$$J(w_0, w_1) = \frac{1}{2m}\sum_{i=1}^{m}(h_\theta(x^{(i)}) - (y^{(i)}))^2$$

비용함수는 J로 표현하는데, 비용함수에서 우리가 결정해야 하는 것이 가중치(weight)라는 의미로 $J(w_0, w_1)$로 표현한다. 즉 여기서는 비용함수가 두 개의 가중치 값으로 결정된다. 이 수식에서는 두 개의 가중치 값을 사용하지만 여러 개의 가중치 값을 사용한다면 하나의 벡터로 표현할 수도 있다.

다음으로 $\sum_{i=1}^{m}(h_\theta(x^{(i)}) - (y^{(i)})^2)$ 부분의 의미는 예측값인 가설함수와 실제값인 y 값 간의 차이를 제곱해서 모두 합한 것이다. 이러한 수식을 **잔차의 제곱합**(Error sum of squares)이라고 부른다. 즉, 총 데이터는 m개가 존재하고 각 데이터의 예측값과 실제값을 뺀 후 제곱한 값들을 모두 합한 값이라 할 수 있다. 일반적으로 비용함수 외에 잔차의 제곱합 부분을 **손실함수**(loss function)라고도 부른다.

마지막으로 제일 앞에 붙은 $\frac{1}{2m}$ 부분은 잔차의 제곱합을 $2m$으로 나눈 것이다. 이러한 값을 **평균 제곱 오차(mean squared error)**라고 부르고, 줄여서 'MSE'로 표현한다. 여기서 관심을 가져야 하는 것은 m으로 나누는 것이 아니라 $2m$으로 나눈다는 것이다. 이는 나중에 미분을 하게 될 때 좀 더 수식을 명확히 보여주기 위해 2를 추가했다고 볼 수 있다.

일반적으로 이러한 비용함수를 다음 수식과 같이 표기하여 수식의 목적을 나타낼 수 있다. 다음 수식을 해석하면 $\arg\min_{\theta}$은 뒤에 있는 비용을 최소화하는 인수(argument)라는 의미이며, 그 비용을 최소화하기 위해 조정해야 하는 변수가 바로 θ라는 의미로 $\arg\min_{\theta}$을 사용했다.

$$\arg\min_{\theta} \frac{1}{2m}\sum_{i=1}^{m}(h_{\theta}(x^{(i)})-y^{(i)})^2$$

TIP θ는 가설함수에서 사용하는 가중치 값을 의미한다.

비용함수를 그래프로 표현하면 [그림 7-4]와 같다. 이런 그래프를 나중에도 자주 보게 되는데 의외로 해석이 어렵다. 앞의 수식에서 보았듯이 가중치 값들에 의해서 비용함수 J 값이 결정되기 때문에 [그림 7-4]에서 보는 바와 같이 x와 y축에는 각각 w_1과 w_0의 값이 들어가 있고, z축에는 비용함수 값인 J가 들어가 있다. 즉, 가중치 값을 어떻게 설정해야 J 값이 최소화될지 그래프를 보면 어느 정도 예상할 수 있다. 이러한 그래프를 앞으로 보게 된다면 두려움 없이 각 축의 변수를 확인하고 이 그래프의 목적을 확인하기 바란다.

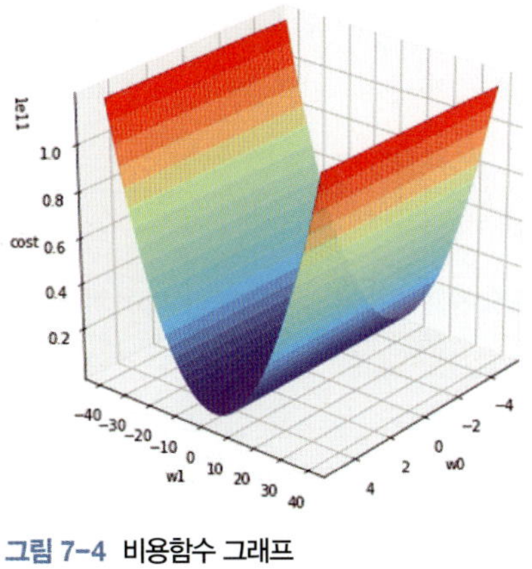

그림 7-4 비용함수 그래프

2 비용함수의 편미분

앞에서 살펴보았던 비용함수식의 최적값, 즉 다음 수식 값의 최솟값을 찾아야 한다. 그 값을 찾기 위해서는 어떤 방법을 사용할 수 있을까? 바로 '미분'이다. 미분을 통해 다음 식을 최적화해야 하는데, 그렇다면 어떤 값에 관해 미분을 해야 할까?

$$J(w_0, w_1) = \frac{1}{2m}\sum_{i=1}^{m}(h_\theta(x^{(i)}) - (y^{(i)}))^2$$

계속 강조해 왔듯이 우리가 찾아야 하는 값은 w_0와 w_1이다. 즉 J를 w_n에 관해서 미분해야 한다. 이를 수식으로 나타내면 다음과 같다.

$$\frac{\partial J}{\partial w_n}$$

그런데 사실 수식 속에 w_n은 존재하지 않는다. 그렇다면 어디에 존재할까? 실제로는 h_θ 안에 수식이 들어가 있다. 그래서 실제 미분을 할 때 다음과 같이 연쇄법칙(chain rule)을 적용한다.

$$\frac{\partial J}{\partial h_\theta}\frac{h_\theta}{w_n}$$

그러면 비용함수 수식에 h_θ를 풀어서 w_n을 포함한 수식으로 다음과 같이 표현할 수 있다.

$$J(w_0, w_1) = \frac{1}{2m}\sum_{i=1}^{m}(w_1x^{(i)} + w_0 - y^{(i)})^2$$

이 수식에서 우리가 원했던 미분을 각각의 변수에 적용하여 편미분을 수행하면 다음과 같은 결과를 얻을 수 있다.

$$\frac{\partial J}{\partial w_0} = \frac{1}{m}\sum_{i=1}^{m}(w_1x^{(i)} + w_0 - y^{(i)})$$

$$\frac{\partial J}{\partial w_1} = \frac{1}{m}\sum_{i=1}^{m}(w_1x^{(i)} + w_0 - y^{(i)})x^{(i)}$$

이 수식을 볼 때 수학에 익숙하지 않은 독자들은 의문이 생길 수 있다. $\sum$에 미분을 적용했을 때 기호가 어떻게 사라지냐는 것인데, 사실 미분 과정에서 $\sum$는 전혀 신경 쓰지 않아도 된다. 만약 다음과 같은 수식이 있다고 가정해보자.

$$f(x)=\sum_{i=1}^{5}\frac{1}{2}x^2$$

이 수식에서 $\sum$를 빼 버리고 $\frac{1}{2}x^2$이 다섯 개 있다고 생각하면 이해하기 편하다. 이 다섯 개의 항을 미분하면 다음과 같다.

$$\begin{aligned}\frac{df}{dx}&=x+x+x+x+x\\&=\sum_{i=1}^{5}x\end{aligned}$$

즉, 이 수식에서 보듯이 $\sum$ 기호가 있든 없든, 다섯 개의 값을 각각 미분하든 $\sum$ 안에서 미분을 하든 같은 결과가 나온다.

두 번째 수식은 $(\cdots)^2$ 꼴의 미분이다. 괄호 안에 값이 있고, 괄호 밖에도 제곱의 기호가 있으면 어떻게 미분을 해야 할까? 이 미분식은 우리가 흔히 '안 미분'과 '바깥 미분'이라고 불리는 꼴로 다음과 같이 변형할 수 있다.

$$f(g(x)) \qquad f=(2x-1)^2$$

이 수식만 보면 함수 $f(x)$는 x^2으로 표현이 가능하고, $g(x)$는 $2x-1$로 표현이 가능하다. 만약 우리가 $f(g(x))$ 꼴을 미분하면 다음과 같이 연쇄법칙(chain rule)이 적용된다.

$$\frac{df}{dx}=\frac{df(u)}{du}\frac{du}{dx},\ Let\ u=g(x)$$

이를 실제 수식에 적용하면 $(\cdots)^2$ 꼴을 먼저 미분하고, 다음으로 괄호 안에 $2x-1$을 미분해서 곱하면 된다. 수식으로 나타내면 다음과 같다.

$$\frac{df}{dx} = 2(2x-1) \times 2$$

이 수식과 가장 비슷한 꼴이 다음에 있는 수식이다. 즉, 제곱 꼴을 미분하고 그 다음으로 괄호 내부에서 w_1에 관해 미분하여 $x^{(i)}$ 항이 남아 두 항이 모두 곱해진 수식이라고 이해할 수 있다.

$$\frac{\partial J}{\partial w_1} = \frac{1}{m}\sum_{i=1}^{m}(w_1 x^{(i)} + w_0 - y^{(i)})x^{(i)}$$

03 최소자승법으로 선형회귀 풀기

1 최소자승법으로 풀기

2절에서 다음과 같은 비용함수를 정의하였다.

$$J(w_0, w_1) = \frac{1}{2m}\sum_{i=1}^{m}(w_1 x^{(i)} + w_0 - y^{(i)})^2$$

이 함수에서 w_0와 w_1에 대해 미분하고 해당 값들을 0으로 만들면 최적의 해를 구할 수 있는 **닫힌 해**(closed form solution)를 찾을 수 있다.

$$\frac{\partial J}{\partial w_0} = \frac{1}{m}\sum_{i=1}^{m}(w_1 x^{(i)} + w_0 - y^{(i)})$$
$$\frac{\partial J}{\partial w_1} = \frac{1}{m}\sum_{i=1}^{m}(w_1 x^{(i)} + w_0 - y^{(i)})x^{(i)}$$

일반적으로 이렇게 구해지는 w^j의 최적값을 w_j^*로 표현한다. 이 수식에서 $\sum$를 적용하여 식을 정리하면 다음과 같은 수식이 나온다. $\sum$를 모든 항에 적용한 후, $\sum y^{(i)}$항을 우측으로 이항하였다. w_0항의 경우 $\sum$에 영향을 받는 변수가 없으므로 데이터의 개수를 의미하는 m을 곱해주었다.

$$\begin{aligned} \hat{w}_0 m + \hat{w}_1 \sum x^{(i)} &= \sum y^{(i)} \\ \hat{w}_0 \sum x^{(i)} + \hat{w}_1 \sum (x^{(i)})^2 &= \sum y^{(i)} x^{(i)} \end{aligned} \quad (1)$$

이 수식을 하나의 행렬로 표현하기 위해서는 먼저 다음과 같이 3개의 변수를 정의해야 한다. 다음 수식에서는 설명의 편의성을 위해 데이터가 5개만 있다고 가정하였다. 이렇게 선형대수의 표기법을 사용하여 방정식으로 선형회귀 문제를 푸는 방법을 **최소자승법**(**least square method**)이라고 부른다.

$$X = \begin{bmatrix} 1 & x^{(1)} \\ 1 & x^{(2)} \\ 1 & x^{(3)} \\ 1 & x^{(4)} \\ 1 & x^{(5)} \end{bmatrix} \qquad \hat{w} = \begin{bmatrix} \hat{w}_0 \\ \hat{w}_1 \end{bmatrix} \qquad y = \begin{bmatrix} y^{(1)} \\ y^{(2)} \\ y^{(3)} \\ y^{(4)} \\ y^{(5)} \end{bmatrix}$$

이제 우리가 가진 3개의 변수 X, w, y를 사용하여 앞의 (1)번 식을 선형대수의 수식으로 표현하겠다. 이를 위해 먼저 X^TX를 다음과 같이 정의한다. X와 전치행렬을 행렬곱하여 표시한 값으로 수식은 비교적 쉽다.

$$X^TX = \begin{bmatrix} m & \sum x^{(i)} \\ \sum x^{(i)} & \sum (x^{(i)})^2 \end{bmatrix}$$

이제 X^T를 사용하여 (1)번 식을 표현하고자 한다. 앞의 식에 추가적으로 $\hat{w}$, y를 사용하여 표현한다. 결과는 다음과 같다.

$$(X^TX)\hat{w} = X^Ty$$

이 식에서 X^T는 2×5 행렬, y는 5×1 행렬로 둘을 행렬곱하면 2×1 행렬인 $\sum y^{(i)}$, $\sum y^{(i)}x^{(i)}$로 정리된다. 또한 앞에 있는 수식도 정리하면 (1)번 식과 동일하게 정리된다. 최종적으로 이 수식을 $\hat{w}$에 관해 정리하기 위해 X^TX의 역행렬을 각 좌/우 항에 모두 연산하면 다음과 같이 정리할 수 있다.

$$\hat{w} = (X^TX)^{-1}X^Ty$$

이 수식을 연산하기 위해 $(X^TX)^{-1}$을 먼저 푼다. 우리가 $x^{(i)}$ 값의 평균을 $\bar{x}$라고 정의하면 다음과 같다.

$$X^TX = \begin{bmatrix} m & \sum x^{(i)} \\ \sum x^{(i)} & \sum (x^{(i)})^2 \end{bmatrix} = \begin{bmatrix} m & m\bar{x} \\ m\bar{x} & \sum (x^{(i)})^2 \end{bmatrix}$$

이에 대한 역행렬을 구하기 위해 행렬식(determinant)을 구해 보면 다음과 같다.

$$
\begin{aligned}
|X^T X| &= m\sum(x^{(i)})^2 - (m\bar{x})^2 \\
&= m\left(\sum(x^{(i)})^2 - (m\bar{x}^2)\right. \\
&= m\left(\sum(x^{(i)} - \bar{x})^2\right.
\end{aligned}
$$

최종적으로 $(X^T X)^{-1}$ 을 구하면 다음과 같다.

$$
\begin{aligned}
(X^T X)^{-1} &= \frac{1}{m\sum(x^{(i)} - \bar{x})^2}\begin{bmatrix} \sum(x^{(i)})^2 & -m\bar{x} \\ -m\bar{x} & m \end{bmatrix} \\
&= \frac{1}{\sum(x^{(i)} - \bar{x})^2}\begin{bmatrix} \sum(x^{(i)})^2/m & -\bar{x} \\ -\bar{x} & 1 \end{bmatrix}
\end{aligned}
$$

다음으로 $X^T y$를 구하면 다음과 같다.

$$
X^T y = \begin{bmatrix} \sum y^{(i)} \\ \sum x^{(i)} y^{(i)} \end{bmatrix}
$$

앞의 두 항을 행렬곱하여 $\hat{w}$ 값을 정리하면 다음과 같다.

$$
\begin{aligned}
\hat{w} &= (X^T X)^{-1} X^T y = \begin{bmatrix} \hat{w}_0 \\ \hat{w}_1 \end{bmatrix} \\
&= \frac{1}{\sum(x^{(i)} - \bar{x})^2}\begin{bmatrix} \sum(x^{(i)})^2/m & -\bar{x} \\ -\bar{x} & m \end{bmatrix}\begin{bmatrix} \sum y^{(i)} \\ \sum x^{(i)} y^{(i)} \end{bmatrix}
\end{aligned}
$$

이를 최종적으로 정리하면 다음과 같이 두 개의 가중치 값으로 정리할 수 있다.

$$
\begin{aligned}
\hat{w}_1 &= \frac{\sum x^{(i)} y^{(i)} - m\bar{x}\bar{y}}{\sum(x^{(i)} - \bar{x})^2} \\
\hat{w}_0 &= \bar{y} - \hat{w}_1 \bar{x}
\end{aligned}
$$

만약 우리가 다루는 변수가 늘어나면 어떤 수식을 적어야 할까? 간단히 $(X^T X)^{-1}$ 수식만 변경이 되기 때문에 해당 연산의 행렬식만 구해주면 된다. 수식이 복잡하지 않고 매우 간단히 연산할 수 있다는 장점이 있다.

2 최소자승법의 활용

최소자승법은 기본적으로 X^TX가 존재할 때 문제의 해를 구할 수 있다. 기본적으로 데이터의 개수가 피쳐의 개수보다 많아야 하는데, 사실 이런 경우가 대부분이기 때문에 자주 사용될 수 있다. 최소자승법의 가장 큰 장점은 반복(iteration)과 사용자가 지정하는 하이퍼 매개변수(hyper parameter)가 존재하지 않는다는 것이다. 그래서 데이터만 있으면 쉽게 해를 구할 수 있다. 단점으로는 피쳐가 늘어나면 속도가 느려진다는 것이다. 이 부분은 현재 컴퓨터의 연산속도를 감안하면 다른 알고리즘에 비해 느린 것이 아니기 때문에 크게 신경 쓰지 않아도 된다. 기본적으로 선형회귀의 한계로 'RMSE' 등 성능 지표들이 좋지 않게 나올 가능성이 높다.

04 경사하강법으로 선형회귀 풀기

완성파일 | ch07_sec04.ipynb

1 경사하강법의 개념

두 번째 수식의 최적화 방법인 **경사하강법**(gradient descent)은 말 그대로 경사를 하강하면서 수식을 최소화하는 매개변수의 값을 찾아내는 방법을 의미한다. [그림 7-5]와 같은 $y=x^2$의 그래프를 보면 좀 더 쉽게 이해할 수 있다. 해당 수식을 최소화하는 x 값은 해당 값의 미분값인 $2x=0$이 되는 $x=0$ 지점이다. 그렇다면 컴퓨터는 최적의 지점을 어떻게 찾아낼 수 있을까? 다양한 방법 중 가장 많이 사용하는 방법이 바로 경사하강법이다.

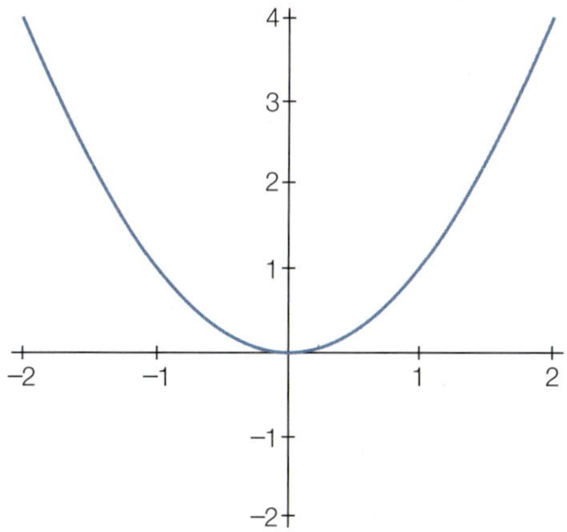

그림 7-5 $y=x^2$ **그래프**

[그림 7-6]과 같이 x^2의 수식에 경사하강법을 적용하면 점이 최솟값을 달성하는 방향으로 점점 내려가는 것을 확인할 수 있다. 이때 경사하강법에서 두 가지를 확인할 필요가 있다.

- **경사하강법을 몇 번 적용할 것인가?** : [그림 7-6]에서는 화살표의 개수가 경사하강이 일어나는 횟수인데, 많이 실행하면 할수록 점점 최솟값에 가까워진다.
- **한 번에 얼마나 많이 내려갈 것인가?** : 한 번에 얼마나 많은 공간을 움직일지에 대한 값을 기울기, 즉 경사(gradient)라고 부른다. 이를 경사하강법의 하이퍼 매개변수라고도 부른다.

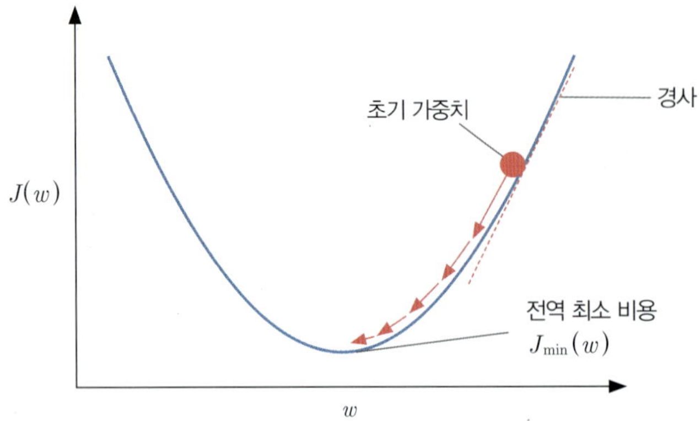

그림 7-6 $y = x^2$ 그래프에 경사하강법 적용

2 경사하강법 알고리즘

경사하강법에 대해 좀 더 자세히 알아보자. 먼저 가장 기본이 되는 수식부터 확인한다. 기본값이 되는 $f(x)$와 $f(x)$를 미분한 값이 다음과 같다.

$$f(x) = x^2 \quad \rightarrow \quad \frac{dy}{dx} = 2x$$

이 식에서 $f(x)$는 최소화시켜야 하는 값이고, $2x$는 이를 미분한 값인 경사다. 경사하강법의 가장 기본적인 수식은 다음과 같다.

$$x_{new} = x_{old} - \alpha \times (2x_{old})$$

여기서 x_{old}는 현재의 x 값을 의미하며, x_{new}는 경사 값이 적용된 후 생성된 값이다. 경사하강법은 바로 이 경사만큼의 변화가 계속 x에 적용되어 x의 최솟값을 찾는 형태이다. 즉 우리가 찾으려는 값에 대해 반복적으로 미분 값을 적용시키면서 더 이상 값이 변하지 않는, 또는 변화가 미미해지는 지점까지 값이 줄어든다고 볼 수 있다.

$$\begin{bmatrix} 1 \\ 1 - 0.1 * 2 * 1 = 0.8 \\ 0.8 - 0.1 * 2 * 0.8 = 0.64 \\ 0.64 - 0.1 * 2 * 0.64 = 0.512 \\ \vdots \end{bmatrix}$$

이러한 과정을 코드로 만들면 다음과 같다. 먼저 −10부터 10까지의 x 값과 이에 대해서 x^2의 값을 가지는 $f(x)$가 있다고 가정하자. 그리고 이를 그래프로 표현하면 [그림 7-7]과 같다.

In [1]:

```
import numpy as np
import matplotlib.pyplot as plt

x= np.arange(-10,10,1)
f_x = x ** 2

plt.plot(x, f_x)
plt.show()
```

Out [1]:

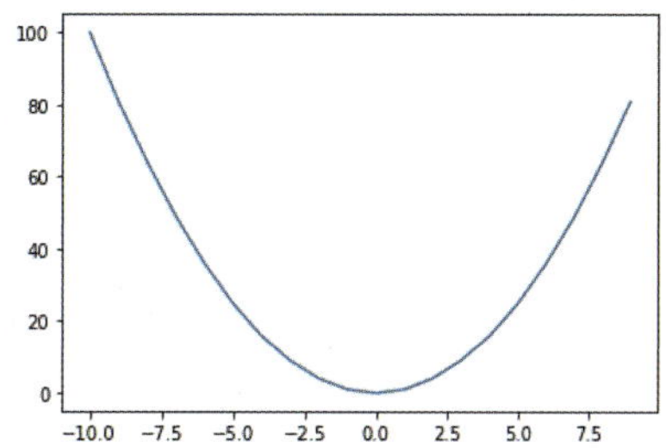

다음으로 x_new가 10부터 시작하여 100회 반복을 돌면서 매번 0.1씩 미분 값인 2를 곱하면 된다. 그리고 이 값을 derivative라는 이름의 리스트 변수에 넣게 된다. x_new = old_value - learng_rate * 2 * old_value가 앞에서 언급한 $x_{new} = x_{old} - \alpha \times (2x_{old})$ 수식과 동일하다. 실행 결과 나타난 그래프의 각 점들은 경사하강법이 작동되면서 x가 최솟값을 찾아가는 경로를 표현한 것이다.

In [2]:

```
x_new = 10
derivative = []
y = []
learng_rate= 0.1
for i in range(100):
    old_value = x_new
    derivative.append(old_value - learng_rate * 2 * old_value)
    x_new = old_value - learng_rate *2* old_value
    y.append(x_new ** 2)
```

```
plt.plot(x, f_x)
plt.scatter(derivative, y)
plt.show()
```

Out [2]:

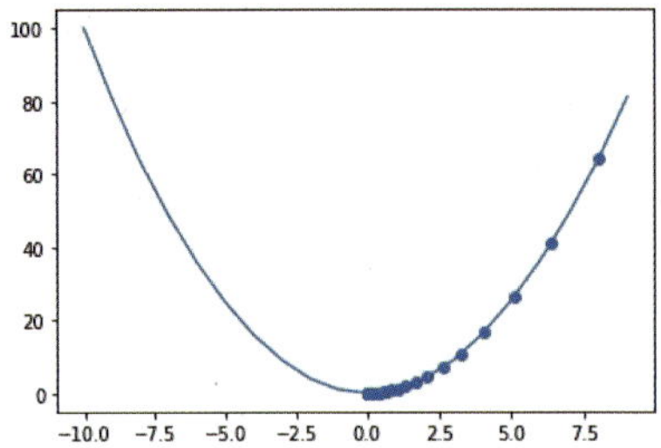

그렇다면 경사하강법에서 결정해야 할 것들은 무엇이 있을까? 경사하강법을 안정적으로 사용하기 위해서는 학습에 의해서가 아닌 알고리즘을 개발하는 개발자에 의해 다음 2가지가 결정되어야 한다.

- 학습률(learning rate)을 얼마로 할 것인가?
- 얼마나 많은 반복(iteration)으로 돌릴 것인가?

먼저 학습률(learning rate)은 앞서 나왔던 $x_{new} = x_{old} - \alpha \times (2x_{old})$ 수식에서 α 값을 결정하는 것이다. 이 값에 따라 한 번의 반복(iteration)이 수행될 때마다 최솟값에 변화가 생긴다. 만약 이 값이 너무 작으면 충분히 많은 반복을 적용해도 원하는 최적값을 찾지 못하는 경우가 발생한다. 만약 이 값이 너무 크면 발산이라고 부르는 현상이 발생되어 최솟값을 수렴하지 못하거나 시간이 너무 오래 걸리는 경험을 하게 된다.

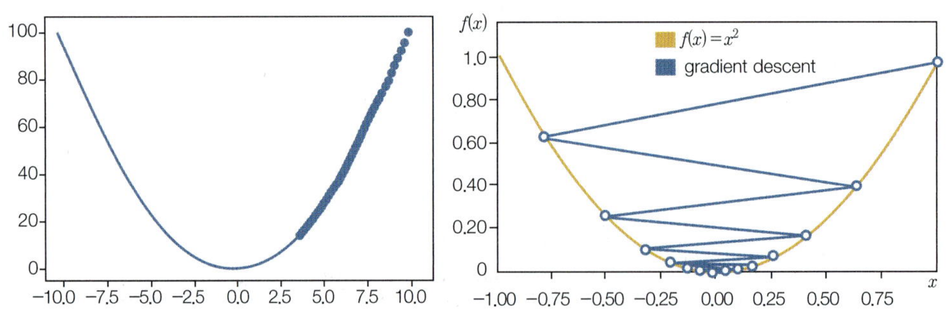

(a) 학습률이 작아 최솟값을 수렴하지 못하는 경우 (b) 학습률이 커서 발산한 경우

그림 7-7 학습률이 너무 크거나 작을 때 발생하는 문제

반복(iteration)도 유사하다. 만약 반복 횟수가 충분하지 않다면 최솟값을 찾지 못할 수도 있고, 너무 많다면 필요 없는 시간을 허비할 수도 있다.

이러한 문제점을 극복하기 위해 다양한 경사하강법 알고리즘과 반복을 멈추는 방법이 존재한다. 이에 대해서는 다음에 다시 논의하도록 하겠다.

3 경사하강법으로 선형회귀 풀기

본격적으로 경사하강법을 사용하여 선형회귀 문제를 풀도록 하겠다. 다음 선형회귀의 수식은 w_0와 w_1 두 변수의 제곱항에 관한 이차항이다. 다음 수식에서는 J를 최소화하는 방향으로 학습을 실행해야 할 것이며, 그 시점에 w_0와 w_1을 찾는 것이 목표다. 만약 w_1과 J 사이의 관계만 나타낸다면 [그림 7-8]의 그래프와 같다.

$$J(w_0, w_1) = \frac{1}{2m}\sum_{i=1}^{m}\left(w_1x^{(i)} + w_0 - y^{(i)}\right)^2$$

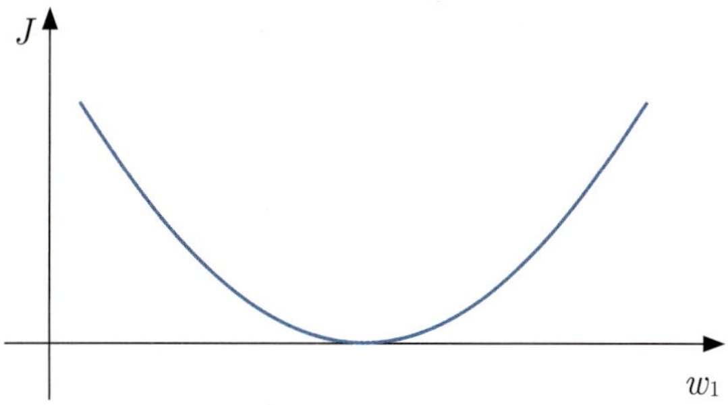

그림 7-8 $J(w_0,w_1)$그래프의 최적화

그러나 이 수식만으로 J를 표현하기에는 한계가 있다. 왜냐하면 두 개의 w 변수가 있기 때문에 일반적으로 [그림 7-9]와 같은 3차원 그래프 형태로 비용함수 J를 표현할 수 있다. 즉, 두 개의 w_0와 w_1의 값이 x축과 y축에, 비용함수 J는 z축에 표현함으로써 비용함수 그래프를 작성할 수 있다.

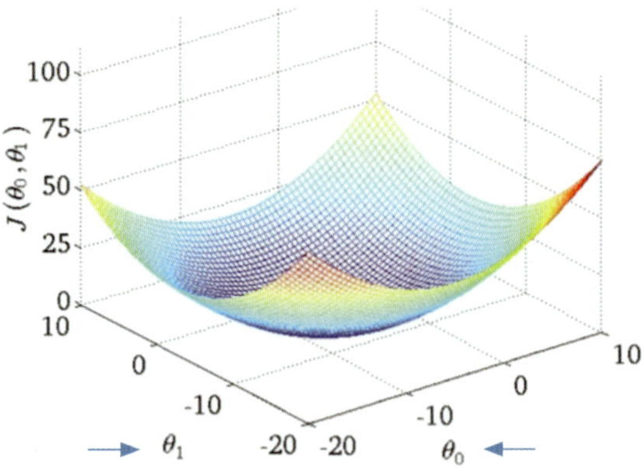

그림 7-9 비용함수 *J* 그래프 © Andrew Ng

이때 두 개의 매개변수 w_0와 w_1에 대한 업데이트를 수행해야 한다. 이를 위해 먼저 임의의 w_0와 w_1 값을 지정하고, 비용함수 J가 최소화 될 때까지 반복을 수행시켜 w_0와 w_1을 학습시킨다. 마지막으로 비용함수가 더 이상 줄어들지 않거나 정해진 반복이 종료되면 학습이 끝나게 된다. 수식은 다음과 같이 앞서 우리가 학습한 방식과 동일하다. 수식 θ_j는 각각 w_0와 w_1로 변환되어 연산이 일어난다.

$$\begin{aligned}&\text{loop until convergence} \{\\&\text{do } \theta_j := \theta_j - \alpha \frac{\partial}{\partial \theta_j} J(\theta_0, \theta_1)\\&\}\end{aligned}$$

$$\frac{\partial J}{\partial w_0} = \frac{1}{m}\sum_{i=1}^{m}(w_1 x^{(i)} + w_0 - y^{(i)})$$

$$\frac{\partial J}{\partial w_1} = \frac{1}{m}\sum_{i=1}^{m}(w_1 x^{(i)} + w_0 - y^{(i)})x^{(i)}$$

이 수식에서 가장 중요한 것은 w_0와 w_1의 업데이트가 동시에(simultaneously) 일어난다는 것이다. 이 표현이 약간 어려운데 수식에서 보면 먼저 w_0가 업데이트되고 다음으로 w_1이 업데이트된다. 그런데 이때 반복(iteration)에서는 이미 업데이트된 w_0와 w_1에 서로 영향을 주지 않는다. 즉 w_1 업데이트에서 사용되는 w_0 값은 앞서 우리가 얘기했던 $w_{0_{old}}$ 값으로 이해해야 한다. 하나의 반복 안에서는 서로 간의 값에 영향을 주지 않는 것이 바로 동시적으로 업데이트된다는 표현의 의미이다.

선형회귀 문제를 경사하강법으로 풀기 위해서는 실험을 진행하는 사람이 학습률과 반복 횟수를 직접 입력해야 한다. 또한 피쳐가 많으면 상대적으로 표준방정식(normal equation) 기법에 비해 학습이 원활하게 일어난다. 하지만 때에 따라서는 최적값이 수렴되지 않는 문제점을 만날 수도 있다.

05 선형회귀 성능 측정하기

완성파일 | ch07_sec05.ipynb

선형회귀는 결국 연속적인 값을 갖는 $\hat{y}$을 산출하게 된다. 그렇다면 선형회귀 모델의 성능을 어떻게 측정할 수 있을까? 흔히 선형회귀 문제에 대한 다양한 지표들을 제시하는데, 각 문제에 맞는 지표들의 특징을 잘 이용하여 실험 대상 데이터에 어떤 지표들을 사용해야 할지 사전에 파악해야 한다. 하지만 성능 측정을 위한 지표만큼이나 데이터를 사전에 나눠서 학습하는 것도 중요하다. 이러한 개념 중의 하나인 '훈련/테스트 분할(train/test split)'에 대해 먼저 이해해야 한다.

1 훈련/테스트 분할

머신러닝에서는 일반적으로 학습을 하기 위한 학습 데이터셋(train dataset)과 학습의 결과로 생성된 모델의 성능을 평가하기 위한 테스트 데이터셋(test dataset)으로 나누어 학습의 성능을 평가한다. 가장 큰 이유는 만들어진 모델이 과연 새로운 데이터셋에도 충분히 일반화(generalize)하여 처리할 수 있는지 확인하기 위해서이다. 만약 생성된 모델이 특정 데이터에만 잘 맞는 거라면 해당 데이터셋에 대해서는 성능을 발휘할 수 있겠지만, [그림 7-10]의 세 번째 그래프처럼 새로운 데이터셋에서는 전혀 성능을 낼 수 없다. 이러한 상황을 우리는 모델이 데이터에 과다적합(over-fit)되었다고 표현한다. 반대로 기존 학습 데이터를 제대로 예측하지 못한다면 모델이 데이터에 과소적합(under-fit)되었다고 표현한다.

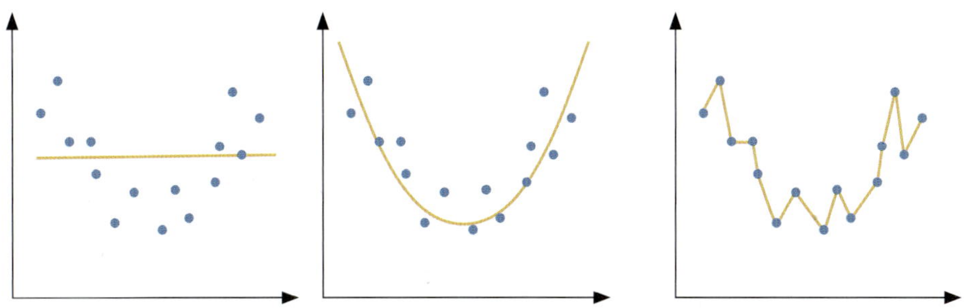

그림 7-10 다양한 데이터셋과 성능 파악

이를 적절히 처리하기 위해 머신러닝에서는 [그림 7-11]과 같이 전체 데이터셋에서 일부 데이터를 학습 데이터와 테스트 데이터로 나누는 **홀드아웃 메서드(hold-out method)** 기법을 사용한다. 학습 데이터셋으로 생성된 모델의 성능을 측정하기 위해 테스트 데이터셋을 사용하고 적절한 성능 지표를 활용하여 해당 모델의 성능을 최종적으로 나타낸다. 홀드아웃 메서드 기법은 일반적인 데이터 분할 기법으로, 모델 생성을 위해 전체 데이터에서 랜덤하게 학습 데이터셋과 테스트 데이터셋을 나눈다. 데이터를 나누는 비율은 데이터의 개수마다 다른 경우가 많은데, 일반적으로 7:3 또는 8:2 정도의 비율로 나눈다. 만약 데이터가 백만 개가 넘어가서 충분히 많을 경우에는 9:1의 비율로 데이터를 나누기도 한다. 이외에도 데이터를 나누는 방법은 다양하다. 이후 각 절에서 추가적인 방법에 대해 설명하겠다.

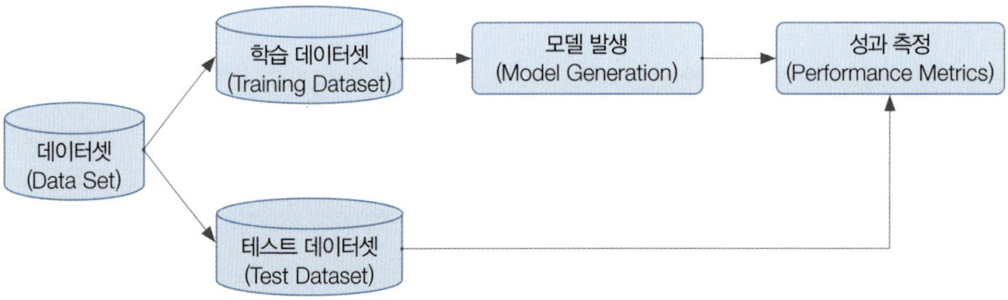

그림 7-11 홀드아웃 메서드(hold-out method) 기법

실제 데이터를 나누기 위해서는 다음 코드와 같이 `sklearn` 모듈이 제공하는 `train_test_split` 함수를 사용한다. 해당 함수를 사용하여 X와 y 벡터 값을 각각 넣고, 매개변수 `test_size`에 테스트 데이터로 사용할 데이터의 비율을 지정해야 한다. 마지막으로 `random_state`는 랜덤한 값을 기준으로 임의로 지정하는 값이다. 이 값이 만약에 똑같다면 같은 데이터셋에 한정하여 똑같은 결과를 출력한다.

```
In [1]:  import numpy as np
         from sklearn.model_selection import train_test_split

         X, y = np.arange(10).reshape((5, 2)), range(5)

         X_train, X_test, y_train, y_test = train_test_split(
                 X, y, test_size=0.33, random_state=42)
```

2 선형회귀의 성능 측정 지표

선형회귀의 성능 측정 지표에는 MAE, RMSE, 결정계수가 있다.

2.1 MAE

대표적인 성능 측정 지표 중 하나인 **MAE(Mean Absolute Error)**는 평균 절대 잔차로 예측값과 실제값의 차이를 절댓값으로 표현하는 지표이다. 다음 수식과 같이 모든 테스트 데이터에 대해 예측값과 실제값의 차이에 대해 절댓값을 구하고, 이 값을 모두 더한 후에 데이터의 개수만큼 나누면 결과가 출력된다. MAE의 가장 큰 장점은 직관적으로 예측값과 실측값의 차이가 어느 정도인지 알 수 있다는 것이다. 만약 MAE가 300이라면, 두 값의 차이가 평균적으로 300이라고 예상할 수 있다.

$$MAE = \frac{1}{n}\sum_{i=1}^{n}|y_i - \hat{y}_i| = \frac{1}{n}\sum_{i=1}^{n}|e_i|$$

sklearn 모듈로 MAE를 구하는 함수는 median_absolute_error이다. 예측값 벡터와 실제값 벡터를 해당 함수에 다음 코드와 같이 넣으면 결과를 구할 수 있다.

In [2]:
```
from sklearn.metrics import median_absolute_error
y_true = [3, -0.5, 2, 7]
y_pred = [2.5, 0.0, 2, 8]
median_absolute_error(y_true, y_pred)
```

Out [2]:
```
0.5
```

2.2 RMSE

그 다음 성능 측정 지표인 **RMSE(Root Mean Squared Error)**는 평균제곱근 오차이다. RMSE는 MAE와 유사하나 오차에 대해 제곱을 한 다음 모든 값을 더하여 평균을 낸 후 제곱근을 구하는 방식이다. MAE에 비해 상대적으로 값의 차이가 더 커지게 되어 있다. 만약 차이가 크게 나는 값에 대해서 페널티를 주고 싶다면 RMSE 값을 사용하는 것이 더 좋은 선택이다.

$$RMSE = \sqrt{\frac{1}{n}\sum_{i=1}^{n}(y_i - \hat{y}_i)^2}$$

sklearn 모듈에서 RMSE를 직접적으로 지원하지는 않는다. 대신 mean_squared_error만 지원하고 있어 다음 코드와 같이 해당 함수를 사용하여 값을 구할 수 있다.

In [3]:
```
from sklearn.metrics import mean_squared_error
y_true = [3, -0.5, 2, 7]
y_pred = [2.5, 0.0, 2, 8]
mean_squared_error(y_true, y_pred)
```

Out [3]:
```
0.375
```

2.3 결정계수

마지막 성능 측정 지표인 **결정계수(R-squared)**는 두 개의 값의 증감이 얼마나 일관성을 가지는지 나타내는 지표이다. 즉 예측값이 크면 클수록 실제값도 커지고, 예측값이 작으면 실제값도 작아지는 형식이다. 결정계수는 두 개의 모델 중 어떤 모델이 조금 더 상관성이 있는지를 나타낼 수 있지만, 값의 차이 정도가 얼마인지는 나타낼 수 없다는 한계가 있다. 결정계수를 수식으로 표현하면 다음과 같다.

$$R^2 = 1 - \frac{\sum_i (y_i - \hat{y}_i)^2}{\sum_i (y_i - \mu)^2}$$

sklearn 모듈에서 결정계수를 구하기 위해서는 다음 코드와 같이 r2_score를 사용한다.

In [4]:
```
from sklearn.metrics import r2_score
y_true = [3, -0.5, 2, 7]
y_pred = [2.5, 0.0, 2, 8]
r2_score(y_true, y_pred)
```

Out [4]:
```
0.9486081370449679
```

06 코드로 선형회귀 구현하기

완성파일 | ch07_sec06.ipynb

경사하강법을 선형회귀로 구현해보겠다. 데이터를 생성하는 코드를 먼저 작성한다.

In [1]:

```
import matplotlib.pyplot as plt
import numpy as np
import random

def gen_data(numPoints, bias, variance):
    x = np.zeros(shape=(numPoints, 2))
    y = np.zeros(shape=numPoints)

    for i in range(0, numPoints):
        x[i][0] = 1 # (2) 데이터 x의 상수항에는 1
        x[i][1] = i # (3) 데이터 x 값은 1씩 증가시킴
        y[i] = (i+bias) + random.uniform(0, 1) * variance
        # (4) 데이터 y에 bias 생성
    return x, y

x, y = gen_data(100, 25, 10) # (1) 100개의 데이터 생성

plt.plot(x[:,1]+1,y,"ro")      # (5) 데이터 x와 y의 상관관계 그래프 작성
plt.show()
```

Out [1]:

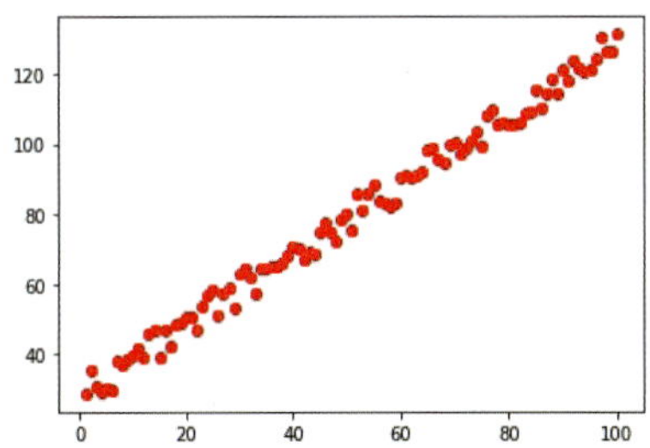

코드 해설

- # (1) 데이터를 생성하는 gen_data 함수를 사용하여 100개의 데이터를 생성한다.
- # (2) 100개의 데이터 x 상수항에는 모두 1이 들어간다.
- # (3) 100개의 데이터 x 값을 1씩 증가시켜 차례대로 생성된다.
- # (4) 100개의 데이터 y 값을 1씩 차례대로 증가시키는데, 이때 편향(bias) 값을 더해줌으로써 균등분포로 0에서 1사이의 값이 들어가게 한다.
- # (5) x와 y 값에 대한 그래프를 표시한다.

그 다음 생성된 데이터에 경사하강법을 적용한다.

In [2]:
```
def gradient_descent(x, y, theta, alpha, m, numIterations):
    xTrans = x.transpose() # (6)
    theta_list = []        # (7)
    cost_list = []         # (8)
    for i in range(0, numIterations):         # (9)
        hypothesis = np.dot(x, theta)         # (10)
        loss = hypothesis - y                 # (11)
        cost = np.sum(loss ** 2) / (2 * m)    # (12)
        gradient = np.dot(xTrans, loss) / m  # (13)
        theta = theta - alpha * gradient      # (14)
        if i % 250 == 0:    # (15)
            theta_list.append(theta)
        cost_list.append(cost)
    return theta,np.array(theta_list), cost_list    # (16)

m, n = np.shape(x)          # (1)
numIterations= 5000         # (2)
alpha = 0.0005              # (3)
theta = np.ones(n)          # (4)

theta,theta_list, cost_list = gradient_descent(x, y, theta, alpha, m,
numIterations)              # (5)
```

코드 해설

- # (1) x의 데이터 개수에서 데이터 개수 m과 피쳐 개수 n을 추출한다.
- # (2) 반복 횟수를 지정한다.
- # (3) 학습률(learning rate)을 지정한다.
- # (4) 가중치(weight) 값의 초깃값을 지정한다.
- # (5) 경사하강 함수를 호출한다.
- # (6) x 값의 `transpose` 함수를 생성한다.
- # (7) `theta` 값의 저장 리스트를 생성한다.
- # (8) `cost` 값의 저장 리스트를 생성한다.
- # (9) 반복 횟수만큼 반복(loop)이 시작된다.
- # (10) $\hat{y}$의 값을 계산한다. 이때 100개의 데이터에 대한 예측값이 생성된다.
- # (11) 예측값과 실제값 간의 차를 `loss`에 저장한다.
- # (12) 비용함수의 값을 산출한다.
- # (13) $\frac{\partial J}{\partial w_n}$에 해당하는 값을 계산한다. 기본 수식이 $\frac{1}{m}\sum_{i=1}^{m}\left(w_n x_n^{(i)} + w_n - y^{(i)}\right)x_n^{(i)}$로 두 수식 간의 차에서 x_n을 곱하는 형태이다. 경사(기울기) 값은 피쳐의 개수만큼 값이 생성된다.
- # (14) 가중치 값인 `theta` 값이 업데이트된다. 이때 `theta`는 가중치 값의 벡터이므로 이 코드에서는 두 개의 가중치인 w_0와 w_1이 모두 업데이트된다.
- # (15) 매회 250번째마다 `theta` 값과 `cost` 값이 업데이트되어 저장된다.
- # (16) 결과가 리턴된다.

이제 생성된 `theta_list` 값과 x 값을 연산하여 각 가중치별로 $\hat{y}$ 값을 구하여 실행 결과를 그래프로 출력한다. 그래프에서 확인 가능하듯이 처음에는 값이 많이 빗나갔지만 학습을 진행하면서 데이터와 맞춰지는(fitting) 것을 볼 수 있다.

In [3]:

```
y_predict_step= np.dot(x, theta_list.transpose())
plt.plot(x[:,1],y,"ro")
for i in range (0,20,2):
    plt.plot(x[:,1],y_predict_step[:,i], label='Line %d'%i)

plt.legend(bbox_to_anchor=(1.05, 1), loc=2, borderaxespad=0.)
plt.show()
```

Out [3]:

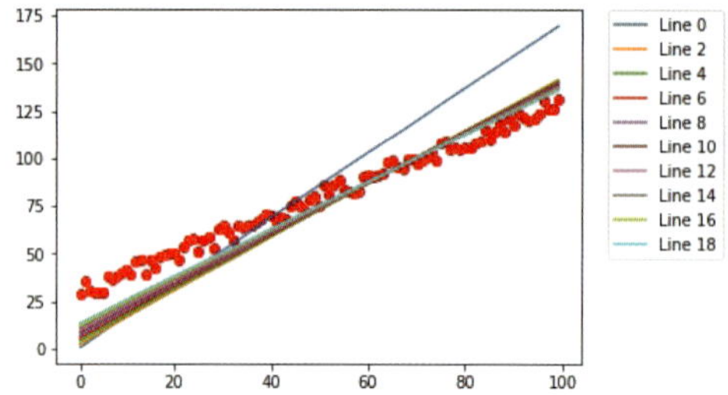

마지막 단계로 생성된 값에 대해서 $\hat{y}$ 값은 Out [4]와 같은 그래프가 되고, 이에 대해 cost 값의 변화를 그래프로 작성하면 Out [5]와 같다.

In [4]:

```
y_predict= np.dot(x, theta)
plt.plot(x[:,1],y,"ro")
plt.plot(x[:,1],y_predict, lw=3)
plt.show()
```

Out [4]:

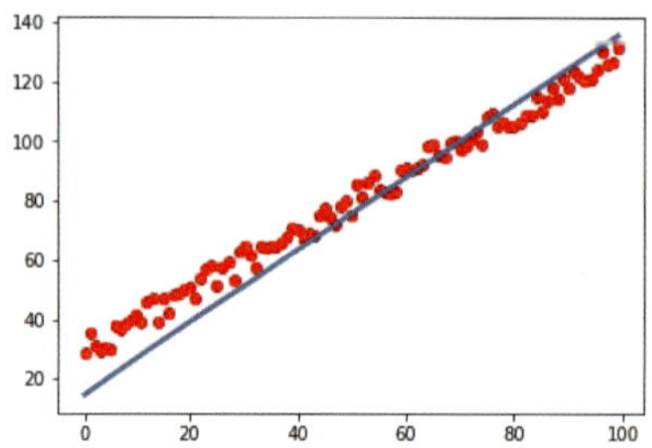

In [5]:

```
iterations = range(len(cost_list))

plt.scatter(iterations,cost_list)
plt.show()
```

Out [5]:

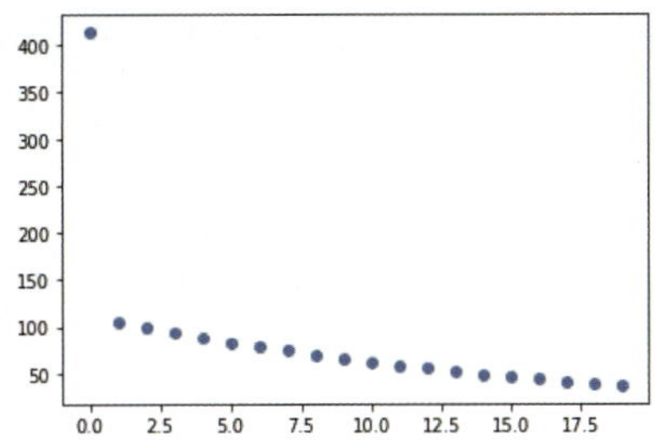

요약

01 선형회귀(Linear Regression)

종속변수 y와 한 개 이상의 독립변수 x와의 선형 상관관계를 모델링하는 회귀분석 기법이다.

02 비용함수(cost function)

머신러닝에서 최소화해야 할 예측값과 실제값의 차이로 다음과 같이 표현한다.

$$J(w_0, w_1) = \frac{1}{2m}\sum_{i=1}^{m}(h_\theta(x^{(i)}) - (y^{(i)}))^2$$

03 최소자승법과 경사하강법

- 최소자승법(least square method) : 선형대수 표기법을 사용하여 방정식으로 선형회귀 문제를 푸는 방법
- 경사하강법(gradient descent) : 경사를 하강하면서 수식을 최소화하는 매개변수의 값을 찾아내는 방법

04 홀드아웃 메서드(hold-out method)

일반적인 데이터 분할 기법으로, 모델 생성을 위해 전체 데이터에서 랜덤하게 학습 데이터셋과 테스트 데이터셋으로 나눈다. 데이터를 나누는 비율은 데이터의 개수마다 다른데, 일반적으로 7:3 또는 8:2 정도의 비율로 나눈다.

05 선형회귀 성능 측정 지표

- MAE(Mean Absolute Error) : 평균 절대 잔차로, 예측값과 실제값의 차이를 절댓값으로 표현하는 지표이다.
- RMSE(Root Mean Squared Error) : 평균제곱근 오차로, 오차에 대해 제곱한 다음 모든 값을 더하여 평균을 낸 후 제곱근을 구하는 방식이다.
- 결정계수(R-squared) : 두 개의 값의 증감이 얼마나 일관성을 가지는지 나타내는 지표이다.

연습문제

01 다음 그래프 중 가장 강한 양의 상관관계를 가진 그래프를 고르시오.

①
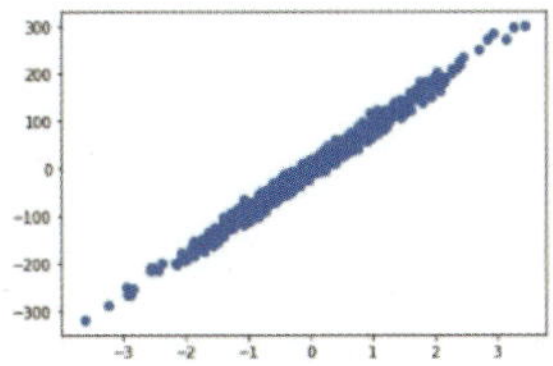

②
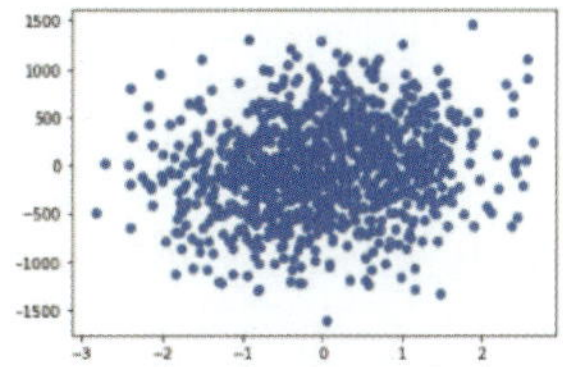

③
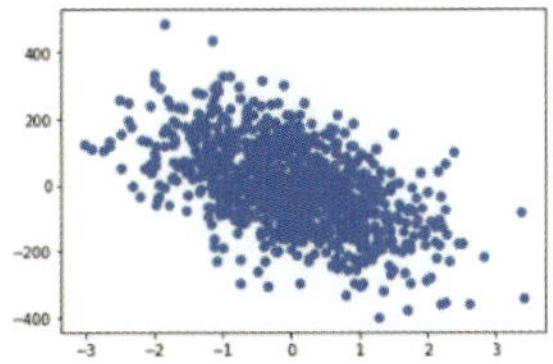

④
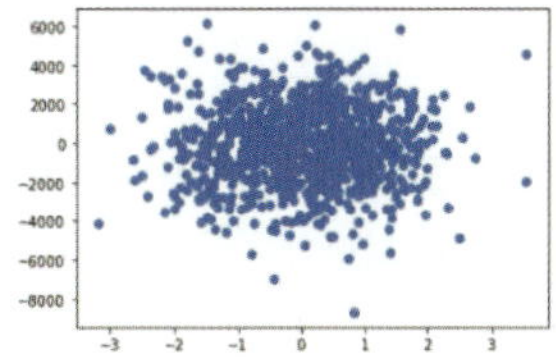

02 다음 수식에 관한 설명 중 <u>틀린</u> 것을 고르시오.

$$J(w_0, w_1) = \frac{1}{2m}\sum_{i=1}^{m}\left(h_\theta(x^{(i)}) - y^{(i)}\right)^2$$

① 위 수식에서 다루는 피쳐의 개수는 하나이다.

② $y^{(i)}$는 i번째 실제값 y를 의미한다.

③ 가설함수 h의 θ는 두 개의 가중치 매개변수를 가지고 있다.

④ 수식 앞에 $2m$ 중 2는 중요한 정규화텀(normalization term)으로, 없을 경우 연산되지 않는다.

03 경사하강법에 대한 설명으로 옳지 <u>않은</u> 것을 고르시오.

① 경사하강법은 최소자승법과 비교할 때 큰 데이터에서도 정확한 답을 구할 수 있다.

② 경사하강법의 하이퍼 매개변수는 크게 데이터의 개수와 피쳐의 개수가 있다.

③ 반복은 어느 시점이 지나면 더 이상 손실(loss) 값이 감소하지 않는다.

④ 학습률(learning rate)이 너무 클 경우 손실(loss)이 발산하여 수렴하지 못하는 현상이 생길 수도 있다.

04 다음 수식을 사용하여 최소자승법으로 선형회귀 문제를 풀려고 한다. 다음 설명 중 틀린 것을 고르시오.

$$\hat{w} = (X^T X)^{-1} X^T y$$

① $X^T X$가 존재할 때 문제의 해를 구할 수 있다.

② 데이터의 개수가 피쳐의 개수보다 많아야 한다.

③ 경사하강법 알고리즘에 비해 데이터가 늘어나면 느려진다.

④ 반복(iteration) 없이 바로 연산할 수 있으며, 하이퍼 매개변수가 존재하지 않는다.

05 회귀식의 성능을 측정하기 위해 사용되는 MAE, RMSE, 결정계수(R-squared)에 대한 설명으로 적절한 것을 고르시오.

① RMSE는 예측값과 실제값의 차이에 대한 제곱을 모두 합한 후 제곱근 연산을 한 값으로, 사이킷런의 `root_mean_scored_error` 함수를 사용할 수 있다.

② MAE는 에측값과 실제값 간의 차이에 대한 합을 데이터 개수 n으로 나눈 값으로 계산된다.

③ 결정계수(R-squared)는 두 값의 상관도를 지표화하여 −1에서 1까지의 값을 출력한다.

④ 이상치가 많을 경우에는 RMSE가 MAE보다 왜곡 정도를 좀 더 효과적으로 표현한다.

06 다음과 같은 데이터가 있는데, 'Midterm Exam' 점수와 '$(\text{Midterm Exam})^2$' 점수를 피쳐로 하여, 'Final Exam' 점수를 예측한다고 하자. 다음 데이터를 각각 Z-score 표준화로 피쳐 스케일링(feature scaling)을 한다고 했을 때, 3번째 데이터에 대한 변환 값이 얼마인지 고르시오.

Midterm Exam	$(\text{Midterm Exam})^2$	Final Exam
89	7921	96
72	5184	74
94	8836	84
69	4761	75

① `[1, 1]`

② `[1.21, 1.24]`

③ `[5, 4]`

④ `[0.74, 0.71]`

07 데이터 m은 14개가 있고, 3개의 피처 n이 존재한다고 가정하자. 수식 $\theta = (X^T X)^{-1} X^T y$로 문제를 푼다고 했을 때, 주어진 m과 n을 고려하여 X와 y의 차원이 각각 얼마인지 고르시오(단, 절편 항에 대한 추가 피쳐는 논의하지 않았으며, 필요에 따라 추가해야 함).

① $X = \frac{14}{1}, Y = \frac{14}{1}$

② $X = \frac{14}{3}, Y = \frac{3}{1}$

③ $X = \frac{14}{4}, Y = \frac{4}{1}$

④ $X = \frac{14}{3}, Y = \frac{14}{1}$

08 다음 코드는 선형회귀의 여러 구성 요소 중 하나를 구현한 코드이다. 이 코드에서 theta가 의미하는 수식은 무엇인지 고르시오.

```
def my_code_number(x, y, theta, alpha, m, numIterations):
    xTrans = x.transpose()
    theta_list = []
    cost_list = []
    for i in range(0, numIterations):
        hypothesis = np.dot(x, theta)
        loss = hypothesis - y
        cost = np.sum(loss ** 2) / (2 * m)
        gradient = np.dot(xTrans, loss) / m

        theta = theta - alpha * gradient
        if i % 250 == 0:
            theta_list.append(theta)
            cost_list.append(cost)
    return theta,np.array(theta_list), cost_list
```

① $J(w_0, w_1) = \frac{1}{2m}\sum_{i=1}^{m}\left(w_1 x^{(i)} + w_0 - y^{(i)}\right)^2$

② loop until convergence{

$do\,\theta_j := \theta_j - \alpha \frac{\partial}{\partial\partial_j} J(\theta_0, \theta_1)$

}

③ $\hat{w} = (X^T X)^{-1} X^T y$

④ $\frac{\partial J}{\partial w_1} = \frac{1}{m}\sum_{i=1}^{m}\left(w_1 x^{(i)} + w_0 - y^{(i)}\right)x^{(i)}$

09 **경사하강법에서 학습률(learning rate)과 반복(iteration) 횟수가 중요한 하이퍼 매개변수인 이유로 맞는 설명을 고르시오.**

① 학습률이 크면 클수록 학습의 속도가 빨라진다.

② 반복이 많을수록 최종 성능이 높아진다.

③ 학습률이 너무 작을 경우 학습 시간이 늦어지고, 반복이 충분하지 않을 경우 손실(loss)이 수렴되지 않는다.

④ 학습률이 작으면 세부적인 학습이 가능하며, 학습의 정확도를 위해 작게 하는 것이 좋다.

10 **선형회귀에서 피쳐 스케일링(feature scaling)을 사용하는 이유로 적절한 것을 고르시오.**

① 피쳐들의 값을 정규화함으로써 경사하강법 적용 시 학습 시간이 단축된다.

② 최소자승법 적용 시 연산 속도가 단축된다.

③ 피쳐 값의 이상치가 많을수록 최솟값-최댓값(Min-Max) 스케일링 기법이 유효하다.

④ Z-score 정규화는 최솟값-최댓값(Min-Max) 스케일링 기법에 비해 경사하강법 적용에 어려움이 있다.

CHAPTER 08

선형회귀의 심화

학습목표

- 전체-배치 경사하강법, 확률적 경사하강법(SGD), 미니-배치 경사하강법에 대해 알아본다.
- SGD를 파이썬 코드로 작성하는 방법을 실습한다.
- 과대적합을 극복하는 방법에 대해 알아본다.
- L2 정규화인 리지 회귀와 L1 정규화인 라쏘 회귀에 대해 학습한다.
- 사이킷런을 이용하여 선형회귀를 구현한다.

01 경사하강법의 종류

완성파일 | ch08_sec01.ipynb

우리는 'Chapter 07 선형회귀의 기초'에서 두 가지 알고리즘인 최소자승법과 경사하강법에 대해 알아보았다. 두 알고리즘 모두 장점이 있고 중요하지만, 더 깊게 알아야 하는 알고리즘은 경사하강법(gradient descent)이다. 그 이유는 현재 머신러닝의 핵심이라고 할 수 있는 딥러닝의 기본이 되는 알고리즘이 경사하강법이기 때문이다. 최근에 좋은 성능을 내는 거의 모든 알고리즘이 경사하강법을 기본으로 하고 있어 이 경사하강법을 정확히 알고 있는 것이 중요하다. 이번에는 다양한 경사하강법에 대해 학습해보자.

1 전체-배치 경사하강법

처음 배운 경사하강법과 실제 데이터를 사용한 경사하강법에는 조금 차이가 있다. 처음 배운 경사하강법은 다음 수식과 같이 하나의 값에 대한 경사도(gradient)를 구한 다음 값들을 업데이트한다.

$$x_{new} = x_{old} - \alpha \times (2x_{old})$$

하지만 데이터를 사용하여 실제 매개변수를 업데이트하면 다음 수식과 같이 $\sum$ 기호를 포함하여 경사도를 반영하게 된다. 이는 각 데이터의 경사도를 모두 더해 하나의 값으로 가중치를 업데이트하는 과정이다. 이러한 방식을 일반적으로 **전체-배치 경사하강법(full-batch gradient descent)**이라고 부르는데, 이는 모든 데이터를 한 번에 입력하는 방식이다.

$$\frac{\partial J}{\partial w_0} = \frac{1}{m}\sum_{i=1}^{m}\left(w_i x^{(i)} + w_0 - y^{(i)}\right)$$

$$\frac{\partial J}{\partial w_1} = \frac{1}{m}\sum_{i=1}^{m}\left(w_i x^{(i)} + w_0 - y^{(i)}\right)x^{(i)}$$

일반적으로 선형회귀에서 특별한 의미 없이 경사하강법을 사용한다고 할 때 바로 전체-배치 경사하강법을 의미한다. 여기서 배치(batch)는 하나의 데이터셋을 말하며, 전체-배치(full-batch)란 모든 데이터를 한 번에 사용하여 가중치를 업데이트하는 것을 말한다.

그렇다면 왜 데이터를 하나씩 사용하는 것이 아니라 전체 데이터의 경사도 평균을 취해 가중치를 업데이트하는 것일까? [그림 8-1]과 같이 점을 한 개씩 사용하여 가중치를 업데이트하면 시간이 오래 걸린다. 또한 시작점이 어디인지에 따라 그래프 전체에서 최솟점을 찾지 못하고 부분최솟점에 최적점이 위치하게 된다. 이러한 문제점을 '지역 최적화(local optimum)에 빠졌다'고 표현한다.

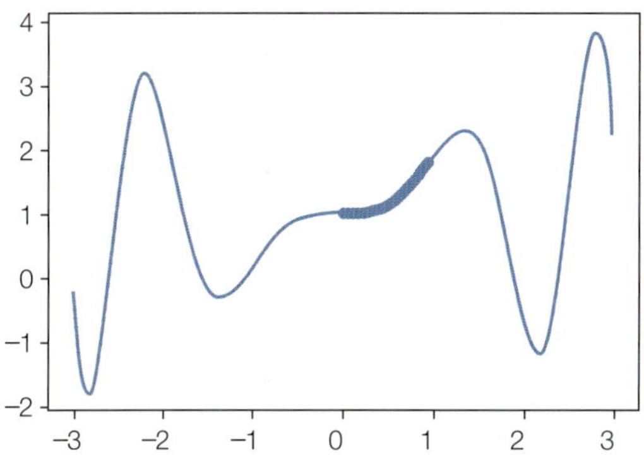

그림 8-1 점을 한 개씩 사용하여 가중치를 업데이트

전체-배치 경사하강법은 하나의 데이터를 사용하는 일반적인 경사하강법과 비교해서 다음과 같은 특징을 가진다.

- **업데이트 횟수 감소 :** 가중치의 업데이트 횟수가 줄어들면서 계산상 효율성이 올라간다.
- **안정적인 비용함수 수렴 :** 비교적 안정적으로 비용함수가 수렴된다. 모든 값의 평균을 구하기 때문에 일반적으로 경사하강법이 갖는 지역 최적화 문제를 만날 가능성도 있다.
- **업데이트 속도 증가 :** 데이터가 백만 단위 이상을 넘어가면 하나의 머신에서는 처리가 불가능해져서 메모리 문제가 발생할 수 있다. 하지만 전체-배치 경사하강법과 같이 대규모 데이터셋을 한 번에 처리하면 모델의 매개변수에 대한 업데이트 속도에 문제 발생이 적어진다.

2 확률적 경사하강법

두 번째 경사하강법 알고리즘은 확률적 경사하강법(Stochastic Gradient Decent, SGD)이다. 확률적 경사하강법을 이해하기 위해서는 [그림 8-1]과 같이 복잡한 그래프에서 한 점을 중심으로 경사하강이 일어나는 그림을 그리면 도움이 된다. 만약 한 점을 시작으로 그 지점에서 순차적으로 경사하강이 일어난다면, [그림 8-1]에서 보듯이 어떤 지점에서는 더 이상 값이 변화하지 않는 지역 최적화에 빠질 수 있다. 이런 방식의 문제점을 극복하기 위해서 확률적 경사하강법(이하 SGD)에서는 데이터셋에 있는 값들을 순차적으로 추출하여 미분하는 것이 아니라 학습용 데이터에서 샘플들을 랜덤하게 뽑아서 사용한다. 기본적으로 [그림 8-2]와 같은 순서로 알고리즘이 일어나는데, 특별히 다른 점은 알고리즘의 2행처럼 대상이 되는 데이터를 섞은(shuffle) 후, 일반적인 경사하강법 과정에서 데이터를 한 개씩 추출하여 가중치 업데이트에 사용하게 된다.

```
1 Procedure SGD
2     shuffle(X)
3     for i in number of X do
4         $\theta_j = \theta_j - \alpha(\hat{y}^{(i)} - y^{(i)})x_j^{(i)}$
5     end for
6 end procedure
```

그림 8-2 확률적 경사하강법(SGD) 알고리즘의 의사코드

SGD의 장점은 다음과 같다.

- 빈번한 업데이트를 하기 때문에 데이터 분석가 입장에서는 모델의 성능 변화를 빠르게 확인할 수 있다.
- 데이터의 특성에 따라 훨씬 더 빠르게 결과값을 낼 수 있다.
- 지역 최적화를 회피하는 데 유용하다.

SGD의 단점은 다음과 같다.

- 대용량 데이터를 사용하여 SGD에 적용하는 경우 시간이 매우 오래 걸리는 문제가 발생한다.
- 결과의 마지막 값을 확인하기 어렵다. 흔히 '튀는 현상'이라고 불리는 것으로 비용함수의 값이

줄어들지 않고 계속 변화하는 현상이 발생하는데, 이럴 경우 정확히 언제 루프(loop)가 종료되는지 알 수 없어서 판단이 어려워진다.

3 미니-배치 경사하강법

세 번째 경사하강법 알고리즘은 미니-배치 경사하강법(mini-batch gradient descent), 또는 미니-배치 SGD(mini-batch SGD)라고 부르는 기법이다. 전체-배치 경사하강법과 다르게 미니-배치 경사하강법(이하 미니-배치 SGD)은 모든 데이터를 입력하지 않고 데이터의 일부분만 입력해서 해당 값들의 경사도 평균을 구해 가중치를 업데이트하는 방식이다. 또한 단순히 데이터의 일부분만 입력하는 게 아니라 데이터를 랜덤하게 섞어서 업데이트할 때 사용한다. '미니-배치 SGD'라는 이름에서 알 수 있듯이 데이터를 미니-배치 방식으로 입력하면서 섞기 때문에 SGD의 명칭도 그대로 사용한다. 미니-배치 SGD는 경사하강법 중 가장 일반적인 방식으로 앞으로 사용할 기법의 표준이라고 할 수 있다.

사실 전체-배치 SGD와 미니-배치 SGD는 여러 개의 데이터를 한 번에 학습한다는 면에서는 같은 개념이지만, 미니-배치 SGD는 데이터 전체가 아닌 일부를 입력한다는 측면에서 차이가 난다. 최근에는 한 번에 입력하는 개수를 2^n으로 많이 늘였다. 예를 들면, 128, 256, 512, 1024와 같은 방식이다. 이는 최근에 미니-배치 SGD 알고리즘을 가장 많이 사용하는 곳이 딥러닝 분야로 딥러닝을 많이 사용하는 그래픽 카드의 메모리 크기를 고려하여 2^n으로 데이터를 입력하기 때문이다.

TIP 오늘날 사용하는 경사하강법 대부분의 최적화 알고리즘의 시작은 미니-배치 SGD이기 때문에 최근 책에서 SGD라고 부르면 바로 미니-배치 SGD를 칭하는 것으로 이해하면 된다.

미니-배치 SGD를 좀 더 이해하기 위해서는 기본 용어인 에포크와 배치 사이즈에 대해 알아야 한다.

- **에포크(epoch)** : 데이터를 한 번에 모두 학습시키는 횟수를 의미한다. 만약 전체 데이터를 5번 사용하여 학습시킨다면 5에포크(5epoch) 학습을 시킨다고 말한다. 전체-배치 SDG를 한 번 학습하는 루프가 실행될 때 1에포크의 데이터가 학습된다고 말할 수 있다.
- **배치 사이즈(batch-size)** : 한 번에 학습이 되는 데이터의 개수를 의미한다. 만약 총 데이터가 5012개가 있고 배치 사이즈가 512라면 10번의 루프가 돌면서 1에포크를 학습했다고 할 수 있다.

에포크와 배치 사이즈는 모두 학습률(learning rate)과 같이 하이퍼 매개변수이므로 데이터 분석가가 직접 선정해야 한다. 에포크와 배치 사이즈의 개념은 딥러닝에서도 핵심적으로 사용되므로 항상 기억해야 한다.

미니-배치 SGD 알고리즘을 자세히 살펴보면 [그림 8-3]과 같다. 먼저 데이터 X를 랜덤하게 섞는다. 다음으로 배치 사이즈(batch-size) BS와 배치의 횟수인 NB를 정한다. NB의 경우 전체 데이터를 배치 사이즈의 크기로 나누면 계산할 수 있다. 예를 들어 가지고 있는 데이터가 총 1280개이고 배치 사이즈가 128개라면, NB는 1280에 128을 나눈 10이 할당된다. 마지막으로 6행과 7행의 코드를 보면 NB의 횟수만큼 루프가 작동하면서 가중치 값을 배치 사이즈의 데이터 개수만 사용하여 업데이트한다.

```
1 Procedure MINI-BATCH SGD
2     shuffle(X)
3     BS ← BATCH SIZE
4     NB ← Number of Batches
5     NB ← len(X)//BS
6     for i in NB do
```

7 $$\theta_j = \theta_j - \alpha \sum_{k=i\times BS}^{(i+1)\times BS} (\hat{y}^{(k)} - y^{(k)}) x_j^{(k)}$$

그림 8-3 미니-배치 경사하강법 알고리즘의 의사코드

4 SGD의 파이썬 코드 작성하기

SGD를 좀 더 쉽게 이해하기 위해 파이썬에서 가장 기본적인 내용부터 직접 구현하는 것을 추천한다. 사실 비용함수를 최적화하기 위해서는 SGD 외에도 다양한 형태의 알고리즘이 존재한다. 이 모든 알고리즘을 지금 다 구현하기는 어렵지만 기본적인 SGD만 구현해도 이후의 학습에 큰 도움을 줄 것이다.

앞서 논의한 3가지 형태의 경사하강법 알고리즘을 개발하기 위해서는 크게 4가지가 코드에 반영되어야 한다. 에포크(epoch), 셔플(shuffle) 여부, 배치 사이즈(batch size), 인터셉트(intercept) 추가 여부 등이다. 이를 위해 다음 코드와 같이 `linear_model.py` 모듈 안에 `LinearRegressionGD`라고 부르는 클래스를 생성하였다. 기본 클래스에서 `epochs`는 에포크의 횟수, eta0는 학습률, fit_intercept는 절편의 추가 여부를 나타내는 변수이다. 다음 코드를 통해 먼저 LinearRegressionGD 클래스의 인스턴스를 초기화시킨다.

```
In [1]: class LinearRegressionGD(object):
            def __init__(self, fit_intercept=True, copy_X=True,
                         eta0=0.001, epochs=1000, batch_size = 1,
                         weight_decay=0.9, shuffle = True):
                self.fit_intercept = fit_intercept
                self.copy_X = copy_X
                self._eta0 = eta0
                self._epochs = epochs

                self._cost_history = []

                self._coef = None
                self._intercept = None
                self._new_X = None
                self._w_history = None
                self._weight_decay = weight_decay
                self._batch_size = batch_size
                self._is_SGD = shuffle

            def gradient(self, X, y, theta):
                return X.T.dot(self.hypothesis_function(X, theta)-y) / len(X)

            def fit(self, X, y):
                self._new_X = np.array(X)    # X 데이터 할당
                y = y.reshape(-1, 1)

                if self.fit_intercept:       # intercept 추가 여부
                    # 1로만 구성된 상수항을 모든 데이터에 추가
                    intercept_vector = np.ones([len(self._new_X), 1])
                    self._new_X = np.concatenate(
                            (intercept_vector, self._new_X), axis=1)

                theta_init = np.random.normal(0, 1, self._new_X.shape[1])
                # weight값 초기화
```

```
        self._w_history = [theta_init]
        self._cost_history = [self.cost(
                self.hypothesis_function(self._new_X, theta_init), y)]

        theta = theta_init

        for epoch in range(self._epochs):  # 지정된 epoch의 값만큼 학습 실행
            X_copy = np.copy(self._new_X)

            if self._is_SGD:          # stochastic 적용 여부
                np.random.shuffle(X_copy)

            batch = len(X_copy) // self._batch_size
            # 배치 사이즈를 기준으로 전체데이터를 나눔

            for batch_count  in range(batch):
                X_batch = np.copy(  # 배치 사이즈를 기준으로 데이터를 slice
                            X_copy[batch_count * self._batch_size :
(batch_count+1) & self._batch_size])

                gradient = self.gradient(X_batch  , y, theta).flatten()
                theta = theta - self._eta0 * gradient

            if epoch % 100 == 0:
                self._w_history.append(theta)
                cost = self.cost(
                    self.hypothesis_function(self._new_X, theta), y)
                self._cost_history.append(cost)
            self._eta0 = self._eta0 * self._weight_decay

        if self.fit_intercept:
            self._intercept = theta[0]
            self._coef = theta[1:]
        else:
            self._coef = theta
    def cost(self, h, y):
        return 1/(2*len(y)) * np.sum((h-y).flatten() ** 2)
```

```
    def hypothesis_function(self, X, theta):
        return X.dot(theta).reshape(-1, 1)

    def gradient(self, X, y, theta):
        return X.T.dot(self.hypothesis_function(X, theta)-y) / len(X)

    def fit(self, X, y):
        self._new_X = np.array(X)

        y = y.reshape(-1, 1)

        if self.fit_intercept:
            intercept_vector = np.ones([len(self._new_X), 1])
            self._new_X = np.concatenate(
                    (intercept_vector, self._new_X), axis=1)

        theta_init = np.random.normal(0, 1, self._new_X.shape[1])
        self._w_history = [theta_init]
        self._cost_history = [self.cost(
                   self.hypothesis_function(self._new_X, theta_init), y)]

        theta = theta_init

        for epoch in range(self._epochs):
            gradient = self.gradient(self._new_X, y, theta).flatten()
            theta = theta - self._eta0 * gradient

            if epoch % 100 == 0:
                self._w_history.append(theta)
                cost = self.cost(
                    self.hypothesis_function(self._new_X, theta), y)
                self._cost_history.append(cost)
            self._eta0 = self._eta0 * self._weight_decay

        if self.fit_intercept:
            self._intercept = theta[0]
            self._coef = theta[1:]
```

```
        else:
            self._coef = theta

    def predict(self, X):
        test_X = np.array(X)

        if self.fit_intercept:
            intercept_vector = np.ones([len(test_X), 1])
            test_X = np.concatenate(
                    (intercept_vector, test_X), axis=1)
            weights = np.concatenate(([self._intercept], self._coef),
axis=0)
        else:
            weights = self._coef

        return test_X.dot(weights)

    @property
    def coef(self):
        return self._coef

    @property
    def intercept(self):
        return self._intercept

    @property
    def weights_history(self):
        return np.array(self._w_history)

    @property
    def cost_history(self):
        return self._cost_history
```

앞의 코드 끝 부분에 실제 경사하강법이 일어나는 fit 함수를 사용했다. 가장 먼저 입력된 데이터 X에 대한 할당을 하고, 다음으로 절편 추가 여부에 따라 추가할 경우에는 기존 X 값에 1로만 구성된 상수항을 모든 데이터에 추가한다. 다음으로 가중치 값인 theta를 초기화하고, 지정된 에포크(epoch)의 개수만큼 학습을 시킨다. 다음으로 실제 데이터를 복사하여 X_copy

변수에 저장하고, SGD 여부에 따라 데이터를 셔플(shuffle)시켜 준다. 다음으로 배치 사이즈(BATCH_SIZE)를 기준으로 데이터를 잘라 최종적인 학습을 수행시킨다. 이 외에도 중간중간 데이터를 저장하게 되는데, 이것은 가중치 값이나 cost 값들을 중간에 저장하여 나중에 표시할 수 있도록 하기 위함이다.

앞의 코드의 전체 버전을 사용하여 다음 코드처럼 4가지 형태의 인스턴스를 생성했다. 이름에서 볼 수 있듯이 gd_lr은 하나의 데이터만 입력하는 경사하강법, bgd_lr은 전체-배치 경사하강법, sgd_lr은 데이터를 하나씩 입력하는 SGD, msgd_lr은 미니-배치 SGD를 의미한다. 생성된 경사하강법 모델을 사용하여 실제 학습을 수행시킨 다음 결과를 점검하면 된다.

In [2]:
```
import pandas as pd
import numpy as np

df = pd.read_csv("c:/source/ch08/train.csv")

X = df["x"].values.reshape(-1,1)
y = df["y"].values

gd_lr = LinearRegressionGD(eta0=0.001, epochs=10000, batch_size=1,
shuffle=False)
bgd_lr = LinearRegressionGD(eta0=0.001, epochs=10000, batch_size=len(X),
shuffle=False)
sgd_lr = LinearRegressionGD(eta0=0.001, epochs=10000, batch_size=1,
shuffle=True)
msgd_lr = LinearRegressionGD(eta0=0.001, epochs=10000, batch_size=100,
shuffle=True)
```

각 학습 결과에 대한 cost 값의 변화를 보면 다음에 나올 코드와 같다. 먼저 각각의 학습 결과들의 cost 수렴 결과가 차이나는 것을 볼 수 있다. 예를 들면 msgd_lr의 경우 충분히 수렴이 이루어지지 않았고, bgd_lr의 경우에 cost는 에포크가 충분히 진행되어야 수렴한 것을 알 수 있다. 그에 비해 배치를 쓰지 않고 데이터를 하나씩만 사용하는 gd_lr과 sgd_lr은 비교적 빠르게 학습이 수렴되어 비용함수가 줄어들었다. 이는 데이터의 특성으로 모든 데이터가 항상 같은 결과가 나타나지 않는다. 여기서는 각 학습 알고리즘에 따라 cost 값이 변한다는 사실을 알아둘 필요가 있다.

In [3]:
```python
gd_lr.fit(X, y)
bgd_lr.fit(X, y)
sgd_lr.fit(X,y)
msgd_lr.fit(X,y)
```

데이터를 좀 더 잘라서 50에포크까지만 보면 SGD_lr과 msgd_lr의 두 가지 SGD의 경우에 cost 값이 매우 진폭이 큰 것을 볼 수 있다. 이는 SGD 계열 알고리즘의 전형적인 특성으로 데이터의 일부를 셔플해서 넣기 때문에 수렴 시 cost 값이 계속 변화하면서 수렴되는 것이다. 선형회귀의 경우에는 데이터도 많지 않고, 알고리즘의 복잡도도 떨어지기 때문에 SGD의 효과가 적지만, 딥러닝과 같은 복잡한 알고리즘일수록 SGD를 사용하지 않으면 학습이 잘 이루어지지 않는 문제가 있다.

In [4]:
```python
import matplotlib.pyplot as plt

plt.plot(range(len(gd_lr.cost_history)), gd_lr.cost_history, c="r")
plt.plot(range(len(bgd_lr.cost_history)), bgd_lr.cost_history, c="y")
plt.plot(range(len(sgd_lr.cost_history)), sgd_lr.cost_history, c="g")
plt.plot(range(len(msgd_lr.cost_history)), msgd_lr.cost_history, c="b")
```

Out [4]:

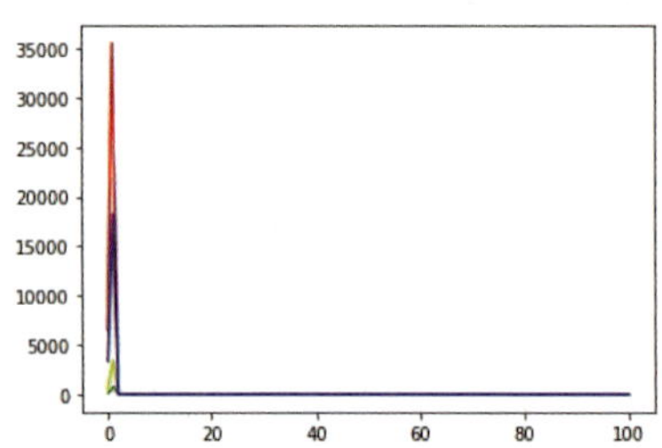

In [5]:
```python
plt.plot(range(50), sgd_lr.cost_history[:50], c="g")
plt.plot(range(50), msgd_lr.cost_history[:50], c="b")
```

Out [5]:

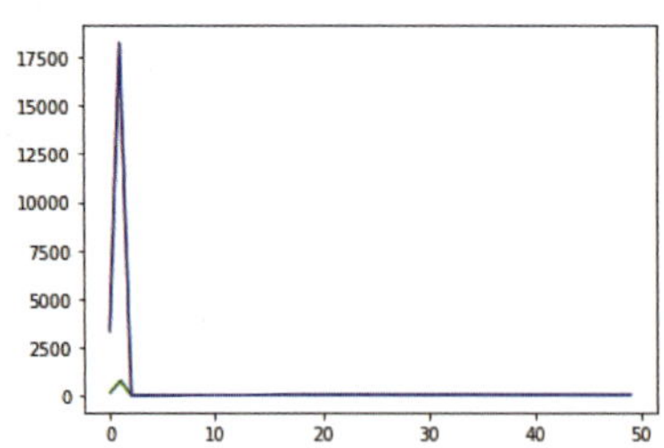

TIP Out [4]와 Out [5]의 결과값이 랜덤하게 출력된다.

02 과대적합과 정규화

1 과대적합 극복하기

앞에서 선형회귀 모델의 성능 측정을 위해 데이터를 학습 데이터셋과 테스트 데이터셋으로 나누어 학습을 실행하고, 한 번도 학습에 사용하지 않은 데이터로 모델의 성능을 측정한다고 언급하였다. 만약 우리가 모델을 개발할 때 해당 모델이 특정 데이터셋에서만 잘 작동한다면 우리는 해당 모델을 과대적합(overfitting)이라고 부른다. 그렇다면 이러한 과대적합된 모델을 해결하기 위해서는 어떤 방법이 있을까?

먼저 과대적합을 방지하기 위한 기법을 이해하기 위해 편향-분산의 트레이드오프 관계를 이해해야 한다. **편향-분산 트레이드오프(bias-variance trade-off)**란 편향과 분산 간의 상충관계를 의미하는 용어이다. 일단 가장 기본적인 개념으로 편향(bias)과 분산(variance)에 대해 알아본다.

- **편향(bias)** : 모델의 결과가 얼마나 한쪽으로 쏠려 있는지를 나타내는 것으로, 학습된 모델이 학습 데이터에 대해 만들어 낸 예측값과 실제값과의 차이를 말한다. 이는 모델을 만들었는데 데이터 또는 학습 기법에 의해서 학습이 잘 진행되기는 했지만 해당 데이터에만 잘 맞는 모델을 만들었다고 볼 수 있다.
- **분산(variance)** : 모델의 결과가 얼마나 퍼져 있는지를 나타내는 것으로, 학습된 모델이 테스팅 데이터에 대해 만들어 낸 예측값과 실제값과의 차이를 말한다. 분산이 높은 모델일수록 모델이 예측하는 결과값과 실제값은 많은 차이가 난다.

우리가 가장 원하는 모델은 낮은 편향(low bias)이면서 낮은 분산(low variance)의 모델이다. 그러나 성능에 있어서 편향과 분산은 서로 트레이드오프 관계에 있기 때문에 이를 적절히 조절하여 기대하는 성능을 달성할 필요가 있다. 이를 위해서 우리는 과소적합되지 않으면서 과대적합을 피할 수 있는 방법을 찾아야 한다.

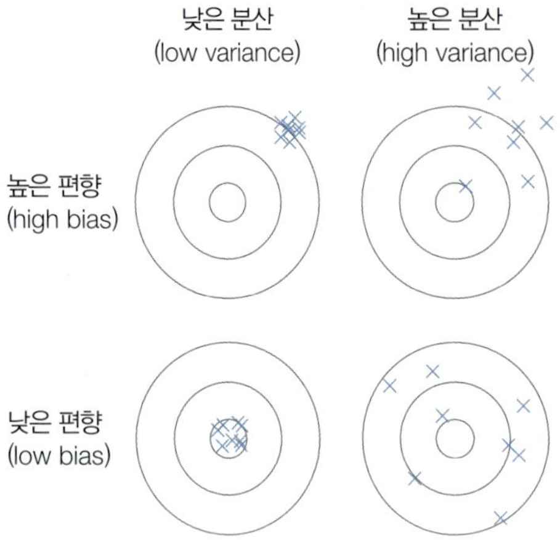

그림 8-4 편향-분산 트레이드오프

TIP 과대적합(overfitting) 높은 분산(high variance)과 낮은 편향(low bias) 상태로, 함수가 훈련 데이터셋에만 맞는 경우이다. 피쳐의 개수를 줄이거나 정규화가 필요하다.

TIP 과소적합(underfitting) 낮은 분산(low variance)와 높은 편향(high bias) 상태로, 함수가 훈련 데이터셋과 테스트 데이터셋에 모두 맞지 않는 상태이다. 이는 피쳐를 추가하여 해결할 수 있다.

과대적합이 발생할 때 가장 일반적으로 나타나는 일은 [그림 8-5]와 같이 경사하강법의 루프(loop)가 진행될수록 학습 데이터셋에 대한 비용함수의 값은 줄어들지만 테스트 데이터셋의 비용함수 값은 증가한다. 이런 문제는 선형회귀에서만 발생하는 문제가 아니라 결정트리(decision tree)나 딥러닝(deep learning)처럼 연산에 루프(loop)가 필요한 모든 알고리즘에서 똑같이 발생한다.

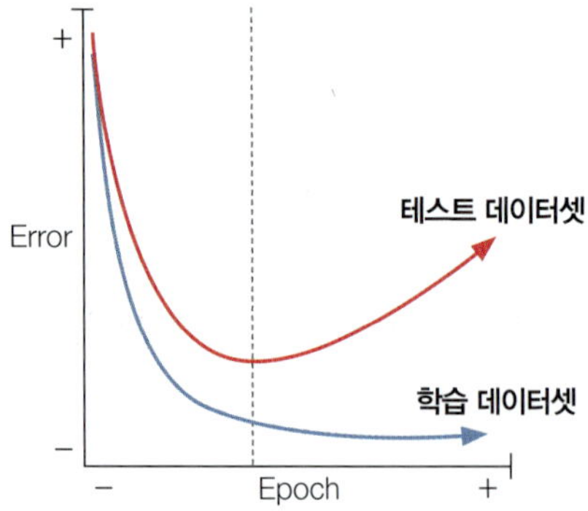

그림 8-5 과대적합이 발생할 때의 경사하강법

이때 해결 방법 중 하나는 '보다 적은 수의 논리로 설명이 가능한 경우, 많은 수의 논리를 세우지 말라'라고 한 '오컴의 면도날' 원리이다. 이를 흔히 '경제성의 원리' 또는 '단순성의 원리'라고 부르는데, 머신러닝에 적용해보면 '너무 많은 피쳐를 사용하지 말자'라고 해석할 수 있다.

그렇다면 선형회귀에서 과대적합에 대한 해결책으로 어떤 것이 있을까? 가장 기본적인 해결책은 다음 4가지이다.

- **더 많은 데이터 활용하기** : 머신러닝과 딥러닝의 세계에서 가장 중요한 것은 잘 분포된 많은 데이터를 확보하는 것이다. 오류가 없고, 분포가 다양하고, 데이터를 많이 확보하는 것이 좋은 모델을 만드는 가장 중요한 기법 중 하나이다.
- **피쳐의 개수 줄이기** : 만약 300개 이상의 피쳐가 있다면 모든 피쳐가 모델을 생성하는 데 중요하지는 않을 것이다. 이 경우 최대한 우리에게 필요한 피쳐만 잘 찾아서 사용할 수 있다면 비교적 덜 복잡한 모델을 만들 수 있다.
- **적절한 매개변수 선정하기** : SGD에서 사용하는 학습률이나 루프의 횟수처럼 적절한 하이퍼 매개변수를 선정할 수 있다면 조금 더 좋은 모델을 찾을 수 있다.
- **정규화(regularization) 적용하기** : 정규화는 각 피쳐에 대한 가중치의 중요도를 최대로 증가하는 값을 줄여서 해당 피쳐들이 모델에 주는 영향을 최소화하는 방법이다. 데이터의 편향성에 따라 각 피쳐의 가중치가 필요 이상으로 증가하는 문제를 해당 가중치 값을 적절히 줄이는 규제 수식을 추가하여 학습하는 기법이다.

2 L2 정규화 : 리지 회귀

첫 번째 정규화 기법은 L2 정규화(L2 regularization)라고 부르는 **리지 회귀(ridge regression)**이다. 정규화를 이해하기 위해서는 놈(norm)이라고 부르는 벡터의 크기를 측정하는 기법을 이해해야 한다. 벡터는 방향과 크기가 있다는 표현을 쓰는데, 놈은 좌표평면의 원점에서 점까지의 거리를 나타내는 방법이다. 가장 쉬운 방법은 피타고라스의 정리와 같이 각 선분의 제곱의 합에 제곱근을 구하는 방식이다. 이를 그래프와 수식으로 나타내면 [그림 8-6]과 같다.

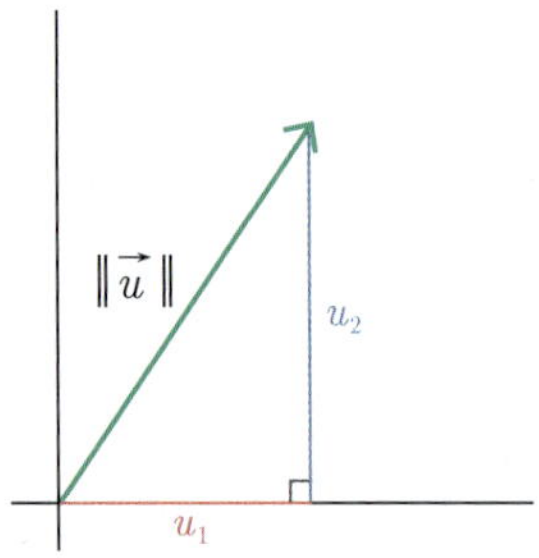

$$L_{2\,\text{norm}} = \|x\|2 = \sqrt{\left(\sum_i^n |x|^2\right)} = \left(\sum_i^n |x_i|^2\right)^{\frac{1}{2}}$$
$$\text{if } x = (x_1, x_2, \cdots x_n)$$

그림 8-6 놈(norm)의 이해

이 수식에서 x는 하나의 벡터를 의미하고 해당 벡터에 대한 각 원소들의 모든 제곱합에 대해 제곱근을 취하는 수식을 바로 L2 놈(L2 norm)이라고 지칭한다. 리지 회귀는 바로 이 L2 놈을 선형회귀의 비용함수 수식에 적용한 예라고 할 수 있다. 다음 수식은 리지 회귀 수식인데, 이 수식에서 앞부분은 기본적으로 선형회귀와 같고 뒷부분은 $\frac{\lambda}{2}\sum_{j=1}^{n}\theta_j^2$가 추가된 것을 알 수 있다. 뒷부분에 새로 붙인 수식을 페널티텀(penalty term)이라고 통칭한다.

$$J(\theta) = \frac{1}{2m}\sum_{i=1}^{m}(h_\theta(x^{(i)}) - y^{(i)})^2 + \frac{\lambda}{2}\sum_{j=1}^{n}\theta_j^2$$

$\frac{\lambda}{2}\sum_{j=1}^{n}\theta_j^2$는 모델의 가중치 값들의 제곱의 합이다. 선형회귀에서 비용함수 $J(\theta)$가 미분되면 해당 함수가 최소화하는 방향으로 가중치 값인 θ가 학습된다는 것을 배웠다. 만약 가중치 값이 조금이라도 커질 때 전체 비용함수에 매우 크게 영향을 주면 어떻게 될까? 개념적으로 이해하면 페널티텀이 커지면 커질수록 $J(\theta)$가 커지기 때문에 학습을 하면서 θ가 줄어드는 방향으로 학습이 진행될 것이다. 여기서 중요한 매개변수는 λ이다. 이 수식에서 보듯이 λ가 크면 클수록 전체 페널티텀의 값이 커지기 때문에 θ의 값이 자연스럽게 조절된다. 즉 λ 값이 θ 값에 영향을 주게 된다. 그렇기 때문에 λ는 학습에 의해서 구해지는 값이 아니라 사람이 직접 값을 입력하는 하이퍼 매개변수임을 명심해야 한다.

앞서 봤던 리지 회귀 수식을 미분하면 다음 수식과 같이 θ가 미분된다. 미분 수식에서 상수항인 θ_0의 경우에는 따로 페널티텀이 없기 때문에 페널티가 반영되지 않고 j의 값이 1 이상인 경우에만 적용된다. θ_j의 정리된 미분 수식인 $\theta_j(1-\alpha\lambda)$에서 보듯이 λ의 값이 커지면 커질수록 θ_j의 값이 작아지는 효과가 있다.

$$\theta_0 := \theta_0 - \alpha \frac{1}{m} \sum_{i=1}^{m} (h_\theta(x^{(i)}) - y^{(i)}) x_0^{(i)}$$

$$\theta_j := \theta_j - \alpha \left[\left(\frac{1}{m} \sum_{i=1}^{m} (h_\theta(x^{(i)}) - y^{(i)}) x_j^{(i)} \right) + \frac{\lambda}{m} \theta_j \right] j \in \{1, 2, \cdots, n\}$$

$$\theta_j := \theta_j \left(1 - \alpha \frac{\lambda}{m}\right) - \alpha \frac{1}{m} \sum_{i=1}^{m} (h_\theta(x^{(i)}) - y^{(i)}) x_j^{(i)}$$

3 L1 정규화 : 라쏘 회귀

두 번째 정규화 기법은 L1 정규화(L1 regularization)라고 부르는 **라쏘 회귀(lasso regression)**이다. L1 정규화와 L2 정규화 간의 가장 큰 차이는 가중치에 페널티텀(penalty term)을 추가한다는 것이다. L1 정규화는 다음 수식과 같이 기존 수식에 L1 놈(L1 norm) 페널티를 추가하여 계산하는 방식이다.

$$J(\theta) = \frac{1}{2m} \sum_{i=1}^{m} (h_\theta(x^{(i)}) - y^{(i)})^2 + \frac{\lambda}{2} \sum_{j=1}^{n} |\theta_j|$$

기본적으로 L1 놈은 절대값의 개념을 가진다. L2 놈이 거리를 측정할 때 제곱하여 제곱근을 구하는 것과 달리 L1 놈은 절대값을 사용하여 거리를 측정한다. 그러므로 마지막 페널티 값 역시 절대값만 취하는 것을 알 수 있다.

$$\|x\|_1 := \sum_{i=1}^{n} |x_i|$$

L1 정규화와 L2 정규화가 실제 적용되는 과정을 간단히 설명하면 [그림 8-7]과 같다.

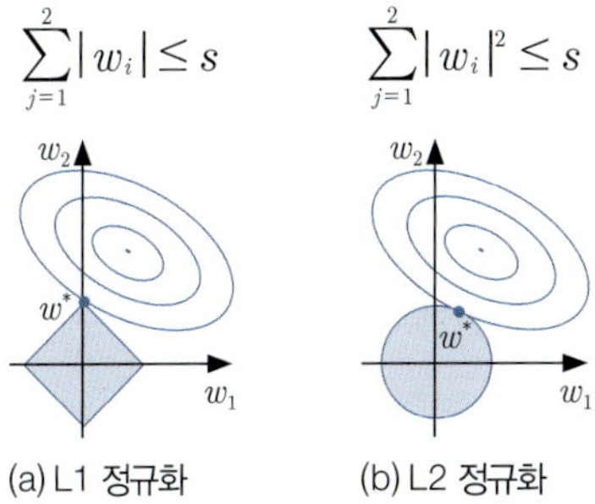

그림 8-7 L1 정규화와 L2 정규화의 실제 적용 과정

[그림 8-7]의 그래프를 보면 각 타원은 두 개의 가중치 값의 최적점과 그 가중치 값으로 생기는 공통의 비용함수를 가지는 범위를 나타낸 것이다. 가장 최적점이 되는 곳이 바로 타원의 중심이다. 그 밑에 있는 마름모나 원은 w가 가질 수 있는 범위를 나타낸다. 즉 $\sum_{j=1}^{2}|w_i| \leq s$와 $\sum_{j=1}^{2}|w_i|^2 \leq s$는 가중치 값들의 범위를 나타내는데, s 값보다 이 범위들이 작기 때문에 L1은 절대값이 마름모꼴로 표현되고, L2는 원으로 표현된다. 이 각각의 범위와 원래 가중치 값이 가질 수 있는 범위인 상단의 타원과 만나는 점이 바로 사용가능한 가중치 값이라고 볼 수 있다.

L1 정규화와 L2 정규화는 바로 이러한 특징으로 인해 알고리즘에 따라 가중치가 가질 수 있는 범위가 달라진다.

먼저 L1 정규화의 경우에는 직선과 타원이 만나는 접점으로 인해 만날 수 있는 점이 양쪽 끝에 생성된다. 이로 인해 L1 정규화의 경우 극단적인 값이 생성될 수 있고, 자연히 다른 가중치 값이 선택되지 않는 현상이 생긴다. 이로 인해 L1 정규화는 자연적으로 우리가 사용해야 하는 피처와 사용하지 않아도 되는 피처를 선택하여 사용하도록 지원한다.

L2 정규화는 원 위에서 만나기 때문에 접점이 많아져서 비교적 손쉽게 연산되어 계산 효율(computational efficiency)이 확보된다. 또한 하나의 점에서 만나기 때문에 하나의 해답만 제공할 수 있게 된다. 이러한 L1과 L2 간의 알고리즘의 차이를 잘 이해하여 필요한 알고리즘을 선택해야 한다.

03 사이킷런을 이용한 선형회귀

완성파일 | ch08_sec03.ipynb

1 사이킷런과 선형회귀 관련 함수

이번에는 여러 가지 선형회귀 알고리즘을 대표적인 머신러닝 라이브러리인 사이킷런(scikit-learn)을 활용하여 적용하고자 한다. 가장 기본적으로 사용가능한 사이킷런의 선형회귀 관련 함수는 [표 8-1]과 같다.

표 8-1 사이킷런의 선형회귀 관련 함수

함수명	설명	알고리즘
LinearRegression	가장 기본적인 선형회귀 알고리즘을 사용하며, SGD가 아닌 최소자승법으로 계산한다.	최소자승법
Lasso	L1 손실을 활용한 라쏘 알고리즘을 사용한다.	최소자승법
Ridge	L2 손실을 활용한 리지 알고리즘을 사용한다.	최소자승법
SGDRegressor	확률적 경사 하강법을 사용한 회귀 모델을 만든다. SGD에서 비용함수만을 변경하여 모든 함수를 지원하고 있어 필요한 하이퍼 매개변수를 설정해야 한다.	SGD

기본적으로 사이킷런에서는 `sklearn.linear_model` 안에 관련된 여러 가지 클래스를 제공한다. 앞서 최소자승법과 SGD의 두 가지 알고리즘 위에 기본적인 선형회귀와 리지 회귀, 라쏘 회귀가 구현된다고 배웠다. 사이킷런도 이와 동일하게 기본적인 최소자승법 기반의 알고리즘은 세 개의 클래스를 제공하고 SGD 기반의 알고리즘은 하나의 알고리즘을 제공하여 사용하도록 지원한다. 각각의 알고리즘으로 진행하는 코드를 살펴보도록 하겠다.

2 사이킷런을 활용하여 선형회귀 구현하기

사이킷런을 활용하여 선형회귀를 적용시켜 보겠다. 이번에 다룰 데이터셋은 'boston housing prices(보스턴 집값)' 데이터셋으로, 1978년에 보스턴 지역의 집값을 사용하여 주택의 영향 요소들을 추출하는 데이터이다. 'boston housing prices(보스턴 집값)' 데이터셋은 [그림 8-8]과 같이 기본적인 피처 리스트를 가지고 있다. 이 데이터는 모두 사이킷런에서 쉽게 다운로드할 수 있다.

구분	변수	설명
x 변수 13개	[01] CRIM	자치시(town)별 1인당 범죄율
	[02] ZN	25,000 평방피트를 초과하는 거주지역의 비율
	[03] INDUS	비소매상업지역이 점유하고 있는 토지의 비율
	[04] CHAS	찰스강에 대한 더미변수(강의 경계에 위치한 경우는 1, 아니면 0)
	[05] NOX	10ppm 당 농축 일산화질소
	[06] RM	주택 1가구당 평균 방의 개수
	[07] AGE	1940년 이전에 건축된 소유 주택의 비율
	[08] DIS	5개의 보스턴 직업센터까지의 접근성 지수
	[09] RAD	방사형 도로까지의 접근성 지수
	[10] TAX	10,000달러 당 재산세율
	[11] PTRATIO	자치시(town)별 학생/교사 비율
	[12] B	1000(Bk-0.63)^2, 여기서 Bk는 자치시별 흑인의 비율을 말함
	[13] LSTAT	모집단의 하위 계층의 비율(%)
y 변수	[14] MEDV	본인 소유의 주택 가격(중앙값) (단위 : $1,000)

그림 8-8 boston housing prices(**보스턴 집값**) **데이터셋**

2.1 데이터 확보하기

데이터를 분석하기 위해 먼저 사이킷런을 통해 데이터를 확보해야 한다. 실제 보스턴(Boston) 데이터셋은 인터넷에서 쉽게 다운로드할 수 있지만, 본 교재에서는 데이터 처리에 중점을 맞추기 위해 데이터를 확보하고자 한다. 이를 위해서 우리는 `sklearn.datasets` 라이브러리에 있는 `load_boston` 모듈을 사용하여 데이터를 추출한다. 해당 데이터를 추출하면 딕셔너리 타입(dict type)의 객체를 반환하며 `x` 데이터셋에 해당하는 `data`와 `y` 데이터셋에 해당하는 `target`, 모든 피처 정보를 담고 있는 `feature_names`, 해당 피처에 대한 설명이 있는 `DESCR`, 해당 데이터가 현재 컴퓨터 어디에 저장되어 있는지 알려주는 `filename` 등이 있다.

In [1]:
```
from sklearn.datasets import load_boston
import matplotlib.pyplot as plt
import numpy as np

boston = load_boston()
boston.keys()
```

Out [1]:
```
dict_keys(['data', 'target', 'feature_names', 'DESCR', 'filename'])
```

실제 데이터 중에 x 데이터에 해당하는 데이터를 확보하기 위해서 data 키 값을 추출하면 다음과 같이 넘파이 객체 형태로 데이터가 출력된다.

In [2]:	boston["data"]
Out [2]:	array([[6.3200e-03, 1.8000e+01, 2.3100e+00, ..., 1.5300e+01, 3.9690e+02, 4.9800e+00], [2.7310e-02, 0.0000e+00, 7.0700e+00, ..., 1.7800e+01, 3.9690e+02, 9.1400e+00], [2.7290e-02, 0.0000e+00, 7.0700e+00, ..., 1.7800e+01, 3.9283e+02, 4.0300e+00], ..., [6.0760e-02, 0.0000e+00, 1.1930e+01, ..., 2.1000e+01, 3.9690e+02, 5.6400e+00], [1.0959e-01, 0.0000e+00, 1.1930e+01, ..., 2.1000e+01, 3.9345e+02, 6.4800e+00], [4.7410e-02, 0.0000e+00, 1.1930e+01, ..., 2.1000e+01, 3.9690e+02, 7.8800e+00]])

다음으로 해당 데이터 중 x와 y의 각 데이터셋을 추출한다. 다음 코드에서는 y_data의 경우 $n \times 1$의 형태(shape)로 변환하기 위해 매개변수 reshape을 적용했다.

In [3]:	x_data = boston.data y_data = boston.target.reshape(boston.target.size,1) y_data.shape
Out [3]:	(506, 1)

2.2 데이터 전처리하기

다음으로 데이터 전처리를 진행한다. 데이터 전처리 기법은 매우 다양한 것들이 있지만, 여기에서는 간단하게 피쳐 스케일링(feature scaling)을 적용하기로 한다. 다음 코드와 같이 사이킷런에서 제공하는 preprocessing 모듈을 호출한 후, 해당 모듈에 있는 MinMaxScaler 클래스를 호출한다. 해당 클래스에서 fit 함수를 사용하고 x_data를 입력하면 해당 데이터를 피쳐 스케일링(feature scaling)할 수 있는 MinMaxScaler 객체가 생성된다.

```
In [4]: from sklearn import preprocessing

        minmax_scale = preprocessing.MinMaxScaler(feature_range=(0,5)).fit(x_
        data) # (1)
        x_scaled_data = minmax_scale.transform(x_data) # (2)

        x_scaled_data[:3]
```

```
Out [4]: array([[0.00000000e+00, 9.00000000e-01, 3.39076246e-01, 0.00000000e+00,
                 1.57407407e+00, 2.88752635e+00, 3.20803296e+00, 1.34601570e+00,
                 0.00000000e+00, 1.04007634e+00, 1.43617021e+00, 5.00000000e+00,
                 4.48399558e-01],
                [1.17961270e-03, 0.00000000e+00, 1.21151026e+00, 0.00000000e+00,
                 8.64197531e-01, 2.73998850e+00, 3.91349125e+00, 1.74480990e+00,
                 2.17391304e-01, 5.24809160e-01, 2.76595745e+00, 5.00000000e+00,
                 1.02235099e+00],
                [1.17848872e-03, 0.00000000e+00, 1.21151026e+00, 0.00000000e+00,
                 8.64197531e-01, 3.47192949e+00, 2.99691040e+00, 1.74480990e+00,
                 2.17391304e-01, 5.24809160e-01, 2.76595745e+00, 4.94868627e+00,
                 3.17328918e-01]])
```

코드 해설

- # (1) feature_range는 최대 최솟값을 지정하는 매개변수이다. 사이킷런의 다른 클래스처럼 MinMaxScaler 클래스의 경우도 fit 함수는 기본 틀이 만들어지는 함수이고 transform 함수는 적용을 하는 함수이다.
- # (2) 이미 만들어진 MinMaxScaler 클래스를 실제 데이터에 적용하여 스케일된(scaled) 데이터를 생성한다. 해당 결과를 출력하면 Out [4]와 같이 0에서 5사이의 값으로 스케일된 데이터 출력값을 확인할 수 있다.

2.3 데이터 분류하기

이제 학습을 위해서는 데이터를 훈련(train)과 테스트(test) 형태로 분류해야 한다. 이를 위해 model_selection 모듈에 있는 train_test_split 함수를 사용해서 데이터를 추출할 수 있다. train_test_split 함수는 X 데이터와 Y 데이터를 넣고, 테스트 데이터셋의 비율을 test_ size에 입력하면 X 데이터의 학습 데이터셋, X 데이터의 테스트 데이터셋, Y 데이터의 학습 데이터셋, Y 데이터의 테스트 데이터셋으로 랜덤하게 나누어 배분한다. 데이터에 대한 각각의 데이터 개수는 다음 코드와 같다.

In [5]:
```
from sklearn.model_selection import train_test_split

X_train, X_test, y_train, y_test = train_test_split(x_scaled_data, y_
data, test_size=0.33)
# X 데이터의 학습 데이터셋, X 데이터의 테스트 데이터셋
# Y 데이터의 학습 데이터셋, Y 데이터의 테스트 데이터셋

X_train.shape, X_test.shape, y_train.shape, y_test.shape
```

Out [5]:
```
((339, 13), (167, 13), (339, 1), (167, 1))
```

2.4 데이터 학습하기

다음은 데이터 학습 과정이다. 학습을 위해서는 가장 먼저 학습에 사용할 알고리즘에 해당하는 모델의 클래스를 호출해야 한다. 다음 코드와 같이 그동안 우리가 배운 기본적인 모델들을 사용할 수 있다. 여기서 우리가 모델을 호출할 때 반드시 알아야 하는 것은 먼저 각 클래스들의 매개변수를 이해해야 한다.

예를 들면 공통적으로 사용할 수 있는 매개변수들이 있다. fit_intercept의 경우 절편을 사용할지 말지를 선택하는 것으로 True 또는 False를 지정할 수 있다. 다음으로 normalize는 학습할 때 값들을 정규화할지 말지에 대한 값이다. copy_X는 학습 시 데이터를 복사한 후 학습을 할지에 대해 결정하는 매개변수이다. 마지막으로 n_jobs는 연산을 위해 몇 개의 CPU를 사용할지 결정하는 매개변수이다.

라쏘 회귀, 리지 회귀, SGD에는 페널티 값을 지정하는 alpha가 있다. SGD의 경우 직접 penalty 함수를 지정할 수 있는데, 이때 lambda의 값을 alpha에 입력할 수 있다. 특히 SGD의 경우에는 반복(iteration)이 일어나므로 이와 관련된 매개변수들이 있다. max_iter는 최대 반복 횟수를 지정하는 매개변수이며, tol은 더 이상 비용이 줄어들지 않을 때 반복이 멈추는 최솟값을 의미한다. eta0은 한 번에 실행되는 학습률을 의미한다.

In [6]:
```
from sklearn import  linear_model

regr = linear_model.LinearRegression(
        fit_intercept=True,normalize=False,copy_X=True, n_jobs=8)
lasso_regr = linear_model.Lasso(
        alpha=0.01, fit_intercept=True,normalize=False,copy_X=True)
ridge_regr = linear_model.Ridge(
        alpha=0.01, fit_intercept=True,normalize=False,copy_X=True)
SGD_regr = linear_model.SGDRegressor(penalty="l2", alpha=0.01,
                                      max_iter=1000, tol=0.001, eta0=0.01)
```

학습을 위한 기초적인 클래스를 구성했다면 다음 코드와 같이 fit 함수를 사용해서 학습을 위한 모델을 생성한다. 앞서 설명했듯이 기본적으로 사이킷런은 '적합-예측(fit-predict)' 또는 '적합-변형(fit-transform)'의 구조를 갖고 있어 모델을 생성한 후 예측을 하거나 전처리 모델의 규칙을 세운 후 데이터 전처리를 적용하는 구조이다. 이는 사이킷런을 이해하기 위해 매우 중요한 구조이니 반드시 이해하길 바란다. 다음과 같이 간단한 코드만으로 모델의 학습이 일어난다.

In [7]:
```
regr.fit(X_train, y_train)
```

Out [7]:
```
LinearRegression(n_jobs=8)
```

생성된 모델의 정보는 다양하게 제공되는데, 기본적으로 coef_는 가중치 값에 대한 정보를, intercept_는 절편에 대한 정보를 제공한다. 다음 정보만 있으면 우리가 생성한 모델의 수식 정보를 찾을 수 있다.

In [8]:
```
print('Coefficients: ', regr.coef_)
print('intercept: ', regr.intercept_)
```

Out [8]:
```
Coefficients: [[-2.86129759 0.27632862 0.10322333 0.33532791 -1.89104482
  3.55479622
  -0.04952964 -3.01015804  1.22330686 -1.00916771 -1.98466467  0.62386235
  -3.9996908 ]]
intercept:  [29.42877381]
```

TIP 이 코드부터 마지막 코드까지는 결과값이 책과 다르게 출력될 수 있다.

2.5 예측하기와 결과 분석하기

만들어진 함수로 실제 예측을 하기 위해서는 predict 함수를 사용하면 된다. 다음 코드와 같이 학습시킬 때와 동일한 형태로 데이터에 predict 함수를 넣으면 우리가 지정한대로 값의 크기(shape)가 출력된다.

```
In [9]: regr.predict(x_data[:5])

Out [9]: array([[-58.72562452],
       [-32.88598964],
       [-11.38914021],
       [ 10.01207448],
       [  1.87764423]])
```

앞서 언급했지만 regr은 우리가 만든 모델로 하나의 객체라고 볼 수 있다. 사실 이 모델이라는 것은 하나의 수식이기 때문에 다음 코드와 같이 수식을 그대로 재현하면 똑같은 결과가 출력된다.

```
In [10]: x_data[:5].dot(regr.coef_.T) + regr.intercept_

Out [10]: array([[-58.72562452],
       [-32.88598964],
       [-11.38914021],
       [ 10.01207448],
       [  1.87764423]])
```

마지막으로 성능을 비교하기 위해서는 사이킷런에서 여러 가지 지표들(metrics)을 호출하여 사용하면 된다. 일반적으로 예측치는 y_pred 또는 y_hat이라는 이름을 붙이고 실제값은 y_true라고 이름을 붙여서 연산한다. 다음 코드와 같이 테스트 데이터셋으로 성능을 비교할 수 있다.

```
In [11]: from sklearn.metrics import r2_score
         from sklearn.metrics import mean_absolute_error
         from sklearn.metrics import mean_squared_error
```

```
y_true = y_test.copy()
y_hat = regr.predict(X_test)

r2_score(y_true, y_hat), mean_absolute_error(y_true, y_hat), mean_
squared_error(y_true, y_hat)
```

Out [11]:

```
(0.7012192205071575, 3.6874625281998266, 28.869826251555843)
```

필요에 따라 예측값과 실제값 간의 비교가 필요하다면 다양한 시각화 도구를 사용한다. 다음 코드의 경우 맷플롯립(matplotlib)에서 제공하는 산점도를 사용해서 표현한 것이다. 비교적 간단히 y와 y_hat의 관계가 선형적으로 나타나는 것을 볼 수 있다.

In [12]:

```
plt.scatter(y_true, y_hat, s=10)
plt.xlabel("Prices: $Y_i$")
plt.ylabel("Predicted prices: $\hat{Y}_i$")
plt.title("Prices vs Predicted prices: $Y_i$ vs $\hat{Y}_i$")
```

Out [12]:

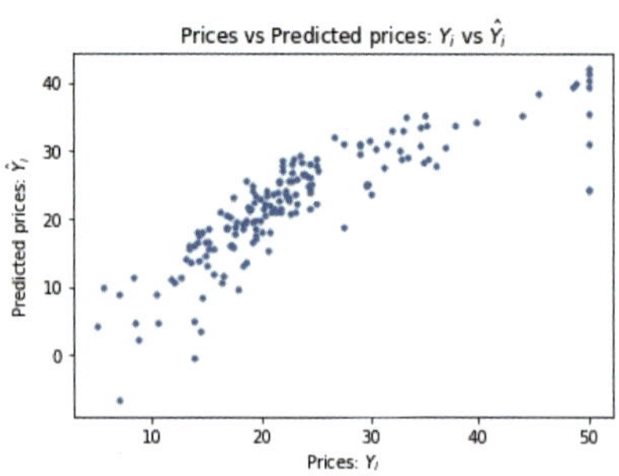

요약

01 전체-배치 경사하강법(full-batch gradient descent)

데이터를 사용하여 실제 매개변수를 업데이트하면 다음 수식과 같이 ∑ 기호를 포함하여 경사도를 반영한다. 이는 각 데이터의 경사도를 모두 더해 하나의 값으로 가중치를 업데이트하는 과정이다. 이러한 방식을 일반적으로 **전체-배치 경사하강법**이라고 부르는데, 이는 모든 데이터를 한 번에 입력하는 방식이다.

$$\frac{\partial J}{\partial w_0} = \frac{1}{m}\sum_{i=1}^{m}\left(w_i x^{(i)} + w_0 - y^{(i)}\right)$$

$$\frac{\partial J}{\partial w_1} = \frac{1}{m}\sum_{i=1}^{m}\left(w_i x^{(i)} + w_0 - y^{(i)}\right)x^{(i)}$$

02 확률적 경사하강법(Stochastic Gradient Decent, SGD)

확률적 경사하강법에서는 데이터셋에 있는 값들을 순차적으로 추출하여 미분하는 것이 아니라 학습용 데이터에서 샘플들을 랜덤하게 뽑아서 학습할 때 사용한다.

03 미니-배치 경사하강법(mini-batch gradient descent)

전체-배치 경사하강법과 다르게 미니-배치 경사하강법은 모든 데이터를 입력하지 않고 데이터의 일부분만 입력해서 해당 값들의 경사도 평균을 구해 가중치를 업데이트하는 방식으로, 미니-배치 SGD(mini-batch SGD)라고도 부른다.

04 편향-분산 트레이드오프(bias-variance trade-off)

- 의미 : 편향과 분산 간의 상충관계를 의미하는 용어이다.
- 편향(bias) : 모델의 결과가 얼마나 한쪽으로 쏠려 있는지를 나타내는 것으로, 학습된 모델이 학습 데이터에 대해 만들어 낸 예측값과 실제값과의 차이이다.
- 분산(variance) : 모델의 결과가 얼마나 퍼져 있는지를 나타내는 것으로, 학습된 모델이 테스팅 데이터에 대해 만들어 낸 예측값과 실제값과의 차이이다.

05 과대적합과 과소적합

- 과대적합(overfitting) : 높은 분산(high variance)과 낮은 편향(low bias) 상태로, 함수가 훈련 데이터셋에만 맞는 경우이다. 피쳐의 개수를 줄이거나 정규화가 필요하다.
- 과소적합(underfitting) : 낮은 분산(low variance)와 높은 편향(high bias) 상태로, 함수가 훈련 데이터셋과 테스트 데이터셋에 모두 맞지 않은 상태이다. 피쳐를 추가하여 해결할 수 있다.

06 L2 정규화 : 리지 회귀

L2 정규화(L2 regularization), 즉 리지 회귀(Lidge regression)는 바로 L2 놈(L2 norm)을 선형회귀의 비용함수 수식에 적용한 예라고 할 수 있다. 다음 수식이 리지 회귀 수식이다.

$$J(\theta)=\frac{1}{2m}\sum_{i=1}^{m}(h_\theta(x^{(i)})-y^{(i)})^2+\frac{\lambda}{2}\sum_{j=1}^{n}\theta_j^2$$

07 L1 정규화 : 라쏘 회귀

L1 정규화(L1 regularization), 즉 라쏘 회귀(lasso regression)는 다음 수식과 같이 기존 수식에 L1 놈(L1 norm) 페널티를 추가하여 계산하는 방식이다.

$$J(\theta)=\frac{1}{2m}\sum_{i=1}^{m}(h_\theta(x^{(i)})-y^{(i)})^2+\frac{\lambda}{2}\sum_{j=1}^{n}|\theta_j|$$

08 사이킷런의 선형회귀 관련 함수

함수명	설명	알고리즘
LinearRegression	가장 기본적인 선형회귀 알고리즘을 사용하며, SGD가 아닌 최소자승법으로 계산한다.	최소자승법
Lasso	L1 손실을 활용한 라쏘 알고리즘을 사용한다.	최소자승법
Ridge	L2 손실을 활용한 리지 알고리즘을 사용한다.	최소자승법
SGDRegressor	확률적 경사 하강법을 사용한 회귀 모델을 만든다. SGD에서 비용함수만을 변경하여 모든 함수를 지원하고 있어 필요한 하이퍼 매개변수를 설정해야 한다.	SGD

연습문제

01 확률적 경사하강법(SGD)을 사용하는 이유가 무엇인지 고르시오.

① 확률적 경사하강법을 사용할 경우, 일반적인 경사하강법에 비해 빠른 시간에 학습을 완료할 수 있다.

② 일반적 경사하강법은 학습에 소모되는 자원이 확률적 경사 하강법에 비해 많다.

③ 확률적 경사하강법은 매 에포크(epoch)마다 데이터를 랜덤으로 학습시켜 학습이 안장점(saddle point)을 빠져나와 최적점을 찾을 수 있도록 한다.

④ 확률적 경사하강법은 데이터를 한 번에 모두 넣고 학습하기 때문에 학습 속도가 빨라진다.

02 전체-배치 경사하강법(full-batch gradient descent) 방식과 미니-배치 경사하강법(mini-batch gradient descent) 방식의 차이점에 대해서 바르게 설명한 것을 고르시오.

① 전체-배치 경사하강법은 모든 데이터를 한 번에 넣고 미니-배치 경사하강법은 데이터를 n개로 나누어 학습한다.

② 미니-배치 경사하강법에서 데이터를 나눌 때 일반적으로 10의 배수로 데이터를 나눈다.

③ 전체-배치 경사하강법을 할 때 데이터를 셔플(shuffle) 하게 되면, 데이터 입력의 일관성이 틀어져 학습 결과가 나빠진다.

④ 미니-배치 경사하강법에서는 1개의 데이터만 넣을 수 없다.

03 L2 정규화의 수식에 대한 설명으로 옳은 것을 고르시오.

$$J(\theta) = \frac{1}{2m}\sum_{i=1}^{m}\left(h_\theta(x^{(i)}) - y^{(i)}\right)^2 + \frac{\lambda}{2}\sum_{j=1}^{n}\theta_j^2$$

① $2m$에서 2는 정규화 인수(normalization factor)로, 커질수록 각 피쳐들의 가중치 크기가 줄어든다.

② $h_\theta(x^{(i)})$는 실제 값을 생성하는 함수이다.

③ $\frac{\lambda}{2}\sum_{j=1}^{n}\theta_j^2$ 에서 n은 데이터의 개수이다.

④ λ는 정규화 인수로 값이 커질수록 각 피쳐들의 가중치 크기가 줄어든다.

04 **다음 수식에서 λ 값을 0으로 했을 경우의 의미는 무엇인지 고르시오.**

$$J(\theta)=\frac{1}{2m}\sum_{i=1}^{m}\left(h_\theta\left(x^{(i)}\right)-y^{(i)}\right)^2+\frac{\lambda}{2}\sum_{j=1}^{n}\theta_j^2$$

① 가중치가 큰 피쳐의 경우에는 패널티(penalty)에 영향을 주지 않는다.

② 정규화가 적용되지 않은 손실함수와 같아진다.

③ 가중치에 적용되는 패널티의 값이 극대화된다.

④ 과대적합이 발생하지 않도록 수식이 수정된다.

05 **다음 수식에서 λ 값을 매우 큰 값으로 설정했을 경우 예상되는 현상은 무엇인지 고르시오.**

$$J(\theta)=\frac{1}{2m}\sum_{i=1}^{m}\left(h_\theta\left(x^{(i)}\right)-y^{(i)}\right)^2+\frac{\lambda}{2}\sum_{j=1}^{n}\theta_j^2$$

① 모형이 단순한 형태로 변해서 과대적합이 발생할 수 있다.

② 정규화가 적용되지 않은 손실함수와 같아진다.

③ 모형에서 패널티 수식이 적용되지 않아 과소적합이 발생할 수 있다.

④ 피쳐의 가중치가 클수록 적용되는 패널티의 값이 극대화된다.

06 **다음 두 수식은 정규화를 위한 기법이다. 이에 대한 설명으로 옳은 것을 고르시오.**

$$(1)\quad J(\theta)=\frac{1}{2m}\sum_{i=1}^{m}\left(h_\theta\left(x^{(i)}\right)-y^{(i)}\right)^2+\frac{\lambda}{2}\sum_{j=1}^{n}\theta_j^2$$

$$(2)\quad J(\theta)=\frac{1}{2m}\sum_{i=1}^{m}\left(h_\theta\left(x^{(i)}\right)-y^{(i)}\right)^2+\frac{\lambda}{2}\sum_{j=1}^{n}|\theta_j|$$

① (1) 식에서 λ 값이 작으면 전체 손실(loss) 값이 0이 될 수 있다.

② (2) 식에서 λ 값이 크면 클수록 손실(loss) 값이 줄어드는 효과가 나타난다.

③ (2) 식은 각 피쳐들의 가중치가 0이 될 수 있으며, 이로 인해 피쳐 선택(feature selection)이 가능하다.

④ (1) 식을 라쏘 회귀, (2) 식을 리지 회귀라고 부른다.

※ **다음 코드는 확률적 경사하강법(SGD) 중 학습을 실행하는 코드 중 일부이다. 다음 09~10번 문제에 답하시오.**

```
def fit(self, X, y):
        self._new_X = np.array(X)
        y = y.reshape(-1, 1)

        if self.fit_intercept:
            intercept_vector = np.ones([len(self._new_X), 1])
            self._new_X = np.concatenate(
                    (intercept_vector, self._new_X), axis=1)

        theta_init = np.random.normal(0, 1, self._new_X.shape[1])
        self._w_history = [theta_init]
        self._cost_history = [self.cost(
                        self.hypothesis_function(self._new_X, theta_init), y)]

        theta = theta_init

        for epoch in range(self._epochs):
            gradient = self.gradient(self._new_X, y, theta).flatten()
            theta = theta - self._eta0 * gradient

            if epoch % 100 == 0:
                self._w_history.append(theta)
                cost = self.cost(
                    self.hypothesis_function(self._new_X, theta), y)
                self._cost_history.append(cost)
            self._eta0 = self._eta0 * self._weight_decay

        if self.fit_intercept:
            self._intercept = theta[0]
            self._coef = theta[1:]
        else:
            self._coef = theta
```

07 intercept_vector의 역할은 무엇인지 고르시오.

① 각 피처들의 가중치 ② 계수값

③ 상수항 ④ cost 함수 정규화 벡터

08 **앞의 코드에서 다음 코드 부분은 어떤 역할을 하는지 고르시오.**

```
self._eta0 = self._eta0 * self._weight_decay
```

① 가중치 값의 정규화
② 상수항에 대한 가중치 업데이트
③ 반복(iteration) 값 상승
④ 학습률을 일정하게 줄임

09 **라쏘 회귀에서 λ 값을 키울 경우 일어나는 현상으로 적합한 것을 고르시오.**

① 특정 피처의 가중치 값이 0으로 수렴하여 피처 선택이 가능하다.

② 전체 손실 값이 무한히 증가한다.

③ 학습이 불가능해진다.

④ 손실(loss) 값을 0에 가까이 수렴시킨다.

10 **다음 코드를 사용해서 다양한 선형 회귀 모델을 만들었다. 이에 대한 설명으로 틀린 것을 고르시오.**

```
from sklearn import  linear_model
regr = linear_model.LinearRegression(
        fit_intercept=True,normalize=False,copy_X=True, n_jobs=8)
lasso_regr = linear_model.Lasso(
        alpha=0.01, fit_intercept=True,normalize=False,copy_X=True)
ridge_regr = linear_model.Ridge(
        alpha=0.01, fit_intercept=True,normalize=False,copy_X=True)
SGD__regr = linear_model.SGDRegressor(penalty="l2", alpha=0.01,
                                      max_iter=1000, tol=0.001, eta0=0.01)
```

① lasso_regr은 L1 정규화를 통해 생성되는 모델이다.

② regr에서 normalize 매개변수는 정규화 여부를 설정하는 매개변수이다.

③ ridge_regr에서 alpha는 다음 수식에서 λ를 의미한다.

$$J(\theta) = \frac{1}{2m}\sum_{i=1}^{m}\left(h_\theta\left(x^{(i)}\right) - y^{(i)}\right)^2 + \frac{\lambda}{2}\sum_{j=1}^{n}\theta_j^2$$

④ 이 코드에서 SGD__regr과 ridge_regr은 비슷한 결과를 도출할 수 있다.

CHAPTER 09
로지스틱 회귀의 기초

학습목표

- 로지스틱 회귀의 개념과 기본 함수에 대해 알아본다.
- 분류 문제에서 성능지표의 필요성에 대해 학습한다.
- 혼동행렬을 이해하고, 혼동행렬표를 사용한 지표에 대해 살펴본다.
- 로지스틱 회귀 구현을 위한 함수를 알아보고, 사이킷런을 사용하여 학습을 진행한다.

01 로지스틱 회귀란?

이번 절에서는 분류 문제를 풀 때 주로 사용하는 '로지스틱 회귀' 기법에 대해 학습한다. 분류 문제는 일반적인 회귀 문제와는 다르게 몇 가지의 이산적인 값 중 하나를 선택하는 모델로, 흔히 '분류 모델'이라고 부른다. 예를 들어 키와 몸무게를 보고 남자와 여자를 구분한다든지, 사진을 보고 사진 속의 객체가 강아지인지 고양이인지를 구분하는 등의 문제를 분류 문제라고 한다. [표 9-1]의 데이터 예시를 통해 분류 문제를 이해해본다.

표 9-1 GRE와 GPA 정보를 활용하여 합격 여부를 나타내는 데이터

Number	Admit	GRE	GPA	Number	Admit	GRE	GPA
1	0	380	3.61	16	0	660	3.34
2	1	660	3.67	17	1	740	4.00
3	1	800	4.00	18	0	560	3.19
4	1	640	3.19	19	0	380	2.94
5	0	520	2.93	20	0	400	3.65
6	1	760	3.00	21	0	600	2.82
7	1	560	2.98	22	1	620	3.18
8	0	400	3.08	23	0	560	3.32
9	1	540	3.39	24	0	640	3.67
10	0	700	3.92	25	1	680	3.85
11	0	800	4.00	26	0	580	4.00
12	0	440	3.22	27	0	600	3.59
13	1	760	4.00	28	0	740	3.62
14	0	700	3.08	29	0	620	3.30
15	1	700	4.00	30	0	580	3.69

[표 9-1]은 GRE와 GPA 데이터를 통해 대학의 합격 여부를 나타내는 데이터이다. `Admit` 열이 대학 합격 여부를 나타낸다. 만약 이런 데이터를 사용해서 GRE와 GPA 정보를 산점도로 표현한다면 [그림 9-1]과 같다.

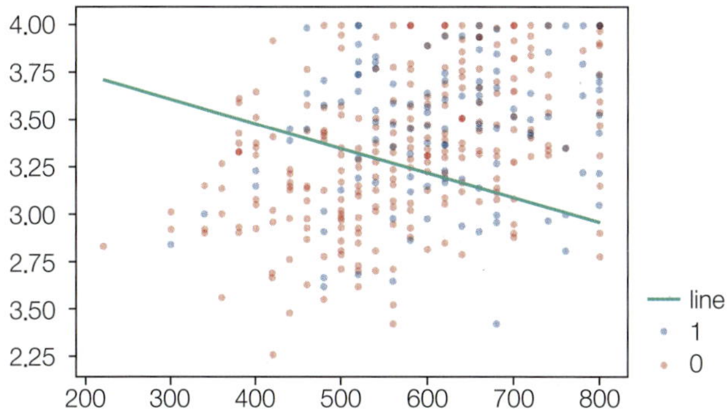

그림 9-1 산점도 위에 선형회귀 모델 표현

산점도에서 합격자는 파란색으로, 불합격자는 빨간색으로 나타내었다. 기존 선형회귀로 표현하기 위해 [그림 9-1]과 같이 초록색 선을 추가해 선 상단은 합격, 선 하단은 불합격이라고 말할 수 있다. 즉 다음과 같은 수식으로 선형회귀 모델을 적용하였다.

$$f(x) = 4 - 0.0013 \times GRE - GPA$$

$$Admit = \begin{cases} 1 & \text{if } f(x) \geq 0 \\ 0 & otherwise \end{cases}$$

하지만 이러한 선형회귀로 문제를 풀면 다음과 같은 몇 가지 문제점이 발생한다. 이를 어떻게 해결해야 할까?

❶ 현재 제시된 수식 $f(x)$의 값이 1 이상이나 0 이하로 나올 수 있다. 이는 우리가 가진 데이터와는 달리 연산 결과가 1과 0뿐만 아니라 그 범위가 훨씬 커지기 때문이다. 그래서 이를 어떻게 해석해야 하는가에 대한 문제가 발생한다.

❷ 각 피쳐들이 Y에 영향을 주는 것을 어떻게 해석해야 할지에 대한 문제도 발생한다.

❸ 사건의 발생 여부는 이산적인데 실제 $f(x)$ 수식은 연속적이기 때문에 그 차이를 어떻게 해석해야 하는지에 대한 문제가 발생한다.

1 로지스틱 회귀의 개념

이와 같은 문제를 해결하기 위해서는 이진 분류(binary classification) 문제를 확률로 표현하는 방법을 찾아야 한다. 즉 어떤 사건이 일어날 확률을 $P(X)$로 나타내고, 일어나지 않을 확률을 $1-P(X)$로 나타낸다. 또한 이러한 확률은 모두 0과 1 사이의 값, 즉 $0 \le P(X) \le 1$로 표현할 수 있다. 이러한 사건에 대한 확률의 개념으로 오즈비(odds ratio)라는 수식이 있다. 오즈비는 다음 수식과 같이 어떤 사건이 일어날 확률과 일어나지 않을 확률의 비율을 표현하는 수치이다.

$$\frac{P(X)}{1-P(X)}$$

이를 그래프로 나타내면 [그림 9-2]와 같다. 즉 확률이 올라갈수록 오즈비도 급속히 상승하는 것을 알 수 있다.

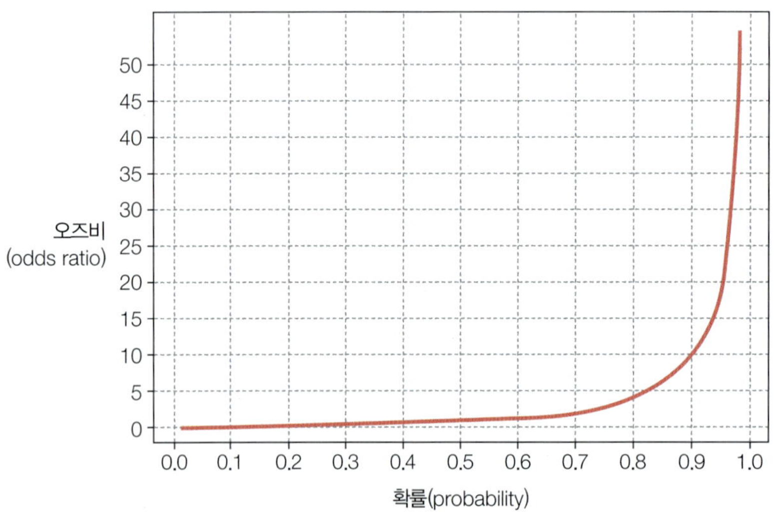

그림 9-2 확률이 올라가면서 오즈비가 상승하는 그래프

로지스틱 회귀는 오즈비에 상용로그를 붙이면서 시작된다. 즉, 다음 수식과 같이 오즈비 $\frac{p}{1-p}$에 상용로그 $\log_e$를 붙이면서 하나의 수식을 만들게 되고, 이를 로짓(logit) 함수라고 부른다.

$$\begin{aligned} logit(p(y=1|x)) &= \log_e\left(\frac{p}{1-p}\right) \\ &= \log_e(p) - \log_e(1-p) \\ &= -\log_e\left(\frac{1}{p}-1\right) \end{aligned}$$

이렇게 만들어진 로짓 함수를 그래프로 표현하면 [그림 9-3]과 같다. 즉 확률을 X 값으로 넣으면 이 확률이 $logit(P)$의 꼴로 나타난다. 반대로 확률을 구하기 위하여 로짓 함수를 사용하면 기존 함수의 역함수를 취할 수 있어 쉽게 연산이 가능하다.

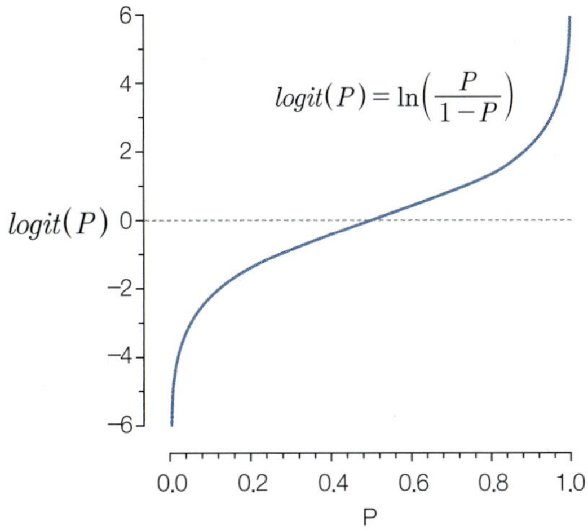

그림 9-3 로짓 함수 그래프

즉, 다음과 같은 함수를

$$f(z) = y = -\log_e\left(\frac{1}{z} - 1\right)$$

다음과 같이 y와 z를 교환하는 역함수를 취한 후 정리해본다.

$$z = -\log_e\left(\frac{1}{y} - 1\right)$$

이 수식을 정리하면 다음과 같다.

$$e^{-z} = \frac{1-y}{y}$$

$$y \times e^{-z} + y = 1$$

$$y(e^{-z} + 1) = 1$$

$$y = \frac{1}{1 + e^{-z}}$$

이 수식에서 z 값을 구하면 확률에 해당하는 y 값이 나온다. 이러한 수식을 로지스틱 함수(logistic function)라고 부르는데, 이는 로짓 함수의 역함수로 정의할 수 있다. 로지스틱 함수는 기존 함수의 역함수이기 때문에 [그림 9-4]와 같이 S자 형태의 커브를 그리게 되는데, 이를 시그모이드 함수(sigmoid function)라고 부른다. **로지스틱 회귀(Logistic Regression)**는 예측 분석을 위한 회귀분석 중에서 특히 종속변수가 이분형일 때 수행할 수 있는 회귀분석 기법의 한 종류이다.

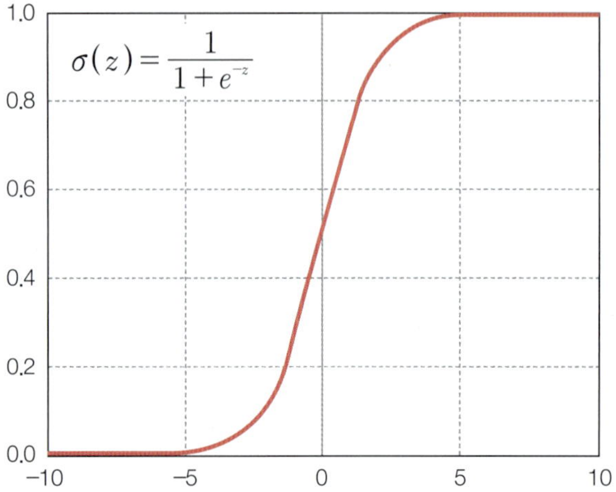

그림 9-4 시그모이드 함수

시그모이드 함수를 수식의 형태로 변형하면 다음과 같다. 이때 y 값을 확률 p로 표현할 수 있는데, 이 확률은 z 값을 입력했을 때 다음과 같은 수식으로 나타낼 수 있다. 그리고 z 값은 선형회귀와 같이 가중치와 피쳐의 선형 결합(linear combination)으로 표현이 가능하다. 즉 어떤 데이터를 다음과 같이 z 값들로 표현한다면 이에 대한 확률 p를 구할 수 있다.

$$p = \sigma(z) = \frac{1}{1+e^{-z}}, \quad \frac{p}{1-p} = \frac{\frac{1}{1+e^{-z}}}{\frac{e^{-z}}{1+e^{-z}}} = \frac{1}{e^{-z}} = e^{z}$$

$$\log_e \frac{p}{1-p} = z$$

$$\log_e \frac{p}{1-p} = z = w_0x_0 + w_1x_1 + \cdots + w_nx_n$$

2 로지스틱 회귀의 기본 함수

지금까지 로지스틱 회귀의 기본적인 함수가 어떻게 구성되어 있는지 확인했다. 간단히 정리하면 우리가 적절한 z 값을 찾으면 이 값으로 시그모이드 함수를 사용한 0에서 1까지의 확률값을 구할 수 있다는 것이다. 학습의 구성 요소인 각 함수와 학습 단계를 정리해본다.

2.1 가설함수

가설함수(hypothesis function)는 시그모이드 함수로 다음과 같이 정의한다.

$$h_\theta(x) = g(z) = \frac{1}{1+e^{-z}}$$

여기서 핵심은 z인데, z는 가중치 값과 피처 값의 선형 결합으로 이루어져 있다. 그렇다면 여기서 우리가 찾아야 하는 값은 가중치 값이고, 이를 학습하기 위해서 경사하강법 알고리즘을 사용한다.

$$z = w_0x_0 + w_1x_1 + \cdots + w_nx_n = \theta^T X$$

2.2 비용함수

학습을 위해서 처음 해야 하는 것은 바로 비용함수(cost function)를 정의하는 것이다. 기본적으로 선형회귀와 동일하게 예측값과 실제값 간의 차이를 최소화하는 방향으로 학습해야 한다. 하지만 한 가지 차이는 이 값들이 모두 확률로 표현되기 때문에 실제값이 1일 때와 실제값이 0일 때 다음과 같이 각각 다르게 비용함수를 정의할 수 있다.

$$Cost(h_\theta(x), y) = \begin{cases} -\log(h_\theta(x)) & \text{if } y = 1 \\ -\log(1-h_\theta(x)) & \text{if } y = 0 \end{cases}$$

이와 같이 실제값 y에 따라 값을 다르게 정의하면 어떤 효과가 날까? 각 함수에 대한 그래프를 그리면 쉽게 이해할 수 있다. [그림 9-5]에서 (a)는 y가 1일 때 $-\log(h_\theta(x))$ 그래프이고, (b)는 $y=0$일 때 $-\log(1-h_\theta(x))$ 그래프이다. 여기서 h는 0에서 1 사이의 값을 가진다.

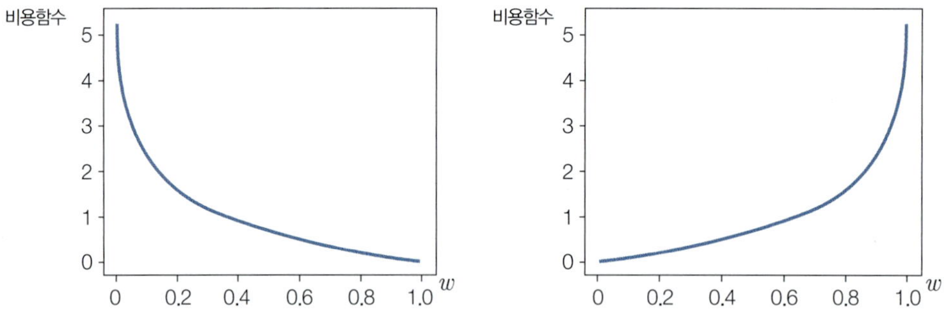

(a) $-\log(h_\theta(x))$ (b) $-\log(1-h_\theta(x))$

그림 9-5 비용함수 그래프

[그림 9-5]의 (a) 그래프를 보면 h 값이 1에 가까워질수록 비용함수의 값은 0에 가까워진다. 즉 실제값과 유사해질수록 비용함수의 결과값이 0이 된다. 반대로 (b) 그래프를 보면 h 값이 0에 가까워질수록 비용함수의 값이 0에 가까워진다. 동일하게 실제값이 0이므로 h 값도 0이 되면 전체 비용이 줄어드는 방향으로 학습이 진행되어야 한다.

이와 같이 두 가지 경우에 각각 다른 비용함수가 있기 때문에 이를 하나로 통합할 필요가 있다. 이를 위해 다음과 같이 비용함수를 정리한다. 다음 수식에서 y의 값이 1일 경우, 오른쪽 항목인 $(1-y^{(i)})\log(1-h_\theta(x^{(i)}))$이 사라진다. 반대로 y의 값이 0일 경우 왼쪽 항목인 $y^{(i)}\log h_\theta(x^{(i)})$가 $y=0$에 의해 사라진다. 즉 수식을 하나로 정리하면 다음과 같이 하나로 통합할 수 있다.

$$
\begin{aligned}
J(\theta) &= \frac{1}{m}\sum_{i=1}^{m} Cost(h_\theta(x^{(i)}), y^{(i)}) \\
&= -\frac{1}{m}\sum_{i=1}^{m}[y^{(i)}\log h_\theta(x^{(i)}) + (1-y^{(i)})\log(1-h_\theta(x^{(i)}))]
\end{aligned}
$$

2.3 비용함수의 미분과 가중치 업데이트

비용함수를 미분하기 위해서, 즉 최종적으로 θ의 최적값을 구하기 위해 J 값을 미분해야 한다. 다시 말해 $\frac{\partial J}{\partial \theta}$ 값을 구해야 한다. 하지만 여기서 한 가지 기억해야 할 것은 θ의 의미이다. 앞의 수식에서 θ를 하나의 변수처럼 다뤘지만 실제로 θ는 가설함수 h를 구성하는 변수이고, 가설함수에서 θ는 z 값 안에 있다. 즉, 앞서 $z = w_0x_0 + w_1x_1 + \cdots + w_nx_n = \theta^TX$에서 보았듯이 θ의 정확한 의미는 w_j의 집합이라고 이해할 수 있다. 이로 인해 우리가 정확히 구해야 할 미분 값은 $\frac{\partial J}{\partial w_j}$ 이며, 여기서 j는 여러 개의 가중치 값들을 의미한다. $\frac{\partial J}{\partial w_j}$ 는 최종적으로 다음 수식과 같은 값을 가진다. 여기서 $\theta_j = w_j$를 의미한다.

$$\frac{\partial}{\partial \theta_j} J(\theta) = \frac{1}{m} \sum_{i=1}^{m} (h_\theta(x^i) - y^i) x_j^i$$

이 수식을 기반으로 가중치 값을 업데이트하는 수식은 다음과 같다. 여기서는 앞서 선형회귀와 동일하게 모든 θ_j에 대해 동시에 가중치가 업데이트되는 것을 알 수 있다.

$$\begin{aligned}\theta_j &= \theta_j - \alpha \frac{\partial}{\partial \theta} J(\theta) \\ &= \theta_j - \alpha \sum_{i=1}^{m} (h_\theta(x^i) - y^i) x_j^i\end{aligned}$$

02 분류 문제의 성능지표

완성파일 | ch09_sec02.ipynb

1 분류 문제에 있어서 성능지표의 필요성

로지스틱 회귀는 대표적인 분류 문제를 위한 알고리즘이다. 1절에서는 일반적인 분류 문제인 이진분류(binary classification) 문제에 대해 살펴보았다. 그렇다면 이러한 분류 문제의 평가는 어떻게 할까? 기본적으로 우리가 다루는 여러 가지 문제마다 다음과 같이 회귀, 분류, 클러스터링 등의 다양한 성능지표들이 존재한다.

- **회귀(regression)** : MAE, MSE, RMSE, SSE
- **분류(classification)** : 정확도, 정밀도, 민감도, F1 스코어, ROC 커브, 리프트 차트
- **클러스터링(clustering)** : DBI, 엘보우 메서드, 실루엣계수

하나 더 알기 머신러닝에서 다양한 추가 성능지표를 사용하는 예

앞에서 소개한 기초 성능지표 외에도 실제 머신러닝을 적용한 시스템에서 사용가능한 다양한 추가 성능지표들이 있다. 이때 다음과 같은 여러 가지 상황을 고려하여 모델의 성능지표를 선택해야 한다.

- 모델이 다른 모델보다 경제적으로 나은가?
- 모델이 사용하는 데이터가 많은가? 또는 적은가?
- 모델이 용량이 작은 컴퓨터에서도 작동하는가?
- 모델의 손해가 얼마나 나는가?

2 혼동행렬

분류 문제의 성능 측정을 위해 먼저 이해해야 할 것은 혼동행렬이다. **혼동행렬(confusion matrix)**은 [그림 9-6]과 같이 예측값이 실제값 대비 얼마나 잘 맞는지 2×2 행렬로 표현하는 기법이다.

TIP 혼동행렬은 이진분류에 바로 적용할 수 있으나 두 개 이상의 y 값이 존재하는 다중분류 문제에서는 조금 다르게 표현된다. 다중분류는 Chapter 10에서 다루겠다.

		예측값(prediction)	
		1	0
실제값 (actual class)	1	True Positive	False Negative
	0	False Positive	True Negative

그림 9-6 혼동행렬

[그림 9-6]에서 실제값(actual class)은 수식에서 y, 예측값(prediction)은 모델이 예측하는 $\hat{y}$이다. 이 2가지 값을 바탕으로 총 4가지의 결과가 나타난다. 여기서 기억해야할 것은 1과 0 값의 의미이다. 이 값들은 자칫 헷갈릴 수 있는데, 쉽게 생각해서 암에 걸렸는지 찾는 문제에서 진단이 암일 경우는 1, 아닐 경우는 0을 의미한다고 생각하면 된다. 만약 생존 여부를 맞추는 모델이라면 생존의 경우 1, 아닐 경우는 0에 해당한다. 사실 이건 모델의 y 값을 어떻게 구성하는지에 따라 다르기 때문에 꼭 정답은 없다고 할 수 있지만, 일반적으로 질문의 '예'에 해당하는 값은 True 또는 1이며, '아니오'에 해당하는 값은 False 또는 0이다.

실제값과 예측값의 조합으로 발생 가능한 경우는 총 4가지로 다음과 같이 정리할 수 있다. 예측값과 실제값이 동일한 경우, 즉 모델의 예측이 정답일 때 True를 붙인다. 그리고 예측값이 1을 예측했다면 Positive이고, 예측값이 0을 예측했다면 Negative를 붙인다.

- **True Positive(TP)** : 예측값과 실제값이 모두 1로 동일할 때, 즉 모델의 예측값이 정답이고 예측 대상이 1일 때
- **True Negative(TN)** : 예측값과 실제값이 모두 0으로 동일할 때, 즉 모델의 예측값이 정답이고 예측 대상이 0일 때
- **False Negative(FN)** : 실제값은 1이지만 예측값이 0으로, 모델의 예측값이 오답이고 예측값이 0을 예측할 때
- **False Positive(FP)** : 실제값은 0이지만 예측값이 1로, 모델의 예측값이 오답이고 예측값이 1을 예측할 때

혼동행렬표는 간단히 사이킷런(scikit-learn)을 사용하여 나타낼 수 있다. 다음 코드와 같이 `sklearn.metrics` 모듈 안에 `confusion_matrix` 함수를 불러서 간단히 행렬로 나타낸다. 이

때 입력되는 값은 실제값인 y_true 변수와 예측값인 y_pred 값이다. 코드에서는 y_pred에 임의의 값을 입력하였지만 실제로는 모델의 예측값이 들어간다. 생성된 2×2의 넘파이 배열(ndarray)은 순서대로 True Negative, False Positive, False Negative, True Positive로 앞서 우리가 봤던 표와는 행의 순서가 다르니 유의할 필요가 있다.

```
In [1]:  from sklearn.metrics import confusion_matrix
         y_true = [1, 0, 1, 1, 0, 1]
         y_pred = [0, 0, 1, 1, 0, 1]
         confusion_matrix(y_true, y_pred)

Out [1]: array([[2, 0],
                [1, 3]], dtype=int64)

In [2]:  tn, fp, fn, tp = confusion_matrix(y_true, y_pred).ravel()
         (tn, fp, fn, tp)

Out [2]: (2, 0, 1, 3)
```

3 혼동행렬표를 사용한 지표

혼동행렬을 바탕으로 이진분류를 위한 다양한 지표들을 개발할 수 있다. 가장 간단한 지표로는 단순히 얼마나 맞췄는지를 측정하는 정확도(accuracy), 1이라고 예측했을 때 그 값이 얼마나 정답이었는지를 보여주는 정밀도(precision), 1인 값을 얼마나 안 놓치고 정답으로 맞추는지에 대한 민감도(recall) 등이 있다. 이러한 지표들이 정확히 어떻게 사용되는지에 대해서 이해하고 사용하는 것이 이진분류 문제의 성능 측정을 위해 매우 중요하다.

3.1 정확도

정확도(accuracy)는 전체 데이터 개수 대비 정답을 맞춘 데이터의 개수를 의미한다. 수식으로는 다음과 같이 표현할 수 있다.

$$Accuracy = \frac{TP + TN}{TP + TN + FP + FN}$$

[그림 9-7]은 전체 대비 정답을 맞춘 True 영역을 지정한 것이다.

		예측값(prediction)	
		1	0
실제값 (actual class)	1	True Positive	False Negative
	0	False Positive	True Negative

그림 9-7 정확도 측정

사이킷런을 이용하면 매우 쉽게 정확도를 구할 수 있다. 혼동행렬표와 마찬가지로 가장 쉽게 표현할 수 있는 것은 `sklarn.metris` 모듈 안에 있는 `accuracy_score`를 사용하는 것이다. 다음 코드에서 `sum(y_true == y_pred) / len(y_true)`는 먼저 `y_true`와 `y_pred`의 값 중 동일한 값을 가진 데이터의 개수를 구한 다음 전체 데이터의 개수로 나눈다. 이와 동일한 계산법으로 `accuracy_score` 함수를 사용하면 원하는 정확도를 구할 수 있다.

In [3]:
```
import numpy as np
from sklearn.metrics import accuracy_score
y_pred = np.array([0, 1, 1, 0])
y_true = np.array([0, 1, 0, 0])
sum(y_true == y_pred) / len(y_true)
```

Out [3]:
```
0.75
```

In [4]:
```
accuracy_score(y_true, y_pred)
```

Out [4]:
```
0.75
```

TIP 사실상 정확도와 동일하나 오답을 맞춘 개수를 구하는 오차율(error rate)이라는 지표도 존재한다. 오차율 지표는 'ERR=1-ACC'로 '1-정확도'로 이해할 수 있다.

3.2 정밀도, 민감도, F1 스코어

다음으로 다루는 지표는 정밀도와 민감도이다. 이 두 지표는 비슷하지만 조금 다른 지표로, 불균일한 데이터셋을 다룰 때 유용한 지표이다. 불균일한 데이터셋이란 데이터에서 1과 0의 비율이 7:3 또는 3:7 이상으로 차이나는 상태를 의미한다. 예를 들면 14세 이하 10만 명당 암 발병 인원은 14.8명, 비율로는 0.015%이다. 그래서 만약 14세 이하의 암 발병 여부를 찾는 모델을 만들었다면 가지고 있는 모델에서 데이터가 한쪽으로 치우쳐 있을 가능성이 크다. 하버드대학교의 입학 지원자를 예측하는 모델을 만든다면 3 : 97 정도의 데이터셋을 구할 수 있다. 이런 데이터셋들을 불균일한 데이터셋이라고 부른다. 그렇다면 이러한 데이터에서 모델의 성능을 잘 표현해주는 지표는 어떤 것들이 있을까?

첫 번째 지표는 정밀도이다. **정밀도(precision)**는 모델이 1이라고 예측했을 때 얼마나 잘 맞을지에 대한 비율이다. 즉 다음 수식에서 분모는 모델이 1이라고 예측한 데이터의 개수이며, 분자는 그중 맞는 정답의 개수이다.

$$PRECISION(PPV) = \frac{TP}{TP + FP}$$

		예측값(prediction) 1	예측값(prediction) 0
실제값 (actual class)	1	True Positive	False Negative
	0	False Positive	True Negative

그림 9-8 정밀도 측정

두 번째 지표는 민감도이다. **민감도(recall)**는 실제 1인 값을 가진 데이터를 모델이 얼마나 1이라고 잘 예측했는지에 대한 비율이다. 이러한 값을 반환율 또는 재현율이라고도 부른다. 분모는 실제값이 1인 데이터의 개수이고 분자는 모델이 제대로 맞춘 데이터의 개수를 의미한다.

$$RECALL(TPR) = \frac{TP}{TP + FN}$$

		예측값(prediction) 1	예측값(prediction) 0
실제값 (actual class)	1	True Positive	False Negative
	0	False Positive	True Negative

그림 9-9 민감도 측정

세 번째 지표는 F1 스코어이다. **F1 스코어(F1 score)**는 정밀도와 민감도를 통합한 지표로 정밀도와 민감도의 조화평균 값이다. 우리가 모델을 만들어서 해당 모델이 얼마나 성능이 좋은지를 확인할 때, 한 개의 지표로 정리할 필요가 있는데 이러한 지표로 가장 적합한 것 중 하나가 F1 스코어라고 할 수 있다. F1 스코어의 수식은 다음과 같다.

$$F_1 = 2 \times \frac{precision \times recall}{precision + recall}$$

코드로 표현하기 위해 `sklearn.metrics` 모듈을 사용한다. 각각 `precision_score`, `recall_score`, `f1_score`를 사용하면 구하고자 하는 값들을 산출할 수 있다.

In [5]:
```
import numpy as np
from sklearn.metrics import precision_score
from sklearn.metrics import recall_score
from sklearn.metrics import f1_score

y_pred = np.array([0, 1, 1, 0, 1, 1, 1, 0])
y_true = np.array([0, 1, 0, 0, 0, 0, 1, 1])
```

In [6]:
```
precision_score(y_true, y_pred) # 정밀도
```

Out [6]:
```
0.4
```

In [7]:
```
recall_score(y_true, y_pred)     # 민감도
```

Out [7]:
```
0.6666666666666666
```

In [8]:
```
f1_score(y_true, y_pred)         # F1 스코어
```

Out [8]:
```
0.5
```

03 로지스틱 회귀 구현하기

완성파일 | ch09_sec03.ipynb

1 로지스틱 회귀 구현을 위한 함수

이번에는 로지스틱 회귀를 실제 코드로 구현하는 방법을 실습해본다. 로지스틱 회귀의 구현은 선형회귀의 구현과 사실상 동일한 방식이다. 가장 먼저 기본적인 함수들부터 알아본다.

1.1 시그모이드 함수

첫 번째는 시그모이드 함수(sigmoid function)로 수식은 다음과 같다. 이 수식은 다음 코드와 같이 넘파이의 np.exp 함수를 사용하여 구현한다.

$$h_\theta(x) = g(z) = \frac{1}{1+e^{-z}}$$

```
def sigmoid(z):
    return 1 / (1 + np.exp(z))
```

1.2 가설함수

두 번째는 기존 시그모이드 함수를 약간 업데이트한 가설함수(hypothesis function)이다. 시그모이드 함수는 단순히 z 값을 입력값으로 사용하는데, 실제로는 가중치와 피쳐의 선형 결합으로 이루어진다. 그래서 다음과 같이 피쳐 값들은 x 벡터로, 가중치 값들은 θ라는 이름으로 입력해주는 함수를 만든다. 이를 정리하면 다음과 같은 가설함수로 구성할 수 있다.

$$h_\theta(x) = \frac{1}{1+e^{-\theta^T x}}$$

```
def hypothesis_function(x, theta):
    z = (np.dot(-x,theta))
    return sigmoid(z)
```

1.3 비용함수

세 번째는 비용함수(cost function)이다. 앞서 우리가 살펴봤듯이 생성한 가설함수와 실제값인 y 값 간의 차이를 y가 1일 때, 또는 0일 때마다 연산이 달라지는 것을 알 수 있다. 넘파이로 표현할 때는 벡터 형태로만 연산하는 방법이 있고, 또는 곱셈과 sum을 이용해서 계산할 수도 있다. 다소 이해하기 어려울 수 있지만 transpose와 dot를 사용하여 두 벡터의 곱셈합 연산을 하는 방법에 대해 이해하면 앞으로의 학습에 많은 도움이 될 것이다.

$$\begin{aligned} J(\theta) &= \frac{1}{m}\sum_{i=1}^{m} Cost(h_\theta(x^{(i)}), y^{(i)}) \\ &= -\frac{1}{m}\sum_{i=1}^{m}[y^{(i)}\log h_\theta(x^{(i)}) + (1-y^{(i)})\log(1-h_\theta(x^{(i)}))] \end{aligned}$$

```
def compute_cost(x, y, theta):
    m = y.shape[0]
    J = (-1.0 / m) * (
        y.T.dot(np.log(hypothesis_function(x,theta))) + \
        (1-y).T.dot(np.log(1- hypothesis_function(x,theta))))

    return J
```

1.4 경사하강법 : 가중치 업데이트

마지막으로 가중치의 업데이트가 발생하는 경사하강법 코드이다. 이 코드에서는 선형회귀와 동일하게 for 루프가 업데이트되면서 θ의 개수, 즉 가중치의 개수만큼 경사도(gradient)를 구하고 이를 예측값인 가설함수의 결과값과 기존 y 값 간의 차이에 곱하는 형태의 연산이다. 전체 수식은 다음과 같다.

$$\theta_j := \theta_j - \alpha\sum_{i=1}^{m}(h_\theta(x^i) - y^i)x_j^i$$

이 수식에서 뒷부분에 있는 x_j^i는 다음 코드에서 partial_marginal 변수에 저장되어 있다. 다음으로 가설함수와 실제값 간의 차이를 delta에 저장한다. 마지막으로 delta와 partial_ marginal을 곱한 후 그 합계를 grad_i에 저장한다. 다음으로 앞의 수식과 동일하게 기존 θ_i의 값에서 계산된 경사도 값만큼 빼주면서 가중치 업데이트를 수행한다.

```
def minimize_gradient(x, y, theta, iterations=100000, alpha=0.01):
    m = y.size
    cost_history = []
    theta_history = []


    for _ in range(iterations):
        original_theta = theta
        for i in range(theta.size):
            partial_marginal = x[:, i].reshape(x.shape[0], 1)
            delta = hypothesis_function(x, original_theta) - y
            grad_i = delta.T.dot(partial_marginal)

            theta[i] = theta[i] - (alpha  * grad_i)

        if (_ % 100) == 0:
            theta_history.append(theta)
            cost_history.append(compute_cost(x, y, theta))

    return theta, np.array(cost_history), np.array(theta_history)
```

2 사이킷런을 사용하여 학습하기

앞의 코드와 동일하게 사이킷런에서도 동일하게 로지스틱 회귀를 사용할 수 있다. 사이킷런에서는 from sklearn import linear_model 모듈 안에 LogisticRegression 클래스가 존재하며 이를 사용하여 학습을 실행한다.

2.1 데이터셋 준비

먼저 학습을 위해서는 데이터셋이 필요하다. 여기에서는 인터넷 사용자가 뉴비(newbie)인지 아닌지를 구별하는 와튼대학교의 'uva.txt' 데이터를 사용한다. 다음과 같은 코드를 사용하여 데이터를 호출한다.

In [1]:

```
import pandas as pd
data_url= "http://www-stat.wharton.upenn.edu/~waterman/DataSets/uva.txt"

df = pd.read_table(data_url)
df[:5]
```

Out [1]:

	who	Newbie	Age	Gender	Household Income	Sexual Preference	Country	Education Attainment	Major Occupation	Marital Status	Years on Internet
0	id74364	0	54.0	Male	$50-74	Gay male	Ontario	Some College	Computer	Other	4-6 yr
1	id84505	0	39.0	Female	Over $100	Heterosexual	Sweden	Professional	Other	Other	1-3 yr
2	id84509	1	49.0	Female	$40-49	Heterosexual	Washington	Some College	Management	Other	Under 6 mo
3	id87028	1	22.0	Female	$40-49	Heterosexual	Florida	Some College	Computer	Married	6-12 mo
4	id76087	0	20.0	Male	$30-39	Bisexual	New Jersey	Some College	Education	Single	1-3 yr

2.2 데이터 전처리

불러들인 데이터를 보면 여러 개의 변수가 존재한다. 그중 데이터 전처리를 위해 who, Country, Years on Internet 열을 제거한다. 이 변수 중 개인의 ID 정보인 who는 분석하는 데 의미가 없고, 미국의 주를 나타내는 Country는 값이 너무 많기 때문에 이 분석에서는 사용하지 않는다. Years on Internet은 인터넷을 얼마나 오랫동안 사용했는지에 대한 정보이기 때문에 Y 값에 해당하는 Newbie 열과 같은 의미를 가지므로 제거했다. 다음과 같이 코드를 사용하여 필요 없는 데이터를 드롭(drop)한다.

In [2]:

```
df.pop('who')
df.pop('Country')
df.pop('Years on Internet')

df.dtypes
```

Out [2]:

```
Newbie                   int64
Age                    float64
Gender                  object
Household Income        object
Sexual Preference       object
Education Attainment    object
Major Occupation        object
Marital Status          object
dtype: object
```

다음으로 category 타입의 데이터들에 대해서 원핫인코딩(one-hot encoding) 형태로 바꾸기 위해 데이터의 타입을 변환시킨다. 데이터 변환을 위해 가장 쉬운 방법 중 하나는 astype 함수를 사용하여 변환하는 것이다. category 타입에 해당하는 열들의 이름을 정리하기 위해 다음과 같은 코드를 수행한다.

In [3]:
```
category_cols = ["Gender", 'Household Income',
                 'Sexual Preference', 'Education Attainment',
                 'Major Occupation', "Marital Status"]

for col in category_cols:
    df[col] = df[col].astype('category')

df.dtypes
```

Out [3]:
```
Newbie                    int64
Age                     float64
Gender                 category
Household Income       category
Sexual Preference      category
Education Attainment   category
Major Occupation       category
Marital Status         category
dtype: object
```

다음으로 이 데이터들을 원핫인코딩 형태로 변환하기 위해 판다스(pandas)의 get_dummies를 사용한다. 다음 코드를 실행하면 총 데이터 열의 개수가 38개로 증가하는 것을 확인할 수 있다.

In [4]:
```
df_onehot = pd.get_dummies(df)
df_onehot.shape
```

Out [4]:
```
(19583, 38)
```

다음으로 데이터의 결측값을 확인한다. 다음 코드처럼 isnull 함수를 사용하면 각 열별 데이터 중 isnull 함수 결과의 합을 구해 보여준다. 그 결과 Age 열에만 결측값이 존재하는 것을 확인할 수 있다.

```
In [5]: df_onehot.isnull().sum()
```

```
Out [5]: Newbie                        0
         Age                         561
         Gender_Female                 0
         Gender_Male                   0
         Household Income_$10-19       0
         (...이하 생략)
```

결측값을 채우는 기법 중 가장 간단한 방법은 loc 함수를 사용하여 Age 열의 평균값으로 채우는 것이다. 코드는 다음과 같다.

```
In [6]: df_onehot.loc[
            pd.isnull(df_onehot['Age']), "Age"] = df_onehot['Age'].mean()
```

2.3 데이터 분리

다음으로 데이터를 x 데이터와 y 데이터로 나눈 후, 이를 다시 훈련(train)과 테스트(test) 형태로 분류해야 한다. 이를 위해 먼저 전체 코드 중 Newbile 열은 y_data에 할당하고 나머지 데이터는 x_data에 할당하는 코드를 작성한다.

```
In [7]: x_data = df_onehot.iloc[:, 1:].values
        y_data = df_onehot.iloc[:, 0].values.reshape(-1, 1)
        y_data.shape, x_data.shape
```

```
Out [7]: ((19583, 1), (19583, 37))
```

다음으로 x_data에 대해서 MinMaxScaler 함수를 사용하여 전체 데이터에 대한 스케일링을 실시한다.

```
In [8]: from sklearn import preprocessing # Min-Max Standardzation

        min_max_scaler = preprocessing.MinMaxScaler()
        x_data = min_max_scaler.fit_transform(x_data)
```

마지막으로 train-test split 함수를 적용하여 생성된 데이터를 학습 데이터셋과 테스트 데이터셋으로 분리한다.

In [9]:
```
from sklearn.model_selection import train_test_split

X_train, X_test, y_train, y_test = train_test_split(
        x_data, y_data, test_size=0.33, random_state=42)

X_train.shape, X_test.shape
```
Out [9]:
```
((13120, 37), (6463, 37))
```

최종적으로 LogisticRegression 클래스를 사용하여 학습된 모델을 생성한다. 생성된 모델은 간단히 절편만 생성하는 fit_intercept 매개변수만 설정했지만, 생각보다 많은 매개변수들을 제공한다. 대표적으로 regularization을 penalty라는 이름의 매개변수로 설정할 수 있다. 또한 penalty의 강도를 조절하는 하이퍼 매개변수 C 값을 설정할 수 있다. max_iter이나 tol은 기본적으로 경사하강법이 가지는 매개변수들이다.

In [10]:
```
from sklearn.linear_model import LogisticRegression

logreg = LogisticRegression(fit_intercept=True)
logreg.fit(X_train, y_train.flatten())
```
Out [10]:
```
LogisticRegression()
```
In [11]:
```
LogisticRegression(C=1.0, class_weight=None, dual=False,
                   fit_intercept=True, intercept_scaling=1,
                   l1_ratio=None, max_iter=100, multi_class='warn',
                   n_jobs=None, penalty='l2', random_state=None,
                   solver='warn', tol=0.0001, verbose=0,
                   warm_start=False)
```
Out [11]:
```
LogisticRegression(multi_class='warn', solver='warn')
```

2.4 값 예측하기와 성능 측정하기

생성된 모델을 사용하여 실제값을 예측하기 위해서 predict 함수를 사용한다. 해당 함수는 사이킷런에서 제공하는 모든 모델 클래스에서 동일한 템플릿을 제공하기 때문에 fit과 predict로 값을 예측할 수 있다. 다음 코드를 수행시키면 X_test에 존재하는 값 5개까지 모두 0으로 예측된다.

```
In [12]:  logreg.predict(X_test[:5])
Out [12]: array([0, 0, 0, 0, 0], dtype=int64)
```

이전에 로지스틱 회귀의 가설함수가 확률을 예측한다고 언급했었다. 즉, 바로 앞의 코드에서처럼 값도 예측할 수 있지만 각 값들의 예측값에 대한 확률도 구할 수 있다. 이를 위해 사이킷런은 predict_proba라는 함수를 제공한다. 이 함수에서는 각각 0일 때의 확률과 1일 때의 확률을 n×2 행렬 형태로 나타낸다. 만약 세세하게 각 클래스의 확률을 보고 싶다면 prdict_proba 함수를 사용하면 된다.

```
In [13]:  logreg.predict_proba(X_test[:5])
Out [13]: array([[0.56843258, 0.43156742],
                 [0.91112572, 0.08887428],
                 [0.79481085, 0.20518915],
                 [0.85841562, 0.14158438],
                 [0.62764603, 0.37235397]])
```

마지막으로 실제 성능을 측정하는 코드는 다음과 같다. confusion_matrix와 accuracy_score 같은 함수를 사용하였다. 코드는 다양하게 구성할 수 있지만, 기본적으로 y_true 변수에는 실제값인 y_test 값을 복사하고, y_pred에는 모델로 예측된 값들을 할당한다. 그 후 성능을 측정하는 함수를 사용하면 기대하는 결과값이 출력된다.

In [14]:
```
from sklearn.metrics import confusion_matrix
from sklearn.metrics import accuracy_score

y_true = y_test.copy()
y_pred = logreg.predict(X_test)
confusion_matrix(y_true, y_pred)
```

Out [14]:
```
array([[4487,  275],
       [1350,  351]], dtype=int64)
```

In [15]:
```
accuracy_score(y_true, y_pred)
```

Out [15]:
```
0.7485687761101656
```

요약

01 로지스틱 회귀(Logistic Regression)

예측 분석을 위한 회귀분석 중에서 특히 종속변수가 이분형일 때 수행할 수 있는 회귀 분석 기법의 한 종류이다.

02 로지스틱 함수의 기본 함수

- 가설함수 $h_\theta(x) = g(z) = \frac{1}{1+e^{-z}}$
- 비용함수 $Cost(h_\theta(x), y) = \begin{cases} -\log(h_\theta(x)) & \text{if } y = 1 \\ -\log(1-h_\theta(x)) & \text{if } y = 0 \end{cases}$

03 혼동행렬

예측값이 실제값 대비 얼마나 잘 맞는지 2×2 행렬로 표현하는 기법이다.

04 혼동행렬표를 사용한 지표

- 정확도(accuracy) : 전체 데이터 개수 대비 정답을 맞춘 데이터의 개수

$$Accuracy = \frac{TP+TN}{TP+TN+FP+FN}$$

- 정밀도(precision) : 모델이 1이라고 예측했을 때 얼마나 잘 맞을지에 대한 비율

$$PRECISION(PPV) = \frac{TP}{TP+FP}$$

- 민감도(recall) : 실제 1인 값을 가진 데이터를 모델이 얼마나 1이라고 잘 예측했는지에 대한 비율

$$RECALL(TPR) = \frac{TP}{TP+FN}$$

- F1 스코어(F1 score) : 정밀도와 민감도를 통합한 지표로 정밀도와 민감도의 조화평균 값

$$F_1 = 2 \times \frac{precision \times recall}{precision + recall}$$

05 로지스틱 회귀 구현을 위한 함수

- 시그모이드 함수

$$h_\theta(x) = g(z) = \frac{1}{1+e^{-z}}$$

```
def sigmoid(z):
    return 1 / (1 + np.exp(z))
```

- 가설함수

$$h_\theta(x) = \frac{1}{1+e^{-\theta^T x}}$$

```
def hypothesis_function(x, theta):
    z = (np.dot(-x,theta))
    return sigmoid(z)
```

- 비용함수

$$J(\theta) = \frac{1}{m}\sum_{i=1}^{m} Cost(h_\theta(x^{(i)}), y^{(i)})$$
$$= -\frac{1}{m}\sum_{i=1}^{m}[y^{(i)}\log h_\theta(x^{(i)}) + (1-y^{(i)})\log(1-h_\theta(x^{(i)}))]$$

```
def compute_cost(x, y, theta):
    m = y.shape[0]
    J = (-1.0 / m) * (
        y.T.dot(np.log(hypothesis_function(x,theta))) + \
        (1-y).T.dot(np.log(1- hypothesis_function(x,theta))))

    return J
```

- 경사하강법 : 가중치 업데이트

$$\theta_j := \theta_j - \alpha\sum_{i=1}^{m}(h_\theta(x^i) - y^i)x_j^i$$

(코드 생략)

연습문제

01 **암 여부를 판별하는 로지스틱 회귀 분류기를 모델링한다고 가정하자. 암일 경우는 1, 암이 아닐 경우는 0이라고 표현하고, 해당 분류기에 새로운 x 값이 입력될 때 가설함수 $h_\theta(x)$의 확률이 0.05라고 한다. 이를 정확히 표현한 수식은 무엇인지 고르시오.**

① $P(x=1|y;\theta)=0.05$ ② $P(x=0|y;\theta)=0.05$

③ $P(y=1|x;\theta)=0.05$ ④ $P(y=0|x;\theta)=0.05$

02 **선형회귀에 사용되는 loss 함수를 로지스틱 회귀 모델에 사용할 수 없는 이유는 무엇인지 고르시오.**

① 선형회귀에서는 비용함수로 평균 제곱 오차를 사용한다. 로지스틱 회귀에서 이를 사용하는 경우에는 non-convex 함수가 된다. 경사하강법은 함수가 볼록형(convex)을 보장할 경우에만 전역 최솟값을 찾을 수 있다.

② 선형회귀에서는 비용함수로 평균 제곱 오차를 사용한다. 로지스틱 회귀에 이를 사용하는 경우에는 non-convex 함수가 된다. 경사하강법은 함수가 비볼록형(non-convex)을 보장할 경우에만 전역 최솟값을 찾을 수 있다.

③ 선형회귀에서는 비용함수로 절댓값 오차를 사용한다. 로지스틱 회귀에 사용되는 경우 모수의 non-convex 함수가 된다. 경사하강법은 함수가 볼록형(convex)을 보장할 경우에만 전역 최솟값을 찾을 수 있다.

④ 선형회귀에서는 비용함수로 절댓값 오차를 사용한다. 로지스틱 회귀에 사용되는 경우, 모수의 convex 함수가 된다. 경사하강법은 함수가 비볼록형(non-convex)을 보장할 경우에만 전역 최솟값을 찾을 수 있다.

03 **로지스틱 회귀에서 가설함수는 어떠한 특징을 가지고 있는지 고르시오.**

① 실제값과 예측치의 차이를 −1과 1 사이로 제한한다.

② 실제값과 예측치의 차이를 0과 1 사이로 제한한다.

③ 가설함수는 반드시 정수이어야 한다.

④ 가설 함수가 로지스틱 회귀의 가설함수와 수식 전개가 동일하다.

04 다음 수식은 로지스틱 회귀의 cost 함수를 정리한 수식이다. 이에 대해 틀린 설명을 고르시오.

$$J_\theta = \frac{1}{m}\sum_{i=1}^{m} Cost\left(h_\theta(x^{(i)}), y^{(i)}\right)$$
$$= -\frac{1}{m}\sum_{i=1}^{m}\left[y^{(i)}\log h_\theta(x^{(i)}) + (1-y^{(i)})\log(1-h_\theta(x^{(i)}))\right]$$

① h_θ는 가설함수로 0과 1사이의 값을 가진다.

② y는 실제 값으로 0과 1의 값을 가진다.

③ m은 정규화 텀(term)으로 예측치의 오차를 줄이는 데 사용된다.

④ 이 수식은 log-likelihood로 산출이 가능하다.

05 다음 중 로지스틱 회귀의 결과값에 대한 성능을 측정할 때, 사용할 수 없는 평가지 지표는 무엇인지 고르시오.

① AUC-ROC
② Accuracy
③ Logloss
④ 평균 오류의 제곱합

06 로지스틱 회귀에서 최종 출력값은 (0,1) 사이에 p가 출력된다. 이때 사용되는 함수는 무엇인지 고르시오.

① 로지스틱 함수(Logistic function)
② Log-likelihodd 함수
③ 오즈비(Odds ratio)
④ 비용함수(cost function)

07 사이킷런에서 로지스틱 회귀의 클래스로 모델을 생성하였다. 이때 각 x 값에 대한 확률을 예측하고자 할 때 사용해야 하는 함수는 무엇인지 고르시오.

① predict_proba
② predict
③ probability
④ get_probability

08 다음 코드는 로지스틱 회귀의 경사하강법을 위한 함수이다. 이 코드와 아래 수식을 연결할 때 설명으로 옳은 것을 고르시오.

```
def minimize_gradient(x, y, theta, iterations=100000, alpha=0.01):
    m = y.size
    cost_history = []
    theta_history = []

    for _ in range(iterations):
        original_theta = theta
        for i in range(theta.size):
            partial_marginal = x[:, i].reshape(x.shape[0], 1)
            delta = hypothesis_function(x, original_theta) - y
            grad_i = delta.T.dot(partial_marginal) / m

            theta[i] = theta[i] - (alpha  * grad_i)

        if (_ % 100) == 0:
            theta_history.append(theta)
            cost_history.append(compute_cost(x, y, theta))

    return theta, np.array(cost_history), np.array(theta_history)
```

$$\frac{\partial}{\partial\theta_j} j(\theta) = \frac{1}{m}\sum_{i=1}^{m}(h_\theta(x^i) - y^i)x_j^i$$

① partial_marginal은 x_j와 매핑된다.

② delta는 $h_\theta(x^i) - y^i$ 값에 해당된다.

③ alpha는 $\frac{\partial}{\partial\theta_j}J(\theta)$를 의미한다.

④ hypothesis_function(x, original_theta)는 $h_\theta(x^i)$를 의미한다.

09 다음은 사이킷런에 존재하는 로지스틱 회귀 클래스이다. 이에 대한 각 매개변수의 설명으로 적절하지 않은 것을 고르시오.

```
LogisticRegression(C=1.0, class_weight=None, dual=False, fit_intercept=True,
                   intercept_scaling=1, l1_ratio=None, max_iter=100,
                   multi_class='warn', n_jobs=None, penalty='l2',
                   random_state=None, solver='warn', tol=0.0001, verbose=0,
                   warm_start=False)
```

① `fit_intercept`는 절편의 추가 여부를 결정하는 매개변수이다.

② `max_iter`는 경사하강법이 일어나는 반복(iteration)에 관한 매개변수이다.

③ `tol`은 손실(loss) 값이 가질 수 있는 최솟값을 의미한다.

④ `penalty`는 L1과 L2 정규화 등을 지정하기 위한 매개변수이다.

CHAPTER 10

로지스틱 회귀의 심화

학습목표

- 다중클래스 분류와 소프트맥스 분류에 대해 알아본다.
- 다중크래스 분류를 코드로 구현해본다.
- ROC 커브와 AUC에 대해 알아본다.

01 다중클래스 분류와 소프트맥스 분류

1 다중클래스 분류의 개념

다중클래스 분류(multi-class classification)는 '2개 이상의 클래스를 가진 y 값에 대한 분류'이다.

1.1 다중클래스와 다중레이블

다중클래스 분류에 대해 알아보기 전에 다중클래스와 다중레이블의 차이점에 대해 알아야 한다. 앞으로 접하게 될 문제 중에 다중클래스(multi-class) 같지만 아닌 경우가 있는데, 이를 다중레이블(multi-label)이라고 부른다. 다중클래스와 다중레이블은 분류 작업에서 [표 10-1]과 같은 차이가 있다.

표 10-1 분류 작업에서 다중클래스와 다중레이블의 차이점

분류	다중클래스(multi-class) 분류	다중레이블(multi-label) 분류
작업	2개 이상의 클래스를 가진 분류 작업	상호 배타적이지 않은 속성 예측
중복 선택	중복 선택 불가능 →[1 0 0] 가능, [1 1 0] 불가	중복 선택 가능 →[1 1 0] 가능
예	과일 사진 분류 : 오렌지, 사과, 배	신문기사 분류 : 운동선수–연예인 결혼 기사 → 스포츠/연예 면

TIP 필요에 따라 다중클래스와 다중레이블에 대한 알고리즘을 모두 배우게 되는데, 기본적으로 두 개의 알고리즘은 유사하면서도 마지막 분류 시점에서 확률을 어떻게 다룰지에 따라 다른 결과를 내는 특징이 있다. 기본적으로 두 개의 개념을 구분해서 알아 둘 것을 권장한다.

1.2 분류 접근

머신러닝에서 다중클래스 분류 문제를 다룰 때 One-vs-All과 One-vs-One이라는 두 가지 접근법이 있다.

- **One-vs-All** : m개의 클래스가 존재할 때 각 클래스마다 분류기(classifier)를 생성하여 분류하는 기법으로, One-vs-Rest라고도 부른다. One-vs-All의 대표적인 분류 기법은 소프트맥스 분류(softmax classification)이다.

- **One-vs-One** : m개의 클래스가 있다면, 이 클래스의 분류기를 하나의 클래스로 하고 나머지 클래스의 분류기들을 만들어 최종적으로 각 분류기들의 결과를 투표로 결정하는 기법이다. 이 경우 총 $\frac{m(m-1)}{2}$ 개만큼의 분류기를 생성한다. 당연히 분류기가 많아짐에 따라 정확도는 올라가지만 분류기를 생성하는 비용이 증가하는 문제가 있다.

TIP 최근에는 딥러닝이 급속도로 발전하면서 One-vs-All 기반의 분류기들도 충분히 좋은 성능을 내고 있다. 특히 데이터량이 증가하면서 학습 비용 문제로 One-vs-All 기반의 알고리즘이 대세를 이루고 있다.

2 소프트맥스 분류

2.1 소프트맥스 함수

이번에 다룰 함수는 소프트맥스 함수이다. 사실 시그모이드 함수를 사용하여 다중클래스 분류 문제를 충분히 다룰 수 있다. 즉, 시그모이드 함수를 사용하여 각각의 클래스에 대해 해당 클래스에 속하는지 속하지 않는지에 대한 이진분류기 m개를 생성한 후, 각 클래스 중 가장 높은 확률이 나오는 클래스를 선택하면 된다. 이를 수식으로 나타내면 $h_m(x;\theta)$로 표현할 수 있는데, 여기서 m은 각 클래스에 대한 분류기 번호이다. 그러나 이런 방식으로 분류하게 되면 $h_m(x;\theta)$의 확률의 합이 1 이상이 된다는 문제가 있다. 이 문제를 해결하는 방법으로 모든 클래스들의 발생 확률을 1로 정규화시키는 방법이 있다. 이때 사용하는 것이 **소프트맥스 함수(softmax function)**인데, 다중클래스 분류에서 여러 선형회귀의 출력 결과를 정규화하여 합이 1이 되도록 만드는 함수이다. 수식으로 나타내면 다음과 같다.

$$\sigma(z)_j = \frac{e^{z_j}}{\sum_{k=1}^{K} e^{z_k}} \qquad \text{for } j = 1, 2, 3, \cdots, K$$

사실 수식만 보면 이해하기 어려울 수 있다. 예를 들면 z_j 값으로 될 수 있는 값들이 2, 1, −1, 0.5 등이라면 이를 앞의 수식에 적용하면 다음과 같이 연산할 수 있다.

$$\sum_{k=1}^{K} e^{z_k} = e^2 + e^1 + e^{-1} + e^{0.5} = 12.123$$

이 수식에 대한 분모의 값이 구해져서 표 형태로 정리하면 [표 10-2]와 같다.

표 10-2 소프트맥스 함수 값 정리

z_j	e^{z_j}	$\frac{e^{z_j}}{\sum_{k=1}^{K} e^{z_k}}$
2	7.389	0.609
1	2.718	0.224
−1	0.367	0.030
0.5	1.648	0.135

[표 10-2]와 같이 각각의 $\frac{e^{z_j}}{\sum_{k=1}^{K} e^{z_k}}$ 값을 모두 더하면 다음 수식처럼 그 합이 1이 된다.

$$\sum_{j=1}^{K} \sigma(z)_j = \sum_{j=1}^{K} P_j = 1$$

이 수식을 직접 코드로 표현하면 다음과 같다.

In [1]:
```
import numpy as np

def softmax(values):
    array_values = np.exp(values)
    return array_values / np.sum(array_values)

values = [2, 1, 5, 0.5]
y = softmax(values) # array([0.04613281, 0.01697131, 0.92660226, 0.01029362])
y.sum()
```

Out [1]:
```
1.0
```

2.2 소프트맥스 함수로 구현하는 소프트맥스 분류

소프트맥스 함수로 다중클래스 분류를 하기 위해서는 기존 로지스틱 회귀의 콘셉트를 제대로 이해해야 한다. 오즈비(odds ratio)에 `logit` 함수를 붙여 최종적으로 가중치 값을 구하면 다음과 같은 수식을 만들 수 있다.

$$\frac{P_j}{1-P_j} \Rightarrow logit(P_j) = \log_e\left(\frac{P_j}{1-P_j}\right) = z = \theta^T X$$

소프트맥스 함수도 동일하다. 기존의 오즈비는 이진분류(binary classification)이지만, 다중클래스 분류는 j번째 대상에 대한 전체 대비 비율을 다음 수식과 같이 나타낸다. 앞의 로지스틱 회귀와 다른 점은 다중클래스 분류에서는 θ_j번째의 가중치 값을 구한다. 만약 j개의 클래스가 있다면, 그 클래스의 개수만큼 가중치에 대한 벡터를 구해야 한다. 그러므로 피쳐 벡터와 각 클래스별로 존재하는 가중치 행렬의 선형결합(linear combination)을 z로 나타낼 수 있다. 각 개별 가중치와 피쳐 간의 선형결합은 z_j로 나타낼 수 있다.

$$\frac{P_j}{P_K} \Rightarrow \log \ddot{y}(P_j) = \log_e\left(\frac{P_j}{P_K}\right) = z_j = X^T\theta_j$$

$$\frac{P_j}{P_K} = e^{z_j}$$

이 식을 정리하면 다음과 같은 수식으로 표현할 수 있다.

$$\sum_{j=1}^{K}\frac{P_j}{P_K} = \sum_{j=1}^{K} e^{z_j} \Rightarrow \frac{1}{P_K}\sum_{j=1}^{K} P_j = \sum_{j=1}^{K} e^{z_j} \Rightarrow$$

$$\frac{1}{P_K} \times 1 = \sum_{j=1}^{K} e^{z_j} \Rightarrow \left(\because \sum_{j=1}^{K} P_j = 1\right)$$

$$P_k = \frac{1}{\sum_{j=1}^{K} e^{z_j}}$$

이 수식의 마지막 수식과 $\frac{P_j}{P_K} = e^{z_j}$를 통합하면 다음 수식처럼 P_j로 정의할 수 있다.

$$\frac{P_j}{P_k} = e^{z_j} \Rightarrow \frac{P_j}{\sum_{j=1}^{K} e^{z_j}} = e^{z_j} \Rightarrow \because P_K = \frac{1}{\sum_{j=1}^{K} e^{z_j}}$$

$$P_j = \frac{e^{z_j}}{\sum_{j=1}^{K} e^{z_j}}$$

최종적으로 z_j는 피쳐와 가중치 간의 선형결합이므로 다음과 같이 P_j로 표현할 수 있다.

$$P_j = \frac{e^{z_j}}{\sum_{j=1}^{K} e^{z_j}} = \frac{e^{z_j}}{\sum_{j=1}^{K} e^{x^T \theta_j}} \quad \because z = X^T \theta_j$$

θ는 다음과 같이 각 클래스별로 존재하는 모든 가중치 값의 모음을 하나의 행렬로 표현한 것이다.

$$\theta = \begin{bmatrix} \theta_1 \\ \theta_2 \\ \vdots \\ \theta_3 \end{bmatrix} = \begin{bmatrix} w_{10} & w_{11} & \cdots & w_{1i} \\ w_{20} & w_{21} & \cdots & w_{2i} \\ \vdots & \vdots & \ddots & \vdots \\ w_{j0} & w_{j1} & \cdots & w_{ji} \end{bmatrix}$$

3 소프트맥스 함수로 학습하기

소프트맥스 함수의 학습을 위해서는 먼저 다음 수식에서 θ를 학습한다는 것을 의미한다. 결국은 다음 수식에서 적절한 θ_j를 찾아야 하는 것이고, 각 클래스마다 바로 이 θ_j를 찾는 것이 목표다.

$$P_j = \frac{e^{x^T \theta_j}}{\sum_{j=1}^{K} e^{X^T \theta_j}}$$

이를 좀 더 손쉽게 표현하면 각 가설함수는 다음과 같이 각 클래스와 발생확률로 표현이 가능하다.

$$h_\theta(x) = \begin{bmatrix} P(y=1|x;\theta) \\ P(y=2|x;\theta) \\ \vdots \\ P(y=K|x;\theta) \end{bmatrix} = \frac{1}{\sum_{j=1}^{K} \exp(\theta^{(j)T}x)} \begin{bmatrix} \exp(\theta^{(1)T}x) \\ \exp(\theta^{(2)T}x) \\ \vdots \\ \exp(\theta^{(K)T}x) \end{bmatrix}$$

최대우도추정법(Maximum Likelihood Estation, MLE)을 사용해서 P_j 확률을 최대화하는 θ를 찾는다고 할 때 그 식을 다음과 같이 표현할 수 있다.

$$\arg\max_{\theta} \prod_{i=1}^{m} P(y^{(i)}|x^{(i)};\theta)$$

이 수식을 손실(loss)로 생각하여 수식 L로 표현하고 해당 값을 최대화하는 방향으로 정리하면 다음 수식과 같다. 다음 수식에서 L을 최대화하는 방향으로 학습할 때 전체 데이터 m에 대하여 각 클래스 j에 대한 확률의 곱을 표현한 것이 L이라고 볼 수 있다. 이를 그대로 놔두면 아무래도 연산이 어렵다. 특히 −를 붙여주면 최대화가 아니라 최소화가 되는 것이고, log를 붙여도 곱셈이 아닌 덧셈으로 최소화시켜 준다. 다음 수식에서 v_{ij}는 $y^{(i)}$ 값이 가지는 클래스와 j의 클래스가 동일할 경우는 1, 그렇지 않을 경우에는 0으로 나타낸다.

$$L = \prod_{i=1}^{m} P(y^{(i)}|x^{(i)};\theta) = \prod_{i=1}^{m}\prod_{j=1}^{K} p_j^{(i)^{v_{ij}}} \Rightarrow$$

$$-\log L = -\log \prod_{i=1}^{m}\prod_{j=1}^{K} p_j^{(i)^{v_{ij}}} = -\sum_{i=1}^{m}\sum_{j=1}^{K} v_{ij} \log p_j^{(i)}$$

$$\text{where } v_{ij} \begin{cases} 1 & \text{if } y^{(i)} \text{is label } j \\ 0 & \text{if } y^{(i)} \text{is NOT label } j \end{cases}$$

결국 수식을 정리하면 다음과 같이 단순화시킬 수 있다. 우리가 최종적으로 구하고자 하는 연산은 $\frac{\partial l}{\partial z}\frac{\partial z}{\partial \theta}$으로 먼저 손실(loss)과 z 값 간의 미분과 z와 θ 간의 미분을 해야 하는 수식이다.

$$l = -\sum_{i=1}^{m}\sum_{j=1}^{K} v_{ij} \log p_j^{(i)} \qquad where p_j^{(i)} = \frac{e^{z_j^{(i)}}}{\sum_{j=1}^{K} e^{z_j^{(i)}}}$$

02 다중클래스 분류를 코드로 구현하기

완성파일 | ch10_sec02.ipynb

1 mnist 데이터셋의 이해

이번에는 사이킷런(scikit-learn)을 사용하여 다중클래스 분류를 다루는 방법에 대해 알아본다. 이를 위해 먼저 다중클래스 분류 데이터셋에 대해 이해해야 한다. 다양한 데이터셋 중 손글씨를 숫자로 인식하는 이미지 분류 문제를 가장 많이 사용한다. 흔히 `mnist` 데이터셋이라고 부르는데, 나중에 배울 뉴럴 네트워크(neural network)에서 분류 정확도의 성능을 보여줬던 데이터셋으로 유명하다.

`mnist` 데이터셋은 다양한 형태가 있지만, 여기서는 매우 단순화된 버전 중 하나인 사이킷런에서 제공하는 버전을 사용한다. `mnist` 데이터셋을 실제로 나타내면 [그림 10-1]과 같다. 컴퓨터는 이미지를 이미지 그 자체로 인식하지 못하기 때문에 해당 이미지를 일종의 숫자로 변환하여 인식한다. [그림 10-1]과 같이 이미지를 일종의 점(dot)으로 생각하면 m×n만큼의 공간이 존재하고, 그 공간 안에서 색깔이 진할수록 높은 값을 가지고 색깔이 옅을수록 낮은 값을 가진다고 이해할 수 있다.

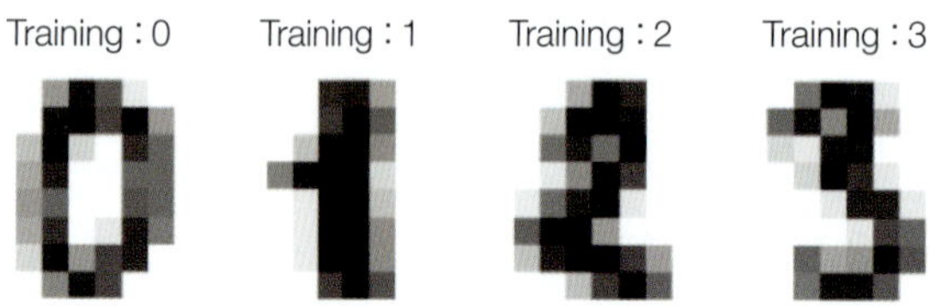

그림 10-1 사이킷런의 mnist 데이터셋 예제

2 데이터 불러오기

사이킷런의 데이터를 불러오기 위해 `datasets` 모듈을 호출한다. 그리고 `load_digits` 함수를 사용하면 딕셔너리(dict) 타입 형태의 데이터를 불러올 수 있다. 결과를 확인해보면 기본적인 데이터는 `data` 키 값에 들어 있으며, y 값에 해당하는 값은 `target`에 있다. `DESCR`을 보면 데이터에 대해 자세히 설명되어 있다.

```
In [1]: from sklearn import datasets
        digit_dataset = datasets.load_digits()
        digit_dataset.keys()
```

```
Out [1]: dict_keys(['data', 'target', 'frame', 'feature_names', 'target_names',
         'images', 'DESCR'])
```

좀 더 자세히 데이터를 확인하기 위해 다음 코드를 실행해본다.

```
In [2]: digit_dataset["images"].shape
```

```
Out [2]: (1797, 8, 8)
```

```
In [3]: digit_dataset["target"][0]
```

```
Out [3]: 0
```

```
In [4]: digit_dataset["images"][0]
```

```
Out [4]: array([[ 0.,  0.,  5., 13.,  9.,  1.,  0.,  0.],
                [ 0.,  0., 13., 15., 10., 15.,  5.,  0.],
                [ 0.,  3., 15.,  2.,  0., 11.,  8.,  0.],
                [ 0.,  4., 12.,  0.,  0.,  8.,  8.,  0.],
                [ 0.,  5.,  8.,  0.,  0.,  9.,  8.,  0.],
                [ 0.,  4., 11.,  0.,  1., 12.,  7.,  0.],
                [ 0.,  2., 14.,  5., 10., 12.,  0.,  0.],
                [ 0.,  0.,  6., 13., 10.,  0.,  0.,  0.]])
```

코드 해설

- In [2] 결과값에서 첫 번째 값인 1797은 데이터의 개수를 의미하고, 그 다음에 나오는 8, 8은 가로와 세로 각각 8칸씩 총 64칸이 존재하고 그 값이 모두 채워져 있다는 의미이다.
- In [3] 하나의 데이터만 확인해서 이를 시각화해본다. target 데이터의 0번째 값은 0이다.
- In [4] 그리고 images 데이터의 0번째 값을 출력하면 배열인 array 형태로 나타난다.

이 결과값에서 각 숫자가 클수록 실제 검정색에 가까운 값이 나온다. 이를 맷플롯립(matplotlib) 도구를 사용하여 시각화하면 다음 코드와 같다.

In [5]:
```
import matplotlib.pyplot as plt
from random import randint
_, axes = plt.subplots(nrows=1, ncols=4, figsize=(10, 3))  # (1)

for ax in axes:                # (2)
    num = randint(1, 1000)  # (3)
    image = digit_dataset["images"][num]
    label = digit_dataset["target"][num]
    ax.set_axis_off()
    ax.imshow(image, cmap=plt.cm.gray_r, interpolation='nearest')  # (4)
    ax.set_title('Training: %i' % label)
```

Out [5]:

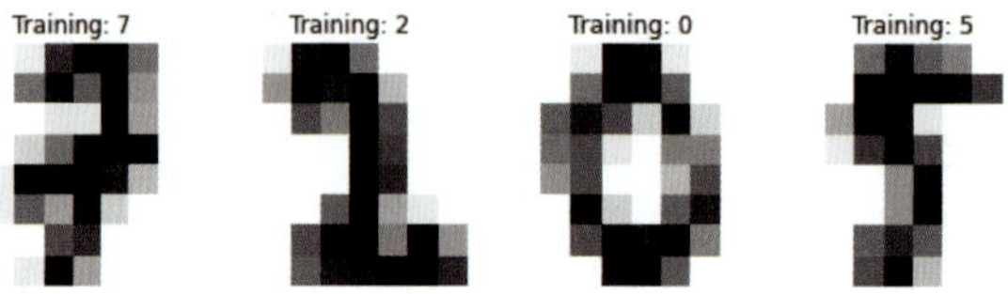

TIP 실행 결과는 교재와 다르게 출력될 수 있다.

코드 해설

- # (1) 하나의 창에 여러 개의 그래프를 그리는 subplots를 4개 생성한다.
- # (2) 각 subplot에 들어갈 숫자를 위해 for문이 돌 때마다 하나의 값을 생성시킨다.
- # (3) 각각의 값은 randint 함수로 인해 랜덤하게 1에서 1000 사이 숫자를 뽑아서 변수 num에 할당된다.
- # (4) 그 숫자를 사용하여 digit_dataset에서 값을 하나씩 가져오고, imshow 함수를 사용하여 해당 값을 표시한다.

TIP 결과값에 색을 지정하는 요소(property)인 plt.cm.gray_r을 변경하면 좀 더 다양한 형태로 값 표현이 가능하다.

이 데이터는 8×8 행렬이므로 2D 이미지로 표현되었다. 그런데 다음 코드와 같이 digit_dataset["data"]로 받아오면 총 64개의 피처(feature)를 가진 하나의 데이터로 받을 수 있다.

In [6]:
```
digit_dataset["data"][0].shape
```

Out [6]:
```
(64,)
```

3 데이터 분류하기

데이터를 분류하기 위해서는 먼저 데이터를 훈련 데이터셋과 테스트 데이터셋으로 구분해야 한다.

```
In [7]:  from sklearn.model_selection import train_test_split

         X = digit_dataset["data"]       # (1)
         y = digit_dataset["target"]     # (1)
         X_train, X_test, y_train, y_test = train_test_split(X, y)  # (2)
```

코드 해설

- # (1) 데이터셋 data와 target에 있는 값들을 각각 X와 y 변수에 할당한다.
- # (2) train_test_split으로 훈련 데이터셋과 테스트 데이터셋으로 구분하여 데이터 X와 y를 각 변수에 할당한다.

4 모델 생성하기

다음으로 모델을 생성한다. 다중클래스 분류에서는 다음 코드와 같이 두 가지 방식으로 모델을 구성할 수 있다. 먼저 ovr은 각각의 클래스 모드를 모두 이진모델(binary model)로 만들어 학습하는 방식이다. 그리고 multinomial은 소프트맥스 함수(softmax function)를 사용하여 계산하는 방식으로, 해당 학습을 위해서 경사하강법을 사용하는 매개변수 solver를 sag으로 변경해야 한다.

```
In [8]:  from sklearn.linear_model import LogisticRegression

         logreg_ovr = LogisticRegression(multi_class="ovr")
         logreg_softmax = LogisticRegression(multi_class="multinomial",
         solver="sag")

         logreg_ovr.fit(X_train, y_train)
         logreg_softmax.fit(X_train, y_train)

Out [8]: LogisticRegression(multi_class='multinomial', solver='sag')
```

5 성능 측정하기

일반적으로 다중클래스 분류도 기존의 혼동행렬을 사용한다. 다음 코드와 같이 각 클래스 대비 예측한 값을 행렬 형태로 표현이 가능하다.

In [9]:
```
from sklearn.metrics import confusion_matrix
y_pred = logreg_ovr.predict(X_test).copy()
y_true = y_test.copy()
confusion_matrix(y_true, y_pred)
```

Out [9]:
```
array([[47,  0,  0,  0,  0,  0,  0,  0,  0,  0],
       [ 0, 49,  1,  0,  0,  0,  0,  0,  0,  0],
       [ 0,  0, 49,  2,  0,  0,  0,  0,  0,  0],
       [ 0,  0,  0, 37,  0,  1,  0,  0,  1,  0],
       [ 0,  0,  0,  0, 41,  0,  0,  0,  0,  0],
       [ 0,  1,  0,  0,  1, 41,  1,  0,  0,  1],
       [ 0,  0,  0,  0,  2,  0, 36,  0,  0,  0],
       [ 0,  0,  0,  0,  1,  0,  0, 41,  0,  1],
       [ 0,  0,  0,  0,  0,  0,  0,  0, 44,  0],
       [ 1,  0,  0,  0,  0,  0,  0,  0,  1, 50]], dtype=int64)
```

TIP 여기서부터 절 마지막까지의 실행 결과값은 교재와 다르게 출력될 수 있다.

또한 이를 각 라벨별로 수치화시킨다면 다음 코드와 같이 classification_report 함수를 사용하여 라벨별로 분류 성능을 표시할 수 있다.

In [10]:
```
from sklearn.metrics import classification_report
print(classification_report(y_true, y_pred))
```

Out [10]:
```
          precision  recall f1-score support

     0       0.98      1.00      0.99        47
     1       0.98      0.98      0.98        50
     2       0.98      0.96      0.97        51
     3       0.95      0.95      0.95        39
     4       0.91      1.00      0.95        41
     5       0.98      0.91      0.94        45
     6       0.97      0.95      0.96        38
```

```
           7      1.00      0.95      0.98        43
           8      0.96      1.00      0.98        44
           9      0.96      0.96      0.96        52

    accuracy      0.97       450
   macro avg      0.97      0.97      0.97       450
weighted avg      0.97      0.97      0.97       450
```

한 가지 차이가 있다면 각 라벨별이 아닌 통합적인 성능을 나타내려면 앞의 코드와 같이 정밀도(precision), 민감도(recall), F1 스코어(F1 score) 등을 사용할 수 있다. 이러한 지표들은 micro를 선택하면 전체 평균값, macro를 선택하면 각 라벨별 결과의 합에 대한 평균을 나타낸다. 다소 이해하기 어렵다면 다음 코드와 같이 macro는 classification_report의 각 라벨별 평균, 즉 avg 값을 취하면 되고, micro의 경우는 각 라벨별로 False Positive와 True Positive 값을 모두 더해서 True Positive 값으로 나누면 구할 수 있다.

```
In [11]: result = confusion_matrix(y_true, y_pred)
         result.diagonal().sum() / result.sum(axis=0).sum()

Out [11]: 0.9533333333333334
```

만약 각 라벨들의 데이터 개수가 차이가 난다면 micro를 선택하여 얻는 결과가 더 중요하고, 그렇지 않을 경우는 macro로 선택하여 라벨의 평균적인 성능을 나타낼 수 있다. 이를 위해 다음 코드와 같이 precision_score 함수에 매개변수 average를 변경하면 된다.

```
In [12]: from sklearn.metrics import precision_score
         precision_score(y_true, y_pred, average="micro")

Out [12]: 0.9666666666666667

In [13]: precision_score(y_true, y_pred, average="macro")

Out [13]: 0.9666219376328072

In [14]: precision_score(y_true, y_pred, average=None)

Out [14]: array([0.97916667, 0.98      , 0.98      , 0.94871795, 0.91111111,
                 0.97619048, 0.97297297, 1.        , 0.95652174, 0.96153846])
```

03 ROC 커브와 AUC

완성파일 | ch10_sec03.ipynb

1 정밀도와 민감도의 트레이드오프

성능지표 중 정밀도(precision)와 민감도(recall)는 일반적으로 둘 다 동시에 상승하기가 어렵고, 임계값(threshold)에 따라 정밀도와 민감도의 변화가 일어난다. 이로 인해 두 값을 모두 고려하여 성능을 측정하기는 쉽지 않다. 이를 위해서 나온 지표 중에 하나가 ROC 커브이다. ROC 커브(ROC curve)는 'Receiver Operating Characteristics'의 약자로 제2차 세계대전 중 레이더 이미지를 분석하는 신호감지 이론에서 시작하였는데, 분류기의 임계값을 지속적으로 조정하여 정밀도와 민감도 간의 비율을 도식화하여 표현하는 기법 중 하나이다. 기본적으로 ROC 커브는 클래스의 예측 확률이 나오는 모델에 사용 가능하다.

2 ROC 커브 표현하기

ROC 커브는 [그림 10–2]와 같이 TPR(True Positive Rate)과 FPR(False Positive Rate)을 각각 y축, x축에 나타내어 그래프를 작성한다. 그래프를 작성하기 위해 먼저 개발한 분류기 모델을 사용하여 각 데이터의 클래스를 예측한다. 그 후 Positive에 대한 예측 확률을 기준으로 각 데이터의 예측 확률을 정렬하여 표시하면 [그림 10–2]의 표와 같다.

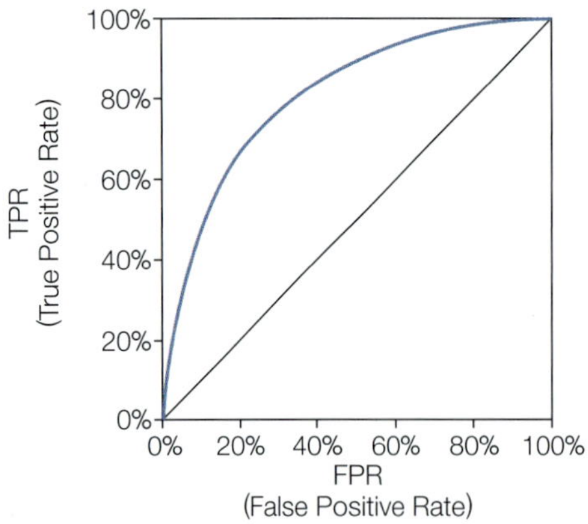

데이터	클래스	임계값
1	P	0.9
2	P	0.8
3	N	0.7
4	P	0.6
5	P	0.55
6	N	0.54
7	N	0.53
8	N	0.51
9	P	0.5
10	N	0.4

그림 10–2 일반적인 ROC 커브와 각 데이터의 예측 확률

이렇게 정렬하여 정리된 'Positive 예측값'은 임계값을 사용하여 해당 값 기준으로 TPR과 FPR을 산출한다. [표 10-3]을 보면 데이터 1은 처음 데이터를 기준으로 예측 확률이 0.9 이상일 경우에만 Positive, 나머지는 모두 Negative로 예측한다. 그럴 경우에 각각 True Positive, False Positive, True Negative, Flase Negative의 개수를 구한다. 당연히 예측 확률은 0.9 이상이므로 10개의 데이터 중 오직 한 개의 데이터만 Positive이고 나머지는 모두 Negative로 예측된다. 이로 인하여 5개의 진짜 Negative 데이터는 모두 정확히 예측했지만 나머지 4개의 Positive 데이터는 모두 틀린 예측을 하게 된다. 이로 인해 TPR은 0.2, FPR은 0이 된다. 임계값을 계속 낮추면서 계속해서 TPR과 FPR을 측정하면 [표 10-3]과 같다.

표 10-3 데이터 정리

데이터	클래스	임계값	TP	FP	TN	FN	TPR	FPR
1	P	0.9	1	0	5	4	0.2	0
2	P	0.8	2	0	5	3	0.4	0
3	N	0.7	2	1	4	3	0.4	0.2
4	P	0.6	3	1	4	2	0.6	0.2
5	P	0.55	4	1	4	1	0.8	0.2
6	N	0.54	4	2	3	1	0.8	0.4
7	N	0.53	4	3	2	1	0.8	0.6
8	N	0.51	4	4	1	1	0.8	0.8
9	P	0.5	5	4	0	1	1	1
10	N	0.4	5	5	0	0	1	1

TIP [표 10-3] 열 이름의 의미 임계값(Positive Prediction, Threshold), TP(True Positive), FP(False Positive), TN(True Negative, FN(False Negative), TPR(Sensitivity), FPR(1-Specificity)

[표 10-3]을 기준으로 TPR과 FPR의 값을 연결하여 그래프를 작성하면 [그림 10-3]과 같이 ROC 커브를 그릴 수 있다.

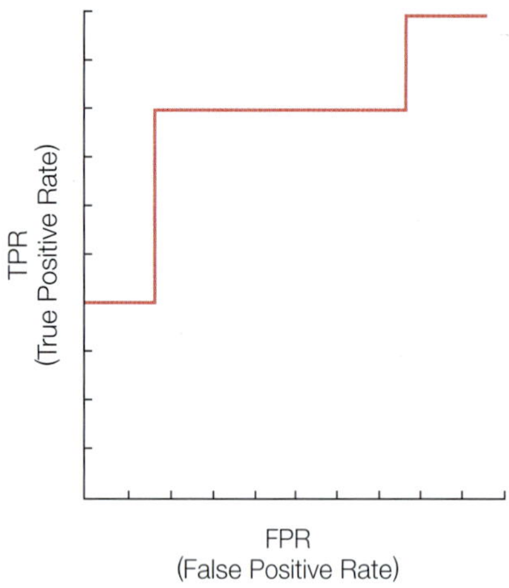

그림 10-3 [표 10-3]을 기준으로 한 ROC 커브

[그림 10-3]과 같은 ROC 커브 하단의 넓이를 AUC(Area Under Curve)라고 부르는데, 이 값을 사용하여 모델의 성능을 측정하기도 한다. 예를 들면 [그림 10-4]와 같이 여러 모델의 성능을 상대적으로 비교하기 위해 그래프로 표시할 수 있다. AUC는 대표적인 ROC 커브로 모델들의 성능을 단 하나의 숫자로 표현할 수 있다는 점에서 불균형 데이터셋(imbalanced dataset)의 성능을 평가할 때 많이 사용한다.

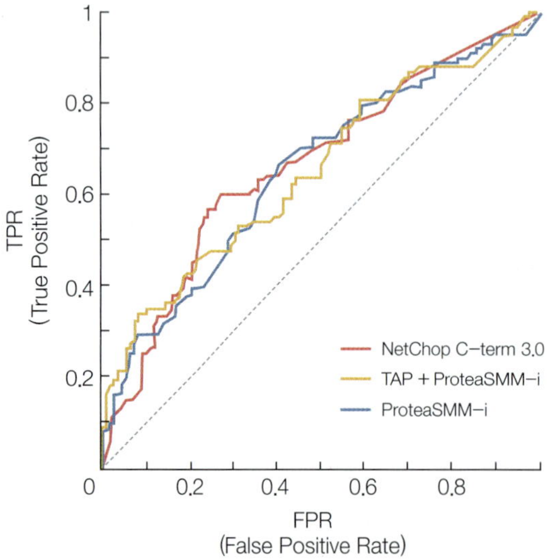

그림 10-4 여러 모델의 성능을 상대적으로 비교하기 위한 그래프

3 ROC 커브와 AUC를 사이킷런 코드로 구현하기

사이킷런으로 ROC 커브와 AUC를 계산할 수 있다. 먼저 다음과 같이 정답을 의미하는 y 값과 각 항목별 예측 확률을 scores에 저장한다. 다음으로 ROC 커브 함수인 roc_curve를 사용하면 fpr과 tpr과 함께 thresholds 값을 반환한다.

In [1]:
```
import numpy as np
from sklearn import metrics

y = np.array([1, 1, 2, 2])
scores = np.array([0.1, 0.4, 0.35, 0.8])
fpr, tpr, thresholds = metrics.roc_curve(y, scores, pos_label=2)

# fpr - array([0. , 0. , 0.5, 0.5, 1. ])
# tpr - array([0. , 0.5, 0.5, 1. , 1. ])
# thresholds - array([1.8 , 0.8 , 0.4 , 0.35, 0.1 ])
```

추가적으로 AUC 함수인 auc를 사용하면 해당 auc 점수를 반환해준다.

In [2]:
```
y = np.array([1, 1, 2, 2])
pred = np.array([0.1, 0.4, 0.35, 0.8])
fpr, tpr, thresholds = metrics.roc_curve(y, pred, pos_label=2)
roc_auc = metrics.auc(fpr, tpr)
roc_auc
```

Out [2]:
```
0.75
```

또한 이런 점수를 다음 코드와 같이 plot 함수를 사용하면 ROC 커브를 그래프에 표현할 수 있다.

In [3]:
```
import matplotlib.pyplot as plt

plt.figure()
lw = 2
plt.plot(fpr, tpr,
```

```
         lw=lw, label='ROC curve (area = %0.2f)' % roc_auc)
plt.plot([0, 1], [0, 1], color='navy', lw=lw, linestyle='--')
plt.xlim([0.0, 1.0])
plt.ylim([0.0, 1.05])
plt.xlabel('False Positive Rate')
plt.ylabel('True Positive Rate')
plt.title('Receiver operating characteristic example')
plt.legend(loc="lower right")
plt.show()
```

Out [3]:

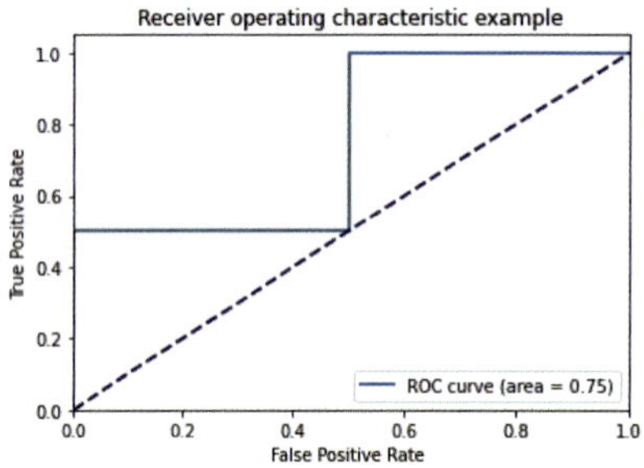

요약

01 다중클래스 분류(multi-class classification)

- 정의 : 2개 이상의 클래스를 가진 y 값에 대한 분류이다.
- 다중클래스 분류와 다중레이블 분류의 차이점
  - 다중클래스 분류 : 2개 이상의 클래스를 가진 분류 작업
  - 다중레이블 분류 : 상호 배타적이지 않은 속성 예측
- 다중클래스 분류 문제의 두 가지 접근법
  - One-vs-All : m개의 클래스가 존재할 때 각 클래스마다 분류기(classifier)를 생성하여 분류하는 기법
  - One-vs-One : m개의 클래스가 있다면, 이 클래스의 분류기를 하나의 클래스로 하고 나머지 클래스의 분류기들을 만들어 최종적으로 각 분류기들의 결과를 투표로 결정하는 기법

02 소프트맥스 함수(softmax function)

- 정의 : 다중클래스 분류에서 여러 선형회귀의 출력 결과를 정규화하여 합이 1이 되도록 만드는 함수
- 수식

$$\sigma(z)_j = \frac{e^{z_j}}{\sum_{k=1}^{K} e^{z_k}} \qquad \text{for } j = 1, 2, 3, \cdots, K$$

03 다중클래스 분류를 코드로 구현하는 방법

데이터셋 선정 → 데이터 호출 → 데이터 분류 → 모델 생성 → 성능 측정

04 ROC 커브(ROC Curve)와 AUC(Area Under Curve)

- ROC 커브 : 분류기의 임계값을 지속적으로 조정하여 정밀도와 민감도 간의 비율을 도식화하여 표현하는 기법 중 하나이다.
- AUC : ROC 커브 하단의 넓이로, 이 값을 사용하여 모델의 성능을 측정하기도 한다.

연습문제

01 **다음은 다중클래스 분류와 다중레이블 분류의 예시들이다. 다음 중 이에 대한 예시로 적절치 않은 것을 고르시오.**

	다중클래스 분류	다중레이블 분류
①	사과/배/귤 등 과일을 구분하는 문제	전공(부전공 포함)을 예측하는 문제
②	연예인 얼굴을 구분하는 문제	영화 장르를 예측하는 문제
③	댓글의 긍정/부정을 구분하는 문제	배우 또는 가수를 구분하는 문제
④	기사의 카테고리를 구분하는 문제	아이돌 소속사를 맞추는 문제

02 **다음 중 다중레이블 분류로 풀기 적합한 문제는 무엇인지 고르시오.**

① 연예인이 개그맨/가수/배우를 분류하는 문제

② 스마트폰의 기종을 이미지로 분류하는 문제

③ 글자 이미지를 인식하여 글자를 분류하는 문제

④ 개와 고양이 이미지를 기반으로 분류하는 문제

03 **다음 중 다중클래스 분류를 풀기 위해 적합한 문제는 무엇인지 고르시오.**

① 영화의 장르를 예측하는 문제

② 개의 종류를 이미지를 기반으로 예측하는 문제

③ 뉴스에서 해당 뉴스의 내용이 긍정/부정을 구분하는 문제

④ 주식 시장에서 주식의 매도/매수 여부를 예측하는 문제

04 **다음 중 멀티클래스 분류로 문제를 풀기 위한 방식으로 적절치 않은 것은 무엇인지 고르시오.**

① One–vs–One 기법은 각 분류 클래스를 하나의 클래스와 나머지 클래스 분류기로 나누어 최종적으로 투표를 통해 각 분류기들의 결과를 결정하는 기법이다.

② 소프트맥스 분류는 대표적인 One–vs–One 기법의 알고리즘이다.

③ One–vs–All은 m개의 클래스가 존재할 때 각 클래스마다 분류기를 만들어 확률을 생성하는 방식이다.

④ One–vs–All을 적용하기 위해서는 $\frac{m(m-1)}{2}$개만큼의 분류기를 생성하여 투표를 실시하여야 한다.

05 **다음은 소프트맥스 함수에 대한 설명이다. 맞지 않는 것을 고르시오.**

① 소프트맥스 분류는 뉴럴 네트워크나 로지스틱 회귀의 멀티클래스 분류에서 사용된다.

② 소프트맥스 함수의 마지막에는 m개의 logit score라고 부르는 0에서 1 사이 값이 생성된다.

③ 소프트맥스 함수에서 생성된 마지막 logit score의 합은 −1에서 1 사이의 점수를 가진다.

④ 소프트맥스 함수에서 logit score는 정규화되어 사용된다.

06 **다음은 소프트맥스 함수의 손실(loss)이다. 이에 대한 설명으로 옳은 것을 고르시오.**

$$L = \prod_{i=1}^{m} P\left(y^{(i)} \middle| x^{(i)};\theta\right) = \prod_{i=1}^{m}\prod_{j=1}^{K} p_j^{(i)^{v_{ij}}} \Rightarrow$$
$$-\log L = -\log \prod_{i=1}^{m}\prod_{j=1}^{K} p_j^{(i)^{v_{ij}}} = -\sum_{i=1}^{m}\sum_{j=1}^{K} v_{ij}\log p_j^{(i)}$$

① m은 데이터의 개수이다.

② K는 클래스의 개수이다.

③ v_{ij}는 클래스들의 피쳐이다.

④ $p_j^{(i)}$는 i번째 데이터의 j번째 클래스의 확률이다.

07 다음은 로지스틱 회귀로 멀티클래스 분류를 풀기 위한 코드이다. 각 객체에 대한 설명으로 옳은 것을 고르시오.

```
from sklearn.linear_model import LogisticRegression

logreg_ovr = LogisticRegression(multi_class="ovr")
logreg_softmax = LogisticRegression(multi_class="multinomial", solver="sag")

logreg_ovr.fit(X_train, y_train)
logreg_softmax.fit(X_train, y_train)
```

① logreg_ovr는 소프트맥스 함수로 연산되었다.

② multinomial은 $\frac{m(m-1)}{2}$의 분류기가 생성된다.

③ multinomial이 일반적으로 logreg_ovr보다 항상 결과가 좋다.

④ multinomial의 각 클래스 확률의 합은 1이다.

08 멀티클래스 분류에서 마이크로(micro) 지표와 매크로(macro) 지표의 차이점에 대해 올바르게 서술한 것을 고르시오.

① 마이크로는 해당 레이블(label)에 대해 개별 평균값을 의미하고, 매크로는 레이블별로 나온 값들의 합의 평균을 표시한다.

② 마이크로는 레이블별로 나온 값들의 합의 평균을 표시하고, 매크로는 전체 레이블 대비 해당 레이블의 결과값을 의미한다.

③ 마이크로는 정밀도(precision)만 구할 수 있으며, 매크로(macro)는 정밀도와 민감도(recall) 모두 연산이 가능하다.

④ 정확도(accuracy)의 경우 마이크로와 매크로 모두 적용이 불가능하다.

09 멀티클래스 분류 문제에서 다음과 같이 정답 오답표가 출력되었다. 이에 대해 정밀도(precision)와 민감도(recall) 값을 구할 때 결과로 올바른 것을 고르시오.

```
cm = confusion_matrix(y_test, y_pred)
cm
```

```
array([[65,  0,  1,  4],
       [ 8, 55,  5, 13],
       [ 9,  9, 61,  4],
       [12, 13,  4, 37]])
```

정오표

Label	precision-micro	recall-micro
0	0.69	0.93
1	0.71	0.68
2	0.86	0.73
3	0.64	0.53

	Label	precision-micro	recall-micro
①	0	0.69	0.68
②	1	0.73	0.71
③	2	0.86	0.73
④	3	0.56	0.64

10 ROC 커브와 AUC에 관한 설명으로 옳지 <u>않은</u> 것을 고르시오.

① AUC는 ROC 커브 하단의 넓이를 의미한다.

② 정밀도와 민감도는 각각 y축과 x축에 나타내어 그래프를 작성한다.

③ AUC는 불균형 데이터셋(imbalanced dataset)에 대한 성능을 평가할 때 많이 사용한다.

④ ROC 커브는 thresholds 값을 조정하면 최종적인 그래프가 생성된다.

PART 04

고급 머신러닝

PART 04

고급 머신러닝

CHAPTER 11
나이브 베이지안 분류기

학습목표

- 베이즈 정리에 대해 이해한다.
- 베이즈 분류기를 만들고 코드로 나타낸다.
- 나이브 베이지안 분류기를 구현한다.
- 20newsgroup 데이터셋으로 분류를 실습한다.

01 베이즈 정리의 이해

1 확률의 표현

앞에서 확률이라는 표현을 지속적으로 사용하였는데, 여기에서 좀 더 자세히 설명하도록 하겠다. 첫 번째로 이산형 값에 대해 살펴본다. 이산형 값의 경우 전체 표본공간에서 가능한 모든 결과 횟수 대비 해당 사건의 결과 횟수에 대한 비율을 나타낸다.

$$P(X) = \frac{count(Event_x)}{count(Event_{allevent})}$$

이러한 이산형 값에 대한 분포를 표현하기 위해서는 [그림 11–1]과 같이 먼저 값의 구간을 나눈 다음 해당 구간에 포함되는 값의 개수를 나타내는 도수분포표를 사용한다.

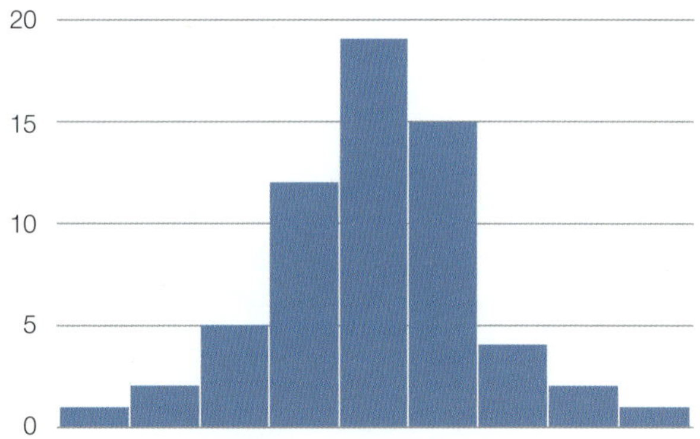

그림 11–1 이산형 값에 대한 분포를 표현한 도수분포표

두 번째로 연속형 값에 대해 살펴본다. 연속형 값의 경우 해당 데이터를 적절히 표현하는 함수를 생성한 후 해당 함수의 적분 값을 취한다. 이산형 값과는 달리 특정 위치의 값은 없고 구간의 값, 즉 해당 함수의 적분 값을 취해 구간의 확률을 계산한다.

$$P(-\infty < x < \infty)\int_{-\infty}^{\infty} f(x)dx = 1$$

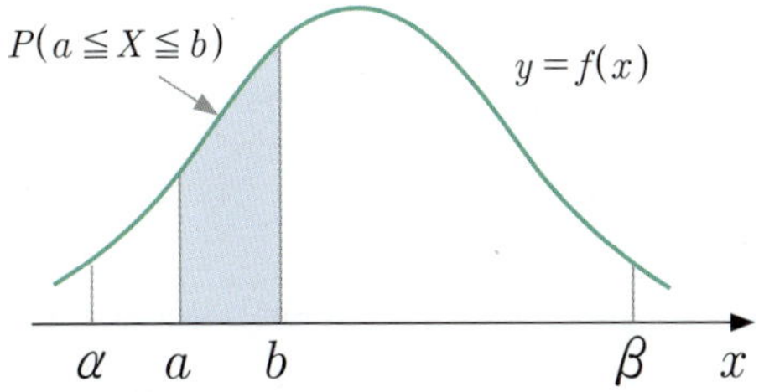

그림 11-2 연속형 값에 대한 확률 분포

연속형 값의 경우 확률로 계산하는 것이 매우 난해하기 때문에 본 교재에서는 먼저 이산형 값의 확률을 중심으로 확률에 대한 이야기를 진행하고자 한다.

1.1 확률의 기본 성질

확률은 다음 수식과 같이 모든 사건에 대해 반드시 0에서 1사이의 값을 가져야 한다.

$$0 \leq P(X) \leq 1$$

또한 각 사건들이 서로 관계가 없는 경우, 즉 각 사건들이 일어날 확률이 다른 사건이 일어날 확률에 영향을 미치지 않을 때 우리는 각 사건들이 '독립'되었다고 정의한다. 각 사건이 독립일 때 모든 사건의 합을 다음 수식과 같이 1로 나타낸다.

$$P(S) = \sum_{i=1}^{N} P(E_i) = 1$$

TIP 교집합 $P(A \cap B)$, 합집합 $P(A \cup B)$, 차집합 $P(A^c) = 1 - P(A)$ 등 기본적인 확률의 성질은 중·고등학교 때 배웠다고 생각하고 설명을 생략한다.

1.2 조건부 확률

이번 장에서 다룰 가장 핵심적인 확률 개념 중 하나가 바로 조건부 확률(conditional prob-ability)이다. 조건부 확률은 어떤 사건이 일어난다고 가정했을 때 다른 사건이 일어날 확률

을 의미한다. 일반적으로 $P(A|B)$는 B라는 사건이 발생했을 때 A와 B 사건의 교집합이 발생할 확률, 즉 $P(B)$ 사건의 확률로 나누는 것을 '조건부 확률'이라고 부른다.

$$P(A|B) = \frac{P(A \cap B)}{P(B)}$$

만약 다음과 같이 두 가지 사건이 있다고 가정했을 때 해당 사건의 $(A|B)$는 무엇일까? 정답은 B의 상황에서 A를 만족하는 값을 찾으면 되므로 값은 {1, 3}이다.

$$A = \{x | x\text{는 홀수}\}, \quad B = \{x | x\text{는 4보다 작은 수}\}$$

2 베이즈 정리

이번 장에서는 베이즈 정리를 사용한 나이브 베이지안 분류를 학습할 것이다. 그렇다면 먼저 베이즈 정리(Bayes' theorem)에 대해 알아야 한다. 베이즈 정리(Bayes' theorem)란 두 확률 변수의 사전확률과 사후확률 사이의 관계를 나타내는 정리이다. 베이즈 정리의 기본적인 전제는 객관적인 확률이 존재하지 않는다는 것이다. 즉, 확률이라는 것 자체가 이전에 일어난 사건의 연속이므로 이 사건으로 인해 확률이 지속적으로 업데이트된다는 것이다.

흔히 베이즈 정리는 빈도주의자(frequentist)와 베이즈주의자(Bayesian) 간의 논쟁으로 많이 설명된다. 사실 두 이론을 비교해보면 확률 자체의 계산법은 동일하지만 이를 해석하는 방식의 차이가 다르다. 즉, 세상의 모든 문제에 대해 빈도주의자들은 이미 일어난 많은 사건을 바탕으로 해당 확률이 발생한다고 주장하고, 베이즈주의자들은 그 확률이라는 것은 사람들의 믿음에서 나오는 것이라고 주장한다. 예를 들어 [그림 11-3]과 같은 3장의 트럼프카드 중에서 원하는 카드를 찾을 확률은 상식적으로 $\frac{1}{3}$이다.

그림 11-3 3장의 트럼프카드

그러나 실제로 카드 뒤집기 게임을 하였더니 [그림 11-4]와 같이 각 카드마다 조금씩 다른 확률이 나오게 되었다. 베이즈주의자는 이 확률을 기반으로 실행할 때마다 계속하여 확률들을 업데이트하는 데 반해 빈도주의자는 다음 확률을 계속하여 실행할 경우 $\frac{1}{3}$에 수렴할 것이므로 $\frac{1}{3}$로 간주한다.

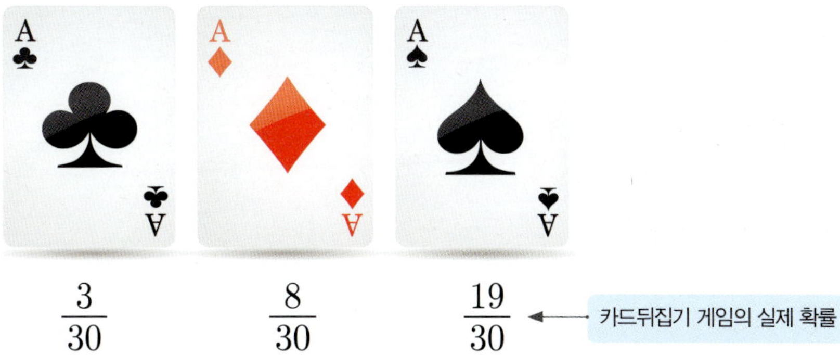

그림 11-4 카드뒤집기 게임의 실제 확률(베이즈주의자)

베이즈주의를 이해하기 위해 가장 기본적으로 알아야 하는 개념은 사전확률과 사후확률이다. 이를 위해 다음과 같은 가장 기본적인 베이즈 정리의 수식을 사용한다.

$$P(H|D) = \frac{P(H)P(D|H)}{P(D)}$$

이 수식에서 H는 가설을 의미하고 D는 데이터를 의미한다. $P(H|D)$는 사후확률이다. 사후확률을 단순하게 파악하면 '데이터가 주어졌을 때 해당 가설이 맞는지에 대한 확률'이다. 사후확률은 사전에 발생한 사전확률 $P(H)$에 가능도(likelihood)인 $P(D|H)$를 곱해서 데이터의 확률인 $P(D)$로 나누어 구할 수 있다. 여기서 중요한 개념은 가능도 $P(D|H)$이다.

가능도(likelihood)란 어떤 사건이 발생했을 때 다음 사건이 발생할 수 있는 모든 확률의 발생가능한 정도를 확률로 나타낸 수치이다. 여기서 $P(D|H)$의 의미는 가설이 주어졌을 때 해당 데이터가 존재할 확률이라고 볼 수 있다. 가능도는 일반적으로 분포의 값으로 표현할 수 있는데 H 가설의 종류에 따라 여러 가지 확률로 나타낼 수 있다. $P(D)$의 경우에는 해당 데이터가 발생한 확률이다. 일반적으로 나이브 베이지안 분류에서 $P(D)$는 모든 가설 H에 대해 동일하므로 고려하지 않을 때가 많다.

하나 더 알기 베이즈 정리 문제

베이즈 정리를 기본으로 문제 하나를 풀어보고자 한다. 만약 [그림 11-5]와 같이 크기와 색깔이 다른 13개의 공 중 1개의 공을 무작위로 뽑는다고 가정해보자. 이때, 뽑은 공이 큰 공이었다면 이 공이 검은색일 확률은 얼마일까?

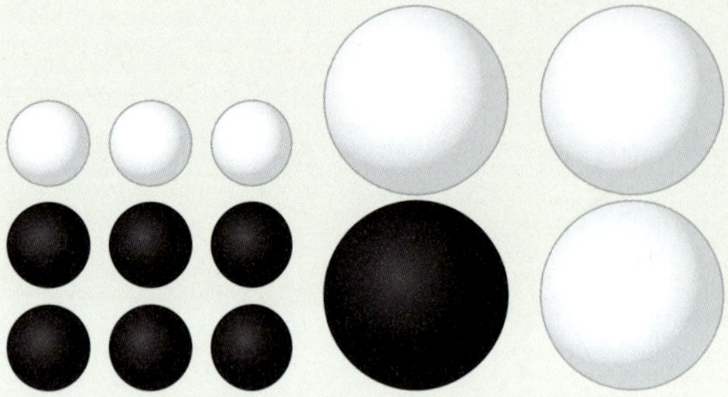

그림 11-5 공 뽑기 문제

비교적 쉽게 이 문제를 풀기 위해서는 먼저 문제를 추상화시켜야 한다. 큰 공이 나올 확률은 $P(BIG)$, 작은 공이 나올 확률은 $P(SMALL)$, 검은색 공이 나올 확률은 $P(BLACK)$, 흰색 공이 나올 확률은 $P(WHITE)$라고 표현한다. 여기에서 큰 공을 뽑을 때 검은색일 확률은 $P(BLACK|BIG)$으로 나타낼 수 있다. 이를 구하기 위해 수식을 정리하면 다음과 같다.

$$P(BLACK|BIG)=\frac{P(BLACK)P(BIG|BLACK)}{P(BIG)}$$

그렇다면 먼저 각 확률을 구해보자. 먼저 큰 공을 뽑을 확률인 $P(BIG)$은 $\frac{4}{13}$, 큰 공 중 검은색 공을 뽑을 확률인 $P(BIG|BLACK)$은 $\frac{1}{4}$이다. 마지막으로 검은색 공을 뽑을 확률인 $P(BLACK)$은 $\frac{7}{13}$이다. 이를 계산하면 다음과 같이 확률을 구할 수 있다.

$$\frac{\frac{7}{13}\times\frac{1}{4}}{\frac{4}{13}}=\frac{7}{16}$$

02 베이즈 분류기 구현하기

완성파일 | ch11_sec02.ipynb

1 베이즈 분류기 만들기

베이즈 정리를 이용하여 간단한 베이즈 분류기를 만들어보겠다. 지금은 우리가 일상적으로 많이 쓰고 있어 잘 느끼지 못하지만 처음 인터넷이 생기던 1990년대만 해도 인터넷 사용자들은 수많은 스팸메일을 받았었다. 이로 인해 상당한 스트레스가 있었는데, 이때 제일 많이 받은 스팸메일 종류 중 하나가 바로 화이자의 성생활 치료제 중 하나인 비아그라(viagra)에 관한 것이었다. 이때는 비아그라를 판매한다는 이메일이 정말 많이 왔었는데, 인터넷 사용자들은 비아그라 단어의 존재 유무를 파악하여 스팸메일인지 아닌지를 판단할 수 있었다. 그렇다면 비아그라라는 단어가 들어가면 어느 정도의 확률로 해당 메일이 스팸메일인지 베이즈 분류기로 만들어보자.

당시 데이터가 없으니 임의로 비아그라라는 글자의 존재 여부와 스팸메일인지를 표시하는 내용을 [표 11-1]과 같이 정리하였다. 전체 데이터는 20개이고, 이 중 스팸메일임을 나타내는 메일은 6개, 'viagra'라는 단어가 들어있는 이메일은 6개이다.

표 11-1 비아그라와 스팸메일을 나타내는 임의의 데이터

number	viagra	spam	number	viagra	spam
1	1	1	11	1	0
2	0	0	12	0	0
3	0	0	13	0	0
4	0	0	14	1	0
5	0	0	15	0	0
6	0	0	16	0	0
7	0	1	17	0	0
8	0	0	18	0	1
9	1	1	19	0	1
10	1	0	20	1	1

이 데이터를 기반으로 'viagra' 단어가 들어가 있을 때 해당 메일이 스팸메일일 확률인 $P(spam | viagra)$를 구해보자. 가장 간단하게 베이즈 정리를 사용해서 다음과 같은 수식으로 표현할 수 있다.

$$P(spam | viagra) = \frac{P(spam)P(viagra | spam)}{P(viagra)}$$

이를 계산하기 위해서 먼저 $P(viagra)$의 확률은 $\frac{6}{20}$이다. 즉, 전체 데이터 샘플의 개수를 비아그라 이메일의 개수로 나누면 된다. $P(spam)$도 $\frac{6}{20}$이다. 다음으로 $P(viagra | spam)$을 표현하면 스팸메일 6개 중에 'viagra'를 포함하는 스팸메일이 3개이므로 확률은 $\frac{3}{6}$이다. 이를 정리하면 다음과 같다.

$$P(spam | viagra) = \frac{\frac{6}{20} \times \frac{3}{6}}{\frac{6}{20}}$$

이 수식을 계산하면 결과적으로 'viagra'라는 글자가 존재할 때 해당 메일이 스팸(spam)일 확률은 $\frac{1}{2}$이다.

2 코드로 표현하기

앞의 연산을 판다스(pandas) 모듈을 이용하여 코드로 나타내보자. 먼저 데이터를 구성한다. 이 코드에서 생성된 데이터는 [표 11-1]과 같은 꼴이다.

```
In [1]: from pandas import Series, DataFrame
        import pandas as pd
        import numpy as np

        viagra_spam = {'viagra': [1,0,0,0,0,0,0,0,1,1,1,0,0,1,0,0,0,0,0,1],
                       'spam': [1,0,0,0,0,0,1,0,1,0,0,0,0,0,0,0,0,1,1,1]}
        df = pd.DataFrame(viagra_spam, columns = ['viagra', 'spam'])
        np_data = df.values
```

먼저 해당 데이터를 넘파이 배열(ndarray)로 변경한다. 이 데이터에서 첫 번째 열은 viagra 단어의 존재 여부를, 두 번째 열은 스팸메일 여부를 나타낸다. 먼저 viagra 단어를 포함하면서 스팸메일인 경우의 확률을 코드로 나타내면 다음과 같다. 이것을 수식으로 나타내면 $P(viagra \cap spam)$이다.

```
In [2]:  sum((np_data[:, 0] == 1) & (np_data[:, 1] == 1)) / 20
Out [2]: 0.15
```

다음으로 각 공식에 대한 확률을 구해보겠다. $P(viagra)$, $P(spam)$, $P(viagra \cap spam)$, $P(\sim viagra \cap spam)$ 순으로 다음 코드와 같이 계산할 수 있다.

```
In [3]:  p_viagra = sum(np_data[:, 0] == 1) / len(np_data)
         p_viagra
Out [3]: 0.3
In [4]:  p_spam = sum(np_data[:, 1] == 1) / len(np_data)
         p_spam
Out [4]: 0.3
In [5]:  p_v_cap_s = sum((np_data[:, 0] == 1) & (np_data[:, 1] == 1)) / len(np_data)
         p_v_cap_s
Out [5]: 0.15
In [6]:  p_n_v_cap_s = sum((np_data[:, 0] == 0) & (np_data[:, 1] == 1)) / len(np_data)
         p_n_v_cap_s
Out [6]: 0.15
```

이제 베이즈 정리를 사용하여 'viagra'라는 단어가 들어갔을 때 스팸메일일 확률, 즉 $P(spam | viagra)$의 확률은 다음 코드와 같다.

```
In [7]:  p_spam * (p_v_cap_s / p_spam ) / p_viagra
Out [7]: 0.5
```

반대로 $P(spam \mid \sim viagra)$의 확률, 즉 'viagra'가 들어가지 않았는데 스팸메일일 확률은 다음 코드와 같다.

In [8]:	p_spam * (p_n_v_cap_s / p_spam) / (1-p_viagra)
Out [8]:	0.2142857142857143

복잡하지는 않지만 기본적인 수식을 기반으로 베이즈 분류기를 만들어보았다. 결과적으로 'viagra'라는 단어가 포함되었을 때 스팸메일일 확률(=0.5)은 'viagra'라는 단어가 포함되지 않았을 때 스팸메일일 확률(=0.2142857142857143)보다 높다. 그러므로 이 결과로만 봤을 때는 'viagra'라는 단어가 있으면 스팸메일로 분류하는 것이 좀 더 합리적인 선택이다.

우리는 한 개의 변수로 베이즈 정리를 적용한 베이즈 분류기를 만들어보았다. 그러나 실제상황에서 다음과 같은 문제가 발생할 수 있다.

- 'viagra'라는 단어 외에 영향을 주는 단어가 있을 수 있다.
- 오히려 스팸에서 제외되는 메일에 'viagra'라는 단어가 있을 수 있다.

이와 같은 문제를 해결하기 위해 등장한 것이 나이브 베이지안 분류기(Naive Bayesian Classifier)이다. 다음 절에서 확인해보자.

03 나이브 베이지안 분류기 구현하기

완성파일 | ch11_sec03.ipynb

1 나이브 베이지안 분류기 만들기

앞의 절에서 간단한 베이즈 분류기를 만들었다면 이제 제대로 된 나이브 베이지안 분류기(Naive Bayesian Classifier)를 만들어보고자 한다. 가장 큰 차이는 베이즈 분류기가 하나의 변수만을 고려하는 것에 반해 나이브 베이지안 분류기는 여러 개의 열을 사용하여 분류기를 구성한다는 것이다. 이를 위해 다음과 같은 데이터를 사용한다.

In [1]:
```
from pandas import Series, DataFrame
import pandas as pd
import numpy as np

data_url = "c:/source/ch11/fraud.csv"
df= pd.read_csv(data_url, sep=',')
df.head()
```

Out [1]:

	ID	History	CoApplicant	Accommodation	Fraud
0	1	current	none	own	True
1	2	paid	none	own	False
2	3	paid	none	own	False
3	4	paid	guarantor	rent	True
4	5	arrears	none	own	False

데이터를 보면 기본적으로 3개의 카테고리 피쳐(feature)인 History, CoApplicant, Accommodation이 있고, 이를 바탕으로 대출 사기 여부를 나타내는 이진값으로 Fraud가 존재한다. 연산의 편의를 위해 먼저 Y 값을 따로 빼내고, get_dummies를 활용하여 X 데이터들을 원핫인코딩(one-hot encoding)으로 처리하였다.

In [2]:
```
del df["ID"]
Y_data = df.pop("Fraud")
Y_data = Y_data.values
```

```
x_df = pd.get_dummies(df)
x_df.head(10).T
```

Out [2]:

	0	1	2	3	4	5	6	7	8	9
History_arrears	0	0	0	0	1	1	0	1	0	0
History_current	1	0	0	0	0	0	1	0	1	0
History_none	0	0	0	0	0	0	0	0	0	1
History_paid	0	1	1	1	0	0	0	0	0	0
CoApplicant_coapplicant	0	0	0	0	0	0	0	0	0	0
CoApplicant_guarantor	0	0	0	1	0	0	0	0	0	0
CoApplicant_none	1	1	1	0	1	1	1	1	1	1
Accommodation_free	0	0	0	0	0	0	0	0	0	0
Accommodation_own	1	1	1	0	1	1	1	1	0	1
Accommodation_rent	0	0	0	1	0	0	0	0	1	0

다음으로 해당 데이터를 넘파이 배열(ndarray) 형태로 저장한다.

In [3]:

```
x_data = x_df.values
x_data
```

Out [3]:

```
array([[0, 1, 0, 0, 0, 0, 1, 0, 1, 0],
       [0, 0, 0, 1, 0, 0, 1, 0, 1, 0],
       [0, 0, 0, 1, 0, 0, 1, 0, 1, 0],
       [0, 0, 0, 1, 0, 1, 0, 0, 0, 1],
       [1, 0, 0, 0, 0, 0, 1, 0, 1, 0],
       [1, 0, 0, 0, 0, 0, 1, 0, 1, 0],
       [0, 1, 0, 0, 0, 0, 1, 0, 1, 0],
       [1, 0, 0, 0, 0, 0, 1, 0, 1, 0],
       [0, 1, 0, 0, 0, 0, 1, 0, 0, 1],
       [0, 0, 1, 0, 0, 0, 1, 0, 1, 0],
       [0, 1, 0, 0, 1, 0, 0, 0, 1, 0],
       [0, 1, 0, 0, 0, 0, 1, 0, 1, 0],
       [0, 1, 0, 0, 0, 0, 1, 0, 0, 1],
       [0, 0, 0, 1, 0, 0, 1, 0, 1, 0],
       [1, 0, 0, 0, 0, 0, 1, 0, 1, 0],
       [0, 1, 0, 0, 0, 0, 1, 0, 1, 0],
       [1, 0, 0, 0, 1, 0, 0, 0, 0, 1],
       [1, 0, 0, 0, 0, 0, 1, 1, 0, 0],
       [1, 0, 0, 0, 0, 0, 1, 0, 1, 0],
       [0, 0, 0, 1, 0, 0, 1, 0, 1, 0]], dtype=uint8)
```

다음에 제시된 나이브 베이지안의 수식을 살펴보자. 다음 수식에서 Y_c는 Y의 라벨을 의미하며 X_n은 각 항목에 대한 True나 False를 나타낸다. 이를 앞서 언급한 수식으로 정리하면 다음과 같다.

$$P(Y_c|X_1,\cdots,X_n)=\frac{P(Y_c)\prod_{i=1}^{n}P(X_i|Y_c)}{\prod_{i=1}^{n}P(X_i)} \quad Y_c \textit{ is a label}$$

이 수식을 코드로 표현하면 다음과 같다. 먼저 Y 값이 True인 경우와 False인 경우의 값을 각각 확률로 표현하였다.

```
In [4]:  P_Y_True = sum(Y_data==True) / len(Y_data)
         P_Y_False = 1 - P_Y_True

         P_Y_True,P_Y_False
Out [4]: (0.3, 0.7)
```

다음으로 $P(X_i|Y_c)$를 표현하기 위해 Y_c의 라벨을 기반으로 한 값을 출력하고자 한다. 이를 위해 np.where 함수를 사용한다. np.where 함수는 특정 조건을 만족하는 값의 인덱스를 반환하는 함수이다.

```
In [5]:  np.where(Y_data)
Out [5]: (array([ 0,  3,  5,  9, 11, 12], dtype=int64),)
```

이 함수를 사용하여 다음 코드와 같이 $P(Y_{True})$와 $P(Y_{False})$의 인덱스 값을 정리했다.

```
In [6]:  ix_Y_True = np.where(Y_data)
         ix_Y_False = np.where(Y_data==False)

         ix_Y_True, ix_Y_False
```

```
Out [6]: ((array([ 0,  3,  5,  9, 11, 12], dtype=int64),),
          (array([ 1,  2,  4,  6,  7,  8, 10, 13, 14, 15, 16, 17, 18, 19],
                dtype=int64),))
```

이제 다음 수식을 이용해 해당 인덱스에 존재하는 x_data 값을 찾아 적용시킨다. 이때 $P(X_i|Y_{True})$ 값을 정의하기 위한 코드는 다음과 같다.

$$\log\left\{P(Y_c)\prod_{i=1}^{n}P(X_i|Y_c)\right\}=\log P(Y_c)+\sum_{i=1}^{n}\log P(X_i|Y_c)$$

```
In [7]: p_x_y_true = (x_data[ix_Y_True].sum(axis=0)) / sum(Y_data==True)
        p_x_y_false = (x_data[ix_Y_False].sum(axis=0)) / sum(Y_data==False)

        p_x_y_true, p_x_y_false
```

```
Out [7]: (array([0.16666667, 0.5       , 0.16666667, 0.16666667, 0.        ,
                0.16666667, 0.83333333, 0.        , 0.66666667, 0.33333333]),
          array([0.42857143, 0.28571429, 0.        , 0.28571429, 0.14285714,
                0.        , 0.85714286, 0.07142857, 0.78571429, 0.14285714]))
```

최종적으로 X_n의 데이터를 가지고 있다고 가정할 때 해당 X_n의 값을 코드로 나타내면 다음과 같다. 단 여기서는 np.log 함수를 따로 붙여주지 않고 단순 덧셈 계산만 하였다.

```
In [8]: x_test = [0,1,0,0,0,1,0, 0,1,0]

        p_y_true_test = P_Y_True + p_x_y_true.dot(x_test)
        p_y_false_test = P_Y_False + p_x_y_false.dot(x_test)

        p_y_true_test , p_y_false_test
```

```
Out [8]: (1.6333333333333333, 1.7714285714285714)
```

```
In [9]: p_y_true_test < p_y_false_test
```

```
Out [9]: True
```

2 사이킷런을 활용한 나이브 베이지안 분류기

다음으로 사이킷런(scikit-learn)을 사용하여 나이브 베이지안 분류기를 구현하고자 한다. 앞에서는 다소 복잡한 과정을 통해 직접 이진 나이브 베이지안 분류기를 구현해보았다. 그런데 현실에서는 다양한 데이터가 있기 때문에 이를 대비하기 위해 사이킷런의 다양한 클래스들을 사용해보도록 한다. 먼저 다음 코드와 같이 하나의 문장이 있을 때 이 문장을 `sports`와 `not sports`로 나누는 분류기를 만들어보자.

```
In [10]: y_example_text = ["Sports", "Not sports","Sports","Sports","Not sports"]
         y_example = [1 if c=="Sports" else 0 for c in y_example_text ]
         text_example = ["A great game game", "The The election was over",
                         "Very clean game match",
                         "A clean but forgettable game game",
                         "It was a close election", ]
```

이러한 텍스트 데이터에 대해서는 먼저 텍스트 데이터를 벡터 형태로 표현해야 한다. 텍스트를 벡터화시키기 위해서는 다양한 기법들이 있는데, 여기서는 간단한 BoW(Bag of Words) 기반의 벡터화를 진행하도록 하겠다. 일반적으로 하나의 단어를 벡터화시킬 때는 원핫인코딩(one-hot encoding) 기법을 사용한다. 원핫인코딩은 `getdummies` 함수에서 봤듯이 각 피쳐들에 인덱스를 부여하고, 이를 0 또는 1로 벡터화하여 사용하는 기법이다. [그림 11-6]과 같이 각 단어들에 인덱스를 부여하고, 그 해당 단어가 가지고 있는 인덱스의 값을 1, 그렇지 않을 경우 0으로 한다.

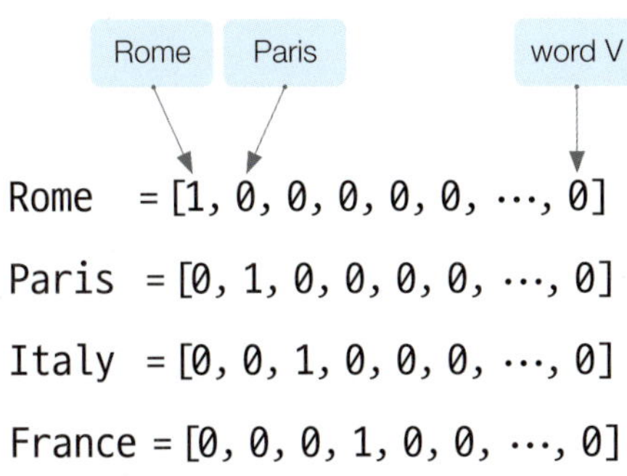

그림 11-6 원핫인코딩 예시(BoW)

BoW는 이렇게 단어별로 인덱스가 부여되어 있을 때 한 문장 또는 한 문서에 대한 벡터를 표현하는 기법이다. [표 11-2]와 같이 전체 문서에 있는 모든 단어들에 이미 인덱스가 부여되어 있고 해당 문서 또는 문장에서 출현한 단어에 대해서만 단어의 개수를 벡터로 표현하는 것을 BoW라고 칭한다.

표 11-2 BoW 기법으로 표현된 데이터

	are	call	from	hello	home	how	me	money	now	tomorrow	win	you
0	1	0	0	1	0	1	0	0	0	0	0	1
1	0	0	1	0	1	0	0	1	0	0	2	0
2	0	1	0	0	0	0	1	0	1	0	0	0
3	0	1	0	1	0	0	0	0	0	1	0	1

BoW는 사이킷런에서 `CountVectorizer`라는 클래스로 지원한다. 사실 사용법이 완전히 동일하다. 코드로 나타내면 다음과 같다.

In [11]:

```
from sklearn.feature_extraction.text import CountVectorizer

countvect_example = CountVectorizer()
X_example = countvect_example.fit_transform(text_example)
countvect_example.get_feature_names()
```

Out [11]:

```
['but',
 'clean',
 'close',
 'election',
 'forgettable',
 'game',
 'great',
 'it',
 'match',
 'over',
 'the',
 'very',
 'was']
```

In [12]:

```
countvect_example.transform(text_example).toarray()
```

Out [12]:

```
array([[0, 0, 0, 0, 0, 2, 1, 0, 0, 0, 0, 0, 0],
       [0, 0, 0, 1, 0, 0, 0, 0, 0, 1, 2, 0, 1],
       [0, 1, 0, 0, 0, 1, 0, 0, 1, 0, 0, 1, 0],
       [1, 1, 0, 0, 1, 2, 0, 0, 0, 0, 0, 0, 0],
       [0, 0, 1, 1, 0, 0, 0, 1, 0, 0, 0, 0, 1]], dtype=int64)
```

코드 해설

- In [11] CountVectorizer는 기본적으로 BoW 벡터를 생성하기 위한 클래스이다. 여기에 fit_transform을 적용하면 다른 사이킷런의 클래스들과 같이 fit을 통해 기본 규칙을 세우고 transform을 통해 원하는 벡터를 생성할 수 있다. fit을 진행할 때는 처리해야 하는 단어들을 정의한다. get_feature_names 함수의 결과로 처리해야 하는 단어들의 모음을 보여준다. 이 단어들은 text_example 객체에 존재하는 단어들의 모음이다.
- In [12] 이렇게 규칙을 세운 후 transform 함수를 적용시켜 array 배열을 생성한다.

만약 각 단어들의 인덱스 번호를 확인하고 싶다면 다음 코드와 같이 vocabulary_ 매개변수를 사용하면 된다.

In [13]:

```
countvect_example.vocabulary_
```

Out [13]:

```
{'great': 6,
 'game': 5,
 'the': 10,
 'election': 3,
 'was': 12,
 'over': 9,
 'very': 11,
 'clean': 1,
 'match': 8,
 'but': 0,
 'forgettable': 4,
 'it': 7,
 'close': 2}
```

2.1 베르누이 나이브 베이지안 분류기

다양한 나이브 베이지안 분류기 중 하나를 선택하여 분류 작업을 실행할 수 있다. 앞서 다룬 로지스틱 회귀에 비해 사이킷런의 분류기들은 비교적 단순히 구현할 수 있다

이번에 다룰 나이브 베이지안 분류기는 베르누이 나이브 베이지안 분류기(BernoulliNB, 이하 베르누이 분류기)이다. 베르누이 분류기는 기본적으로 다루고자 하는 모든 데이터가 불린 피쳐(boolean feature)이다. 베르누이 분류기에 사용되는 데이터 타입은 이산형 데이터인데, 이러한 데이터를 모두 불린 타입으로 변경하여 학습한다. 예를 들면 정수 타입(integer type)의 숫자가 들어간다면 이를 임계값(threshold)을 기준으로 `True` 또는 `False`로 변환하여 학습한다. 코드는 다음과 같다.

In [14]:
```
from sklearn.naive_bayes import BernoulliNB

clf = BernoulliNB(alpha=1, binarize=0)
clf.fit(X_example, y_example)
```
Out [14]:
```
BernoulliNB(alpha=1, binarize=0)
```

여기서 사용한 매개변수는 `alpha`와 `binarize`인데, 이 두 가지 매개변수만 설정하면 된다. `alpha`는 라플라스 스무딩(Laplace smoothing)에서 사용하는 스무딩 매개변수로, 이 값이 클수록 피쳐 간의 차이가 줄어든다. `binarize`는 특정 값을 기준으로 각 피쳐들의 값을 이진화시키기 위한 임계값이다. 만약 이 값이 None일 경우 이미 모든 값이 이진(binary) 형태라고 볼 수 있다.

`fit` 함수를 사용하고 나면 다양한 값들을 제공한다. 예를 들면 다음 코드와 같이 `class_log_prior_`는 각 클래스(`class`)마다 `prior`의 값에 `log`를 붙여서 값을 출력한다는 의미이다.

In [15]:
```
clf.class_log_prior_
```
Out [15]:
```
array([-0.91629073, -0.51082562])
```

2.2 다항 나이브 베이지안 분류기

두 번째로 다룰 나이브 베이지안 분류기는 다항 나이브 베이지안 분류기(MultinomialNB, 이하 다항 분류기)이다. 다항 분류기는 베르누이 분류기와 달리 각 피쳐들이 이산형이지만, 이진값이 아닌 여러 개의 값을 가질 수 있다. 이럴 경우 앞서 보았던 나이브 베이지안 식을 변형하여 사용한다. 기본 수식은 다음과 같다.

$$P(Y_c \mid X_1, \cdots, X_n) = \frac{P(Y_c)\prod_{i=1}^{n} P(X_i \mid Y_c)}{\prod_{i=1}^{n} P(X_i)} \quad Y_c \textit{ is a label}$$

다항 분류기를 이해하기 위해 해결할 문제는 앞서 봤던 텍스트 데이터이다. 가능도(likelihood)의 계산 방법을 다음과 같은 수식으로 변경할 수 있다.

$$P(X_i \mid Y_c) = \frac{\sum tf(x_i, d \in Y_c) + \alpha}{\sum N_d \in Y_c + \alpha V}$$

이 수식에 대한 설명은 다음과 같다.

- $\boldsymbol{x_i}$: 피쳐 벡터에 존재하는 단어를 의미한다. 각 단어는 인덱스 i를 할당한다.
- $\boldsymbol{\sum tf(x_i, d \in Y_c)}$: 각 단어 x_i가 하나의 클래스인 Y_c 안에 속하는 모든 문서에 존재하는 개수이다. 즉 앞의 문제와 같은 경우 `Sports`에 속하는 문서들에 `game`이라는 단어가 몇 번 나오는지를 표시하게 된다.
- $\boldsymbol{\alpha}$: 스무딩(smoothing) 값이다.
- $\boldsymbol{\sum N_d \in Y_c}$: Y_c에 해당하는 문서들에 존재하는 모든 단어들의 합이다.
- $\boldsymbol{V}$: 모든 단어들의 개수, 즉 피쳐의 개수이다.

다항 분류기에 대해 알아보았으니 이제부터는 [표 11-3]에 있는 데이터의 각 문서별 확률 연산을 진행해본다.

표 11-3 다항 분류기를 이용한 확률 연산을 위한 데이터

데이터	문서	단어	클래스
훈련 데이터	1	Chinese Beijing Chinese	c
	2	Chinese Chinese Shanghai	c
	3	Chinese Macao	c
	4	Tokyo Japan Chinese	j
테스트 데이터	5	Chinese Chinese Chinese Tokyo Japan	?

이 상황에서 먼저 각 단어마다 가능도를 계산해보자. 마지막 테스트 데이터 샘플을 예로 들어 $P(Chinese|c)$를 계산하면 다음과 같다.

$$\frac{5+1}{8+6} = \frac{6}{14} = \frac{3}{7}$$

먼저 분모 8은 c 클래스에 해당하는 단어들의 총 개수이다. [표 11-3]에서 문서 1, 2, 3이 모두 c 클래스이기 때문에 단어의 개수는 모두 8개이다. 다음으로 모든 단어의 개수를 구하면 6개이고, 이에 스무딩 값은 1로 하여 연산하면 분모의 값 6이 나온다. 다음으로 분자 5는 Chinese가 Y_c에 포함되는 개수인 5를 의미한다. 마지막으로 1은 스무딩 값이다. 결국 각 클래스별로 $\prod_{i=1}^{n} P(X_i|Y_c)$를 구해야 하기 때문에 마지막 테스트 데이터셋을 연산하기 위해서는 Chinese, Tokyo, Japan에 대한 c와 j 클래스의 확률을 구해야 한다. 즉, 총 6개 항목에 대한 확률을 구한 후 같은 클래스끼리 더할 필요가 있다.

내부적인 수식이 이와 같다면 사이킷런에서는 다음과 같이 코드를 작성한다. 다항 분류기는 베르누이 분류기보다 훨씬 간단하게 알파(alpha)만 정의하면 바로 사용할 수 있다. 내부적인 구현이나 사용되는 방식은 다르겠지만 각 피쳐들이 이산형 값으로만 정의되어 있다면 매우 쉽게 사용할 수 있다.

In [16]:
```
from sklearn.naive_bayes import MultinomialNB

clf = MultinomialNB(alpha=1)
clf.fit(X_example, y_example)
```

Out [16]:
```
MultinomialNB(alpha=1)
```

2.3 가우시안 나이브 베이지안 분류기

마지막으로 다룰 나이브 베이지안 분류기는 가우시안 나이브 베이지안 분류기(GaussianNB, 이하 가우시안 분류기)이다. 가우시안 분류기는 이산형 데이터가 아닌 경우에 나이브 베이지안을 적용한다. 가우시안 분류기는 연속형 값을 피쳐로 가진 데이터의 확률을 구하기 위해 y의 분포를 정규분포(gaussian)로 가정한다. 이에 따라 확률밀도 함수 상의 해당 값 x가 나올 확률로 나이브 베이지안(NB)을 구현하여 사용한다. 마찬가지로 가능도 값을 정의하면 다음과 같다.

$$P(x_i \mid Y_c) = \frac{1}{\sqrt{2\pi\sigma^2_{Y_c}}} exp\left(-\frac{(x_i - \mu Y_c)^2}{2\sigma^2_{Y_c}}\right)$$

만약 [표 11-4]와 같은 연속형 데이터가 있다면 [표 11-5]의 형태로 평균과 분산과 같은 통계 수치를 계산한다.

표 11-4 키, 몸무게, 발 사이즈의 연속형 데이터

성별(gender)	키(height)	몸무게(weight)	발 사이즈(foot size)
남자(male)	6 ft	180 lbs	12 inches
남자(male)	5.92 ft	190 lbs	11 inches
남자(male)	5.58 ft	170 lbs	12 inches
남자(male)	5.92 ft	165 lbs	10 inches
여자(female)	5 ft	100 lbs	6 inches
여자(female)	5.5 ft	150 lbs	8 inches
여자(female)	5.42 ft	130 lbs	7 inches
여자(female)	5.75 ft	150 lbs	9 inches

표 11-5 [표 11-4] 데이터의 평균과 분산

성별 (gender)	평균 (height)	분산 (height)	평균 (weight)	분산 (weight)	평균 (foot size)	분산 (foot size)
male	5.855	3.5033×10−02	176.25	1.2292×10+02	11.25	9.1667×10−01
female	5.4175	9.7225×10−02	132.5	5.5833×10+02	7.5	1.6667

이 상태에서 새로운 값이 입력되면 다음 수식과 같이 성별이 남자인지 여자인지 구분할 수 있다.

$$postertior(male) = \frac{P(male)p(height \mid male)p(weight \mid male)p(foot\ size \mid male)}{evidence}$$

$$postertior(female) = \frac{P(female)p(height \mid female)p(weight \mid female)p(foot\ size \mid female)}{evidence}$$

이를 모두 계산하면 원하는 값이 연속형 값일 경우에도 추출할 수 있다. 여기에서 중요한 점은 나이브 베이지안 연속형 값 Y를 계산하는 것은 아니고 이산형 값 Y에 대해서 연속형 피쳐들을 처리할 수 있다는 점이다.

가우시안 분류기 함수인 `GaussianNB`는 다음 코드와 같이 간단히 사용 가능하다. 실제로는 `priors`와 `var_smoothing` 등의 값을 매개변수로 넣을 수 있지만, 대부분의 경우 데이터를 기반으로 한 연산에서 나온 값을 그대로 사용하기 때문에 특별히 값을 넣지 않아도 잘 작동한다.

```
In [17]: from sklearn.naive_bayes import GaussianNB

         clf = GaussianNB()
         clf.fit(X_example.toarray(), y_example)

Out [17]: GaussianNB()
```

04 20newsgroup으로 분류 연습하기

완성파일 | ch11_sec04.ipynb

1 20newsgroup 데이터셋 소개

이번 절에서는 대표적인 텍스트 데이터셋으로 알려진 20newsgroup 데이터셋을 사용하여 20개의 뉴스 텍스트 데이터를 분류하고자 한다. 20newsgroup 데이터셋은 처음 인터넷이 등장했을 때 이메일로 소식을 주고받는 'newsgroup'이라는 공간의 데이터를 1990년~2000년대까지 수집하여 이 텍스트들가 어떤 주제와 관련되었는지 보여준다. 텍스트 분류 작업을 시작할 때 가장 먼저 다루는 입문용 데이터셋이다. 다행히도 20newsgroup 데이터셋은 사이킷런(scikit-learn)에 의해 제공되기 때문에 쉽게 접근이 가능하다. 이번 절에서는 20newsgroup과 나이브 베이지안 분류기를 사용하여 텍스트 데이터 분류 예시를 제시하고자 한다.

2 20newsgroup 데이터셋 불러오기

20newsgroup 데이터셋을 호출하기 위해 먼저 pandas, numpy, matplotlib, seaborn 등의 모듈들을 호출한다.

```
In [1]:  import pandas as pd
         import numpy as np
         import matplotlib.pyplot as plt
         import seaborn as sns
         import re
         %matplotlib inline
```

모듈의 호출이 완료되면 20newsgroup 데이터셋을 다운로드한다. 다운로드한 데이터셋은 딕셔너리 타입(dict type)으로 제공되며, dict의 각 키 값을 통해 데이터에 접근할 수 있다.

```
In [2]: from sklearn.datasets import fetch_20newsgroups
        news = fetch_20newsgroups(subset='all')
        news.keys()

Out [2]: dict_keys(['data', 'filenames', 'target_names', 'target', 'DESCR'])
```

하나 더 알기 딕셔너리 타입(dict type)의 의미

일반적으로 모듈에서 제공되는 데이터셋은 모두 비슷한 형태의 딕셔너리 타입을 제공한다. 출력된 결과값의 의미는 다음과 같다.

- **data** : 실제 데이터
- **filenames** : 다운로드된 데이터의 파일 위치
- **target_names** : 데이터 y 값의 이름
- **target** : 데이터 y 값의 인덱스
- **DESCR** : 데이터에 대한 설명

데이터를 출력해보면 다음 코드와 같다. 데이터는 매우 간단한데 뉴스그룹 데이터 자체가 일종의 메일 형태로 전송되기 때문에 우리가 이메일 보내듯이 '보내는 사람', '제목', '내용'으로 구성된다. 다음 글에서 상단은 메일의 발송과 관련된 메타데이터이고, 하단은 메일의 내용이다.

```
In [3]: print(news.data[0])

Out [3]: From: Mamatha Devineni Ratnam <mr47+@andrew.cmu.edu>
         Subject: Pens fans reactions
         Organization: Post Office, Carnegie Mellon, Pittsburgh, PA
         Lines: 12
         NNTP-Posting-Host: po4.andrew.cmu.edu



         I am sure some bashers of Pens fans are pretty confused about the lack
         of any kind of posts about the recent Pens massacre of the Devils.
         Actually,
         I am  bit puzzled too and a bit relieved. However, I am going to put an
         end
```

```
to non-PIttsburghers' relief with a bit of praise for the Pens. Man,
they
are killing those Devils worse than I thought. Jagr just showed you why
he is much better than his regular season stats. He is also a lot
fo fun to watch in the playoffs. Bowman should let JAgr have a lot of
fun in the next couple of games since the Pens are going to beat the
pulp out of Jersey anyway. I was very disappointed not to see the
Islanders lose the final
regular season game.          PENS RULE!!!
```

y 값에 해당하는 target과 target_names를 출력하면 다음 코드와 같다. 기본적으로 각 메일이 포함하고 있는 부분에 대해 설명하면, y 값의 리스트는 target_names에 정의되어 있고, 각 메일의 y 값과의 매칭은 data와 같은 순서로 target 항목에 매칭되어 있다. 즉, 다음 데이터에서 0번째 data의 메일 주제는 인덱스가 10번째 값인 [rec.sport.hockey]이다.

```
In [4]: news.target
Out [4]: array([10,  3, 17, ...,  3,  1,  7])
In [5]: news.target_names
Out [5]: ['alt.atheism',
 'comp.graphics',
 'comp.os.ms-windows.misc',
 'comp.sys.ibm.pc.hardware',
 'comp.sys.mac.hardware',
 'comp.windows.x',
 'misc.forsale',
 'rec.autos',
 'rec.motorcycles',
 'rec.sport.baseball',
 'rec.sport.hockey',
 'sci.crypt',
 'sci.electronics',
 'sci.med',
```

```
        'sci.space',
        'soc.religion.christian',
        'talk.politics.guns',
        'talk.politics.mideast',
        'talk.politics.misc',
        'talk.religion.misc']
```

3 뉴스 분류기 모델 개발의 전략

일반적으로 텍스트 분류기를 개발하기 위해서는 [그림 11-7]과 같은 순서로 모델 개발을 진행한다. 이는 매우 일반적인 텍스트 기반 분류기 모델의 개발 전략이다.

❶ 데이터 준비 ❷ 데이터 전처리 ❸ 벡터화

❹ 학습 ❺ 모델 결정

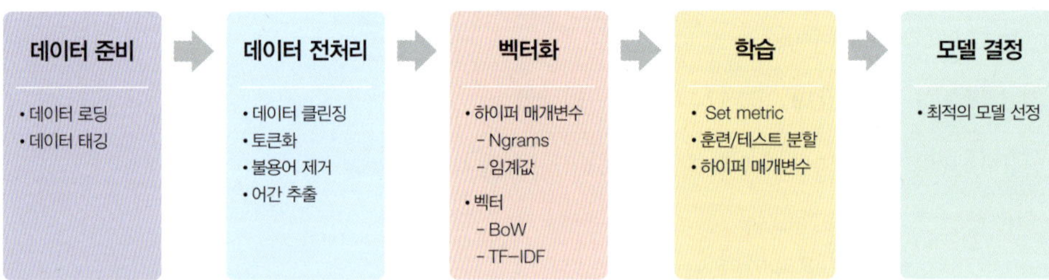

그림 11-7 뉴스 분류기 모델 개발 과정

지금부터는 앞선 모델 개발 과정에서 배우지 못한 3가지 추가 기법에 대해 설명하고자 한다. 여기서 언급한 3가지 기법을 동시에 학습하여 향후에 유사한 테스크(task)에서 같은 기법을 적용할 수 있는 사례를 학습할 것이다.

- **벡터화하기(vectorizer)** : 앞서 BoW(Bag of Words)를 생성하는 `CountVectorizer`에 대해 논의했는데, 이를 약간 변형한 `TF-idfVectorizer`를 생성하여 텍스트를 벡터화시키는 방법에 대해 학습한다.
- **교차 검증(cross validation)** : 성능을 측정할 때 훈련 데이터셋과 테스트 데이터셋으로 나누어 여러 번 측정하여 모델 성능의 평균치를 측정하는 기법이다.

- **파이프라인(pipeline)** : 단순히 모델 개발에 그치지 않고 일종의 제품을 개발할 때 쓰는 기법으로, 데이터 전처리부터 성능 측정까지를 연결된 코드로 나타내는 것을 말한다. 파이프라인을 사용하면 입력(input)으로 일관된 출력(output)을 뽑을 수 있다는 장점이 있다.

지금부터 진행할 실습의 주요 전략을 정리하면 다음과 같다.

- 신문 데이터를 바탕으로 신문 내용별 분류기를 개발한다.
- 이 데이터를 훈련 데이터셋과 테스트 데이터셋으로 나누어 5번 데이터 교차 검증을 실시한다.
- 나이브 베이지안 분류기와 카운트 벡터를 활용하여 각각 성능을 테스트한다(다항 분류기와 베르누이 분류기를 모두 사용).
- 가능할 경우 TF-IDF 벡터를 활용해본다.

4 데이터 전처리

먼저 데이터셋을 정리하기 위해 데이터프레임(DataFrame)을 생성하여 정리한다. 코드는 다음과 같다.

In [6]:
```
news_df = pd.DataFrame({'News' : news.data, 'Target' : news.target})
news_df.head()
```

Out [6]:

	News	Target
0	From: Mamatha Devineni Ratnam <mr47+@andrew.cm...	10
1	From: mblawson@midway.ecn.uoknor.edu (Matthew ...	3
2	From: hilmi-er@dsv.su.se (Hilmi Eren)\nSubject...	17
3	From: guyd@austin.ibm.com (Guy Dawson)\nSubjec...	3
4	From: Alexander Samuel McDiarmid <am2o+@andrew...	4

좀 더 명확히 보기 위해서 다음 코드를 사용해서 Target의 정보를 실제 분류의 이름으로 변경한다.

In [7]:
```
target_dict = {idx:name for idx, name in enumerate(news.target_names)}
news_df["Target"] = news_df["Target"].replace(target_dict)
```

다음으로 텍스트의 전처리를 수행한다. 텍스트 전처리 기법은 기초적인 전략을 수행시킨다. 최근 텍스트 처리 알고리즘은 이러한 전처리 없이 사용하는 것도 많으니 알고리즘의 특성을 꼭 이해하고 사용할 것을 권장한다.

- 이메일 제거
- 불필요 숫자 제거
- 문자 아닌 특수문자 제거
- 단어 사이 공백 제거 : 띄어쓰기별로 분할(split)하고 결합(join)

코드를 작성하여 News란에 적용하면 전처리된 텍스트를 확인할 수 있다.

In [8]:

```
def data_cleansing(df):
    delete_email = re.sub(r'\b[\w\+]+@[\w]+.[\w]+.[\w]+.[\w]+\b', ' ', df)
    delete_number = re.sub(r'\b|\d+|\b', ' ',delete_email)
    delete_non_word = re.sub(r'\b[\W]+\b', ' ', delete_number)
    cleaning_result = ' '.join(delete_non_word.split())
    return cleaning_result

news_df.loc[:, 'News'] = news_df['News'].apply(data_cleansing)
news_df.head()
```

Out [8]:

	News	Target
0	From Mamatha Devineni Ratnam Subject Pens fans...	rec.sport.hockey
1	From Matthew B Lawson Subject Which high perfo...	comp.sys.ibm.pc.hardware
2	From hilmi Hilmi Eren Subject Re ARMENIA SAYS ...	talk.politics.mideast
3	From Guy Dawson Subject Re IDE vs SCSI DMA and...	comp.sys.ibm.pc.hardware
4	From Alexander Samuel McDiarmid Subject driver...	comp.sys.mac.hardware

5 벡터화하기

다음 단계는 텍스트 데이터를 벡터화하는 작업이다. 앞서 살펴보았듯이 벡터화는 BoW(Bag of Words)에 해당하는 CountVectorizer를 사용한다. 이외에도 벡터화를 위한 기법에 대해 알아본다.

첫 번째로 여러 문서에서 많이 나오는 단어들의 중요도를 줄이는 tfidf라는 기법이 있다. tfidf

는 'term frequency and inverse document frequency'의 약자로, 전체 문서에서 많이 나오는 단어의 중요도는 줄이고 해당 문서에만 많이 나오는 단어의 중요도를 올리는 기법이다. 우선 다음 개념을 알아두자.

- **TF(Term Frequency)** : 문서에서 해당 단어가 얼마나 나왔는지 나타내주는 빈도 수
- **DF(Document Frequency)** : 해당 단어가 있는 문서의 수
- **IDF(Inverse Document Frequency)** : 해당 단어가 있는 문서의 수가 높아질수록 가중치를 축소하기 위해 역수를 취하는 것

$$\log(N \div (1 + DF))$$

이 수식을 정리하면 다음과 같다.

$$w_{i,j} = tf_{i,j} \times \log\left(\frac{N}{df_i}\right)$$

이 수식에서 w는 단어를 의미하며 i는 단어의 인덱스, j는 문서의 인덱스이다. 또한 $tf_{i,j}$는 TF(Term Frequency)로 j 문서에 i번째 단어가 존재하는 횟수를 표현하며, N은 전체 문서의 개수, df_i는 i번째 단어가 있는 문서의 개수이다. 만약 여러 문서에서 단어가 많이 나오면 이 수식에서 $\log\left(\frac{N}{df_i}\right)$의 값이 작아지면서 중요도를 떨어뜨리는 방법이다. 기본적으로 사이킷런에서는 `TfidfVectorizer`라는 클래스를 사용한다.

두 번째로 벡터화를 이해하기 위해서는 토큰(token)의 개념을 이해해야 한다. 토큰(token)은 인덱스를 지정해야 하는 단어들의 리스트를 정리하는 기법을 말한다. 영어의 경우 분할(split)을 하여 띄어쓰기를 기준으로 자를 수 있다. 하지만 한글의 경우에는 '아버지가 방에 들어가신다.'라는 문장에서 '아버지', '가', '방', '에' 등 띄어쓰기 기준이 아닌 의미나 역할이 다른 단어들을 기준으로 분리할 필요가 있다. 이러한 기법을 어간 추출(stemming)이라고 하는데, 특히 문법적 기준을 기반으로 어근이나 어미를 토큰으로 사용할 때 많이 활용한다.

다음 코드는 어간 추출을 사용하여 토큰을 구하는 코드이다. `nltk`는 이러한 문법적 분리를 지원하는 도구이다. 이 소스에서는 `'looking looks looked'`라는 3개의 단어에 대해 어간 추출을 하였다. 다음과 같이 모두 `'look'`으로 변환된 것을 알 수 있다.

```
In [9]:   !pip install nltk
```

```
Out [9]:  Requirement already satisfied: nltk in c:\miniconda3\envs\ml\lib\site-packages (3.6.3)
          Requirement already satisfied: click in c:\miniconda3\envs\ml\lib\site-packages (from nltk) (8.0.1)
          Requirement already satisfied: regex in c:\miniconda3\envs\ml\lib\site-packages (from nltk) (2021.8.28)
          Requirement already satisfied: joblib in c:\miniconda3\envs\ml\lib\site-packages (from nltk) (1.0.1)
          Requirement already satisfied: tqdm in c:\miniconda3\envs\ml\lib\site-packages (from nltk) (4.62.3)
          Requirement already satisfied: colorama in c:\miniconda3\envs\ml\lib\site-packages (from click->nltk) (0.4.4)
```

```
In [10]:  from nltk import stem
          stmmer = stem.SnowballStemmer("english")
          sentence = 'looking looks looked'
          [stmmer.stem(word) for word in sentence.split()]
```

```
Out [10]: ['look', 'look', 'look']
```

```
In [11]:  stmmer.stem("images"), stmmer.stem("imaging"), stmmer.stem("imagination")
```

```
Out [11]: ('imag', 'imag', 'imagin')
```

어간 추출을 하면 단어들의 전체 개수가 줄면서 벡터의 크기도 작아져 연산량을 줄일 수 있다. 하지만 일반적으로 어간 추출 이전 단어들이 저마다 단어의 의미를 가지고 있기 때문에 이전 단어의 의미를 구분하여 분류하고 싶다면 하지 않는 것이 좋다. 다음 코드와 같이 어간 추출이 가능한 벡터화 클래스를 만들어주기 위해서는 기존 CountVectorizer, TfidfVectorizer를 기반으로 새로운 클래스를 생성시킨다.

```
In [12]:  from sklearn.feature_extraction.text import CountVectorizer
          import  nltk

          enlish_stemmer = nltk.stem.SnowballStemmer("english")
          class StemmedCountVectorizer(CountVectorizer):
              def build_analyzer(self):
```

```
        analyzer = super(StemmedCountVectorizer,self).build_analyzer()
        return lambda doc: (enlish_stemmer.stem(w) for w in analyzer(doc))

from sklearn.feature_extraction.text import TfidfVectorizer

enlish_stemmer = nltk.stem.SnowballStemmer("english")
class StemmedTfidfVectorizer(TfidfVectorizer):
    def build_analyzer(self):
        analyzer = super(StemmedTfidfVectorizer,self).build_analyzer()
        return lambda doc: (enlish_stemmer.stem(w) for w in analyzer(doc))
```

6 모델링하기

이제 데이터 전처리를 위한 준비는 끝났기 때문에 본격적으로 파이프라인을 구성하여 데이터를 처리한다. 사이킷런에서는 대부분의 클래스들이 fit과 transform으로 구성되어 있다. 그래서 fit과 transform의 연결로 여러 단계, 즉 데이터 전처리, 벡터화, 모델 생성 등을 차례대로 사용할 수 있다.

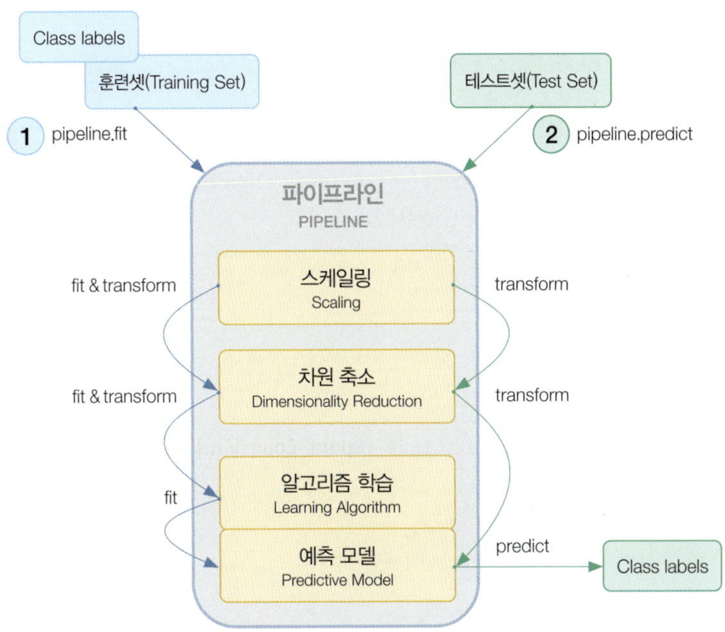

그림 11-8 파이프라인을 구성하여 데이터 처리

이제 파이프라인을 적용하기 위해 사용할 모든 알고리즘과 사용한 벡터화 종류를 리스트화한다. 다음 코드는 간단히 사용할 클래스들의 리스트를 정리한 코드이다. 이 코드는 vectorizer와 algorithms을 m×n이라는 경우의 수로 생성한다. 이렇게 경우의 수가 생성되면 나중에 학습 파이프라인에 넣어서 학습을 수행하게 된다.

In [13]:
```
from sklearn.naive_bayes import MultinomialNB, BernoulliNB,GaussianNB
from sklearn.linear_model import LogisticRegression
from sklearn.pipeline import Pipeline
from sklearn.pipeline import make_pipeline

vectorizer = [CountVectorizer(), TfidfVectorizer(),
StemmedCountVectorizer(), StemmedTfidfVectorizer()]
# algorithms = [BernoulliNB(), MultinomialNB(), GaussianNB(),
LogisticRegression()]
algorithms = [MultinomialNB(), LogisticRegression()]

pipelines  = []
```

itertools를 사용하면 다음 코드와 같이 모든 경우의 수를 생성할 수 있고, 경우의 수는 pipelines에 저장하여 후에 학습할 때 사용하게 된다.

In [14]:
```
import itertools
for case in list(itertools.product(vectorizer, algorithms)):
    pipelines.append(make_pipeline(*case))
```

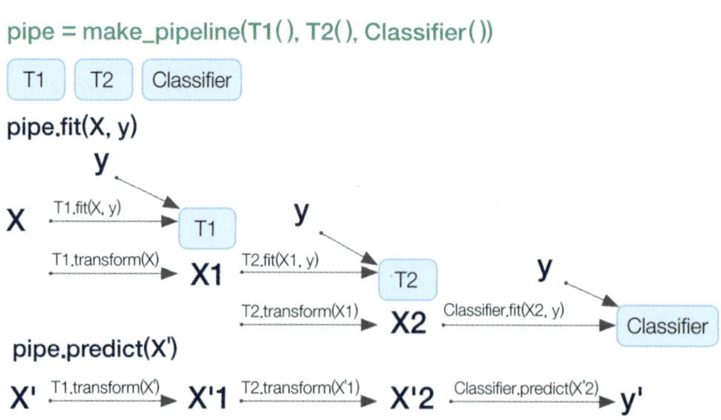

그림 11-9 파이프라인에 저장하여 학습하기

이제 다양한 알고리즘의 하이퍼 매개변수를 생성한다. 기본적으로 '{클래스의 이름_하이퍼 매개변수의 이름}'으로 구성되어 있다. 이를 생성하기 위해 다소 복잡하지만 각 모델의 클래스와 벡터화 클래스마다 하이퍼 매개변수를 설정한다.

In [15]:
```
ngrams_params = [(1,1),(1,3)]
stopword_params = ["english"]
lowercase_params = [True, False]
max_df_params = np.linspace(0.4, 0.6, num=6)
min_df_params = np.linspace(0.0, 0.0, num=1)

attributes = {"ngram_range":ngrams_params, "max_df":max_df_params,"min_
df":min_df_params,
            "lowercase":lowercase_params,"stop_words":stopword_params}
vectorizer_names = ["countvectorizer","tfidfvectorizer","stemmedcount
vectorizer","stemmedtfidfvectorizer"]
vectorizer_params_dict = {}

for vect_name in vectorizer_names:
    vectorizer_params_dict[vect_name] = {}
    for key, value in attributes.items():
        param_name = vect_name + "__" + key
        vectorizer_params_dict[vect_name][param_name] = value
```

In [16]:
```
algorithm_names = ["multinomialnb", "logisticregression"]

algorithm_params_dict = {}
alpha_params = np.linspace(1.0, 1.0, num=1)
for i in range(1):
    algorithm_params_dict[algorithm_names[i]] = {
        algorithm_names[i]+ "__alpha" : alpha_params
    }
c_params = [0.1, 5.0, 7.0, 10.0, 15.0, 20.0, 100.0]

algorithm_params_dict[algorithm_names[1]] = [{
    "logisticregression__multi_class" : ["multinomial"],
    "logisticregression__solver" : ["saga"],
    "logisticregression__penalty" : ["l1"],
```

```
    "logisticregression__C" : c_params
    },{
    "logisticregression__multi_class" : ["ovr"],
    "logisticregression__solver" : ['liblinear'],
    "logisticregression__penalty" : ["l2"],
    "logisticregression__C" : c_params
   }
    ]
```

이렇게 각 단계별로 하이퍼 매개변수를 생성하면 이를 파이프라인에 순서대로 입력한다. 다음 코드와 같이 itertools를 그대로 사용하면서 매개변수들의 리스트를 pipeline_params에 저장하여 앞에서 생성한 pipeline과 같은 순서가 되도록 하이퍼 매개변수를 만든다.

```
In [17]:  pipeline_params= []
          for case in list(itertools.product(vectorizer_names, algorithm_names)):
              vect_params = vectorizer_params_dict[case[0]].copy()
              algo_params = algorithm_params_dict[case[1]]

              if isinstance(algo_params, dict):
                  vect_params.update(algo_params)
                  pipeline_params.append(vect_params)
              else:
                  temp = []
                  for param in algo_params:
                      vect_params.update(param)
                      temp.append(vect_params)
                  pipeline_params.append(temp)
```

7 학습 수행하기

마지막으로 학습을 수행한다. 이미 파이프라인을 구성하였기 때문에 파이프라인의 순서대로 호출만 할 수 있다면 크게 무리 없이 학습이 가능하다. 먼저 X_data와 y_data를 다음 코드와 같이 정리한다.

```
In [18]:  from sklearn.preprocessing import LabelEncoder

          X_data = news_df.loc[:, 'News'].tolist()
          y_data = news_df['Target'].tolist()
          y = LabelEncoder().fit_transform(y_data)
```

다음으로 앞서 생성한 모델의 파이프라인과 하이퍼 매개변수 리스트를 enumerate로 호출한 후, GridSearchCV를 사용하여 성능을 측정한다. GridSearchCV는 하이퍼 매개변수를 사용하여 다양한 경우의 성능을 지정한 metrics를 기반으로 측정하고 출력한다. 다음 코드에서는 정확성에 해당하는 accuracy를 기준으로 하이퍼 매개변수들을 사용하여 모델들의 성능이 출력되는 것을 볼 수 있다. 다음 코드는 실행하는 데에 상당한 시간이 소요되므로 어떤 내용인지만 파악해도 된다.

```
In [19]:  from sklearn.model_selection import GridSearchCV
          from sklearn.metrics import classification_report, accuracy_score

          scoring = ['accuracy']
          estimator_results = []
          for i, (estimator, params) in enumerate(zip(pipelines,pipeline_params)):
              n_jobs = -1
              gs_estimator = GridSearchCV(
                      refit="accuracy", estimator=estimator,param_grid=params,
                      scoring=scoring, cv=5, verbose=1, n_jobs=n_jobs)
              print(gs_estimator)

              gs_estimator.fit(X_data, y)
              estimator_results.append(gs_estimator)
```

TIP 앞의 코드를 실행하면 다음과 같은 결과가 화면에 출력된다. 이 의미는 현재 4개의 하이퍼 매개변수 실험이 동시에 이루어지고 있다는 것을 의미하는데, 컴퓨터 CPU가 많으면 많을수록 좀 더 많은 학습을 수행할 수 있다.

```
[Parallel(n_jobs=-1)]: Using backend LokyBackend with 4 concurrent workers.
```

요약

01 확률의 표현

- 이산형 값 : 전체 표본공간에서 가능한 모든 결과 횟수 대비 해당 사건의 결과 횟수에 대한 비율을 표시한다.

$$P(X) = \frac{count(Event_x)}{count(Event_{allevent})}$$

- 연속형 값 : 해당 데이터를 적절히 표현하는 함수를 생성한 후 해당 함수의 적분 값을 취한다.

$$P(-\infty < x < \infty)\int_{-\infty}^{\infty} f(x)dx = 1$$

- 조건부 확률(conditional probability) : 어떤 사건이 일어난다고 가정했을 때 다른 사건이 일어날 확률을 의미한다.

$$P(A|B) = \frac{P(A \cap B)}{P(B)}$$

02 베이즈 정리(Bayes' theorem)

두 확률 변수의 사전확률과 사후확률 사이의 관계를 나타내는 정리이다. 베이즈 정리의 기본적인 전제는 객관적인 확률이 존재하지 않는다는 것이다.

$$P(H|D) = \frac{P(H)P(D|H)}{P(D)}$$

03 나이브 베이지안 분류기(Naive Bayesian Classifier)의 종류

- 베르누이 분류기(BernoulliNB) : 기본적으로 다루고자 하는 모든 데이터가 불린 피쳐(boolean feature)이다. 베르누이 분류기에 사용되는 데이터 타입은 이산형 데이터인데, 이러한 데이터를 모두 불린 타입으로 변경하여 학습한다.
- 다항 분류기(MultinomialNB) : 베르누이 분류기와 달리 각 피쳐들이 이산형이지만, 이진값이 아닌 여러 개의 값을 가질 수 있다. 이러한 경우 앞서 보았던 나이브 베이지안 식을 변형하여 사용한다.

- 가우시안 분류기(GaussianNB) : 연속형 값을 피쳐로 가진 데이터에 확률을 구하기 위해 y의 분포를 정규분포(gaussian)로 가정한다. 이에 따라 확률밀도 함수 상의 해당 값 x가 나올 확률로 나이브 베이지안(NB)을 구현하여 사용한다.

04 뉴스 분류기 모델 개발의 전략

① 데이터 준비 ② 데이터 전처리 ③ 벡터화하기

④ 학습 ⑤ 모델 결정

05 모델 개발의 추가 기법

- 벡터화하기(vectorizer) : `CountVectorizer`를 약간 변형한 `TF-idfVectorizer`를 생성하여 텍스트를 벡터화시키는 방법이다.
- 교차 검증(cross validation) : 성능을 측정할 때 훈련 데이터셋과 테스트 데이터셋으로 나누어 여러 번 측정하여 모델 성능의 평균치를 측정하는 기법이다.
- 파이프라인(pipeline) : 단순히 모델 개발에 그치지 않고 일종의 제품을 개발할 때 쓰는 기법으로, 데이터 전처리부터 성능 측정까지를 연결된 코드로 나타내는 것을 말한다. 파이프라인을 사용하면 입력(input)으로 일관된 출력(output)을 뽑을 수 있다는 장점이 있다.

연습문제

01 크기와 모양이 같은 공이 상자 A와 B에 들어있다. 상자 A에는 파란색 공 2개와 빨간색 공 2개가 있고, 상자 B에는 파란색 공 1개와 빨간색 공 2개가 있다. 만약 두 상자 중 하나에서 공을 꺼냈을 때, 파란색 공이 나왔다면 해당 상자가 B일 확률은 얼마인지 고르시오.

① $\frac{1}{5}$　② $\frac{2}{5}$　③ $\frac{3}{5}$　④ $\frac{4}{5}$

02 다음 통계치를 기반으로 학생이 도서관에 가지 않았을 때, 학사경고를 받을 확률은 얼마인가?

> – 모든 학생 중 1%가 학사경고를 받는다.
> – 학사경고를 받은 학생 중 90%가 도서관에 간 적이 없다.
> – 학사경고를 받지 않은 학생 중 8%가 도서관에 간 적이 없다.

① 0.1　② 0.5　③ 0.3　④ 0.2

03 데이터에서 일부 피쳐가 누락된 분류를 수행하려고 한다. 이때, 나이브 베이지안 분류기를 적용한다면 결측값에 대해 어떻게 처리할 수 있는지 고르시오.

① 결측값은 해당 피쳐의 모든 값의 평균을 가정한다.

② 결측값에 대해서 모두 무시한다.

③ 해당 피쳐를 삭제한다.

④ 결측값에 대해 사후확률 연산을 통해 최종 계산한다.

04 다음 베이즈 분류기에 대한 설명 중 옳은 것을 고르시오.

① 베이즈 분류기는 베이즈 정리를 기반으로 작동한다.

② 베이즈 분류기는 비지도 학습 알고리즘이다.

③ 베이즈 분류기는 경사하강법을 적용한다.

④ 베이즈 분류기는 피쳐들이 독립적이라고 가정한다.

05 **나이브 베이지안 분류기에 대한 설명 중 틀린 것을 고르시오.**

① 나이브 베이지안 분류기는 확률이 존재하지 않는 피쳐들이 존재할 수 있다.

② 나이브 베이지안 분류기를 정상적으로 작동하기 위해서는 일반적으로 스무딩 값인 k를 추가하여야 한다.

③ 나이브 베이지안 분류기를 구현한 알고리즘에서는 일반적으로 테스트셋(test set)의 피쳐 값이 훈련셋(train set)에 없으면 사후 확률은 0으로 처리한다.

④ 나이브 베이지안 분류기에서 log 연산을 하는 이유는 확률값이 0으로 수렴하는 것을 막기 위해서이다.

06 **여러 종류의 나이브 베이지안 분류기에 대한 설명 중 옳은 것을 고르시오.**

① 베르누이 분류기(BernoulliNB)는 예측하려는 이진(binary) 형태로 구성된다.

② 다항 나이브 베이지안 분류기(MultinomialNB)는 피쳐가 0 이상의 정수를 다룰 수 있다.

③ 가우시안 나이브 베이지안 분류기(GaussianNB)는 피쳐가 연속형 변수를 다룬다.

④ 가우시안 나이브 베이지안 분류기(GaussianNB)는 예측치가 연속형 변수의 회귀로 적용할 수 있다.

07 **텍스트를 처리할 때 사용하는 `vectorizer` 클래스에 대해서 옳은 설명을 고르시오.**

① `CountVectorizer`는 텍스트 외에는 사용할 수 없다.

② `TfidfVectorizer`는 많이 나오는 피쳐에 대해서 가중치를 부여한다.

③ `stmmer`를 사용하게 되면 자신이 원하는 불용어(stopword)를 제거할 수 있다.

④ `CountVectorizer`는 해당 피쳐가 존재하는 개수를 카운트한다.

08 다음 데이터셋에서 피쳐는 OUTLOOK, TEMPERATURE, HUMIDITY, WINDY이다. 데이터에서 예측 대상 변수 이름은 PLAY GOLF이다. 이때, ["Sunny", "Hot", "High", "True"]와 같은 새로운 데이터 튜플이 나온다면 다음 데이터를 기반으로 나이브 베이지안 수식으로 PLAY GOLF가 나오는 확률은 얼마인지 고르시오.

	OUTLOOK	TEMPERATURE	HUMIDITY	WINDY	PLAY GOLF
0	Rainy	Hot	High	False	No
1	Rainy	Hot	High	True	No
2	Overcast	Hot	High	False	Yes
3	Sunny	Mild	High	False	Yes
4	Sunny	Cool	Normal	False	Yes
5	Sunny	Cool	Normal	True	No
6	Overcast	Cool	Normal	True	Yes
7	Rainy	Mild	High	False	No
8	Rainy	Cool	Normal	False	Yes
9	Sunny	Mild	Normal	False	Yes
10	Rainy	Mild	Normal	True	Yes
11	Overcast	Mild	High	True	Yes
12	Overcast	Hot	Normal	False	Yes
13	Sunny	Mild	High	True	No

① 0.0053 ② 0.0206 ③ 0.0082 ④ 0.0577

09 사이킷런의 pipeline 모듈에 대한 설명으로 옳지 않은 것을 고르시오.

① make_pipeline 모듈을 사용하여 파이프라인을 구성할 수 있다.

② 일반적으로 데이터 전처리, 데이터 모델, 결과 분석 등을 하나의 모델처럼 사용할 수 있다.

③ fit과 transform의 기본적인 함수로 각 단계들을 연결한다.

④ predict 함수를 사용한 후 다시 transform을 사용하면 결과 값을 변형하여 모델의 최종 성능을 보여줄 수 있다.

CHAPTER 12
의사결정트리

학습목표

- 의사결정트리와 엔트로피의 개념에 대해 이해한다.
- 정보이득에 대해 학습하고, ID3 알고리즘을 활용하여 의사결정트리를 나타낸다.
- C4.5 알고리즘과 지니 지수에 대해 알아본다.
- 트리 가지치기, 연속형 변수 나누기, 회귀 트리 등 의사결정트리 알고리즘의 다양한 변형에 대해 학습한다.
- 의사결정트리를 실제로 구현해본다.

01 의사결정트리의 이해

1 의사결정트리의 개념

이번에 새로 배울 알고리즘은 의사결정트리(decision tree)이다. **의사결정트리(decision tree)**는 어떤 규칙을 하나의 트리(tree) 형태로 표현한 후 이를 바탕으로 분류나 회귀 문제를 해결하는 것이다. 사실 여기서 많은 사람들이 '트리 형태로 규칙을 표현한다'는 의미에 대해 헷갈릴 수 있다. 기본적으로 규칙이라는 것은 [그림 12-1](a)와 같이 'if-else' 문으로 표현이 가능하다. 그리고 트리는 일종의 경로를 표현하는 것으로, if-else문과 연결지어 [그림 12-1](b)와 같이 표현할 수 있다. 트리 구조의 마지막 노드에는 분류 문제에서 클래스, 회귀 문제에서는 예측치가 들어간다.

```
if age > 30:
    return True
else:
    return False
```

(a) if-else문의 예

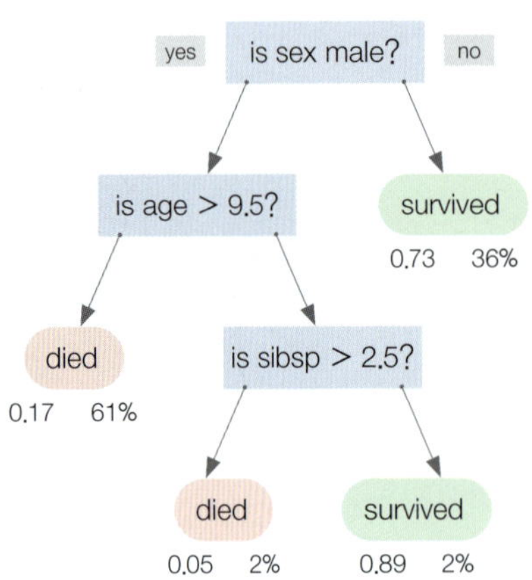

(b) if-else문의 경로 표현

그림 12-1 의사결정트리의 이해

가장 비슷한 형식으로 아키네이터(akinator)라는 스무고개 놀이를 예로 들 수 있다. 아키네이터는 꽤 오랜 전통을 가진 스무고개 게임으로 유명인사, 캐릭터, 동물 등을 맞추는 게임이다. 이 게임은 거대한 의사결정트리를 내부적으로 구현함으로써 사용자에게 질문을 주고 이 질문의 답을 기반으로 의사결정트리를 따라가면서 최종적으로 답을 찾아낸다. 의사결정트리를 이해하는 데 가장 좋은 예시 중 하나로 관심이 있다면 꼭 게임을 한 번 실행해보길 바란다.

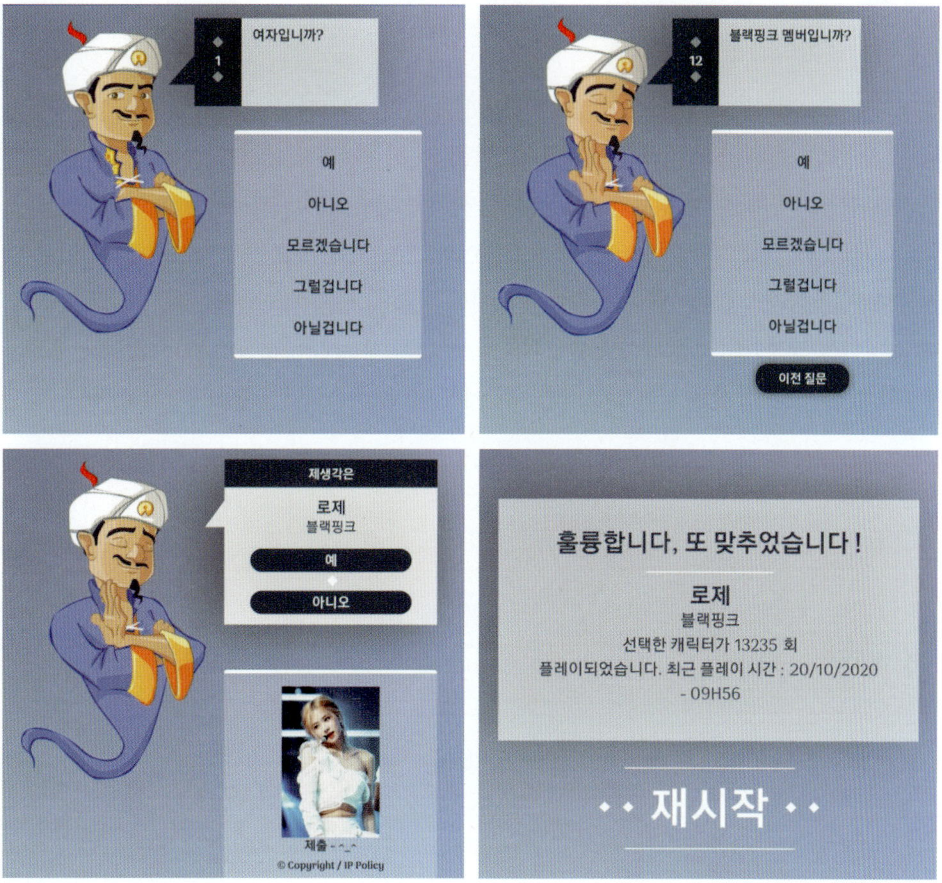

그림 12-2 아키네이터(akinator) 게임 © https://kr.akinator.com/

의사결정트리는 딥러닝 기반을 제외한 전통적인 통계 기반의 머신러닝 모델 중 그 효과와 실용성이 가장 좋은 모델 중 하나이다. 2010년 이후 딥러닝이 출현하고 2020년에 들어서면서 대규모 대형 모델들이 출현하면서 통계 기반 모델의 성능이 딥러닝 기반의 모델에 비해 경쟁

력이 떨어지는 일들이 나타나고 있다. 그러나 그중 의사결정트리 모델은 테이블형 데이터에 있어 설명력과 성능의 측면에서 딥러닝 모델들과 대등하게 경쟁하면서 여전히 실무에서 많이 사용되고 있다. 특히 다음 챕터에서 배울 앙상블(ensemble) 모델이나 부스팅(boosting) 같은 새로운 기법들은 모델들의 성능을 대폭 향상시키고 있기 때문에 반드시 배워야 하는 알고리즘 중 하나로 받아들여지고 있다.

2 의사결정트리 분류기

그렇다면 의사결정트리의 알고리즘은 무엇일까? 단순히 생각하면 [그림 12-3](a)의 데이터를 기반으로 [그림 12-3](b)의 의사결정트리를 만드는 것이다. 그렇다면 이러한 의사결정트리를 만들기 위해 어떤 정보가 필요할까? 가장 중요한 정보는 바로 의사결정트리의 노드(node)를 어떻게 구성할 것인가에 대한 결정이다. 앞서 언급하였듯이 의사결정트리에서 마지막 노드는 클래스(class)나 예측치를 기입하고 상위의 부모 노드들에는 if-else문의 조건에 해당하는 정보들이 기입된다. 이 조건들을 '분할 속성(splitting attributes)'이라 부르는데, 이 '분할 속성'을 찾는 것이 알고리즘 개발에 있어 가장 중요한 이슈이다.

Tid	Refund	Marital Status	Taxable Income	Cheat
1	Yes	Single	125K	No
2	No	Married	100K	No
3	No	Single	70K	No
4	Yes	Married	120K	No
5	No	Divorced	95K	Yes
6	No	Married	60K	No
7	Yes	Divorced	220K	No
8	No	Single	85K	Yes
9	No	Married	75K	No
10	No	Single	90K	Yes

(a) 훈련 데이터(training data)

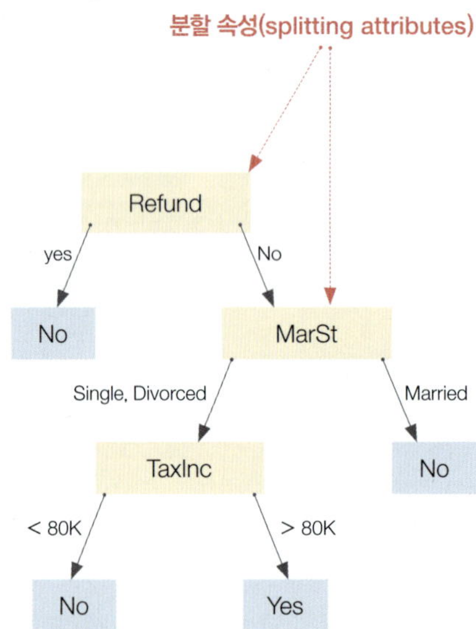

(b) 의사결정트리(decision tree)

그림 12-3 의사결정트리 만들기

'분할 속성'을 이해하기 위해서 '숫자 예측 게임을 할 때 과연 처음 물어보는 숫자가 무엇일까?'에 대한 답변을 생각해보는 것이 가장 좋은 예이다. 만약 1부터 100까지의 숫자 중 하나를 맞추는 '숫자 예측 게임'을 진행한다면 처음 물어보는 숫자는 얼마일까? 아마 대부분의 사람은 숫자 50이라고 생각할 것이다. 그 이유는 확률적인 선택을 할 때 확률을 가장 높이는 방법 중 하나가 바로 중간값인 50을 선택하는 것이기 때문이다. 즉, 숫자 50을 처음 물어보는 것처럼 의사결정트리에서도 이와 동일한 방법으로 어떤 분할 속성이 가장 모호성을 줄일 것인지 파악해야 한다. 즉, 어떤 분할 속성이 가장 많은 정보를 줄 것인지 고려하여 결정해야 한다. 또한 숫자 예측 게임처럼 첫 문제를 통해 분할 속성을 설정하고, 그 다음 남은 데이터, 즉 남은 숫자들 속에서 최적의 분할 속성을 찾아낸다. 이러한 방식을 '재귀적 지역 최적화 방법'이라고 부른다. 이에 대해서는 이후에 자세히 설명하도록 하겠다.

3 엔트로피의 이해

그렇다면 최적의 분할 속성을 찾기 위해 가장 먼저 해야 하는 것은 무엇일까? 어떤 분할 속성을 선택하였을 때 그 속성 값이 얼마가 되어야 가장 많은 정보를 제공할 수 있는 의사결정트리를 만들 수 있을까? 대부분의 알고리즘이 이러한 정보를 제공하는 기준 값을 정하고, 그 값을 최소화 또는 최대화하는 방향으로 실행된다. 의사결정트리에서도 동일하다. 현재의 정보 제공 상태를 측정하는 엔트로피(entropy)라는 개념을 통해 현재의 데이터 상태를 측정하는데, 각 분할 속성이 선택될 때 그 엔트로피 값이 어떻게 변화되는지를 측정하여 최종 분할 속성으로 선택하게 된다.

기본적으로 **엔트로피(entropy)**라는 개념은 어떤 목적 달성을 위한 경우의 수를 정량적으로 표현하는 수치이다. 예를 들어 A반 학생 10명을 소풍 장소로 이동시키기 원한다고 가정하자. 큰 버스 1대로 이동할 경우 경우의 수는 1개이지만, 자전거 10대로 이동한다면 10!(=3,628,800) 만큼의 경우의 수가 나타난다. 결론적으로 버스 1대보다 자전거 10대로 이동하는 경우가 훨씬 엔트로피가 크다고 할 수 있다. 엔트로피는 작을수록 경우의 수가 적음을 의미한다. 그와 동시에 낮은 엔트로피는 낮은 불확실성을, 높은 엔트로피는 높은 불확실성을 의미한다. 즉 엔트로피가 작다면 우리가 얻을 수 있는 정보가 많으면서도 확실하다고 할 수 있다.

엔트로피를 측정하는 다양한 방법이 있지만, 기본적으로 샤논(Shannon, Claude Elwood)이라는 공식을 사용한다.

$$h(D) = -\sum_{i=1}^{m} p_i \log_2(p_i) \qquad \text{where} \begin{cases} D & \text{Data set} \\ p_i & \text{Probability of label } i \end{cases}$$

이 공식을 해석하면 [그림 12-4]의 그래프와 같이 생각할 수 있다. 먼저 데이터 D가 존재하고 그 데이터에 대한 가설(hypothesis)을 위한 함수를 만들 것이다. 우리가 가진 모든 데이터의 클래스는 m개가 있고, 각 클래스가 될 확률을 p_i로 표현한다. 여기서 제일 중요한 수식은 $\log_2 p(i)$로, 해당 수식의 그래프는 [그림 12-4]와 같다.

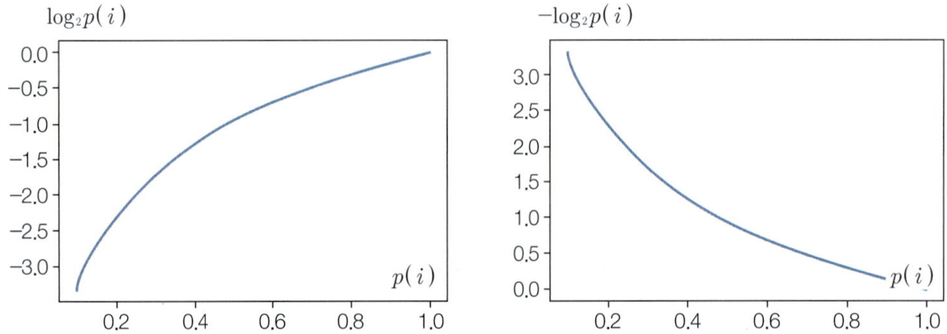

그림 12-4 샤논의 공식을 그래프로 표현

[그림 12-4] 왼쪽 그래프를 보면 $\log_2 p(i)$의 확률이 증가할수록 $p(i)$가 증가하고, 그 앞에 마이너스(−)가 붙으면 반대로 확률이 증가할수록 엔트로피는 0에 가까워진다. 간단히 해석하면 데이터가 어떤 하나의 클래스에 할당될 확률이 커질수록 전체 엔트로피가 줄어든다는 것이다.

4 엔트로피의 예시

실제 예시를 보면서 엔트로피를 해석해보겠다. 먼저 [표 12-1]과 같은 데이터가 있다고 가정하자. 데이터는 해당 사람의 나이, 소득, 학생 여부, 신용 등급 등을 고려하여 컴퓨터를 구매할지 구매하지 않을지에 대한 의사결정을 하는 데이터이다. 이 데이터에서 age(나이),

income(소득), student(학생 여부), credit_rating(신용 등급)은 데이터의 속성(attribute)이고, class_buys_computer는 해당 데이터의 클래스(class)이다.

표 12-1 예시 데이터

No	age	income	student	credit_rating	class_buys_computer
0	youth	high	no	fair	no
1	youth	high	no	excellent	no
2	middle_aged	high	no	fair	yes
3	senior	medium	no	fair	yes
4	senior	low	yes	fair	yes
5	senior	low	yes	excellent	no
6	middle_aged	low	yes	excellent	yes
7	youth	medium	no	fair	no
8	youth	low	yes	fair	yes
9	senior	medium	yes	fair	yes
10	youth	medium	yes	excellent	yes
11	middle_aged	medium	no	excellent	yes
12	middle_aged	high	yes	fair	yes
13	senior	medium	no	excellent	no

그렇다면 [표 12-1]에서 데이터의 엔트로피는 얼마나 될까? 먼저 다음 수식을 한 번 살펴보자. 결국 알아야 하는 것은 p_i 인데, 이는 맨 마지막 항목인 class_buys_computer에 관한 것이다. 즉, 컴퓨터를 구매할 확률 $\frac{9}{14}$와 구매하지 않을 확률 $\frac{5}{14}$를 수식에 적용시킨다. 실제 데이터를 적용하여 연산하면 다음과 같다.

$$h(D) = -\sum_{i=1}^{m} p_i \log_2(p_i)$$

$$h(d) = -\frac{9}{14}\log_2\frac{9}{14} + \left(-\frac{5}{14}\log_2\frac{5}{14}\right) = 0.940$$

최종 값인 `0.940`이 현재 데이터의 엔트로피라고 할 수 있다. 엔트로피는 상대적인 수치이고, 총합이 확률처럼 1로 수렴하지 않기 때문에 값 자체는 의미가 없다. 그러나 데이터의 선택에 따라 엔트로피는 달라질 것이고, 이때 엔트로피를 비교하여 어떤 데이터가 조금 더 명확한 정보를 주는지 추측할 수 있다.

02 의사결정트리 알고리즘

1 정보 이득

이번 절에서는 의사결정트리를 만들기 위해 알아야 할 개념들을 본격적으로 다룬다. 그중 첫 번째 개념은 정보 이득이다. **정보 이득(information gain)**은 엔트로피를 사용하여 속성별 분류 시 데이터가 얼마나 순수한지(impurity)를 측정하는 지표로, 각 속성을 기준으로 데이터를 분류했을 때 엔트로피를 측정하는 기법을 의미한다. 기본적으로 다음과 같이 각 속성별 정보 이득을 계산할 수 있다.

전체 엔트로피 ❶ - 속성별 엔트로피 ❷ = 속성별 정보 이득 ❸

❶ **전체 엔트로피** : 수식은 다음과 같다.

$$Info(D) = -\sum_{i=1}^{n} p_i \log_2(p_i)$$

❷ **속성별 엔트로피** : 다음 수식에서 A는 하나의 속성, j는 속성 안에 있는 각 클래스, v는 해당 속성의 전체 클래스, $|\ \ |$은 데이터의 개수, $Info(D_j)$는 해당 클래스를 가진 데이터만을 모아서 만든 엔트로피를 의미한다.

$$Info_A(D) = -\sum_{j=1}^{v} \frac{|D_j|}{|D|} \times Info(D_j)$$

간단히 설명하면 속성 A로 데이터를 분류했을 때 속성 A가 가진 모든 클래스의 각 엔트로피를 계산한 후, 데이터의 개수만큼 가중치를 주는 것이다. 이 부분에 대해서는 이후에 예시와 함께 다시 설명하겠다.

❸ **속성별 정보 이득** : 전체 엔트로피를 속성별 엔트로피로 빼면 속성 A의 정보 이득을 구할 수 있다. 정보 이득이 크면 클수록 A를 기준으로 데이터를 분류했을 때 얻을 수 있는 정보량이 많다는 뜻이다. 또한 A를 기준으로 데이터를 나눌 때 엔트로피가 작다면 해당 속성을 기준으로 데이터를 나누기 좋다고 볼 수 있다.

$$Gain(A) = Info(D) - Info_A(D)$$

2 ID3 알고리즘을 활용한 의사결정트리의 성장

이번에는 실질적인 의사결정트리를 생성시키는 방법에 대해 알아본다. 일반적으로 의사결정트리를 생성하는 방법을 '성장(grow)'이라고 부른다. 이는 의사결정트리의 이름에서 따온 것으로 트리(나무)를 성장시키면 커지는 개념이다. 의사결정트리를 위한 알고리즘은 꽤 여러 가지가 있는데, 그중 'ID3' 알고리즘에 대해 배워보겠다.

ID3(Iterative Dichotomiser 3)는 반복적으로(iteratively) 데이터를 나누는(divides) 특징을 가지고 있으며, 통계학자 중 한 명인 로스 퀸란(Ross Quinlan)이 제안하였다. ID3 알고리즘은 기본적으로 톱다운(top-down) 방식으로 데이터를 나누면서, 해당 데이터를 나누는 시점에 탐욕적(greedy)으로 현재 상태에서 최적화를 추진하는 방법을 선택한다. 가장 기본적인 ID3 알고리즘은 다음과 같다.

```
if 데이터 집합에 있는 모든 항목이 같은 레벨임 :
  분류 항목 표시를 반환함(ex. buy_yes)
else :
  Find Best Split_branch_attribute(ex, attribute-age)
  해당 속성(attribute)을 기준으로 데이터셋 분할
  가지 노드(branch node) 생성
    for each branch
      branch_node.add(Recursive branch split)
  return branch node
```

ID3 알고리즘은 실제 데이터를 보면서 이해하면 도움이 된다. 먼저 [표 12-2]와 같은 데이터가 있다고 가정하자. 이 데이터에서 마지막 항목인 `class_buys_computer`가 y 값에 해당하며, 현재 `age`, `income`, `student`, `credit_rating` 등의 정보를 바탕으로 컴퓨터를 구매할지 구매하지 않을지를 예측하는 이진 문제이다. 먼저 다음 데이터를 ID3 알고리즘을 이용해 의사결정트리를 생성해보겠다.

표 12-2 예시 데이터

No	age	income	student	credit_rating	class_buys_computer
0	youth	high	no	fair	no
1	youth	high	no	excellent	no
2	middle_aged	high	no	fair	yes
3	senior	medium	no	fair	yes
4	senior	low	yes	fair	yes
5	senior	low	yes	excellent	no
6	middle_aged	low	yes	excellent	yes
7	youth	medium	no	fair	no
8	youth	low	yes	fair	yes
9	senior	medium	yes	fair	yes
10	youth	medium	yes	excellent	yes
11	middle_aged	medium	no	excellent	yes
12	middle_aged	high	yes	fair	yes
13	senior	medium	no	excellent	no

TIP [표 12-2]의 데이터는 [표 12-1]과 동일하다.

ID3 알고리즘을 통해 모든 데이터가 동일한 클래스인지 확인하겠다. 현재 전체 데이터를 대상으로 의사결정트리를 만들고 있기 때문에 모든 클래스가 동일하지 않다는 것은 쉽게 알 수 있다. 그렇다면 다음 단계로 최적으로 분류 기준이 되는 속성(attribute)을 선정하여야 한다. 이를 위해서는 다음과 같이 정보 이득을 기반으로 속성별 데이터 분류의 기준을 정해야 한다.

age	$Gain(age) = Info(D) - Info_{age}(D)$
credit	$Gain(credit) = Info(D) - Info_{credit}(D)$
income	$Gain(income) = Info(D) - Info_{income}(D)$
student	$Gain(student) = Info(D) - Info_{student}(D)$

2.1 age 기준의 정보 이득

age 속성을 기준으로 정보 이득을 구하기 이전에 먼저 전체 $Info(D)$를 계산해야 한다. $Info(D)$의 경우 모든 속성에 동일하기 때문에 뒤에 있는 각 속성별 값을 최소화하는 것이 중요하다.

$$Info(D) = -\sum_{i=1}^{n} p_i \log_2(p_i) = \left(-\frac{9}{14}\right)\log_2\frac{9}{14} + \left(-\frac{5}{14}\right)\log_2\frac{5}{14} = 0.940$$

다음으로 age 속성을 기준으로 정보 이득을 계산한다. 이를 위해서 다음과 같은 수식으로 시작하는데, 여기서 j는 age 속성의 클래스로 youth, middle_age, senior를 의미한다.

$$Info_{age}(D) = -\sum_{j=1}^{v}\frac{|D_j|}{|D|} \times Info(D_j)$$

그 다음, 각 j에 대한 정보 이득을 계산한다.

$$\begin{aligned} Info_{age}(D) = &\frac{5}{14}\times\left(-\frac{2}{5}\log_2\frac{2}{5} - \frac{3}{5}\log_2\frac{3}{5}\right) \\ &+\frac{4}{14}\times\left(-\frac{4}{4}\log_2\frac{4}{4}\right) \\ &+\frac{4}{14}\times\left(-\frac{3}{5}\log_2\frac{3}{5} - \frac{2}{5}\log_2\frac{2}{5}\right) \end{aligned}$$

각각의 계산 항목을 조금 자세히 들여다보면 먼저 우리가 가진 데이터는 전체 14개로 분모가 14임을 알 수 있고, 다음으로 youth에 대한 데이터는 5개가 있으므로 첫 번째 수식이 $\frac{5}{14}$가 나왔다. 다음으로 age가 youth인 경우 데이터 중 두 개가 class_buys_computer에

'yes'이며, 3개가 'no'임을 확인할 수 있다. 이를 반영한 수식이 $\left(-\frac{2}{5}\log_2\frac{2}{5}-\frac{3}{5}\log_2\frac{3}{5}\right)$이다. age가 middle_aged와 senior의 경우에 각각 데이터가 4개와 5개이다. 이를 정리하면 전체 age의 정보 이득은 0.6935로 확인할 수 있다. 최종적으로 age 속성의 경우 $Gain(age) = Info(D) - Info_{age}(D)$의 수식으로 연산하여 0.24674의 정보를 얻을 수 있다.

2.2 다른 속성들의 정보 이득과 가지 속성

같은 방법으로 다른 정보 이득도 구할 수 있다. 제일 먼저 전체에 대한 정보 이득을 구하면 0.940이고, 이를 기본으로 각 속성별로 정보 이득을 계산하면 다음과 같다.

age	$Gain(age) = Info(D) - Info_{age}(D) = 0.24674$
credit	$Gain(credit) = Info(D) - Info_{credit}(D) = 0.02922$
income	$Gain(income) = Info(D) - Info_{income}(D) = 0.15183$
student	$Gain(student) = Info(D) - Info_{student}(D) = 0.04812$

이 수식의 결과 가장 많은 정보를 주는 것이 바로 age 속성이다. ID3 알고리즘의 순서에 따라 가장 많은 정보를 주는 age 속성을 첫 번째 가지(branch) 속성이라고 한다. 먼저 age 속성을 기준으로 데이터를 나누면 다음과 같이 새로운 트리(tree)가 생성된다.

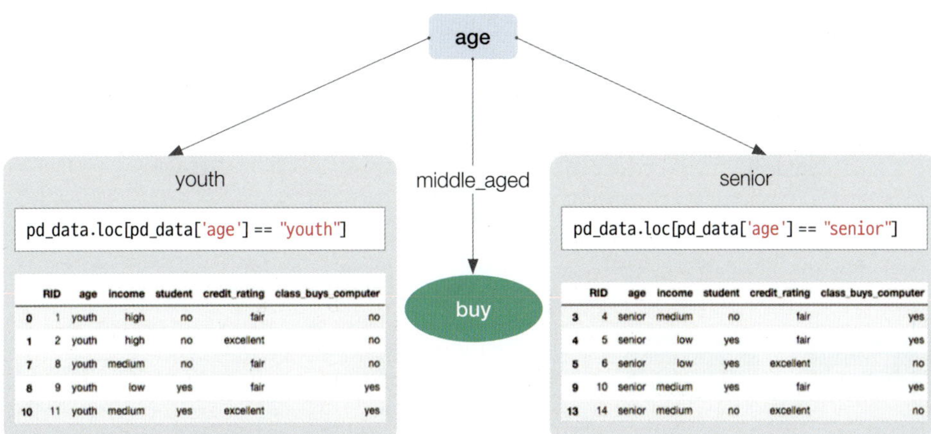

그림 12-5 age 속성을 기준으로 한 트리(tree) 생성

[그림 12-5]의 트리를 보면 먼저 youth와 senior의 경우 총 5개의 데이터가 있으며, 3:2의 비율로 컴퓨터 구매 여부가 나누어진다. 다음으로 middle_aged의 경우 모든 데이터가 컴퓨터를 구입한다는 데이터이므로 더 이상 데이터를 분류할 필요가 없다.

이제 알고리즘의 규칙에 따라 youth 데이터와 senior 데이터에 다음 수식들로 분류 기준이 되는 속성을 동일하게 설정한다. 당연히 age의 경우 이미 분류 기준이 되는 속성으로 선택되었기 때문에 age를 제외한 income, student, credit 속성에 한해서 정보 이득을 구해야 한다. 또한 age가 youth로 분류된 5개의 데이터에 한해서 앞의 알고리즘을 적용한다.

credit	$Gain(credit) = Info(D_{youth}) - Info_{credit}(D_{youth}) = -1.580$
income	$Gain(income) = Info(D_{youth}) - Info_{income}(D_{youth}) = -1.5270$
student	$Gain(student) = Info(D_{youth}) - Info_{student}(D_{youth}) = -1.2367$

이 결과를 기반으로 student를 기준으로 D_{youth}의 데이터를 분리했을 때 가장 많은 정보를 획득한다는 것을 알 수 있다. 이를 이용해서 다시 데이터를 분류하면 [그림 12-6]과 같이 분류할 수 있다.

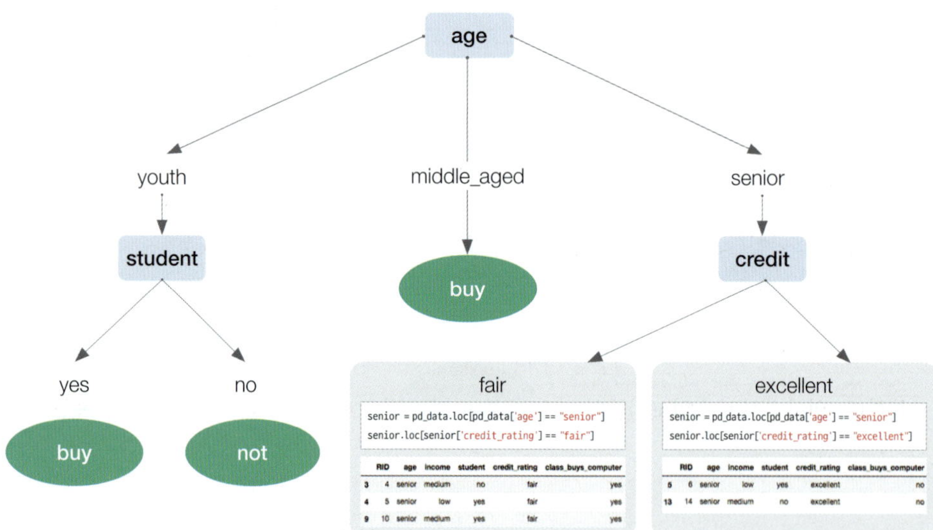

그림 12-6 데이터 재분류

youth의 경우 student가 'yes'일 경우 모두 컴퓨터를 사게 되고, 'no'일 경우 모두 컴퓨터를 사지 않게 된다. 이 데이터에서 마지막 senior에 남은 데이터들도 직접 분류해보면 credit가 가장 분류하기 적합한 속성이라는 것을 알 수 있다. 직접 연산을 실시하여 확인해보자.

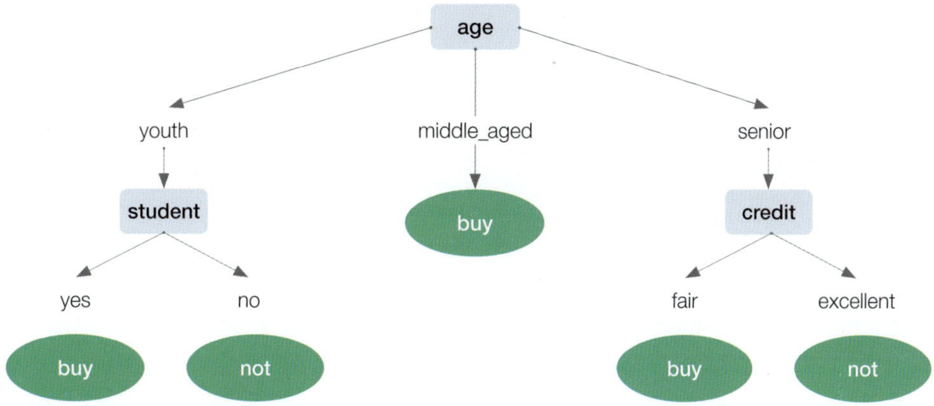

그림 12-7 의사결정트리 완성

3 의사결정트리 알고리즘의 특징

최종적으로 알고리즘 적용을 종료했다면 의사결정트리 알고리즘의 특징을 이해할 수 있다. 의사결정트리 알고리즘의 특징은 재귀적 작동, 속성 기준으로 가지치기 수행, 중요한 속성 정보 제공 등이 있다.

❶ **재귀적 작동** : 의사결정트리 알고리즘은 재귀적으로 작동한다. 이는 의사결정트리 알고리즘에서 가장 중요한 특징으로 가지(branch)가 되는 속성을 선택한 후 해당 가지로 데이터를 나누면, 이전에 적용되었던 알고리즘이 남은 데이터에 적용된다. 이를 우리는 재귀적으로 적용된다는 표현을 쓰는데, 남은 데이터에서만 최적의 모델을 찾는 방법으로 알고리즘이 작동된다.

❷ **속성 기준으로 가지치기 수행** : 확실한 정보를 제공하는 속성을 기준으로 가지(branch)치기를 수행한다. 의사결정트리 알고리즘의 가장 기본이 되는 방식으로 가장 불확실성이 적은 속성을 기준으로 가지치기가 일어난다. ID3 알고리즘을 배우면서 정보 이론의 엔트로피를 기본으로 불확실성을 측정하였지만 알고리즘마다 이 불확실성을 측정하는 방법에는 차이가 있다.

❸ **중요한 속성 정보 제공** : 알고리즘을 통해 중요한 속성에 대한 정보를 제공한다. 가장 먼저 분리가 되는 속성이 가장 많은 정보를 가지고 있는 속성이다. 이로 인해 처음 분리 대상이 되는 속성이

가장 중요한 속성이다. 이것을 '해석 가능한 머신러닝'이라고 부르며 의사결정트리가 가진 가장 큰 장점 중 하나라고 할 수 있다.

TIP 앞으로 우리는 추가적인 의사결정트리 알고리즘을 학습하게 된다. ID3 알고리즘을 발전시킨 버전인 C4.5 알고리즘과 4명의 통계학자가 제안한 CART 알고리즘이다. 또한 이후에는 연속형 변수에 대해 처리하는 회귀트리(regression tree)에 대해서도 논의할 예정이다.

하나 더 알기 의사결정트리의 장점

의사결정트리에는 다음과 같은 3가지의 장점이 있다.

❶ **불필요한 속성 값에 대한 스케일링 :** 앞서 일부 알고리즘에서 알고리즘의 성능 향상을 위해 해당 값을 스케일링하는 전처리 작업을 한 적이 있다. 그러나 의사결정트리는 이러한 전처리 단계 없이 바로 사용할 수 있다는 장점이 있다.

❷ **강건(robust)한 이상치(outlier) :** 첫 번째 장점과도 관련된 것으로 관측치의 절대값이 아닌 순서가 중요하기 때문에 필요 이상으로 엄청 큰 값이나 작은 값에 대해서도 분류 성능이 크게 떨어지지 않는다.

❸ **자동적인 변수 선택 :** 알고리즘 자체가 중요한 속성 정보를 제공하는 것과 동일한 관점으로 알고리즘에 의해 중요한 변수들이 우선적으로 선택되어 조금 더 손쉽게 중요한 속성을 확인할 수 있다. 의사결정트리 계열의 알고리즘이 가지고 있는 가장 큰 장점 중 하나이다.

03 의사결정트리의 확장

1 정보 이득의 문제점

2절에서 배운 ID3 알고리즘의 정보 이득(information gain) 개념을 모든 데이터에 사용하기에는 문제점이 있다. 대표적으로 수식의 특성상 속성의 값이 다양할수록 선택의 확률이 높아지는 문제가 발생한다. 다음 수식을 보면 좀 더 자세히 이해할 수 있다.

$$Info_A(D) = -\sum_{j=1}^{v} \frac{|D_j|}{|D|} \times Info(D_j)$$

이 수식은 하나의 속성 A에 대한 정보 이득으로 정의할 수 있다. 여기서 $\frac{|D_j|}{|D|}$는 전체 데이터 개수 대비 특정 속성 데이터의 비율을 표현한 수식이다. 그렇다면 데이터가 매우 많고 또 그만큼 속성이 다양하다면 $\frac{|D_j|}{|D|}$의 값이 작아질 수밖에 없다. 예를 들면 데이터가 100개이고 속성이 100개이면, $\frac{1}{100}$로 모든 값을 다 곱해주게 된다. 그럴 경우 해당 속성의 엔트로피가 낮아져 해당 속성을 선택했을 때 가장 높은 정보 이득을 얻을 수 있다. 즉 정보 이득을 가장 높게 만들기 위해서는 단순히 속성 안에 있는 값의 종류만 늘려도 된다. 이를 극복하기 위한 방법들에 대한 다양한 고민들이 이후 알고리즘에 등장하기 시작한다.

2 C4.5 알고리즘

기존 ID3 알고리즘의 한계를 고려하여 로스 퀸란(Ross Quinlan)은 ID3 알고리즘의 발전형인 C4.5를 제안하였다. C4.5의 가장 핵심적인 아이디어는 정보 이득을 측정하는 방식을 좀 더 평준화시켜 단순한 정보 값을 대신 사용한다. 그리고 기존 정보 이득에 다음과 같이 평준화를 시켜주는 `SplitInfo` 함수를 분모에 추가시켜 준다.

$$GainRatio(A) = \frac{Gain(A)}{SplitInfo_A(D)} = \frac{Info(D) - Info_a(D)}{SplitInfo_A(D)}$$

SplitInfo 함수는 기존 정보 이득과 유사하지만 다음과 같이 $\log_2 \frac{|D_j|}{|D|}$ 수식을 추가한다.

$$SplitInfo_A(D) = -\sum_{j=1}^{v} \frac{|D_j|}{|D|} \times \left(\log_2 \frac{|D_j|}{|D|}\right)$$

이 수식에서 j는 데이터 클래스의 종류를 의미한다. 즉 A라는 속성에 v개의 속성이 있고 $\frac{|D_j|}{|D|}$는 데이터의 개수에 해당 속성의 개수만큼 비율을 표시한다. 추가로 이 비율에 그대로 $-\log_2$ 함수를 적용한다. $-\log_2$는 확률이 1에 가까워질수록 값이 작아지고 확률이 0에 가까워질수록 값이 커진다. 즉 $\frac{|D_j|}{|D|}$는 클래스가 많을수록 값이 작아지고, $-\log_2 \frac{|D_j|}{|D|}$는 클래스가 많을수록 값이 커지는 구조이다. 단순히 작아지지 않고 log 수식에 의해 정규화되는 역할을 한다. 마지막으로 이 값이 최종 분모 값에 들어가면서 어느 정도 클래스 불균형에 의해 생기는 불합리한 속성 분류를 보정하는 역할을 해준다.

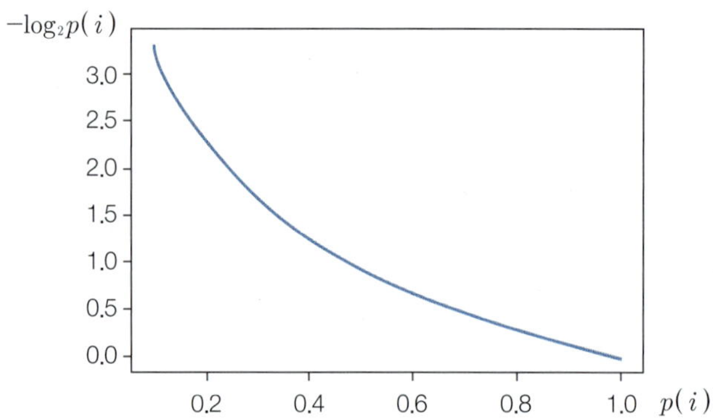

그림 12-8 C4.5 알고리즘

TIP C4.5 알고리즘은 매우 쉬운 알고리즘이지만 일반적으로 머신러닝에서 많이 쓰는 트릭 중에 하나이다. 값을 평준화시키기 위해 적용하는 방식 중 하나이기 때문에 C4.5 알고리즘과 상관없이 방식에 대한 이해는 필요하다.

3 지니 지수

다음으로 CART에서 제안한 지니 지수(gini index)에 대해 알아본다. CART는 4명의 통계학자가 작성한 『Classification And Regression Trees』라는 책을 줄여서 부르는 것이다. CART에서 다양한 트리(tree) 관련 알고리즘을 제안했는데, 사실상 현재 우리가 사용하는 많은 의사결정트리 기반 알고리즘의 기본이 되는 방식을 제안하였다. 앞서 배웠던 ID3나 C4.5

보다 지니 지수 기반의 트리 생성 기법이 더 대중적으로 사용되니 반드시 이해할 필요가 있다.

지니 지수는 사실 경제학에서 소득의 불평등도를 측정할 때 사용하는 지표이다. 이를 의사결정트리에서 각 속성의 불순도를 측정하는 방법으로 사용한다. 이는 엔트로피를 사용하여 불확실성을 측정한 방법과 유사한 방법이라고 할 수 있다. 지니 지수는 다음과 같이 매우 간단한 수식으로 나타낸다.

$$Gini(D) = 1 - \sum_{i=1}^{m} p_i^2 = 1 - \sum_{i=1}^{m} \frac{|C_{i,D}|}{|D|} \text{ where } C_i \text{ is a class}$$

기본적으로 지니 지수로 작성된 그래프는 엔트로피로 작성된 그래프와 사실상 동일하다. [그림 12-9]의 그래프에서 보듯이 지니 지수와 엔트로피 모두 확률이 0.5일 때 데이터의 불확실성이 최대화되어 있고, 한쪽으로 치우쳐져 있을 때 양 극단에서 0의 불확실성이 발생한다.

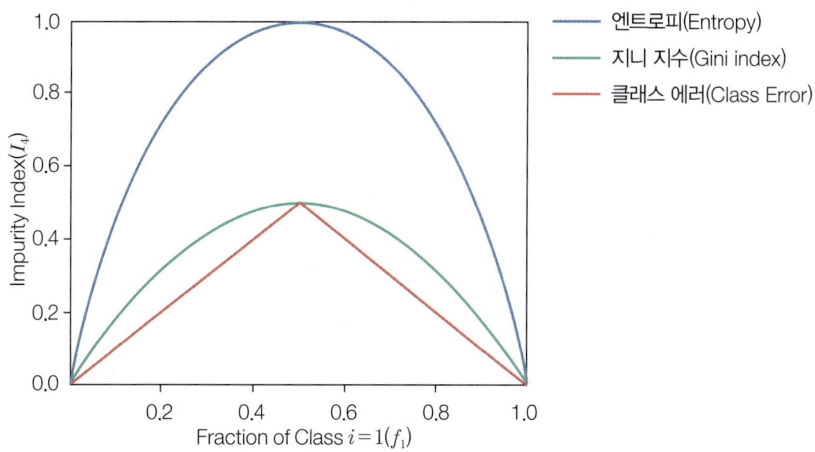

그림 12-9 지니 지수로 작성된 그래프

3.1 이진 분할

CART 알고리즘의 핵심은 불확실성을 측정하는 기준 값이 엔트로피에서 지니 지수로 바뀐 것이지만, 구현 측면에서 가장 큰 차이점은 이진 분할을 실시한다는 것이다. 이진 분할(binary split)이란 데이터를 1개의 속성과 나머지로 분류하는 것을 의미한다. [그림 12-10]과 같이 '결혼 상태(martial status)'에 대해서 3가지 클래스가 있다고 가정했을 때 총 3개의 경우의 수로 트리를 생성할 수 있다. 일반적으로 k가 속성 내에 있는 데이터의 개수일 때, $2^{k-1}-1$개 만큼의 분할이 생성된다. 즉 다음의 경우 $2^{3-1}-1$로 3개의 분할이 가능하다.

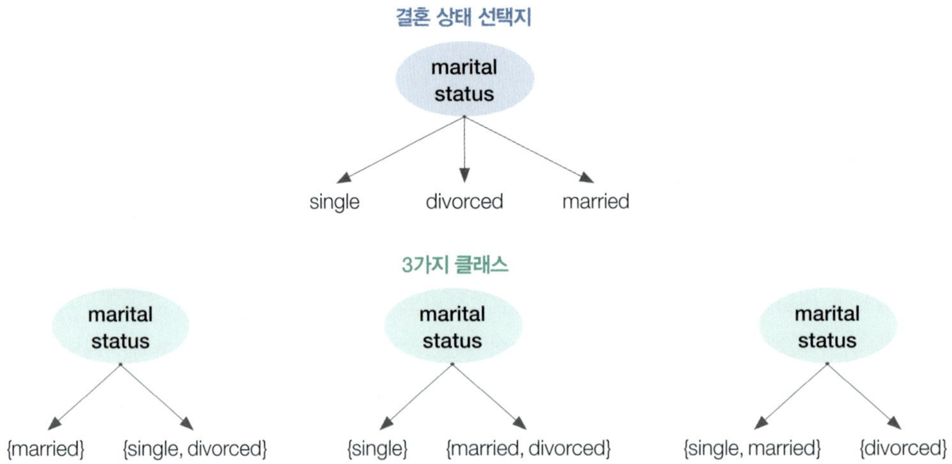

그림 12-10 결혼 상태(martial status)의 3가지 클래스

각 속성별 지니 지수 정보는 다음과 같은 수식에 의해 최종 계산된다.

$$Gini_A(D) = \frac{|D_1|}{|D|}Gini(D_1) + \frac{|D_2|}{|D|}Gini(D_2)$$

3.2 실제 데이터에 지니 지수를 적용하여 의사결정트리 만들기

이번에는 1절에서 살펴보았던 데이터를 사용하여 의사결정트리를 생성해보겠다. 해당 데이터는 [표 12-3]과 같다.

표 12-3 예시 데이터

No	age	income	student	credit_rating	class_buys_computer
0	youth	high	no	fair	no
1	youth	high	no	excellent	no
2	middle_aged	high	no	fair	yes
3	senior	medium	no	fair	yes

4	senior	low	yes	fair	yes
5	senior	low	yes	excellent	no
6	middle_aged	low	yes	excellent	yes
7	youth	medium	no	fair	no
8	youth	low	yes	fair	yes
9	senior	medium	yes	fair	yes
10	youth	medium	yes	excellent	yes
11	middle_aged	medium	no	excellent	yes
12	middle_aged	high	yes	fair	yes
13	senior	medium	no	excellent	no

TIP [표 12-3]의 데이터는 [표 12-1]과 동일하다.

먼저 CART 알고리즘을 적용하기 위해 다음 4가지 속성에 대한 지니 지수를 계산해야 한다. `age`, `credit`, `income`, `student`의 4가지 속성들을 다음과 같이 정의한다.

$$Gini_{age}(D) \qquad Gini_{credit}(D) \qquad Gini_{income}(D) \qquad Gini_{student}(D)$$

먼저 `age`가 가지고 있는 속성을 정의하면 다음과 같다.

$$age \in \{\texttt{youth, middle\_aged, senior}\}$$

이와 같이 `age` 속성에 3가지 클래스가 존재하기 때문에 다음과 같이 3가지 종류의 이진 분할 경우의 수로 나눌 수 있다.

$$age\_1 \in \{youth\} = \{middle\_aged, senior\}$$
$$age\_2 \in \{middle\_aged\} = \{youth, senior\}$$
$$age\_3 \in \{senior\} = \{youth, middle\_aged\}$$

이 3가지 경우의 수를 각각 연산해보겠다. 먼저 `age_1`의 연산은 다음 [표 12-4]와 [표 12-5]와 같이 `youth`의 경우와 나머지 경우를 고려하여 계산할 수 있다.

표 12-4 age가 youth인 경우 데이터

No	age	income	student	credit_rating	class_buys_computer
0	youth	high	no	fair	no
1	youth	high	no	excellent	no
7	youth	medium	no	fair	no
8	youth	low	yes	fair	yes
10	youth	medium	yes	excellent	yes

표 12-5 age가 youth가 아닌 경우 데이터

No	age	income	student	credit_rating	class_buys_computer
2	middle_aged	high	no	fair	yes
3	senior	medium	no	fair	yes
4	senior	low	yes	fair	yes
5	senior	low	yes	excellent	no
6	middle_aged	low	yes	excellent	yes
9	senior	medium	yes	fair	yes
11	middle_aged	medium	no	excellent	yes
12	middle_aged	high	yes	fair	yes
13	senior	medium	no	excellent	no

이 데이터를 기본으로 하여 수식으로 표현하면 다음과 같다. age_1, age_2, age_3의 세 가지 경우에 대해 각각 연산하면 0.393, 0.357, 0.457이 나오며, 이 중 가장 작은 값인 0.357이 age 속성의 지니 지수이다.

$$Gini_{age_1}(D) = \frac{5}{14}Gini(D_1) + \frac{9}{14}Gini(D_2) = 0.393$$

$$Gini(D_1) = 1 - \left(\frac{3}{5}\right)^2 - \left(\frac{2}{5}\right)^2$$

$$Gini(D_2) = 1 - \left(\frac{7}{9}\right)^2 - \left(\frac{2}{9}\right)^2$$

이런 식으로 속성 값의 지니 지수를 연산하면 다음과 같은 값이 나온다. 연산 자체는 어렵지 않으니 연산하는 수식을 직접 작성해보기 바란다.

$$Min(Gini_{age_i}) = 0.357$$
$$Min(Gini_{income_i}) = 0.443$$
$$Min(Gini_{credit}) = 0.429$$
$$Min(Gini_{student}) = 0.367$$

이후의 알고리즘 프로세스는 우리가 앞서 배웠던 ID3의 과정과 동일하다. 데이터를 분할하고 그 분할된 상태에서 같은 방식으로 지니 지수를 계산하고, 다시 분할이 일어난다. 단지 분할이 일어날 때 이진 분할이 일어나는 형식이라고 보면 된다. 물론 사이킷런에서 사용하는 의사결정트리 알고리즘은 기본적으로 이진 분할이 적용되어 C4.5나 CART 모두 동일한 방식으로 알고리즘이 진행된다.

04 의사결정트리 알고리즘의 다양한 변형

완성파일 | ch12_sec04.ipynb

앞에서 배운 알고리즘 외에도 성능면이나 데이터형(data type)을 처리하는 면에서 여러 가지 방법들이 존재한다. 예를 들어 성능의 향상을 위해 의사결정트리의 생성을 중간에 멈추는 트리 가지치기(tree pruning) 기법, 연속적인 데이터형을 예측하는 회귀 트리(regression tree) 기법, 연속형 데이터를 분할 속성으로 사용하는 기법 등이 그것이다. 이번 절에서는 이러한 다양한 알고리즘들을 어떻게 의사결정트리 알고리즘에 사용할 것인지에 대해 설명하겠다.

1 트리 가지치기

의사결정트리를 생성하다 보면 개발자가 직접 결정해야 하는 여러 가지 사항들이 발생한다. 예를 들면, 클래스의 마지막 노드인 잎 노드(leaf node)의 개수를 결정하는 문제가 있다. 만약 해당 클래스에 잎 노드의 개수가 1개라면, 트리의 분할이 발생하는 것이 맞는지 고민해야 한다. 만약 1개로 이루어진 잎 노드가 많을 경우 해당 의사결정트리는 과대적합되어 있는 상태라고 할 수 있다. 1개의 잎 노드가 아니라 n개의 잎 노드가 있다고 하더라도 해당 가지에 불확실성이 너무 높을 경우 의사결정트리의 성능에 문제를 줄 수 있다.

이러한 문제를 해결하기 위해 의사결정트리 알고리즘에서 가장 기본적으로 성능 향상을 하는 방법이 트리 가지치기이다. **트리 가지치기(tree pruning)**는 의사결정트리의 마지막 노드(node)의 개수를 지정하여 트리의 깊이를 조정하는 방법이다. 가장 쉬운 방법은 최종 노드가 가질 수 있는 개수를 조절하거나 트리의 깊이를 조정하는 방법이다. 이러한 트리 가지치기는 사전 가지치기(pre-pruning) 기법과 사후 가지치기(post-pruning) 기법으로 나눌 수 있다.

사전 가지치기(pre-pruning)는 처음 트리를 만들 때 애초에 트리의 깊이나 마지막 노드의 최소 개수 등을 사전에 결정하여 입력하는 방식이다. 이때 가장 어려운 것은 사전에 데이터 분석가가 하이퍼 매개변수(hyper parameter)로 모든 값을 입력해야 한다는 것이다. 사전 가지치기는 여러 번 계산 없이 분석가가 직접 값을 넣어서 성능을 측정하기 때문에 계산 효율이 좋고 작은 데이터셋에서도 쉽게 작동할 수 있다. 그러나 사용자가 직관에 의해 값을 입력하면 중요한 속성 값을 놓치거나 과소적합(under-fitting) 문제가 발생할 수 있다.

사후 가지치기(post-pruning)는 트리를 먼저 생성한 후 실험적으로 하이퍼 매개변수를 조정하는 방식이다. 사전 가지치기에 비해 데이터 분석가의 역량보다는 시스템적인 접근을 사용할 수 있다. 이 기법은 하나의 지표를 정해두고 실험적으로 다양한 하이퍼 매개변수를 조정하며 최적의 값을 찾는다. 예를 들면, '최종 노드의 개수'나 '트리의 깊이', 또는 '선택되는 속성의 개수' 등을 하이퍼 매개변수로 보고 이를 조정하며 성능을 조정한다. 성능을 측정하기 위해서는 먼저 전체 데이터를 훈련셋(train set), 검증셋(validation set), 테스트셋(test set)으로 분류하고, 훈련셋과 테스트셋을 사용하여 성능을 비교한다. [그림 12-11]과 같이 하이퍼 매개변수로 전체 노드의 개수를 정하고, 이를 조정해가면서 훈련셋(train set)과 테스트셋(test set)의 성능을 비교하는 것이다. [그림 12-11]의 그래프에서 보듯이 노드가 늘어날수록 훈련셋(train set)의 오차율은 계속 내려가지만, 테스트셋(test set)은 잠시 내려가다가 일정 수치 이하로는 내려가지 않는다. 이는 앞서 확인했던 선형 회귀 방식과 유사하게 실험적으로 하이퍼 매개변수를 조정하면서 [그림 12-11]과 같은 결과가 나오면 그것을 참고하여 최종적으로 하이퍼 매개변수에 적합한 값을 선정한다.

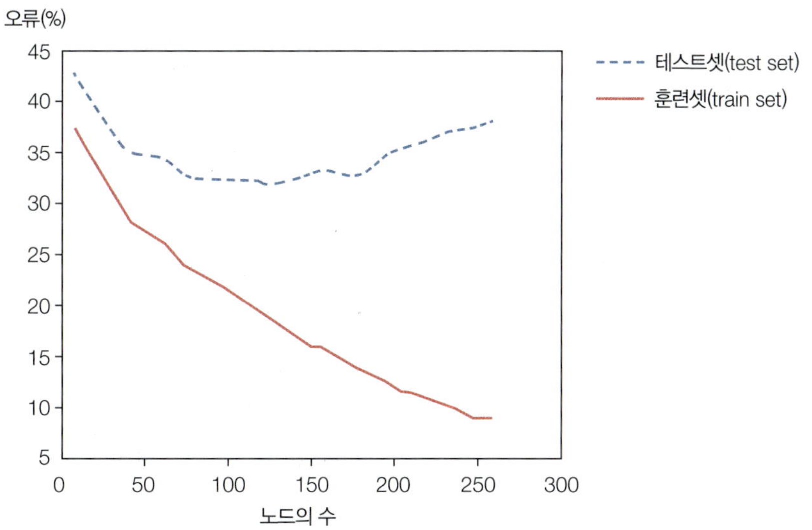

그림 12-11 사후 가지치기에서 훈련셋과 테스트셋의 성능 비교

2 연속형 변수 나누기

두 번째 이슈는 속성이 연속형 변수 형태로 되어 있는 경우 어떻게 나눌 것인가에 대한 것이다. [표 12-6]과 같은 데이터가 있다고 가정했을 때 ELEVATION이 바로 연속형 데이터로 나누어야 하는 대상이 되는 값이다.

표 12-6 샘플 데이터(vegeterianl_dataset.csv)

	ID	STREAM	SLOPE	ELEVATION	VEGETATION
0	1	False	steep	3900	chapparal
1	2	True	no	300	riparian
2	3	True	steep	1500	riparian
3	4	False	steep	1200	chapparal
4	5	False	flat	4450	conifer
5	6	True	steep	5000	conifer
6	7	True	steep	3000	chapparal

일반적으로 연속형 데이터를 나누는 기준은 3가지가 있다.

- 모든 데이터를 기준점으로 하여 데이터를 나눌 수 있다. 이렇게 데이터를 나누면 아무래도 너무 많은 기준점이 생겨 과대적합(over-fitting) 문제가 발생하거나 분류의 정확도가 떨어질 수 있다.
- 통계적 수치로 중위값이나 4분위수를 기준점으로 나눌 수도 있다. 25%씩 데이터를 나눠서 분류 기준을 변경하는 방법인데, 이 경우 과소적합(under-fitting) 문제가 발생하여 분류의 성능을 떨어뜨릴 수 있다.
- 가장 많이 쓰는 방법으로, Y 클래스의 값을 기준으로 해당 값이 변할 때를 기준점으로 삼아 분기할 수 있다. 이에 대한 알고리즘을 정리해보겠다. 다음과 같은 데이터가 있다고 가정한다.

In [1]:
```
import pandas as pd
import numpy as np

pd_data = pd.read_csv(
    'c:/source/ch12/vegeterianl_dataset.csv', delimiter=r"\s+")
pd_data.drop("ID",axis=1)
```

```
Out [1]:
```

	STREAM	SLOPE	ELEVATION	VEGETATION
0	False	steep	3900	chapparal
1	True	moderate	300	riparian
2	True	steep	1500	riparian
3	False	steep	1200	chapparal
4	False	flat	4450	conifer
5	True	steep	5000	conifer
6	True	steep	3000	chapparal

다음 코드와 같이 먼저 분류 대상이 되는 ELEVATION 속성의 데이터를 정렬시킨다. 데이터를 정렬시키고 나면, 300부터 5000까지의 값이 정렬된 것을 확인할 수 있다.

```
In [2]: pd_data.sort_values("ELEVATION")
```

```
Out [2]:
```

	ID	STREAM	SLOPE	ELEVATION	VEGETATION
1	2	True	moderate	300	riparian
3	4	False	steep	1200	chapparal
2	3	True	steep	1500	riparian
6	7	True	steep	3000	chapparal
0	1	False	steep	3900	chapparal
4	5	False	flat	4450	conifer
5	6	True	steep	5000	conifer

다음으로 [그림 12-12]의 데이터 중에 분류 대상이 되는 기준점들을 찾는다. 여기에서 VEGETATION이 Y 클래스인데 300, 1200, 1500, 3900에서 각각 Y 데이터의 라벨이 달라졌다는 것을 알 수 있다.

	ID	STREAM	SLOPE	ELEVATION	VEGETATION	
1	2	True	moderate	300	riparian	
						(1)
3	4	False	steep	1200	chapparal	
						(2)
2	3	True	steep	1500	riparian	
						(3)
6	7	True	steep	3000	chapparal	
0	1	False	steep	3900	chapparal	
						(4)
4	5	False	flat	4450	conifer	
5	6	True	steep	5000	conifer	

그림 12-12 pd_data.sort_values("ELEVATION")

데이터를 자르는 구간을 정했다면 구간별로 경계 평균값으로 데이터를 자르는 기준값을 정한다. [그림 12-13]과 같이 각 중간값으로 `750`, `1350`, `2250`, `4175`를 선정한다.

	ID	STREAM	SLOPE	ELEVATION	VEGETATION	
1	2	True	moderate	300	riparian	750
3	4	False	steep	1200	chapparal	1350
2	3	True	steep	1500	riparian	2250
6	7	True	steep	3000	chapparal	
0	1	False	steep	3900	chapparal	4175
4	5	False	flat	4450	conifer	
5	6	True	steep	5000	conifer	

그림 12-13 데이터를 자르는 기준값 선정

다음으로 고민할 것은 구간별 경계값을 기준으로 엔트로피(entropy)를 산출한다. 다음 수식처럼 앞의 4개의 기준점으로 각각의 정보 이득(information gain)을 구하는데, 가장 큰 값이 `ELEVATION`의 대표 정보 이득이 되어 다른 속성값들의 정보 이득과 비교하여 최종적으로 분기가 일어나는 속성으로 선택된다.

$$Gain(elev_{750}) = Info(D) - Info_{elev750}(D)$$
$$Gain(elev_{1350}) = Info(D) - Info_{elev1350}(D)$$
$$Gain(elev_{2250}) = Info(D) - Info_{elev2250}(D)$$
$$Gain(elev_{4175}) = Info(D) - Info_{elev4175}(D)$$

각 속성인 `STREAM`, `SLOPE` 정보 이득은 각각 0.3059, 0.5774이고, 4개의 `ELEVATION`의 기준값들인 750, 1350, 2250, 4175의 정보 이득은 0.3059, 0.1813, 0.5916, 0.8631이다. 4개 중 '4175'의 값이 가장 크므로 가장 먼저 `ELEVATION` 이 4175인 값을 기준으로 트리를 분기할 수 있다.

3 회귀 트리

Y 데이터의 값이 연속형일 때는 어떻게 의사결정트리를 생성할 수 있을까? 앞서 의사결정트

리가 연속형 속성을 가질 때 어떻게 값을 나누는지 확인하였다. 이번에는 Y 값이 연속형 변수일 경우 어떻게 트리를 만들 수 있는지에 대해서 설명하겠다. 간단히 회귀 트리(regression tree)라는 이름으로 부르고 있는데, CART 알고리즘의 원래 이름이 '분류와 회귀 트리(Classification And Regression Tree)'로 원래부터 많은 연구자들이 의사결정트리로 연속형 값을 예측하고자 하는 노력이 있었다.

하나 더 알기 연속형 속성 분기의 특징

연속형 값을 속성으로 사용할 때 명목 속성과는 달리 여러 번 재사용이 가능하다. 명목 속성은 다른 속성들과 비교하여 값이 한 번 사용되면 이미 분기가 일어난 곳에서는 다시 사용할 수 없다. 반면, 연속형 속성의 값은 경계값을 기준으로 여러 번의 분기를 할 수 있다. [그림 12-14]와 같이 처음에는 `ELEVATION 4175`의 값을 기준으로 분기를 했다면 동일하게 맨 마지막에는 2250의 값으로 분기를 할 수 있는 것이다.

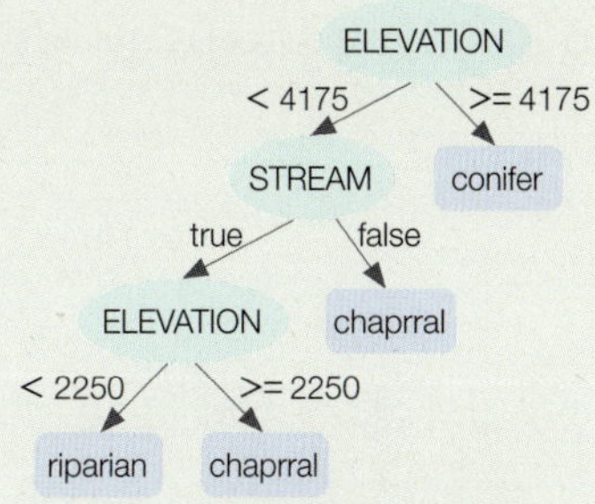

그림 12-14 연속형 속성 분기의 특징

기본적으로 의사결정트리로 회귀 트리를 생성하기 위해서는 크게 두 가지를 고민해야 한다. 첫 번째는 '분기를 선택하기 위한 측정 지표는 무엇으로 할 것인가'이고, 두 번째는 '결과 노드의 최종 값을 어떻게 선택할 것인가'이다. [그림 12-15]와 같이 값을 나누기 위해서는 해당 Y 값의 각 속성별 분산이 얼마나 작은지를 측정하게 되고, 최종 결과 노드에서는 결과 노드들의 Y 평균값으로 최종 예상치를 반환한다.

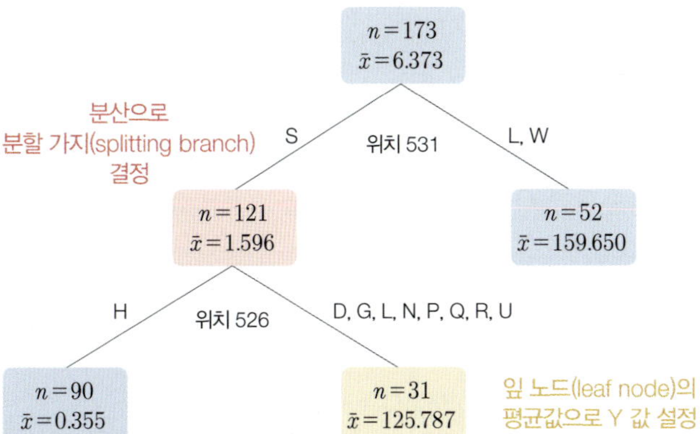

그림 12-15 연속형 속성 분기의 특징

기본적인 수식은 매우 간단한데, 먼저 분산 수식은 다음과 같다.

$$var(D) = \frac{\sum_{i=1}^{n}(y^{(i)} - \bar{y})^2}{n-1} \quad where\ \bar{y} = \frac{\sum_{i=1}^{n} y^{(i)}}{n}$$

그렇다면 속성별로 분산은 어떻게 구할까? 비교적 간단한데 기존 정보 이득처럼 해당 속성에서 각 클래스값들의 분산을 구하고 해당 클래스가 가진 데이터 개수의 비율만큼 곱하면 된다. 정보 이득과 사실상 동일하지만 엔트로피를 구하는 공식이 분산으로 변경되었다고 보면 된다.

$$\underset{attr \in data}{\text{argmax}} \sum_{l \in levels(attr)} \frac{|D_{attr=l}|}{|D|} \times var(D_{attr} = l)$$

연속형 값의 예측을 위해 [표 12-7]과 같은 데이터가 있다고 가정한다.

표 12-7 연속형 값 예측을 위한 데이터

	SEASON	WORK_DAY	RENTALS		SEASON	WORK_DAY	RENTALS
0	winter	False	800	6	summer	True	3000
1	winter	False	826	7	summer	True	5800
2	winter	True	900	8	autumn	False	6200
3	spring	False	2100	9	autumn	False	2910
4	spring	True	4740	10	autumn	True	2880
5	spring	True	4900	11	autumn	False	2820

여기서 SEASON과 WORK_DAY는 속성이고 RENTALS는 Y 값에 해당된다. 간단히 살펴보면 SEASON은 4개의 클래스, WORK_DAY는 2개의 클래스를 가진다. 이를 사용하여 앞서 본 공식으로 연산해보면 다음과 같다. 다음 연산식과 같이 SEASON이 WORK_DAY에 비해서는 분산이 낮으므로 해당 값으로 분기가 일어난다.

$$Var_{SEASON} = \frac{3}{12} * 618133 + \frac{3}{12} * 698033 + \frac{3}{12} * 910308 + \frac{3}{12} * 673 = 2227148$$

$$Var_{WORK\text{-}DAY} = \frac{6}{12} * 1974105 + \frac{6}{12} * 1593393 + \frac{3}{12} = 3567498$$

SEASON을 기준으로 4개의 분기가 일어난 결과이다. 앞에서도 말했듯이 오늘날 사용하는 일반적인 그래프는 [그림 12-16]과 같이 분기가 일어날 수 있다.

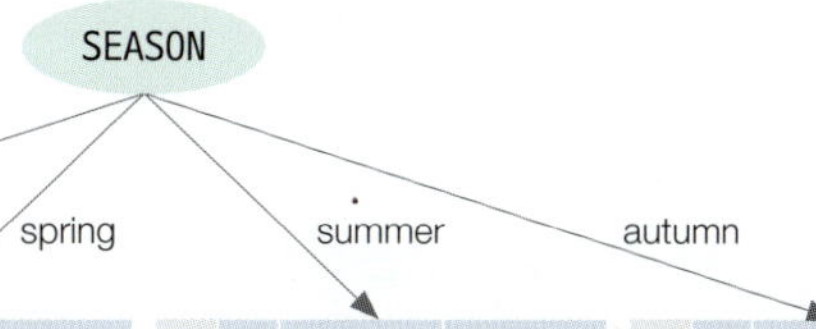

	ID	WORK DAY	RENTALS
D1	1	false	800
	2	false	826
	3	true	900

	ID	WORK DAY	RENTALS
D2	4	false	2,100
	5	true	4,740
	6	true	4,900

	ID	WORK DAY	RENTALS
D3	7	false	3,000
	8	true	5,800
	9	true	6,200

	ID	WORK DAY	RENTALS
D4	10	false	2,910
	11	false	2,880
	12	true	2,820

그림 12-16 SEASON을 기준으로 4개의 분기 발생

또한 각 분기별로는 WORK_DAY로 데이터를 나눌 수 있는데, 이렇게 나누어진 데이터는 평균값으로 최종 예측값이 반환된다. 예를 들면 summer를 기준으로 분기가 일어난 후 WORK_DAY가 True인 분기를 보면 RENTALS 값이 5,800과 6,200으로 이들의 평균값으로 6,000이 예측치로 반환되는 것을 알 수 있다.

예상과 달리 연속형 값의 의사결정트리 개발도 매우 쉽다. 사실 의사결정트리는 알고리즘 자체보다는 실제 구현 측면에서 이진 트리(binary tree)를 만드는 알고리즘이나 대형 데이터를 어떻게 하면 효율적으로 처리할지에 대한 훨씬 다양한 이슈가 존재한다. 이 교재의 목적은 알고리즘 그 자체이기 때문에 이러한 자세한 이슈는 다루지 않는다.

05 의사결정트리의 구현

완성파일 | ch12_sec05.ipynb

1 맛보기로 의사결정트리 구현하기

이번에는 다양한 의사결정트리의 형태를 구현해본다. 좀 더 알고리즘을 원활하게 이해하기 위해서는 실제 그 알고리즘을 구현해보는 것이 중요하다. 최근에는 대부분의 머신러닝 라이브러리들이 쉽게 사용할 수 있도록 구성되어 있기 때문에 알고리즘 자체를 사용하는 것은 어렵지 않다. 하지만 알고리즘에 대해 확실히 이해하고 이를 발전시키기 위해서는 해당 알고리즘을 직접 구현해보는 것을 추천한다.

1.1 데이터 불러오기

먼저 앞에서 사용했던 컴퓨터를 살지 말지에 관한 데이터([표 12-1])인 'AllElectronics.csv'를 로딩한다. 첫 번째 열인 RID는 의미 없는 인덱스 번호이므로 제거하겠다.

```
In [1]: import pandas as pd
        import numpy as np

        pd_data = pd.read_csv('https://raw.githubusercontent.com/AugustLONG/
        ML01/master/01decisiontree/AllElectronics.csv')
        pd_data = pd_data.drop("RID",axis=1)
```

1.2 정보 이득 함수 만들기

먼저 다음 수식과 같이 정보 이득(information gain)을 계산하는 함수를 만든다. 함수는 비교적 간단한데, y 값의 클래스를 기준으로 엔트로피 연산을 실시한다. 본 데이터에서는 크게 class_buys_computer가 yes와 no 두 가지 경우로 나눠서 연산한다.

$$Info(D) = -\sum_{i=1}^{n} p_i \log_2(p_i)$$

작성한 수식을 기반으로 코드를 작성한다. buy 변수는 컴퓨터를 산다고 한 데이터의 집합이고, not_buy 변수는 컴퓨터를 사지 않는다고 한 데이터의 집합이다. x는 전체 데이터 대비 컴퓨터를 산다고 한 비율, 컴퓨터를 사지 않는다고 한 비율을 배열 형태로 저장한 변수로 p_i를 의미한다. y는 같은 값에 $\log_2$를 붙인 것으로 뒤쪽에 있는 수식을 의미한다. 단 여기서 확률이 0인 경우 계산을 제외한다. 마지막으로 info_all은 최종 수식으로, x와 y의 행렬 산술 곱셈(element-wise product)을 한 후 합산하고 최종적으로 마이너스(negative)로 변환하는 코드이다.

In [2]:
```
def get_info(df):
    buy = df.loc[df["class_buys_computer"]=="yes"]
    not_buy = df.loc[df["class_buys_computer"]=="no"]
    x = np.array([len(buy)/len(df),len(not_buy)/len(df)])
    y = np.log2(x[x!=0])

    info_all = - sum(x[x!=0] * y)
    return info_all
```

실제 값을 넣어서 계산해보면 다음과 같은 연산 결과를 도출할 수 있다.

In [3]:
```
get_info(pd_data)
```

Out [3]:
```
0.9402859586706311
```

전체 데이터에 대한 정보 이득의 경우 이 코드로 가능하다면 각 속성별로 별도의 정보 이득률을 얻기 위해서는 어떻게 하면 될까? 가장 쉬운 방법으로는 다음 코드처럼 각 속성들의 클래스를 기준으로 데이터를 추출한 후 해당 값들의 정보 이득을 산출할 수 있다. 다음과 같이 3개의 age 속성 값인 youth, senior, middle_aged를 따로 연산하면 결과를 출력할 수 있다.

In [4]:
```
youth = pd_data.loc[pd_data['age'] == "youth"]
senior = pd_data.loc[pd_data['age'] == "senior"]
middle_aged = pd_data.loc[pd_data['age'] == "middle_aged"]
```

In [5]:
```
print(get_info(youth))
```

Out [5]:	0.9709505944546686
In [6]:	print(get_info(senior))
Out [6]:	0.9709505944546686
In [7]:	print(get_info(middle_aged))
Out [7]:	-0.0

1.3 자동으로 속성별 정보 이득 연산하기

다음으로는 쉬운 비교를 위해 속성을 입력하면 자동으로 연산하는 함수가 필요하다. 콘셉트는 매우 간단하다. 즉, 전체 데이터와 속성명을 입력하면 해당 속성에 있는 클래스들을 사용해서 각각 정보 이득(information gain)을 계산하고 이를 각각 더해서 속성별 정보 이득을 계산한다.

In [8]:
```
def get_attribute_info(df, attribute_name):
    attribute_values = pd_data[attribute_name].unique()
    get_infos = []
    for value in attribute_values:
        split_df = pd_data.loc[pd_data[attribute_name] == value]

        get_infos.append((len(split_df) / len(df)) * get_info(split_df))

    return sum(get_infos)
```

이를 계산하면 다음과 같은 결과를 얻을 수 있다.

In [9]:	get_attribute_info(pd_data, "age")
Out [9]:	0.6935361388961918

1.4 정보 이득 계산하기

전체 대비 각 속성별 정보 이득을 계산해보자. 다음 코드와 같이 전체 데이터 대비 각각의 속성 데이터를 따로 분리하여 계산하면 된다.

In [10]:	get_info(pd_data) - get_attribute_info(pd_data, "age")
Out [10]:	0.246749819774439 33
In [11]:	get_info(pd_data) - get_attribute_info(pd_data, "income")
Out [11]:	0.029222565658954 87
In [12]:	get_info(pd_data) - get_attribute_info(pd_data, "student")
Out [12]:	0.15183550136234159
In [13]:	get_info(pd_data) - get_attribute_info(pd_data, "credit_rating")
Out [13]:	0.04812703040826949

이 속성 중 age의 정보 이득이 가장 크므로 해당 값을 기준으로 의사결정트리의 가지(branch)를 생성한다. 이를 바탕으로 age 속성 값만 따로 데이터를 추출한 후 다음 코드와 같이 다시 한 번 가지를 생성할 수 있다.

In [14]:	youth = pd_data.loc[pd_data['age'] == "youth"] get_info(youth) - get_attribute_info(youth, "income")
Out [14]:	-1.580026905978025
In [15]:	get_info(youth) - get_attribute_info(youth, "student")
Out [15]:	-1.2367106860085422
In [16]:	get_info(youth) - get_attribute_info(youth, "credit_rating")
Out [16]:	-1.527094404679944

이러한 가지(branch) 생성 알고리즘 자체가 재귀적으로 일어나기 때문에 자료구조와 관련된 학습을 한다면 가지를 생성하는 알고리즘과 속성을 고르는 알고리즘을 합쳐서 이해할 수 있다.

2 사이킷런으로 의사결정트리 구현하기

이번에는 실제적으로 의사결정트리를 구현할 때 사용할 수 있는 사이킷런(scikit-learn) 모듈을 사용하여 분류 문제를 풀어보도록 하겠다. 해당되는 데이터는 앞에서 한 번 풀어보았던 타이타닉(titanic) 데이터셋을 사용한다.

TIP 'Ch12' 폴더에 예제소스 파일인 'train.csv'와 'test.csv' 파일이 있는 것으로 가정하고 실습한다.

2.1 데이터 불러오기

먼저 다음 코드를 사용하여 데이터를 호출한다. 이미 한 번 거친 과정으로 자세한 설명은 생략하겠다. 먼저 데이터를 합쳐서 한 번에 처리하고 정리하기 위해 all_df라는 변수 안에 모든 데이터를 통합하여 처리한다.

```
In [17]: import pandas as pd

         train_df = pd.read_csv("c:/source/ch12/train.csv")
         test_df = pd.read_csv("c:/source/ch12/test.csv")

         train_id = train_df["PassengerId"].values
         test_id = test_df["PassengerId"].values

         all_df = train_df.append(test_df).set_index('PassengerId')
```

2.2 데이터 전처리

기본적인 데이터 전처리를 위해 먼저 데이터를 코드화시키고, 결측치를 채우는 코드를 작성한다.

```
In [18]: all_df["Sex"] = all_df["Sex"].replace({"male":0,"female":1})

         # 데이터 중 age 값의 빈칸의 값을 `class의 평균값으로 채운다.
         all_df["Age"].fillna(
             all_df.groupby("Pclass")["Age"].transform("mean"), inplace=True)
```

다음으로 여러 가지 기법으로 데이터를 변환한다. 대표적으로 짐의 개수(cabin_count)나 이름 등을 고려하여 변경한다. 먼저 cabin 속성에 존재하는 값을 매개변수 split으로 나눠서 가방의 개수를 cabin_count에 표시한다.

```
In [19]: all_df["cabin_count"] = all_df["Cabin"].map(
                 lambda x : len(x.split()) if type(x) == str else 0)
```

다음으로 이름을 기준으로 그 사람의 사회적 지위 정보를 정리하여 새로운 변수에 저장한다.

```
In [20]: def transform_status(x):
             if "Mrs" in x or "Ms" in x:
                 return "Mrs"
             elif "Mr" in x:
                 return "Mr"
             elif "Miss" in x:
                 return "Miss"
             elif "Master" in x:
                 return "Master"
             elif "Dr" in x:
                 return "Dr"
             elif "Rev" in x:
                 return "Rev"
             elif "Col" in x:
                 return "Col"
             else:
                 return "0"

         all_df["social_status"] = all_df["Name"].map(lambda x : transform_status(x))
In [21]: all_df["social_status"].value_counts()
Out [21]: Mr        758
          Miss      258
          Mrs       203
          Master     61
          0           9
          Rev         8
          Dr          8
          Col         4

          Name: social_status, dtype: int64
```

마지막으로 삭제해야 하는 데이터는 삭제한다. 대표적인 데이터로 Embarked, 즉 출발지에 대한 정보가 없는 경우가 있는데, 이 경우 데이터가 많지 않기 때문에 해당 데이터는 삭제하도록 한다.

In [22]:
```
all_df[all_df["Embarked"].isnull()]
```

Out [22]:

	Survived	Pclass	Name	Sex	Age	SibSp	Parch	Ticket	Fare	Cabin	Embarked	cabin_count	social_status
PassengerId													
62	1.0	1	Icard, Miss. Amelie	1	38.0	0	0	113572	80.0	B28	NaN	1	Miss
830	1.0	1	Stone, Mrs. George Nelson (Martha Evelyn)	1	62.0	0	0	113572	80.0	B28	NaN	1	Mrs

결과를 보면 62번과 830번 데이터가 비어져 있는 것을 확인할 수 있다. 그러므로 해당 데이터를 삭제한다. 해당 데이터 중 우리가 더 이상 사용하지 않는 데이터의 id 값을 train_id 항목에서도 삭제한다.

In [23]:
```
all_df = all_df.drop([62,830])
train_id =np.delete(train_id, [62-1,830-1])
```

다음으로 티켓의 요금이 얼마나 비어있는지 확인하기 위해 다음 코드를 수행한다.

In [24]:
```
all_df[all_df["Fare"].isnull()]
```

Out [24]:

	Survived	Pclass	Name	Sex	Age	SibSp	Parch	Ticket	Fare	Cabin	Embarked	cabin_count	social_status
PassengerId													
1044	NaN	3	Storey, Mr. Thomas	0	60.5	0	0	3701	NaN	NaN	S	0	Mr

오직 하나의 데이터만 비어 있으므로 어떻게 데이터를 채워야 할지에 대한 전략이 필요하다. 여러 가지 전략을 사용해볼 수 있는데, 여기서는 Class와 Sex 두 가지 속성을 함께 고려하여 데이터를 채우도록 한다. 다음에 나오는 코드를 사용하면 각 그룹별로 데이터를 확인할 수 있는데, 가장 적합한 그룹은 Pclass는 3이고, 성별이 0인 것이다. 그러므로 비어 있는 데이터에 12.415462를 채우도록 한다.

In [25]:
```
all_df.groupby(["Pclass","Sex"])["Fare"].mean()
```

```
Out [25]:
Pclass  Sex
1       0       69.888385
        1      109.826644
2       0       19.904946
        1       23.234827
3       0       12.415462
        1       15.324250
Name: Fare, dtype: float64
```

```
In [26]:
all_df.loc[all_df["Fare"].isnull(), "Fare"] = 12.415462
```

마지막으로 짐의 형태에 따라 생존 여부가 달라질 수 있다는 가정을 하였다. 이로 인해 Cabin 데이터가 존재하지 않는다면 99를 할당하고, Cabin의 첫 글자만 모아서 cabin_type이라는 새로운 변수를 생성하였다.

```
In [27]:
all_df["cabin_type"] = all_df["Cabin"].map(lambda x : x[0] if type(x) ==
str else "99")
```

이러한 데이터 전처리에는 사실 여러 가정이 필요하다. 예를 들어 '사회적 지위가 생존여부에 영향을 주었는가?'라든지 '짐의 상태에 따라 생존이 달라지는가' 등이 그것이다. 일반적으로 우리가 전처리 작업을 진행할 때에는 이러한 가설을 먼저 생성한 후 해당 가설이 맞는지를 실험적으로 검증하게 된다. 그래서 여러 가지 변수 중 어떤 변수가 가장 적합한지 지속적으로 실험하여 알 수 있다.

마지막으로 우리가 필요 없다고 생각하는 3개의 속성을 다음과 같이 삭제한다.

```
In [28]:
del all_df["Cabin"]
del all_df["Name"]
del all_df["Ticket"]
```

마지막으로 y 값을 따로 추출하여 학습 때 사용하고, 기존 all_df에 있는 y 값 항목은 삭제한다.

```
In [29]:
y = all_df.loc[train_id, "Survived"].values
del all_df["Survived"]
```

2.3 원핫인코딩과 스케일링

다음으로 데이터의 학습을 위해 데이터 변환을 실시한다. 먼저 원핫인코딩(OneHot encoding)을 실시하는데, 문자 타입으로 그냥 둔 데이터를 원핫(OneHot)으로 변경한 후 넘파이 배열(ndarray)로 변경한다.

```
In [30]:  X_df = pd.get_dummies(all_df)
          X = X_df.values
```

다음으로 MinMaxScaler를 사용하여 전체 데이터의 스케일을 변경한다. 여기서 의사결정트리 알고리즘만 사용한다면 굳이 해볼 필요가 없는 작업이지만, 일반적으로 많은 머신러닝 작업에서는 스케일링을 실시한다.

```
In [31]:  from sklearn.preprocessing import MinMaxScaler
          minmax_scaler = MinMaxScaler()

          minmax_scaler.fit(X)
          X = minmax_scaler.transform(X)
```

2.4 학습 실행하기

마지막으로 앞에서 우리가 train_id를 가지고 데이터를 나누었는데, 이를 사용하여 데이터를 X_train과 X_test로 분리한다. 앞에서도 설명했지만 우리가 공통의 데이터 전처리를 수행하기 때문에 먼저 all_df로 통합한 후 train_id 정보로 전체 데이터를 분리하는 기법을 사용한다.

```
In [32]:  X_train = X[:len(train_id)]
          X_test = X[len(train_id):]
```

다음으로는 학습 수행이다. 이를 위해서 먼저 train과 test 데이터셋으로 나눈다. 또한 사이킷런의 의사결정트리 구현체인 DecisionTreeClassifier 객체를 생성하여 의사결정트리를 구현한다. 앞서 배웠던 것처럼 의사결정트리의 여러 가지 하이퍼 매개변수를 지정할 수 있는데, 지정 가능한 주요 매개변수는 다음과 같다.

- **"criterion" : ["gini", "entropy"]** : 지니 지수를 기준으로 나눌지, 정보 이득을 기준으로 나눌지에 대한 기준값이 된다.
- **"max_depth" : int** : 트리의 깊이를 지정한다.
- **"min_samples_leaf" : int or float** : 마지막 노드의 최소 데이터의 개수를 지정한다. int면 데이터의 개수를 의미하고, float라면 전체 데이터에서의 비율을 의미한다.

이 매개변수 중 min_samples_leaf의 개수를 조정하여 가지치기를 실시하고자 한다. 이를 위해 cross_val_score를 사용하여 5번의 cross validation 프로세스를 거쳐서 test 데이터셋의 5번의 평균 정확성을 계산한다. 이를 결과적으로 비교하면 다음과 같이 test 데이터셋의 정확성은 11에서 가장 높았다가 계속 떨어지는 것을 확인할 수 있다. 의사결정트리의 경우 당연하게도 마지막 노드의 데이터 개수가 적으면 적을수록 과대적합이 발생한다.

In [33]:
```
from sklearn.tree import DecisionTreeClassifier

from sklearn.model_selection import cross_val_score
from sklearn.metrics import accuracy_score

test_accuracy = []
train_accuracy = []
for idx in range(3, 20):
    df = DecisionTreeClassifier(min_samples_leaf=idx)
    acc = cross_val_score(df, X_train, y, scoring="accuracy", cv=5).mean()
    train_accuracy.append(
        accuracy_score(df.fit(X_train, y).predict(X_train), y))
    test_accuracy.append(acc)

result = pd.DataFrame(train_accuracy, index=range(3,20),
columns=["train"])
result["test"] = test_accuracy

result.plot()
```

Out [33]:

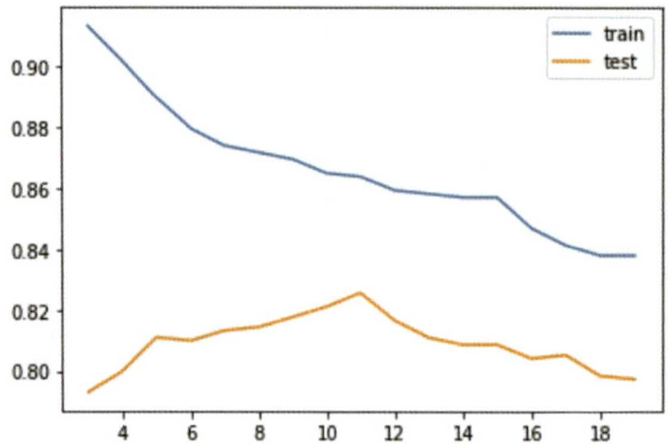

좀 더 다양한 방법으로 구현해보면 여러 알고리즘과 비교하면서 하이퍼 매개변수를 튜닝할 수 있다. 앞서 배웠던 방법인 Pipeline을 사용하여 두 개 이상의 알고리즘과 다양한 하이퍼 매개변수 실험을 수행하는 코드는 다음과 같다. 먼저 사용할 알고리즘을 정의하고 사용할 하이퍼 매개변수를 params 객체에 정의한다.

In [34]:

```
from sklearn.pipeline import Pipeline
from sklearn.pipeline import make_pipeline
from sklearn.linear_model import LogisticRegression

algorithmes = [LogisticRegression(), DecisionTreeClassifier()]

c_params = [0.1,  5.0, 7.0, 10.0, 15.0, 20.0, 100.0]


params = []
params.append([{
    "solver" : ["saga"],
    "penalty" : ["l1"],
    "C" : c_params
    },{
    "solver" : ['liblinear'],
    "penalty" : ["l2"],
```

```
        "C" : c_params
        }
        ])
params.append({
        "criterion" : ["gini", "entropy"],
        "max_depth" : [10,8,7,6,5,4,3,2],
        "min_samples_leaf": [1,2,3,4,5,6,7,8,9]})
```

다음으로 GridSearchCV를 사용하여 로지스틱 회귀와 의사결정트리 알고리즘을 학습할 수 있도록 코드를 작성한다. 그리고 그 결과를 estimator_results에 저장한다.

```
In [35]: from sklearn.model_selection import GridSearchCV
         from sklearn.metrics import classification_report, accuracy_score

         scoring = ['accuracy']
         estimator_results = []
         for i, (estimator, params) in enumerate(zip(algorithmes,params)):
             gs_estimator = GridSearchCV(
                 refit="accuracy", estimator=estimator,param_grid=params,
                 scoring=scoring, cv=5, verbose=1, n_jobs=4)

             gs_estimator.fit(X_train, y)
             estimator_results.append(gs_estimator)
```

학습의 결과는 다음과 같이 저장된다. 즉, 각 estimator로부터 추출된 결과들은 estimator_results에 순차적으로 저장된다.

```
In [36]: estimator_results[0].best_score_
Out [36]: 0.8282844768062269
In [37]: estimator_results[1].best_score_
Out [37]: 0.8361308141359614
```

마지막으로 모델 정보와 하이퍼 매개변수를 한 번에 정리하기 위한 코드를 작성한다. 최근에는 하이퍼 매개변수 결과를 정리하는 도구들이 많이 사용되어 필요할 경우 그러한 도구들을 학습하여 사용하는 것도 권장한다. 다음은 이러한 방법으로 결과를 보여줄 수 있다는 예제 차원으로 이해하면 도움이 될 것이다.

In [38]:
```
import pandas as pd
from pandas import DataFrame
from collections import defaultdict

result_df_dict = {}

result_attributes = ["model", "accuracy", "penalty", "solver", "C",
"criterion", "max_depth", "min_samples_leaf"]
result_dict = defaultdict(list)

algorithm_name= ["LogisticRegression", "DecisionTreeClassifier"]

for i, estimators in enumerate(estimator_results):
    number_of_estimators = len(estimators.cv_results_["mean_fit_time"])

    for idx_estimator in range(number_of_estimators):
        result_dict["model"].append(algorithm_name[i])
        result_dict["accuracy"].append(
            estimators.cv_results_["mean_test_accuracy"][idx_estimator])

    for param_value in estimators.cv_results_["params"]:
        for k,v in param_value.items():
            result_dict[k].append(v)
    for attr_name in result_attributes:
        if len(result_dict[attr_name]) < len(result_dict["accuracy"]):
            result_dict[attr_name].extend([None for i in range(number_
of_estimators)])
```

최종 결과는 다음과 같다. 결과 자체는 크게 의미가 없지만 엔트로피(entropy)를 사용하여 가지(branch)가 생성되면서, `max_depth`가 4, `min_samples_leaf`가 7일 때 가장 좋은 성능이 나오는 것을 확인할 수 있다.

```
In [39]: result_df = DataFrame(result_dict, columns=result_attributes)
         result_df.sort_values("accuracy",ascending=False).head(n=10)
```

Out [39]:

	model	accuracy	penalty	solver	C	criterion	max_depth	min_samples_leaf
137	DecisionTreeClassifier	0.836131	None	None	NaN	entropy	4.0	7.0
138	DecisionTreeClassifier	0.836131	None	None	NaN	entropy	4.0	8.0
135	DecisionTreeClassifier	0.835007	None	None	NaN	entropy	4.0	5.0
136	DecisionTreeClassifier	0.835007	None	None	NaN	entropy	4.0	6.0
139	DecisionTreeClassifier	0.835001	None	None	NaN	entropy	4.0	9.0
133	DecisionTreeClassifier	0.832760	None	None	NaN	entropy	4.0	3.0
102	DecisionTreeClassifier	0.831662	None	None	NaN	entropy	8.0	8.0
134	DecisionTreeClassifier	0.831636	None	None	NaN	entropy	4.0	4.0
131	DecisionTreeClassifier	0.831636	None	None	NaN	entropy	4.0	1.0
93	DecisionTreeClassifier	0.830538	None	None	NaN	entropy	10.0	8.0

2.5 의사결정트리 시각화하기

일반적으로 의사결정트리는 데이터 분석가에게 분석과 관련된 정보를 제공한다. 대표적으로 어떤 피쳐(feature)가 가장 중요한지를 보여준다. 예를 들면 다음 코드와 같이 feature_importances_를 사용하여 중요한 변수가 무엇인지 확인할 수 있다. 각 변수에 대한 설명은 X_df.columns에 정의되어 있기 때문에 이를 매칭하면 어느 변수가 중요하게 사용되어 분류되었는지를 알 수 있다.

```
In [40]: estimator_results[1].best_estimator_.feature_importances_

Out [40]: array([0.13457412, 0.06268058, 0.04328291, 0.        , 0.        ,
                 0.18776793, 0.01340804, 0.        , 0.        , 0.        ,
                 0.        , 0.        , 0.        , 0.04353206, 0.        ,
                 0.51475435, 0.        , 0.        , 0.        , 0.        ,
                 0.        , 0.        , 0.        , 0.        , 0.        ,
                 0.        , 0.        ])

In [41]: X_df.columns

Out [41]: Index(['Pclass', 'Sex', 'Age', 'SibSp', 'Parch', 'Fare', 'cabin_count',
                 'Embarked_C', 'Embarked_Q', 'Embarked_S', 'social_status_0',
                 'social_status_Col', 'social_status_Dr', 'social_status_Master',
                 'social_status_Miss', 'social_status_Mr', 'social_status_Mrs',
                 'social_status_Rev', 'cabin_type_99', 'cabin_type_A', 'cabin_type_B',
```

```
'cabin_type_C', 'cabin_type_D', 'cabin_type_E', 'cabin_type_F',
'cabin_type_G', 'cabin_type_T'],
dtype='object')
```

이를 좀 더 쉽게 확인하기 위해서 다음 코드와 같이 먼저 값의 순서대로 정렬하여 인덱스를 정렬한 다음 열(column) 정보들을 출력한다. 다음 코드를 실행하면 제일 중요한 속성 5개만 출력할 수 있다. 결과를 보면 성별 여부, 금액, 클래스 등이 중요한 속성들로 분류가 일어났다는 것을 알 수 있다.

```
In [42]: coef = estimator_results[1].best_estimator_.feature_importances_
         coef.argsort()[::-1]
Out [42]: array([15, 5, 0, 1, 13, 2, 6, 21, 20, 24, 3, 4, 23, 7, 8, 9, 10,
                 11, 12, 25, 14, 22, 16, 17, 18, 19, 26])
In [43]: X_df.columns[coef.argsort()[::-1]][:5]
Out [43]: Index(['social_status_Mr', 'Fare', 'Pclass', 'Sex',
                 'social_status_Master'], dtype='object')
```

다음으로 할 수 있는 것은 의사결정트리를 시각화하는 작업이다. 다음과 같이 먼저 pydotplus를 설치한 후 시각화 코드를 작성한다.

```
In [44]: !pip install pydotplus
```

하나 더 알기 pydotplus의 원활한 수행을 위한 필수 설치 : graphviz

윈도우의 경우 pydotplus 설치 완료한 다음 가상환경에서 다음과 같이 입력하여 가상환경을 다시 설치하고 수행하는 것을 추천한다. 만약 아래 설치 중 pydotplus까지 설치를 이미 완료한 상태라면 graphviz만 설치한다.

```
conda create -n tree python=3.8
conda install jupyter
conda install pandas
conda install scikit-learn
```

```
conda install seaborn
conda install pydotplus
conda install graphviz
```

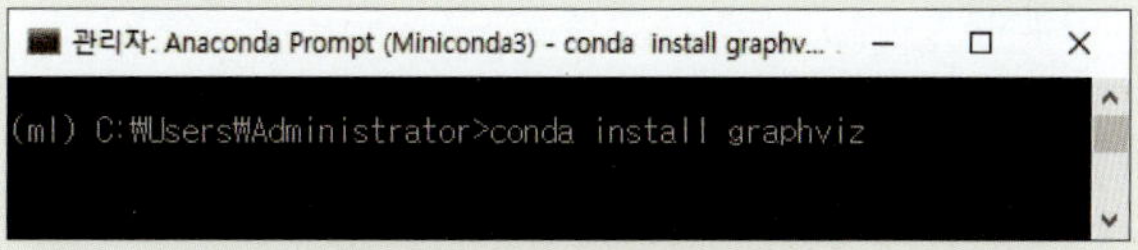

그림 12-17 가상환경에서 graphviz 설치하기

추가적으로 윈도우 환경에서서 **graphviz**를 설치해야 한다. 이를 위해서 먼저 웹사이트 https://graphviz.org/download/에 접속하여 'graphviz-2.49.3'의 64비트 버전을 다운로드하여 설치한다.

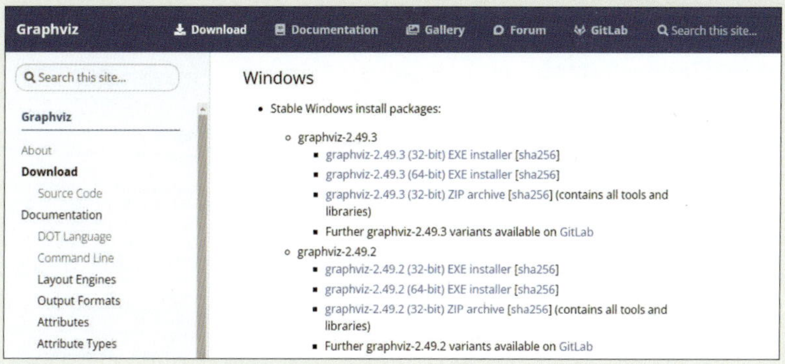

그림 12-18 Graphviz 웹사이트

마지막으로 주피터 노트북에서 다음 코드를 입력하면, **PATH**를 설정하여 해당 프로그램이 주피터 노트북에 설치된다. 이 과정을 모두 마쳤다면 **pydotplus**가 수행된다.

```
In [45]:  import os
          os.environ["PATH"] += os.pathsep + 'C:\Program Files\Graphviz/bin/'
```

이제 다음 코드를 수행시키면 `titanic.png` 파일에 의사결정트리 이미지가 저장되고, 화면에 다음과 같이 출력된다.

In [46]:

```
import pydotplus
from six import StringIO
from sklearn import tree

best_tree = estimator_results[1].best_estimator_
column_names = X_df.columns

dot_data = StringIO()
tree.export_graphviz(best_tree, out_file=dot_data,
                     feature_names=column_names)

graph = pydotplus.pydotplus.graph_from_dot_data(dot_data.getvalue())
graph.write_png("titanic.png")
from IPython.core.display import Image
Image(filename='titanic.png')
```

Out [46]:

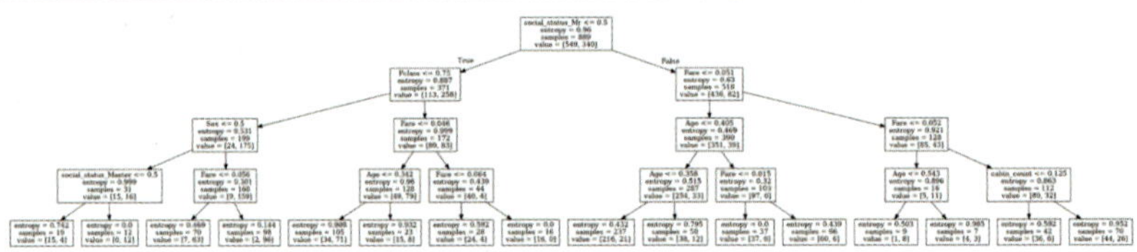

이미지를 자세히 보면 하나의 노드를 기준으로 어떤 속성에 대해서 어떤 기준으로 가지(branch)가 발생했는지 알 수 있고, 각 가지마다 데이터의 개수가 어떻게 나누어지는지도 확인할 수 있다.

social_status_Mr <= 0.5 entropy = 0.96 samples = 889 value = [549, 340]

그림 12-19 titanic.png 파일에 있는 의사결정트리의 가지(branch) 일부

요약

01 의사결정트리의 이해

- 의사결정트리(decision tree) : 어떤 규칙을 하나의 트리(tree) 형태로 표현한 후 이를 바탕으로 분류나 회귀 문제를 해결하는 것이다.
- 엔트로피(entropy) : 어떤 목적 달성을 위한 경우의 수를 정량적으로 표현하는 수치이다. 엔트로피가 작을수록 경우의 수가 적음을 의미한다. 그와 동시에 낮은 엔트로피는 낮은 불확실성을, 높은 엔트로피는 높은 불확실성을 의미한다.

02 의사결정트리 알고리즘

- 정보 이득(information gain) : 엔트로피를 사용하여 속성별 분류 시 데이터가 얼마나 순수한지(impurity)를 측정하는 지표로, 각 속성을 기준으로 데이터를 분류했을 때 엔트로피를 측정하는 기법을 의미한다.
- ID3(Iterative Dichotomiser 3) : 반복적으로(iteratively) 데이터를 나누는(divides) 특징을 가지고 있는 알고리즘이다. 기본적으로 톱다운(top-down) 방식으로 데이터를 나누면서, 해당 데이터를 나누는 시점에 탐욕적(greedy)으로 현재 상태에서 최적화를 추진하는 방법을 선택한다.
- 의사결정트리 알고리즘의 특징 : 재귀적 작동, 속성 기준으로 가지치기 수행, 중요한 속성 정보 제공

03 의사결정트리 확장

- C4.5 알고리즘 : 기존 ID3 알고리즘의 한계를 고려하여 로스 퀸란(Ross Quinlan)이 제안한 ID3 알고리즘의 발전형 알고리즘이다. C4.5의 가장 핵심적인 아이디어는 정보 이득을 측정하는 방식을 좀 더 평준화시켜 단순한 정보 값을 대신 사용한다. 그리고 기존 정보 이득에 다음과 같이 평준화를 시켜주는 SplitInfo 함수를 분모에 추가시켜 준다.

$$GainRatio(A) = \frac{Gain(A)}{SplitInfo_A(D)} = \frac{Info(D) - Info_a(D)}{SplitInfo_A(D)}$$

- 지니 지수(gini index) : 의사결정트리에서 각 속성의 불순도를 측정하는 방법으로 사용한다. 이는 엔트로피를 사용하여 불확실성을 측정한 방법과 유사한 방법이다. 지니 지수는 다음과 같이 매우 간단한 수식으로 나타낼 수 있다.

$$Gini(D) = 1 - \sum_{i=1}^{m} p_i^2 = 1 - \sum_{i=1}^{m} \frac{|C_{i,D}|}{|D|} \text{ where } C_i \text{ is a class}$$

04 의사결정트리 알고리즘의 다양한 변형

- 트리 가지치기(tree pruning) : 의사결정트리의 마지막 노드(node)의 개수를 지정하여 트리의 깊이를 조정하는 방법이다. 가장 쉬운 방법은 최종 노드가 가질 수 있는 개수를 조절하거나 트리의 깊이를 조정하는 방법이다. 이러한 트리 가지치기는 사전 가지치기(pre-pruning) 기법과 사후 가지치기(post-pruning) 기법으로 나눌 수 있다.
- 회귀 트리(regression tree) : Y 값이 연속형 변수일 경우 만들 수 있는 트리이다. CART 알고리즘의 원래 이름이 '분류와 회귀 트리(Classification And Regression Tree)'로 원래부터 많은 연구자들이 의사결정트리로 연속형 값을 예측하고자 하는 노력이 있었다.

연습문제

01 엔트로피(entropy) 수식은 다음과 같다. 이에 대한 설명으로 옳지 않은 것을 고르시오.

$$h(D) = -\sum_{i=1}^{m} p_i \log_2(p_i)$$

① D는 데이터셋을 의미한다.

② m은 데이터 클래스의 개수이다.

③ p_i는 데이터 D가 해당 클래스에 할당될 확률이다.

④ $h(\cdot)$은 실제 값 y를 의미한다.

02 다음 데이터에 대한 예측 피쳐는 PLAY GOLF이다. 이 데이터에서 예측 피처에 대한 엔트로피를 구하시오.

	OUTLOOK	TEMPERATURE	HUMIDITY	WINDY	PLAY GOLF
0	Rainy	Hot	High	False	No
1	Rainy	Hot	High	True	No
2	Overcast	Hot	High	False	Yes
3	Sunny	Mild	High	False	Yes
4	Sunny	Cool	Normal	False	Yes
5	Sunny	Cool	Normal	True	No
6	Overcast	Cool	Normal	True	Yes
7	Rainy	Mild	High	False	No
8	Rainy	Cool	Normal	False	Yes
9	Sunny	Mild	Normal	False	Yes
10	Rainy	Mild	Normal	True	Yes
11	Overcast	Mild	High	True	Yes
12	Overcast	Hot	Normal	False	Yes
13	Sunny	Mild	High	True	No

① 0.940 ② 0.960

③ 0.860 ④ 0.840

03 **ID3 알고리즘에 대한 설명으로 옳지 않은 것을 고르시오.**

① ID3 알고리즘은 재귀적인 알고리즘으로 구현이 가능하다.

② ID3 알고리즘의 엔트로피는 트리를 생성하기 위한 기준 값으로 사용된다.

③ 가장 먼저 분리가 되는 속성이 가장 중요한 속성일 가능성이 크다.

④ ID3 알고리즘은 스케일링을 할 경우 학습 속도가 올라간다.

04 **의사결정트리를 키울 때, 과대적합이 발생하는 이유에 대해서 서술한 것 중 옳은 것을 고르시오.**

① 마지막 잎 노드(leaf node)가 1개 또는 2개만 존재할 경우, 이로 인해 많은 학습 데이터에 대한 많은 패턴들이 트리 위에 존재할 수 있다.

② 트리의 깊이(depth)가 깊을수록 많은 데이터를 포함하게 된다.

③ 트리의 깊이(depth)가 짧을수록 테스트 시점에서 성능이 향상된다.

④ 트리 과대적합에 가장 영향을 주는 것은 학습하는 데이터 피쳐의 종류인데, 이것이 많을수록 과대적합을 피할 수 있다.

05 **다음은 ID3, C4.5, CART 알고리즘의 차이점에 대한 설명이다. 설명 중 틀린 것을 고르시오.**

① ID3 알고리즘은 속성을 선택하기 위해 엔트로피를 사용한다.

② C4.5 알고리즘은 속성을 선택하기 위해 지니 지수를 사용한다.

③ CART 알고리즘은 속성을 선택하기 위해 지니 지수를 사용한다.

④ CART 알고리즘은 회귀 문제를 다루기 위한 방법도 제공한다.

06 **회귀 문제를 풀기 위한 회귀 트리에 대한 설명으로 옳은 것을 고르시오.**

① 회귀 문제의 목적은 예측치와 실제값이 정확히 같도록 만들어주는 것이다.

② 일반적으로 회귀 문제를 풀기 위해서는 피쳐 값의 스케일링이 필요하다.

③ 마지막 잎 노드(leaf node)에 있는 인스턴스(instance)의 y 평균값이 최종 예측치가 된다.

④ 회귀 트리에서 노드를 분기할 때는 해당 노드에 있는 인스턴스의 평균값을 사용한다.

07 **다음은 CART 알고리즘에 대한 설명이다. 설명 중 틀린 것을 고르시오.**

① CART 알고리즘은 엔트로피를 사용하여 속성 선택을 실시한다.

② CART 알고리즘은 기본적으로 모든 트리에서 이진 분기가 일어나도록 학습한다.

③ CART 알고리즘의 경우 ID3나 C4.5와의 성능 차이는 데이터에 따라 다르다.

④ 최근에는 C4.5 알고리즘도 CART 알고리즘의 기본 방식인 이진 분할, 재귀적 처리를 따르는 방향으로 수정했다.

08 **트리 가지치기를 하는 알고리즘에 대한 설명으로 옳은 것을 고르시오.**

① 사전 가지치기 기법은 사전에 트리의 손실(loss) 값을 설정하여 해당 값 이하로 내려갈 경우 학습이 멈추는 기법이다.

② 사후 가지치기는 실험적인 방법으로 학습 데이터와 테스트 데이터 간의 오류(error) 값이 차이나는 시점을 확인한다.

③ 가지치기에서 선택해야 하는 변수 중 피쳐의 개수나 총 노드(node) 개수 등은 학습에 영향을 주지 않는다.

④ 사전 가지치기에 비해 사후 가지치기가 학습 측면에서 효율적이다

09 **연속형 변수를 속성으로 사용하여 의사결정트리를 성장시킬 때 사용하는 기법에 대한 설명으로 옳은 것을 고르시오.**

① 연속형 변수를 속성으로 나눌 때는 모든 값에 대한 분기를 실시한 후 가지치기를 실시한다.

② 트리 알고리즘은 연속형 변수로 의사결정트리를 성장시킬 수 있지만, 연속형 값을 예측하는 회귀 트리를 생성할 수 없다.

③ 연속형 변수를 속성으로 사용할 경우 해당 변수를 기준에 따라 여러 번 재사용할 수 있다.

④ 연속형 변수의 속성을 나눌 때는 해당 값의 사분위 숫자를 기준으로 총 4회로 나누는 것이 가장 높은 성능을 제공할 수 있다.

10 **사이킷런의 `DecisionTreeClassifier` 클래스에 대한 설명 중 틀린 것을 고르시오.**

① `DecisionTreeClassifier`에서는 지니 지수와 엔트로피 둘 중 하나의 지표를 선택하여 학습시킬 수 있다.

② `max_depth`를 지정하면 해당 깊이(depth) 만큼 트리를 성장시킬 수 있다.

③ `tree` 모델의 테스트셋 성능은 `min_samples_leaf`의 값이 작을수록 높아진다.

④ `DecisionTreeClassifier`에서 중요한 속성은 `feature_importances_` 함수를 사용하여 확인할 수 있다.

CHAPTER 13

앙상블

학습목표

- 앙상블의 개념에 대해 이해한다.
- 투표 분류기의 개념과 클래스를 살펴보고, 하이퍼 매개변수를 튜닝한 투표 분류기를 이해한다.
- 배깅과 랜덤 포레스트의 개념을 이해한다.
- 부스팅에 대해 학습하면서 배깅과의 차이점을 이해한다.

01 앙상블의 이해

1 대중적인 데이터 분석 알고리즘

최근 머신러닝/딥러닝 분야에서 가장 핵심적으로 사용되는 알고리즘은 첫 번째가 딥러닝이고, 두 번째가 부스팅(boosting)이라는 알고리즘이다. 대표적인 데이터 과학 포털인 캐글(Kaggle)에서는 [그림 13-1]과 같이 매년 사용자들에게 설문조사를 실시하여 어떤 알고리즘을 가장 많이 사용하는지에 대해 조사한다. 이 결과를 보면 가장 대중적으로 사용하는 알고리즘은 선형회귀나 로지스틱 회귀이고, 다음으로 나오는 알고리즘은 의사결정트리와 앙상블 계열의 알고리즘들이다. 대표적으로 랜덤 포레스트(random forest)나 부스팅(boosting)이 있다. 다음으로는 흔히 딥러닝이라고 부르는 알고리즘들이 따라온다. 물론 사람들이 많이 사용하는 알고리즘이라고 해서 가장 성능이 좋은 알고리즘은 아니지만, 대중적인 알고리즘은 이해할 필요가 있다.

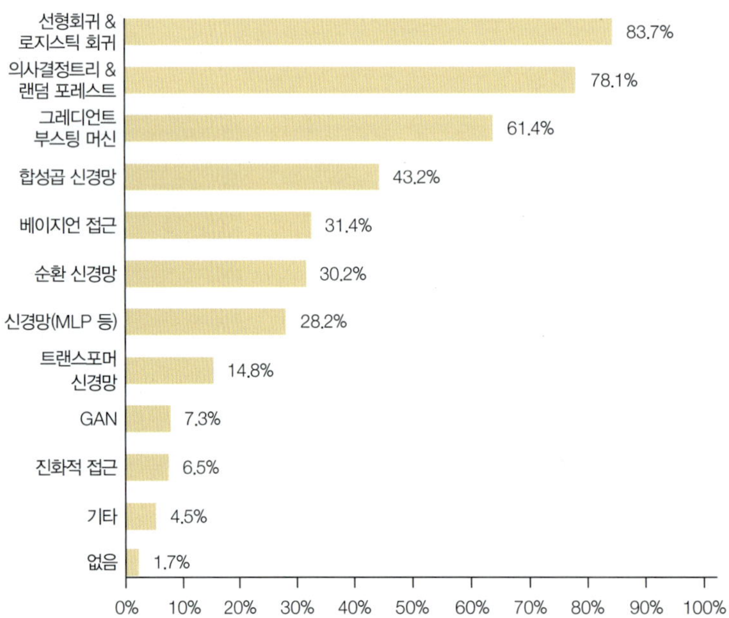

그림 13-1 데이터 분석 시 사용하는 알고리즘 설문조사

2 앙상블의 개념

이번 장에서 배울 앙상블(ensemble)은 사실 하나의 알고리즘이 아니다. 앙상블이라는 것이 여러 연주자들이 협업해서 하나의 음악을 연주하는 의미이듯, 데이터 분석에서의 **앙상블(ensemble)**은 여러 개의 알고리즘들이 하나의 값을 예측하는 기법을 통칭하여 말하는 것이다. 이는 각 알고리즘이 Y 값에 대한 투표를 실시하여 해당 Y 값을 예측하는 기법이라고 이해할 수 있다. 물론 회귀 문제에서는 Y 값의 예측에 대해 가중 평균이나 단순 평균을 구하는 방식으로 계산된다. 때로는 메타 분류기(meta-classifier)라고도 부른다. 메타(meta)라는 표현은 일종의 상위 또는 추상화라는 개념이라고 볼 수 있는데, 여러 분류기들을 모아서 또 하나의 분류기를 만들어 이를 메타 분류기라고 부르는 것이다. 사실 이런 형식의 앙상블 기법은 우리 현실에서도 많이 사용된다. 대표적으로 병에 걸렸을 때 여러 병원에 가서 의사들에게 물어보는 상황도 역시 앙상블의 일종이다.

앙상블은 기본적으로 여러 개의 알고리즘을 학습시켜야 하기 때문에 시간이 굉장히 오래 걸리지만 비교적 좋은 성능을 낼 수 있다. 최근에는 이미지 등 비정형 데이터에서 다양한 딥러닝 기반의 알고리즘들이 많이 사용되고 있다. 이렇게 딥러닝 알고리즘들을 사용하여 앙상블에 적용하는 등 의사결정트리 외에도 다양한 알고리즘들을 사용하여 모델을 개발할 수 있다.

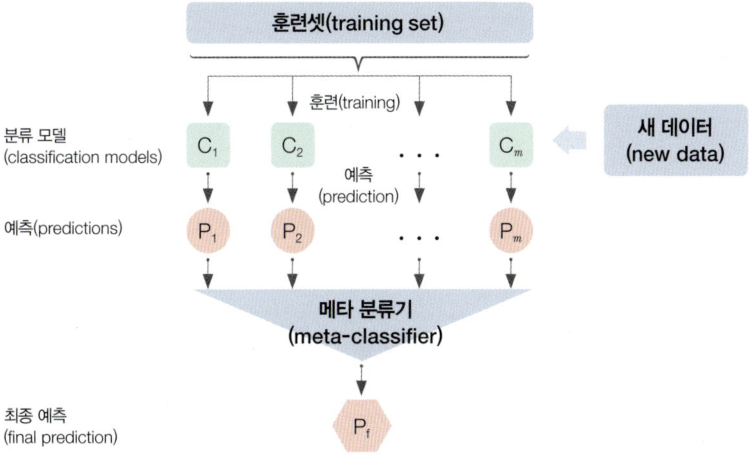

그림 13-2 앙상블 모델

앙상블 모델은 [그림 13-2]와 같이 나타낼 수 있는데, 기존 학습 프로세스와 많은 부분에서 동일하다. 자세히 살펴보면 먼저 하나의 데이터를 넣어 이를 여러 모델에 학습시킨다. 다음으로 테스트 데이터를 각각의 학습한 모델에 입력하여 결과를 얻고, 이를 투표 또는 여러 가중치 기법을 적용하여 최종 선택을 한다. 사실 가장 간단한 기법은 단순히 투표(voting)를 하는 것이지만 이외에도 여러 가지 기법을 사용하여 모델의 성능을 올릴 수 있다.

이번 장에서 배울 앙상블 기법들은 다음과 같다. 이러한 알고리즘을 하나씩 배우면서 앙상블을 이해하는 것이 이번 장에서 가장 중요한 주제이다.

- **바닐라 앙상블(vanilla ensemble)** : 가장 기본적인 앙상블 기법이다. 보통 바닐라라고 하면 아이스크림에서 아무것도 첨가되지 않은 맛을 의미하는데, 바닐라 앙상블의 의미도 동일하게 아무것도 처리하지 않은 앙상블 모델을 의미한다. 일반적으로 가중치 평균이나 투표에 의한 방식으로 만들어지는 앙상블 모델이다.
- **부스팅(boosting)** : 하나의 모델에서 여러 데이터를 샘플링한 다음 그 샘플링된 데이터로 각각의 모델을 만드는 기법이다.
- **배깅(bagging)** : 'boosting aggregation(부스팅 집합)'의 줄임말로 부스팅(boosting)을 좀 더 발전시킨 기법이다.

02 투표 분류기

완성파일 | ch13_sec02.ipynb

1 투표 분류기의 개념

앙상블 모델의 첫 번째 모델은 투표 분류기(voting classifier)이다. **투표 분류기(voting classifier)**는 앙상블 모델의 가장 기본적인 형태로 다수결 분류기(majority voting classifier)라고도 부른다. 투표 분류기는 일반 시민이 하는 투표와 완전 동일하다. 투표 분류기는 [그림 13-3]과 같이 여러 개의 모델을 다양하게 만든 후, 해당 모델에 모두 같은 데이터를 넣고 모델들의 결과를 취합한 다음 가장 많이 선택된 결과를 취하는 것이 기본적인 형태이다.

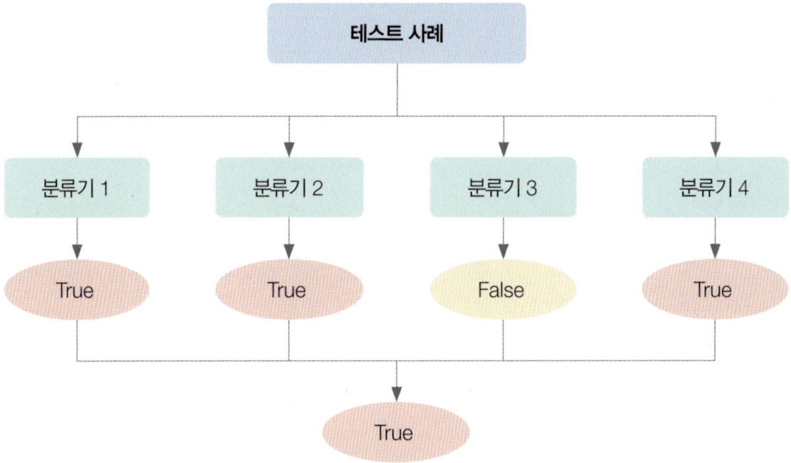

그림 13-3 투표 분류기의 기본 형태

또 다른 방법으로는 각 분류기(classifier)마다 가중치(weight)를 주는 것이다. 예를 들면 [그림 13-3]에서 분류기 1은 0.7, 분류기 2는 0.3, 분류기 3은 0.2, 분류기 4는 0.4를 할당한 후, 해당 가중치를 각 모델에 곱하여 가중치의 합을 구하는 방식으로도 가능하다. 이러한 방식들은 다양한 모델을 만든 후, 다음 단계로 매우 쉽게 만들 수 있다는 장점이 있다.

2 투표 분류기의 클래스

그렇다면 투표 분류기 모델을 실제로 구현하려면 어떻게 해야 할까? 가장 간단한 방법은 사이킷런(sklearn)에서 제공하는 VotingClassifier 클래스를 사용하여 모델을 개발할 수 있다. 먼저 다음 코드와 같이 기본적인 모델들을 호출한다.

```
In [1]:  import numpy as np
         from sklearn.tree import DecisionTreeClassifier
         from sklearn.linear_model import LogisticRegression
         from sklearn.naive_bayes import GaussianNB
         from sklearn.ensemble import VotingClassifier
```

그 다음 우리가 다룰 데이터를 호출한다. 해당 데이터는 이미 다음 코드를 수행시켜 전처리되어 '.npy' 파일 형태로 저장되어 있다고 가정한다.

```
In [2]:  X = np.load("c:/source/ch13/titanic_X_train.npy")
         y = np.load("c:/source/ch13/titanic_y_train.npy")
```

해당 데이터를 확인해보자.

```
In [3]:  X[0]

Out [3]: array([0.27345609, 0.01415106, 0.        , 1.        , 0.        ,
                0.125     , 0.        , 0.        , 0.        , 1.        ,
                0.        , 0.        , 0.        , 0.        , 0.        ,
                1.        , 0.        , 0.        , 1.        , 0.        ,
                0.        , 0.        , 0.        , 0.        , 0.        ,
                0.        , 0.        ])

In [4]:  y[:10]

Out [4]: array([0., 1., 1., 1., 0., 0., 0., 0., 1., 1.])
```

이제 우리가 만들고 싶은 기초 모델들을 생성한다. 모델을 생성하기 위해 앞서 우리가 배운 가장 기본적인 3가지 모델인 LogisticRegression, DecisionTreeClassifier, GaussianNB

를 사용한다. 사이킷런(sklearn)에서는 이러한 모델들을 예측기(estimator)라고 부르는데, 리스트 형태로 `VotingClassifer` 클래스에 넣을 수 있다. 하나의 분류기에 대한 정보를 입력하는 방법으로 앞에는 해당 분류기의 얼라이어스(alias) 이름을 넣고 뒤에는 객체의 변수명을 적는 것이다. 예를 들면 다음 코드 6행의 첫 번째 요소인 `('lr', clf1)`을 보면 `LosgiticRegression`의 모델인 `clf1`을 `lr`이라는 이름으로 `VotingClassifier`의 요소로 넣는 것을 알 수 있다. 마지막에 `voting`이라는 매개변수는 투표를 하는 방식을 의미하는 것으로, 만약 `'hard'`이면 각 클래스의 가중치를 `1`로 넣는 것을 의미하고, `'soft'`를 입력하면 개별 분류기의 가중치를 따로 입력하는 것을 의미한다.

In [5]:
```
clf1 = LogisticRegression(random_state=1)
clf2 = DecisionTreeClassifier(random_state=1, max_depth=4)
clf3 = GaussianNB()

eclf = VotingClassifier(
    estimators=[('lr', clf1), ('rf', clf2), ('gnb',clf3)], voting='hard')
```

그렇다면 이 모델을 사용하여 성능을 측정하기 위해서는 어떻게 해야 할까? 이는 기존의 우리가 했던 방식과 크게 다르지 않다. 다음 코드와 같이 모델을 측정할 수 있는 함수에 모델과 데이터를 함께 입력하면 된다.

In [6]:
```
from sklearn.model_selection import cross_val_score
cross_val_score(eclf, X, y, cv=5).mean()
```

Out [6]:
```
0.8222941661905668
```

개별 모델들과 성능을 비교하기 위해 개별 모델별로 성능을 측정하면 다음과 같다.

In [7]:
```
cross_val_score(clf1, X, y, cv=5).mean()
```

Out [7]:
```
0.8290420872214816
```

In [8]:
```
cross_val_score(clf2, X, y, cv=5).mean()
```

Out [8]:
```
0.8223068621849807
```

In [9]:
```
cross_val_score(clf3, X, y, cv=5).mean()
```
Out [9]:
```
0.4600139655938551
```

이 결과를 보면 개별 모델의 성능이 clf3를 제외하면 전체 모델의 성능보다 높은 것을 알 수 있다. 이는 GaussianNB의 경우 연속적인 데이터를 다루기 위한 모델로 이러한 데이터셋과 맞지 않는 모델이다. 우리의 데이터는 매우 드문 데이터셋으로 GaussianNB를 적용하기에는 어려움이 많다. 그렇다면 해당 모델을 빼고 성능을 측정해보겠다.

In [10]:
```
eclf = VotingClassifier(
    estimators=[('lr', clf1), ('rf', clf2)], voting='hard')
cross_val_score(eclf, X, y, cv=5).mean()
```
Out [10]:
```
0.8301783787215135
```

성능을 확인해보면 해당 GaussianNB를 제외했을 때 좀 더 높은 성능을 보여주는 것을 알 수 있다. 앙상블 모델에서는 반드시 많은 수의 모델 조합이 가장 최선의 결과를 내는 것이 아니기 때문에 분석가 입장에서는 이를 고려하여 모델의 개수와 조합을 선정해야 한다.

3 하이퍼 매개변수를 튜닝한 투표 분류기

좀 더 높은 성능을 내기 위해 하이퍼 매개변수를 튜닝할 수 있다. 방식 자체는 앞서 배운 것과 동일하다. 먼저 다음과 같이 성능이 좋았던 두 개의 모델을 각각 VotingClassifer에 할당한다. 이때 이름은 매우 중요한 요소인데, LogiticRegression 모델의 얼라이어스(alias)는 lr로, DecisionTree의 얼라이어스는 dt로 호명하도록 하겠다.

In [11]:
```
clf1 = LogisticRegression(random_state=1)
clf2 = DecisionTreeClassifier(random_state=1)
eclf = VotingClassifier(estimators=[('lr', clf1), ('dt', clf2)],
voting='hard')
```

다음으로 우리가 결정해야 하는 하이퍼 매개변수들에 대한 정보를 정의한다. 해당 매개변수들이 사용되는 모델들에 대한 정보 lr__solver 형태를 보면 __를 기준으로 앞쪽에는 모델의 얼라이어스를, 뒤쪽에는 해당 모델에서 필요한 매개변수의 이름을 입력한다.

```
In [12]: c_params = [0.1,  5.0, 7.0, 10.0, 15.0, 20.0, 100.0]

         params ={
             "lr__solver" :
                 ['liblinear'], "lr__penalty" : ["l2"], "lr__C" : c_params,
             "dt__criterion" : ["gini", "entropy"],
             "dt__max_depth" : [10,8,7,6,5,4,3,2],
             "dt__min_samples_leaf": [1,2,3,4,5,6,7,8,9]
             }
```

다음은 앞에서 한 것과 같은 방식이다. GridSearchCV를 생성하여 모델을 만들고 fit 함수를 적용한다. 그 후 best_score를 화면에 출력하면 가장 좋은 모델의 성능을 확인할 수 있다.

```
In [13]: from sklearn.model_selection import GridSearchCV
         grid = GridSearchCV(estimator=eclf, param_grid=params, cv=5)
         grid = grid.fit(X, y)
         grid.best_score_

Out [13]: 0.8425569732749316
```

결과적으로 기존 우리가 만들었던 앙상블 모델에 비해서는 0.1 정도 더 높은 성능을 냈고, 초기 모델에 비해서는 0.15 이상의 성능 차이를 보였다. 물론 초기 모델들도 하이퍼 매개변수 튜닝을 하게 되면 좀 더 나은 성능을 기대할 수 있을 것이라고 판단된다.

해당 모델의 가장 좋은 성능을 내는 매개변수는 다음 코드와 같이 출력할 수 있다. 앙상블 모델에서 높은 성능을 내는 적절한 모델을 찾기 위해서는 생각보다 많은 경우의 수로 하이퍼 매개변수 튜닝을 해야 한다는 것을 기억할 필요가 있다.

```
In [14]: grid.best_params_
```

Out [14]:

```
{'dt__criterion': 'gini',
 'dt__max_depth': 10,
 'dt__min_samples_leaf': 5,
 'lr__C': 5.0,
 'lr__penalty': 'l2',
 'lr__solver': 'liblinear'}
```

03 배깅과 랜덤 포레스트

완성파일 | ch13_sec03.ipynb

1 배깅의 개념

앞서 우리는 단순히 투표에 의해 앙상블을 실행하는 투표 분류기(voting classifier)를 학습하였다. 투표 분류기 기법은 매우 간단하면서도 성능을 올릴 수 있는 방법이지만 알고리즘으로서의 유용성은 다른 앙상블 알고리즘에 비해 약한 편이다. 일반적으로 투표 분류기를 바로 사용하는 것 보다 여러 개의 앙상블 알고리즘을 만들어서 재사용하는 기법을 사용하는 것이 좋다. 이번 절에서는 앙상블 모델 중 비교적 간단하면서 높은 성능을 자랑하는 배깅(bagging) 기법에 대해서 알아본다.

배깅(bagging) 기법은 그 알고리즘의 단순성과 함께 트리(tree) 계열 알고리즘과 매우 잘 맞아서 오늘날 트리 계열 알고리즘과 함께 많이 사용되고 있는 알고리즘이다. 또한 배깅 알고리즘 자체가 통계적인 샘플링(sampling) 기법과 딥러닝 기법과도 함께 사용되었을 때 성능이 올라간다는 논문들이 많이 출간되고 있다.

배깅(bagging)을 이해하기 위해서는 먼저 통계학 용어인 샘플링(sampling)을 이해해야 한다. 샘플링은 다루고자 하는 데이터가 전체 모수라면 그 모수에서 일부분을 뽑아서 데이터를 분석하는 것을 의미한다. 통계학에서 엄밀히 표현하면 아무리 큰 데이터를 다루더라도 사용하는 데이터는 대부분 모수의 일부분이 되는 샘플링된 데이터이다.

예를 들어, 전자상거래 웹사이트인 쿠팡(Coupang)에서 구매 성향을 분석하기 위해 쿠팡을 이용한 모든 사용자들이 제품을 구입한 이력 데이터를 사용한다고 가정하자. 얼핏 보면 해당 데이터는 모수로 보이지만 이는 잠재된 고객을 제외한 샘플링 데이터로 보는 것이 더 타당하다. 물론 우리나라 전 국민을 대상으로 한 설문조사가 가능하다면 이는 우리나라 전체의 모수 데이터를 사용했다고 볼 수 있다. 하지만 이러한 경우에도 전체 인구에 대한 설문조사를 완벽히 수행하지 못하고 일부 국민이 빠질 수도 있기 때문에 모수에 근접한 샘플링 데이터로 보는 것이 타당하다. 우리가 다루는 데이터는 사실 엄밀히 얘기하면 실제 모수의 샘플링 데이터인 것이다.

배깅(bagging)은 하나의 데이터셋에서 샘플링을 통해 여러 개의 데이터셋을 만든 다음 각 데이터셋마다 모델을 개발하여 투표 분류기(voting classifier)로 만드는 기법이다. 만약 같은 데이터셋을 여러 개의 트리로 만든다면 해당 트리의 하이퍼 매개변수 튜닝을 한다고 하더라도 전체적으로 유사한 성능을 가진 트리 모델이 나올 것으로 기대될 것이다. 앞서 언급하였듯이 우리가 사용하는 데이터셋 또한 모수 데이터의 샘플링이라고 가정한다면 해당 데이터에서 다시 일부를 샘플링해서 모델을 만든다고 해도 데이터의 전체량이 줄어들 수는 있지만, 새로운 샘플링 데이터를 확보했다고 볼 수 없다. 모델은 기본적으로 데이터의 분포에 의존적이기 때문에 다양한 데이터로 모델을 생성한다면 그 모델들의 결과가 달라질 수 있다. 기본적으로 배깅은 다양한 데이터셋에서 강건한 모델(robust model)을 개발할 수 있다는 장점이 있다.

배깅의 모델링은 [그림 13-4]와 같다. 먼저 [그림 13-4](a)와 같이 여러 개의 다양한 데이터가 있다면, [그림 13-4](b)와 같이 원으로 각각 묶어 샘플링한다. 이때 샘플링한 데이터를 바탕으로 각각 모델을 만들어 투표를 진행한다. 마지막으로 [그림 13-4](c)와 같이 각각의 모델들이 많이 투표하는 쪽을 선택하면 하나의 모델로 선택하는 것보다는 좀 더 나은 성능을 기대할 수 있다.

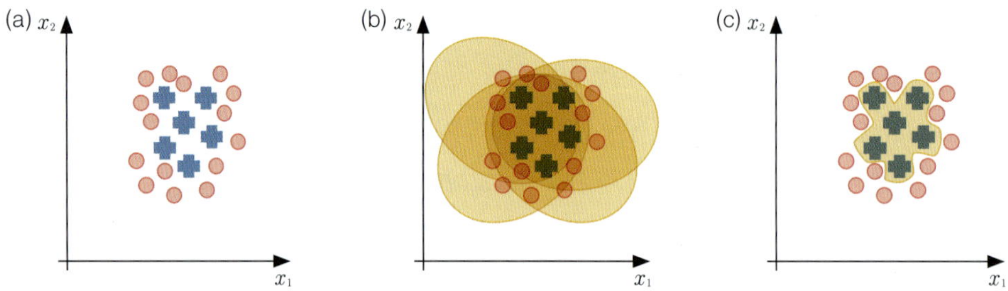

그림 13-4 배깅의 모델링

하나 더 알기 **약분류기와 강분류기로 알아보는 배깅 기법**

일반적으로 배깅 기법은 여러 개의 약분류기(weak learner)로 강분류기(strong learner)를 만드는 것이라고 할 수 있다. 약분류기는 기본적으로 과소적합이 다소 있지만 과적합되어 있지 않은 모델을 의미한다. 이는 또 다른 관점에서 다소 느슨하게 경계를 생성하는 여러 개의 약한 분류기를 앙상블한다면 좀 더 정확한 경계를 생성한다고도 볼 수 있다. 각각의 작은 데이터로는 모든 구체적인 분류 영역을 정할 수 없지만 많은 데이터로 투표한다면 더 높은 성능을 기대할 수 있다는 것이다.

2 부트스트래핑

배깅(bagging)의 개념을 제대로 이해하기 위해서는 샘플링 기법 중 하나인 부트스트래핑(bootstrapping)을 이해해야 한다. **부트스트래핑(bootstrapping)**이란 모수 데이터로부터 학습 데이터를 추출할 때 임의의 데이터를 추출한 후 복원추출하는 여러 번의 과정을 의미한다. 복원추출은 전체 데이터에서 먼저 일부를 추출하여 이를 '학습 데이터셋 1'이라고 부른 다음 다시 그 데이터를 모수에 집어넣고 두 번째 '학습 데이터 셋 2'를 뽑는 방식을 의미한다.

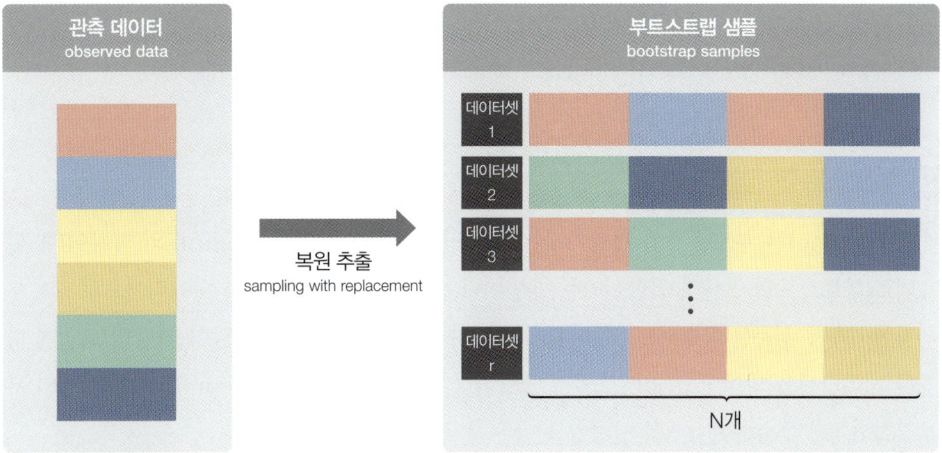

그림 13-5 복원추출

하나 더 알기 부트스트래핑의 유래

부트스트래핑(bootstrapping)은 원래 과거 서부 개척시대에 카우보이가 많이 신었던 워크화의 뒤에 달려 있는 조그마한 끈을 말한다. [그림 13-6]과 같이 해당 끈에 손을 넣어서 워크화를 착용했다. 최근에 나오는 신발에도 이런 흔적들은 여전히 남아 있다. 남에게 도움 받지 않고 스스로 무엇인가를 시작할 때 이를 지칭하는 대표적인 용어로 사용한다. 데이터 과학에서는 처음 모수 데이터에서만 일부 데이터를 추출하여 사용하는 행위를 의미하며, 컴퓨터 과학에서는 외부데이터의 주입 없이 컴퓨터가 메모리에 저장된 정보만으로 부팅되는 것을 의미한다.

그림 13-6 워크화의 부트스트래핑

일반적으로 '.632 부트스트래핑' 기법을 사용한다. 이는 평균적인 데이터 추출 횟수에서 유래한 용어인데, 일반적으로 전체 데이터 S에서 n번의 데이터를 추출할 때, 이를 많이 추출할수록 각 데이터가 나타날 확률이 63.2%에 가까워진다는 것에서 유래하였다. 즉 다음 수식과 같이 전체 데이터가 d개라면, 각 데이터를 $\frac{1}{d}$의 확률로 선택할 수 있다. 이를 매번 복원추출로 계산하면 다음 수식과 같이 .632의 확률이 나온다.

$$1-\prod\left(1-\frac{1}{d}\right)=1-\left(1-\frac{1}{d}\right)^{d}\approx 1-e^{-1}$$

TIP 사실 이 수식이나 '.632 부트스트래핑'의 경우 실전에서 몰라도 크게 지장이 없는 개념이다. 하지만 다양한 데이터 과학 용어를 사용할 때 기본적인 기원 등에 대해 함께 이야기할 수 있다면 좀 더 개념들을 쉽게 이해할 수 있을 것이다.

3 부트스트랩 집합인 배깅

배깅(bagging)은 부트스트랩 집합이라는 의미의 'bootstrap aggregation'의 약자이다. 말 그대로 부트스트랩 연산의 집합이라는 개념이다. 배깅을 위해서는 먼저 데이터셋으로부터 부분집합 n개를 추출한다. 다음으로 이전에 우리가 봤던 앙상블 방법과 달리 하나의 모델에 다양한 데이터셋을 넣어서 n개의 모델을 생성한다. 예를 들어 신경망(neural network)의 부분집합 n개를 추출하여 n개의 신경망을 만든 후 투표하는 방식이다.

기본적으로 배깅은 높은 분산(high variance)으로 일반적인 모델로 만들 경우 과적합(over fitting)이 심한 데이터셋에 좀 더 강건한 모습을 보여준다. 직관적으로 생각하면 배깅이라는 방식 자체가 작은 데이터셋을 가지고 모델을 만들다보니 각 모델들은 해당 데이터에 맞춰진 과적합 모델들이다. 각각의 과적합 모델들은 자신들이 가진 데이터에 대해 매우 우수한 성능을 보여줄 수 있다. 이러한 모델들을 여러 개 모아놓으면 전체적인 성능을 향상시킬 수 있다. 쉽게 얘기하면, 각 반에서 총 10과목 중 2~3개 과목을 잘하는 학생들만 30명 모아서 시험을 치르고 그 결과를 합쳐 최종 결과를 낸다면 혼자 진행하는 시험보다는 훨씬 좋은 결과를 낼 수 있다. 비슷한 방식으로 평균이나 중간값을 가지고 회귀모델을 만들 수도 있다.

배깅 업무 순서도는 [그림 13-7]과 같다. 먼저 전체 트레이닝 데이터셋이 있고 이를 n개로 나눈 다음 이 데이터셋으로 n개의 모델을 만든다. 이때 이 n개의 모델은 같은 유형의 모델이며, 가장 대표적으로는 트리 기반의 모델을 사용한 랜덤 포레스트(random forest)가 있다. 최종적으로는 앞서 배운 일반적인 투표(voting) 알고리즘과 동일하게 최종 결과를 추출할 수 있다.

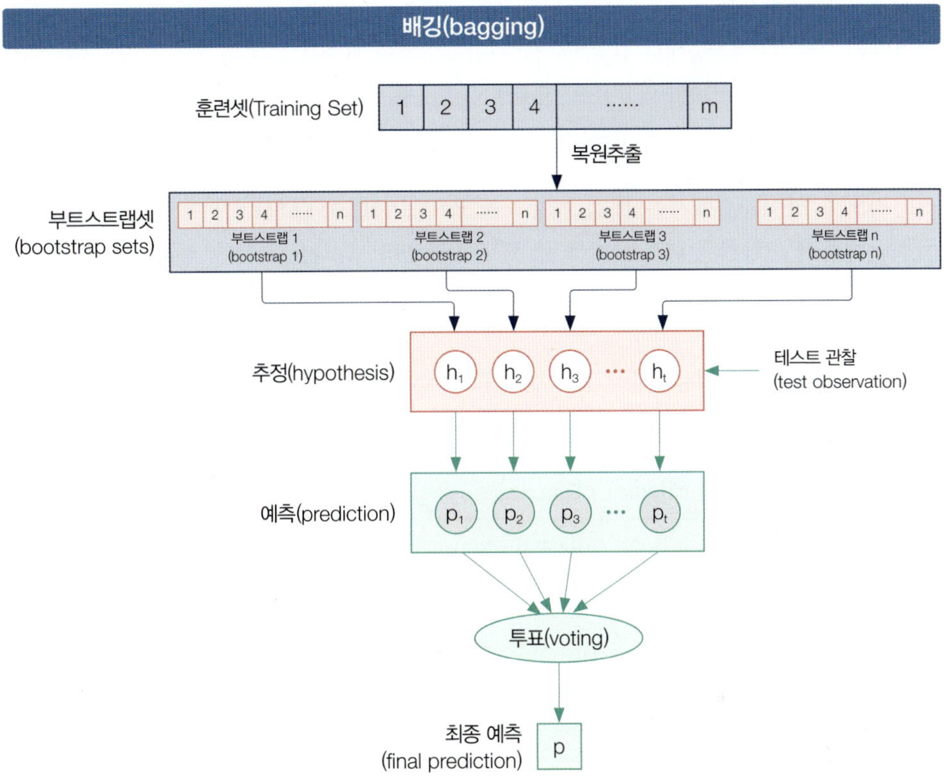

그림 13-7 배깅 업무 순서도

하나 더 알기 Out-of-bag Error

배깅 모델의 성능을 측정하기 위해서는 기본적으로 많이 사용되는 정확도(accuracy)나 정밀도(precision) 외에 'Out-of-bag Error'라는 지표를 사용한다. 일반적으로 'OOB error estimation'이라고 부르는 이 기법은 개념적으로는 매우 간단하다. 앞서 우리는 배깅에서 부분집합을 생성할 때 일부 데이터는 학습에 사용되고 일부 데이터는 학습에 사용되지 않는 사실을 배웠다. 이를 바탕으로 각 부분집합에서 학습에 사용되지 않은 데이터셋에 대해서만 성능을 측정하여 배깅 모델의 효과를 측정하는 것이다. 기본적으로 검증셋(validation set)과 유사한 방식으로 학습에 사용하지 않은 데이터를 가지고 학습의 성능을 측정한다고 이해할 수 있다. 기본적으로 'Out-of-bag Error'의 성능 측정 수식은 다음과 같다.

$$Acc(M) = \frac{1}{k}\sum_{i=1}^{k}(0.632 \times Acc(M_i)_{test\_set} + 0.368 \times Acc(M_i)_{train\_set})$$

4 랜덤 포레스트

배깅을 사용한 다양한 모델 중 가장 유명하고 많이 사용되는 랜덤 포레스트(random forest)를 사용하여 실제 모델을 구현하고자 한다. **랜덤 포레스트(random forest)**는 랜덤하게 숲을 생성하는 알고리즘으로, 배깅 알고리즘을 의사결정트리에 적용한 모델이다. 즉 하나의 모델을 나무라고 한다면 이러한 나무들을 이용해 랜덤하게 데이터를 뽑아서 여러 개의 모델을 만들었을 때 이를 하나의 숲이라고 할 수 있다.

기본적으로 사이킷런에서는 배깅 분류기인 `BaggingClassifier`를 제공한다. `Baggig Classifier`에 하나의 모델을 입력할 때 데이터에 대한 부분집합을 어떻게 만들지에 대해서 다음과 같은 매개변수를 입력한다.

- **`base_estimator`** : 사용될 수 있는 모델(default=None)
- **`n_estimators`** : int, optional(default=10), subset으로 생성되는 모델의 개수
- **`max_samples`** : int or float, optional(default=1.0), 최대 데이터 개수 또는 비율
- **`max_features`** : int or float, optional(default=1.0), 최대 사용 피쳐 또는 비율
- **`bootstrap`** : boolean, optional(default=True), bootstrap 사용 여부
- **`oob_score`** : boolean, oob score 산출 여부
- **`warm_start`** : booeanl, optional(default=False), 이전에 학습된 모델을 사용할 것인가에 대한 정보

이를 기반으로 다음 코드와 같이 모델을 생성할 수 있다. 모델 개발 기법은 우리가 앞서 학습했던 것과 거의 동일하며, 앞에서와 마찬가지로 `GridSearchCV` 모델을 사용하여 하이퍼 매개변수 튜닝도 가능하다.

```
In [1]: import numpy as np

        from sklearn.tree import DecisionTreeClassifier
        from sklearn.linear_model import LogisticRegression
        from sklearn.ensemble import BaggingClassifier

        X = np.load("c:/source/ch13/titanic_X_train.npy")
        y = np.load("c:/source/ch13/titanic_y_train.npy")
```

```
clf1 = LogisticRegression(random_state=1)
eclf = BaggingClassifier(clf1, oob_score=True)

from sklearn.model_selection import cross_val_score
cross_val_score(eclf, X, y, cv=5).mean()
```

Out [1]:
```
0.8267822002158318
```

In [2]:
```
params ={
    "n_estimators" : [10,20,30,40,50,55],
    "max_samples" : [0.5,0.6,0.7,0.8,0.9,1]
}

from sklearn.model_selection import GridSearchCV
grid = GridSearchCV(estimator=eclf, param_grid=params, cv=5)
grid = grid.fit(X, y)

grid.best_score_
```

Out [2]:
```
0.8324255697327493
```

In [3]:
```
grid.best_params_
```

Out [3]:
```
{'max_samples': 0.9, 'n_estimators': 20}
```

In [4]:
```
grid.best_estimator_.oob_score_
```

Out [4]:
```
0.8245219347581553
```

다음으로 우리가 할 수 있는 것은 랜덤 포레스트 분류기인 RandomForestClassifier를 사용하는 것이다. 해당 모델은 사실상 배깅 분류기인 BaggingClassifier에 트리를 기본 모델로 사용하여 학습시키는 기법으로, 기본적으로 BaggingClassifier가 사용하는 모든 매개변수를 그대로 사용한다. 중요한 매개변수 중 하나는 n_estimators인데, 사용되는 모델의 개수를 의미한다. 이 값이 커질수록 좀 더 많은 학습시간이 소요되는데 동시에 많은 CPU를 사용하는 n_jobs를 증가시키면 멀티 CPU 코어를 사용하여 학습시간을 절약할 수 있다. 배깅 계열의 알고리즘에는 사실상 랜덤 포레스트만 사용되기 때문에 이전 배깅 코드보다는 다음 코드를 숙지할 필요가 있다. 또한 대부분의 표로 정리된 데이터 모델(tabular data model)에서는 랜덤 포레스트 기반의 모델들을 기준으로 잡기 때문에 데이터를 전처리한 후 가장 먼저 시도할만한 코드로 생각할 수 있다.

In [5]:
```
import numpy as np
from sklearn.ensemble import RandomForestClassifier

X = np.load("c:/source/ch13/titanic_X_train.npy")
y = np.load("c:/source/ch13/titanic_y_train.npy")

eclf = RandomForestClassifier(n_estimators=100, max_features=2, n_
jobs=7, oob_score=True)

from sklearn.model_selection import cross_val_score
cross_val_score(eclf, X, y, cv=5).mean()
```

Out [5]:
```
0.798685964578156
```

In [6]:
```
from sklearn.model_selection import GridSearchCV

params ={
    "n_estimators" : [10, 20, 30, 50, 100],
    "max_features" : [1,2,3,4,5,6,7, 10, 15, 20, 25, len(X[0])]
    }

grid = GridSearchCV(estimator=eclf, param_grid=params, cv=5)
grid = grid.fit(X, y)

grid.best_score_
```

Out [6]:
```
0.8234558496794261
```

In [7]:
```
grid.best_params_
```

Out [7]:
```
{'max_features': 25, 'n_estimators': 30}
```

In [8]:
```
grid.best_estimator_.oob_score_
```

Out [8]:
```
0.8053993250843644
```

TIP 이 코드를 수행시켰을 때 기존 로지스틱 분류기(logistic classifier) 기반의 배깅 모델보다 훨씬 더 오랜 시간이 걸리는 것을 알 수 있다. 랜덤 포레스트는 앙상블 계열의 알고리즘이 그렇듯이 많은 시간을 사용하고, 대신 성능 향상이 다른 알고리즘보다 실험에 의해 많이 좌우되는 특징을 가지고 있다. 이로 인해 우리가 해당 알고리즘을 사용해 매우 큰 데이터를 다루게 된다면 충분한 컴퓨터 자원과 시간이 소모된다는 것을 기억해야 할 것이다.

04 부스팅

완성파일 | ch13_sec04.ipynb

1 부스팅의 개념

이번에는 배깅(bagging)만큼이나 많이 활용되고 있는 부스팅(boosting) 알고리즘에 대해서 학습한다. 부스팅 알고리즘은 배깅 알고리즘과 비슷하면서도 형태가 다른 알고리즘이다. 배깅 알고리즘이 처음 성능을 측정하기 위한 기준(baseline) 알고리즘으로 많이 사용된다면, 부스팅 알고리즘은 높은 성능을 내야 하는 상황에서 가장 좋은 선택지로 많이 사용된다. 일반적으로 배깅과 부스팅은 앙상블 알고리즘의 양대 산맥으로 받아들여지고 있다.

부스팅(boosting) 알고리즘은 비교적 간단한 방식으로 높은 성능을 나타내는 특징을 가지고 있다. 배깅이 기본적으로 데이터를 나눠서 학습하는 개념이라면, 부스팅은 학습 라운드를 차례로 진행하면서 각 예측이 틀린 데이터에 점점 가중치를 주는 방식, 즉 라운드별로 모델을 만들어 그 모델들의 결과에 가중치를 주어 앙상블 모델을 만드는 방식이다. 쉽게 말하면 부스팅은 라운드별로 잘못 분류된 데이터를 좀 더 잘 분류하는 모델로 만들어 최종적으로 모델들의 앙상블을 만드는 방식이다.

[그림 13-8]을 사용하여 좀 더 자세히 설명하겠다. [그림 13-8]에서 파란색 점은 각 데이터로 표시된 값들을 의미한다. 첫 번째 라운드를 통해 상단에 보이는 (1)과 같은 모델이 생성된다. 해당 모델에서 아래쪽 하단에 있는 파란점인 A점이 해당 모델과 오차가 많이 발생하였다는 것을 말해준다. 이제 두 번째 라운드에서는 데이터 중 오답으로 분류된 A 데이터에 좀 더 가중치를 주어 학습을 실행한다. 학습을 실행하는 방식은 여러 가지가 있지만 단순히 해당 데이터를 맞췄을 때 손실(loss) 값을 줄이는 방식을 사용한다. 그리고 가중치가 적용된 데이터셋을 가지고 만든 모델을 두 번째 모델로 하여 적용시킨 후 다시 데이터셋에 적용시킨다. 그림 B 영역처럼 또 다시 오류가 큰 데이터들이 나오고 이번에는 해당 데이터에 가중치를 두어 세 번째 모델인 (3)을 개발한다. 이러한 반복을 분석자가 지정한 횟수만큼 진행하면서 결국은 점점 더 오답이 많은 데이터에 대해 강건한 모델이 생성된다.

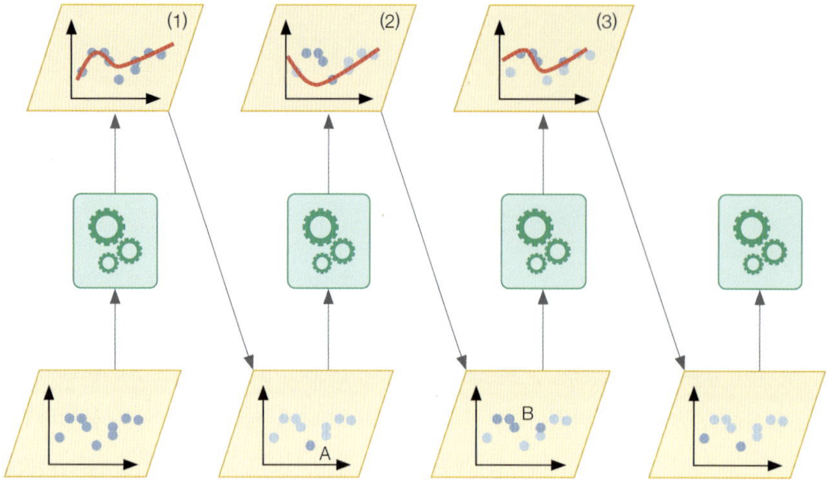

그림 13-8 부스팅

분류 문제 관점에서 결과를 본다면 [그림 13-9]와 같이 정리할 수 있다. 즉 틀린 부분만 집중해서 만드는 모델들을 순차적으로 만들고, 해당 모델들은 최종적으로 앙상블을 하다 보니 전반적으로 높은 성능을 기대할 수 있다.

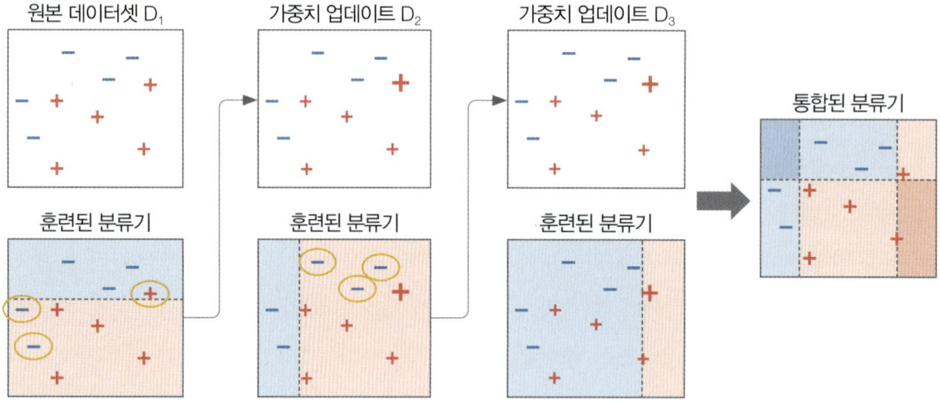

그림 13-9 분류 관점에서 부스팅 정리

2 배깅과 부스팅의 차이점

배깅(bagging)과 부스팅(boosting)의 차이점에는 병렬화 가능 여부, 기준 추정치, 성능 차이 등이 있다.

2.1 병렬화 가능 여부

가장 큰 차이는 병렬화가 가능한지 여부이다. 배깅은 데이터를 나눠서 데이터마다 조금씩 다른 모델을 생성한다. 그러므로 해당 데이터가 n개라면 n개의 CPU로 한번에 처리가 가능하게 구조를 설계할 수 있다. 즉 병렬화가 가능한 형태로 처리할 수 있다는 것이다. 하지만 부스팅은 단계적으로 모델들을 생성하고 해당 모델들의 성능을 측정한 후 다음 단계로 넘어가기 때문에 배깅과는 달리 병렬화를 지원하지 않는다. 이러한 차이로 인해 부스팅은 배깅에 비해 속도가 매우 떨어지는 현상이 나타난다.

2.2 기준 추정치

또한 두 기법이 사용하는 기준 추정치(base estimator)에도 차이가 난다. 배깅 개별 모델들이 높은 과대적합(overfitting)으로 그 모델들의 분산(variance)이 높다. 그래서 자기 분야 전문가 모델들이 모여서 전체적으로 전문가 모델이 되는 형태라고 볼 수 있다. 그에 비해 부스팅은 각각의 모델에 편향(bias)이 높은 기준 추정치를 사용하여 개별 모델들은 과소적합(underfitting)이 발생하지만 전체적으로 높은 성능을 낼 수 있는 방향으로 학습한다. 이러한 부스팅 모델의 특징을 약한 학습자(weak learner)라고 부르기도 한다.

2.3 성능 차이

부스팅은 기본적으로 비용이 높은 알고리즘이다. 여기서 비용이라 함은 속도나 시간에 관한 비용이 크다는 의미이다. 또한 배깅은 기본적으로 데이터의 부분집합(subset)에 대해 학습을 수행하기 때문에 부스팅보다 좋은 성능을 내기는 어렵다. 앞서 언급했듯이 초기 성능을 측정할 때 배깅 이후의 성능 측정은 부스팅으로 하는 것이 가장 일반적인 접근이다.

3 에이다부스트

배깅 알고리즘에 랜덤 포레스트(random forest) 등의 여러 가지 알고리즘이 있듯이 부스팅 알고리즘에도 몇 가지 알고리즘이 존재한다. 그중 대표적인 알고리즘이 에이다부스트(AdaBoost)이다. 에이다부스트는 매 라운드마다 인스턴스(instance), 즉 개별 데이터의 가중치(weight)를 계산하는 방식이다. 에이다부스트는 매 라운드마다 틀린 값이 존재하고 해당 인스턴스에 가중치를 추가로 주어 해당 가중치를 기준으로 재샘플링(resampling)하는 방식이다. 좀 더 자세하게 설명해보겠다.

3.1 알고리즘

모든 샘플의 가중치 값을 데이터 개수를 기준으로 $\frac{1}{N}$로 초기화한다. 이를 수식으로 표현하면 다음과 같다.

$$w_i = \frac{1}{N}, \quad i = 1, 2, 3, 4, \cdots, N$$

m개의 모델에 대해 다음 작업을 반복한다.

❶ 데이터들의 w_i를 사용하여 모델 $G_m(x_i)$를 학습시킨다. 즉, 데이터들의 가중치를 사용해 학습시키고, 모델을 학습할 때 사용하는 데이터의 투입 비율을 조절한다는 의미이다. 예를 들어 어떤 w_a의 가중치가 0.9이고 w_b의 가중치가 0.1이라면, w_a 데이터는 9개, w_b 데이터는 1개의 비율로 학습시킨다고 할 수 있다.

❷ 해당 분류기의 오류를 다음과 같이 계산한다.

$$err_m = \frac{\sum_{i=1}^{N} w_i I(y_i \neq G_m(x_i))}{\sum_{i=1}^{N} w_i}$$

여기서 I는 모델의 예측치와 실제 데이터 값이 같을 때는 1, 그러지 않을 때는 0을 반환한다. 간단히 다음과 같다.

$$I(y_i, G_m(x_i)) = \begin{cases} 0 & \text{if } y_i = G_m(x_i) \\ 1 & \text{if } y_i \neq G_m(x_i) \end{cases}$$

❸ 해당 분류기의 가중치를 생성한다. 수식은 다음과 같다.

$$a_m = \log((1 - err_m)/err_m)$$

❹ 해당 모델의 가중치를 사용하여 각 데이터의 가중치를 업데이트한다. 수식은 다음과 같다.

$$w_i \leftarrow w_i \cdot \exp[\alpha_m \cdot I(y_i \neq G_m(x_i))], \; i = 1, 2, \cdots, N$$

최종 결과물(output)은 각 모델의 가중치와 모델의 결과값의 가중합을 연산하여 계산한다.

$$G(x) = sign\left[\sum_{m=1}^{M} a_m G_m(x)\right]$$

3.2 에이다부스트와 스텀프

에이다부스트(AdaBoost)는 약한 학습자(weak learner)라고 부르는데, 이와 관련해서 스텀프(stump)라는 개념을 사용한다. **스텀프(stump)**는 '그루터기'라는 뜻으로 나무의 윗부분을 자르고 아랫부분만 남은 상태를 의미한다.

그림 13-10 스텀프(stump)의 개념

에이다부스트에서 스텀프는 학습할 때 큰 나무를 사용하여 학습하는 것이 아니라 나무의 그루터기만을 사용하여 학습한다는 개념이다. 즉, [그림 13-11]과 같이 1뎁스(depth) 또는 2뎁스 정도의 매우 간단한 모델을 여러 개 만들어 학습한 후, 해당 모델들의 성능을 에이다부스트 알고리즘을 적용하여 학습하는 형태라고 할 수 있다. 앞에서 설명하였듯이 에이다부스트 자체에는 여러 종류의 알고리즘이 적용 가능하다. 하지만 일반적으로 원활한 학습을 위해 의사결정트리를 사용하기 때문에 학습을 진행할 때 이러한 스텀프의 개념이 사용된다.

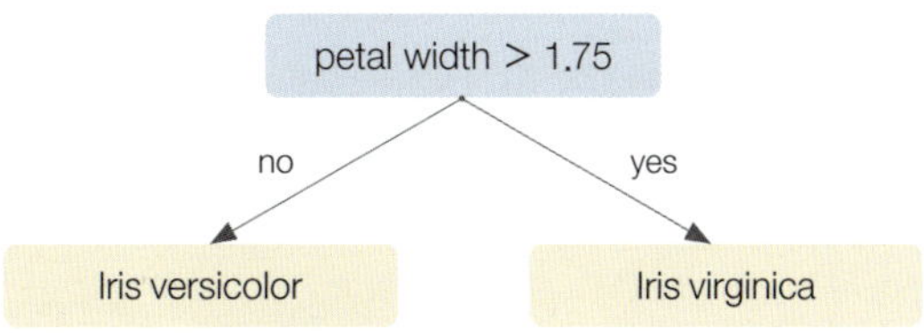

그림 13-11 간단한 모델

3.3 사이킷런으로 에이다부스트 실습하기

에이다부스트를 사용하기 위해서는 사이킷런에서 제공하는 에이다부스트 분류기인 AdaBoostClassifier를 사용한다. 먼저 학습의 편의를 위해 다음과 같이 X와 y의 값을 기존 전처리가 완료된 'titanic.npy' 데이터를 사용한다.

In [1]:
```
import numpy as np
X = np.load("c:/source/ch13/titanic_X_train.npy")
y = np.load("c:/source/ch13/titanic_y_train.npy")
```

다음으로 AdaBoostClassifier에 기준 추정치(base estimator)에 해당하는 의사결정트리 분류기인 DecisionTreeClassifier를 할당해준다. 이때 DecisionTreeClassifier의 max_depth는 2로 할당하여 스텀프의 개념으로 모델을 만든다. 추가적으로 모델의 개수인 n_estimators는 500으로 지정하여 많은 모델들이 순차적으로 학습되어 앙상블이 될 수 있도록 처리한다.

In [2]:
```
from sklearn.ensemble import AdaBoostClassifier
from sklearn.tree import DecisionTreeClassifier
eclf = AdaBoostClassifier(base_estimator=DecisionTreeClassifier(max_
depth=2), n_estimators=500)
```

다음 코드를 실행하면 실제 모델의 결과값은 0.79 정도가 나오는 것을 확인할 수 있다.

In [3]:
```
from sklearn.model_selection import cross_val_score
cross_val_score(eclf, X, y, cv=5).mean()
```

Out [3]:
```
0.7896908525360249
```

TIP Out[3]부터 Out[7]까지의 결과값은 책과 다르게 출력될 수 있다.

비교군을 위해 RandomForestClassifier를 생성하여 모델을 비교하면 다음과 같은 결과가 나온다.

```
In [4]: from sklearn.ensemble import RandomForestClassifier
        eclf = RandomForestClassifier(n_estimators=500)
        cross_val_score(eclf, X, y, cv=5).mean()
Out [4]: 0.8031866945978544
```

추가적으로 학습 모델을 기존처럼 GridSearchCV를 사용하여 가장 좋은 모델을 찾으면 다음과 같이 모델의 성능 향상을 기대할 수 있다. 성능 결과에서 보듯이 성능이 0.80에서 0.83으로 향상되었다. 또한, 뎁스(depth)는 2, 피쳐(feature)는 7개 정도 사용하여 학습할 때 가장 좋은 성능의 모델을 찾은 것을 확인할 수 있다.

```
In [5]: eclf = AdaBoostClassifier(base_estimator=DecisionTreeClassifier(max_
        depth=2), n_estimators=500)

        params = {"base_estimator__criterion" : ["gini", "entropy"],
                  "base_estimator__max_features" : [7,8,],
                  "base_estimator__max_depth" : [1,2],
                  "n_estimators": [23,24, 25, 26, 27],
                  "learning_rate": [0.4, 0.45, 0.5, 0.55, 0.6]
                  }

        from sklearn.model_selection import GridSearchCV
        grid = GridSearchCV(estimator=eclf, param_grid=params, cv=5, n_jobs=7)
        grid = grid.fit(X, y)

        grid.best_score_
Out [5]: 0.8324382657271631
In [6]: grid.best_params_
Out [6]: {'base_estimator__criterion': 'gini',
          'base_estimator__max_depth': 2,
          'base_estimator__max_features': 7,
          'learning_rate': 0.6,
          'n_estimators': 27}
```

추가적으로 AdaboostClassfier도 다음과 같이 feature_importances_를 제공하여 각 피쳐(feature)들이 모델에 영향을 미치는 정도를 나타낼 수 있다.

```
In [7]:  grid.best_estimator_.feature_importances_
```

```
Out [7]: array([0.19297248, 0.17038992, 0.03419741, 0.0978764 , 0.03066311,
                0.08343991, 0.0385496 , 0.00700623, 0.01984721, 0.        ,
                0.        , 0.        , 0.01669575, 0.05762587, 0.04374955,
                0.06470532, 0.03188512, 0.01193647, 0.01636659, 0.        ,
                0.00727312, 0.00486091, 0.03454949, 0.00868942, 0.02230592,
                0.        , 0.0044142 ])
```

요약

01 앙상블(ensemble)

여러 개의 알고리즘들이 하나의 값을 예측하는 기법을 통칭하여 말하는 것으로, 이는 각 알고리즘이 Y 값에 대한 투표를 실시하여 해당 Y 값을 예측하는 기법이라고 이해할 수 있다.

02 투표 분류기(voting classifier)

앙상블 모델의 가장 기본적인 형태로 다수결 분류기(majority voting classifier)라고도 부른다. 여러 개의 모델을 다양하게 만든 후, 해당 모델에 모두 같은 데이터를 넣고 모델들의 결과를 취합하여 가장 많이 선택된 결과를 취하는 것이 가장 기본적인 형태이다.

03 배깅(bagging)

하나의 데이터셋에서 샘플링을 통해 여러 개의 데이터셋을 만든 다음 각 데이터셋마다 모델을 개발하여 투표 분류기(voting classifier)로 만드는 기법이다.

04 부트스트래핑(bootstrapping)

모수 데이터로부터 학습 데이터를 추출할 때 임의의 데이터를 추출한 후 복원추출하는 여러 번의 과정을 의미한다.

05 랜덤 포레스트(random forest)

랜덤하게 숲을 생성하는 알고리즘으로, 배깅 알고리즘을 의사결정트리에 적용한 모델이다. 즉 하나의 모델을 나무라고 한다면 이러한 나무들을 이용해 랜덤하게 데이터를 뽑아서 여러 개의 모델을 만들었을 때 이를 하나의 숲이라고 할 수 있다.

06 부스팅(boosting)

학습 라운드를 차례로 진행하면서 각 예측이 틀린 데이터에 점점 가중치를 주는 방식, 즉 라운드별로 모델을 만들어 그 모델들의 결과에 가중치를 주어 앙상블 모델을 만드는 방식이다.

연습문제

01 다음 중 앙상블 기법의 예가 아닌 알고리즘은 무엇인지 고르시오.

① 랜덤 포레스트(random forest)

② 투표 분류기(voting classifier)

③ 부스팅(boosting)

④ 의사결정트리(decision tree)

02 앙상블 모델의 특징 중 틀린 것을 고르시오.

① 성능 향상

② 과대적합 방지

③ 모델의 해석 정도 향상

④ 모델 학습 속도 저하

03 앙상블의 기본 모델을 선택할 때, 틀린 설명은 무엇인지 고르시오.

① 하이퍼 매개변수가 다르지만 동일한 알고리즘 모델은 기본 모델로 서로 다르게 활용될 수 있다.

② 기본 모델은 서로 다른 알고리즘에서 나올 수 있다.

③ 하나의 데이터에서 다양한 데이터를 샘플링하여 학습할 경우, 기본 모델로 사용할 수 있다.

④ 여러 개의 동일 알고리즘을 기본 모델로 사용할 때, 동일 하이퍼 매개변수의 다양한 데이터 샘플링을 할 경우 기본 모델로 사용할 수 없다.

04 앙상블에서는 기본 모델에 대한 설명으로 틀린 것을 고르시오.

① 모델 간의 결과의 차이가 많이 날수록 전체적인 성능이 나빠지는 문제가 발생한다.

② 앙상블의 기본 모델은 다양한 데이터의 샘플들로 학습할 수 있다.

③ 앙상블의 기본 모델들은 저마다 다른 하이퍼 매개변수로 학습할 수 있다.

④ 확률 값이 나오는 기본 모델들의 결과를 사용하여 앙상블 모델에서 기본 모델별로 가중치를 줄 수 있다.

05 **부스팅 알고리즘에서는 약한 학습자(weak learner)라는 개념이 사용된다. 이에 대한 설명으로 올바른 것은 무엇인지 고르시오.**

① 낮은 분산(low variance)이면서 과대적합하지 않는 모델이다.

② 해당 모델들은 과소적합이 심해 학습이 불가능하다.

③ 높은 분산, 높은 편향인 모델이다.

④ 위의 모든 설명은 틀렸다.

06 **앙상블 모델에 대한 설명으로 틀린 것은 무엇인지 고르시오.**

① 분류기의 앙상블은 개별 모델보다 성능이 나쁠 수 있다.

② 다른 기본 모델의 앙상블을 사용할 경우, 앙상블 성능을 향상시키기 위해 모든 기본 모델의 성능이 가장 좋을 수 있도록 하이퍼 매개변수를 조정해야 한다.

③ 다양한 모델을 사용할수록 앙상블 모델의 성능이 좋아진다.

④ 배깅에 비해 부스팅은 학습 시간이 더 오래 걸린다.

07 **주머니 안에 숫자가 적힌 여러 개의 공이 있다. 사용자는 주머니 안에 있는 공들에 적힌 숫자의 평균을 구하기 위해 전체 공 중에서 N개를 뽑아서 복원 추출을 한 후 각 케이스 마다 평균을 구한 후 평균들의 평균을 구했다. 이러한 방법과 유사한 앙상블 모델의 이름은 무엇인지 고르시오.**

① 투표 분류기(voting classifier)

② 배깅(bagging)

③ 부스팅(boosting)

④ 앙상블 방법에는 해당되지 않음

08 **일반적으로 앙상블 기법이 더 잘 작동하기 위해 개별 기본 모델이 가져야 하는 특징으로 적절한 것은 무엇인지 고르시오.**

① 예측간 상관관계가 작아야 한다.

② 예측간 상관관계가 높아야 한다.

③ 상관관계는 앙상블 모델에 영향을 주지 않는다.

④ 모든 모델들은 높은 분산과 높은 편향이어야 한다.

09 **배깅 모델에 대한 설명으로 적절한 것은 무엇인지 고르시오.**

① 의사결정트리 외에 다른 기본 모델을 사용할 수 없다.

② 배깅은 약한 학습자를 사용하여 학습을 실시한다.

③ 로지스틱 회귀만으로 배깅 모델을 만들 수 없다.

④ 랜덤 포레스트는 배깅의 특수한 형태 중 하나로, 의사결정트리로만 생성한 배깅 모델이다.

10 **부스팅 모델에 대한 설명으로 적절치 않은 것은 무엇인지 고르시오.**

① 배깅에 비해 학습 속도가 느리다.

② 부스팅은 편향이 높은 모델을 사용하여 개별 모델별로 과소적합이 발생할 수 있다.

③ 부스팅 모델은 약한 학습자를 사용한다.

④ 부스팅 모델은 매 라운드마다 데이터를 샘플링하여 학습한다.

찾아보기